Doug Boyd:
Swami Rama

Erfahrungen mit den heiligen Männern Indiens

Für Mike Martin

ISBN 3-426-04140-5 1080

Es gab eine Zeit, in der weise Männer wie Swami Rama und Tat Walla Baba in ihren Wäldern und Höhlen in den Bergen ungestört, weitab von der übrigen Welt leben konnten. Als Entsagende waren sie nicht nur frei von Angst, Stolz, Habgier und Haß, sondern auch geschützt vor anderen Menschen, von denen diese zerstörerischen Kräfte Besitz ergriffen hatten. Heute gibt es eine solche Zurückgezogenheit auf diesem Planeten nicht mehr. Heute ist die Sicherheit der Erde in Frage gestellt. Jetzt ist die Frage, ob die Energiereserven und die Natur die ausbeuterischen Machenschaften der zeitgenössischen Menschheit überstehen können, ob die Erde das Leben weiterhin ertragen kann, ob die Erde selbst überleben kann. Die Frage ist jetzt, ob wir die physische Welt als Basis spiritueller Tätigkeit und spiritueller Entwicklung erhalten wollen, oder ob wir zulassen, daß sie untergeht. Es ist möglich, daß der spirituelle Weg nicht mehr weiter über diese Erde führt und daß dieser Lebensraum als Medium für eine spirituelle Entwicklung zerstört wird, daß die Erde sterben wird. Aber wenn es anders sein soll, so muß ein einmütiger Entschluß und eine gemeinsame Bemühung dafür sorgen — eine gemeinsame Bemühung von swamis und Wissenschaftlern, von babas und Bettlern. Es ist vielleicht ein Glücksfall, ein Segen, daß das Überleben nun Kommunikation und Kooperation über alle Grenzen der Kulturen, der Sitten, der Rassen und der Nationen hinweg fordert. Weder durch Reichtum noch durch Verzicht kann man mehr entfliehen, weil es in der Zukunft nicht mehr die Wahl zwischen Reichtum und Verzicht gibt.

Es gibt keinen ashram, in den Menschen sich vor den Verpflichtungen gegenüber der Welt zurückziehen können. Es gibt keinen Tempel, wo Menschen in einer Art heiliger Isolation leben können. Der einzig wirkliche ashram, in dem Menschen leben und arbeiten können, ist die Welt selbst. Die Welt ist unser Tempel, in dem wir durch Arbeit, Demut und Hingabe die Erkenntnis erwerben, daß man nicht mehr im Rückzug leben darf, sondern in Einklang kommen muß mit der Ganzheit des Lebens.

INHALT

VORWORT

„SWAMI HEISST ‚HERR seiner selbst' " sagte Dr. Green.
Wörtlich übersetzt bedeutet das Sanskrit-Wort nur ‚Herr',
aber Swami Rama sagt, daß ein wirklicher *swami* ein Mensch
ist, der es gelernt hat, sich selbst zu beherrschen. Die Hindus
glauben, daß wir alle für unsere Handlungen und ihre Folgen
verantwortlich sind. Das ist Karma. Und schließlich ist Herr-
schaft über andere nur Einflußnahme oder Machtausübung,
also eine Art vorübergehende Übereinkunft, ein gegenseitiges
Einverständnis oder eine Unterordnung, die nichts zu tun haben mit Können oder Weisheit oder Reife. Im Grunde kann
auch ein *swami* über niemand anderen Herr sein, als über sich
selbst."

Es war im Spätsommer 1970. Wir saßen in Elmer Greens
Büro der Menninger Fondation in Topeka, Kansas, und wir
hatten gerade einen Brief von Swami Rama an Dr. Green gelesen. Swami Rama hatte seine *ashram* in Nordindien verlassen und sich als Forschungsobjekt für westliche Wissenschaftler und Ärzte zur Verfügung gestellt. Im Frühling dieses Jahres war Swami Rama den Greens − Elmer und Alyce − begegnet und hatte in ihren Laboratorien eine Reihe von aufsehenerregenden Demonstrationen von *yogi*-Künsten gelie-
fert. Dr. Green war der Leiter des Voluntary Controls
Program der Forschungsabteilung der Menninger Foundation
und verfolgte mit seiner Frau und ihrem Assistenten, Dale
Walters, ein eigenes Forschungsprogramm über willentliche
Kontrolle innerer Zustände. Sie interessierten sich besonders
für die Beziehungen zwischen Seele und Körper und die geistigen Fähigkeiten zur Regulation physiologischer Vorgänge
− selbst der Körperfunktionen, die man normalerweise als
automatisch und unbewußt bezeichnet; die Demonstrationen
des Swami, die unter anderem darin bestanden, daß er sein

Herz für siebzehn Minuten zu Stehen bringen und Temperaturunterschiede von zehn Grad an zwei Punkten seiner Handfläche gleichzeitig produzieren konnte, trugen wichtiges Material zu ihren Forschungen bei. Der Brief, den wir soeben gelesen hatten, stammte vom 16. April 1970 und drückte das Einverständnis und das Versprechen des Swami aus, im Herbst zu weiteren Demonstrationen in das Laboratorium zurückzukehren. Diesmal sollte ich ihn kennenlernen und am Swami-Rama-Projekt teilnehmen — nicht als Wissenschaftler, sondern als persönlicher Assistent des Swami.

„Da Sie den Umgang und die Kommunikation mit östlichen Menschen und Kulturen gewohnt sind, sollten Sie in der Lage sein, mit dem Swami zurechtzukommen", hatte mir Elmer Green zu Beginn unseres Gespräches gesagt. „Und da wir vorhaben, dem Swami hier ein eigenes Büro einzurichten und eine offizielle Stelle als Projektberater zu geben, werden wir sehr auf Ihre Assistenz angewiesen sein."

Die Aussicht, in das Swami-Rama-Projekt einbezogen zu werden, faszinierte mich. Ich hatte während der letzten Monate beobachtet, wie der Einfluß des Ostens im Westen zunahm, und mir war klargeworden, daß das „new age", von dem jetzt so oft gesprochen wurde, das Ergebnis eines gleichzeitigen Lebendigwerdens von westlichem Geist im Osten und von östlichem Geist im Westen sein würde. Über zehn Jahre lang hatte ich mit Asiaten zusammengearbeitet, die pragmatische Systeme und praktische Fähigkeiten für sich entwickelten, welche man immer für ein Privileg des Westens gehalten hatte. Meine Beteiligung am Swami-Rama-Projekt würde nun eine Gelegenheit sein, an einem anderen Aspekt dieses weltweiten Prozesses teilzunehmen.

Als ich Jahre zuvor mit zwei koreanischen Studienkollegen in Gipfelnähe eines der höchsten Berge Südkoreas kampierte, hatte ich die Gelegenheit, einen hohen buddhistischen Priester kennenzulernen und sein Schüler zu werden; hätte ich diese Möglichkeit wahrgenommen, so wäre ich nun vielleicht in irgendeinem Tempel gesessen und nicht in Dr. Greens Büro im Forschungszentrum. In der Nähe unseres Zeltplatzes im Gebirge lag sehr abgeschieden ein Tempel, in dem junge Mönche unterrichtet wurden; meine Studienkollegen mußten sich zu den Mönchen begeben, um unser Frühstück zuzubereiten. Kurz vor der Morgendämmerung hatte es nämlich heftig geregnet, und obwohl inzwischen wieder die Sonne schien, war es uns unmöglich, ein Feuer zu entzünden. Ich blieb im Zelt, während meine beiden Freunde zu dem etwa eine Meile entfernten Tempel gingen, um zu fragen, ob sie unseren Reis kochen dürften. Dieser Tempel war Fremden eigentlich nicht zugänglich, erklärten mir meine Freunde, als wir später unser Frühstück verzehrten, und vielleicht hätte man sie nicht eingelassen, wenn sie nicht den durchnäßten und hungrigen Amerikaner erwähnt hätten, für den sie etwas kochen wollten.

Als ich von meiner Reisschale aufsah, bemerkte ich eine seltsam gekleidete Gestalt auf einem Baum in einiger Entfernung. Als die Gestalt zu Boden fiel, sah ich, daß es ein junger Mönch von etwa fünfzehn Jahren war, der mit den Knien von einem Ast heruntergehangen hatte, wobei seine Gewänder ihm über den Kopf fielen. Er stieg wieder auf einen Baum und dann auf den nächsten und kam jedes Mal näher zu unserem Platz. Offenbar war er neugierig, mich aus der Nähe zu sehen. Sicher hatte er gehört, wie meine Freunde im Tempel von mir sprachen. Er war wohl an diesem einsamen Ort aufgewachsen und hatte noch nie einen Amerikaner gesehen. Da ich ebenso neugierig war wie er, rief ich ihn herbei, um uns beide zufriedenzustellen. Ich hatte eine ganze Reihe von Fragen für einen Mönch eines solchen Tempels bereit und ich stellte sie ihm alle. Ich befragte ihn über das richtige Handeln und das Karma, über das Rad von Geburt und Tod, über die Befreiung und die Bedeutung der Erleuchtung. Er war überrascht und verlegen. „Ich bin noch sehr jung", sagte er. Oder:„Sie sehen, daß ich ein Neuling bin." Danach verließ er uns, kam jedoch eine Stunde später mit einer Botschaft für mich zurück. Er sprach mit meinen Freunden und lief dann schnell davon. In sicherer Entfernung wandte er sich um und starrte mich noch eine Weile an. Ich verstand damals nicht sehr viel koreanisch, aber meine Freunde bestätigten mir, was er gesagt hatte: „Ein sehr alter Lehrer, der unseren Tempel gerade besucht, hat den Amerikaner zu der buddhistischen Versammlung eingeladen, die am ersten Tag des nächsten Monates in Anyang abgehalten werden soll. Dort wird ihm jemand begegnen, der ihm den Weg zu einem buddhistischen Meister zeigt. Und der Meister wird ihm den Weg zu den Antworten weisen, die er sucht."

Die wirklichen Antworten auf die wirklichen Fragen jedoch gehörten zu einer anderen Suche — einer Suche, die in einer persönlicheren Weise und in einer mehr innerlichen Dimension vor sich ging. Was ich von dem jungen Mönch hatte erfahren wollen, war etwas von dem jungen Mönch gewesen. Nach außen hin war meine Suche eine Suche nach Menschen, nicht nach Antworten. Ich wußte, daß es überall in der Welt Mönche, Priester, *lamas* und *yogis* gab, die von einem höheren Wissen besessen waren, das weit über meinen Horizont ging. Irgendwann einmal würde ich vielleicht selbst lernen, was sie wußten. Aber was ich diesmal suchte, waren Menschen wie ich, Kameraden, Freunde, die ebenso wie ich Menschen suchten. Ich wollte wissen, wieviele von uns sich bewußt waren darüber, wie weit wir im Prozeß unserer Evolution fortgeschritten sind oder eine Vorstellung davon hatten, worin unsere nächsten Schritte bestehen sollten. Ob wir kommunizieren konnten, ob wir uns darüber einig werden konnten, gemeinsam fortzuschreiten?

menarbeiten, und vor allem deshalb, weil ich schon lange Westen entweder nicht für diese Dinge oder war nicht so weit, das reden zu können, was mich so faszinierte und was mir so bedeutungsvoll erschien.

konnte. Ich wollte das deshalb, weil ich erwartete, daß die neuen Asiaten und die neuen Amerikaner jetzt enger zusammenarbeiten und vor allem deshalb, weil ich schon lange darauf gewartet hatte, mit Menschen von östlicher Herkunft sprechen zu können.

Meine Großeltern hatten die Life Science Publishing Company ins Leben gerufen, und meine Eltern hatten einen eigenen Lehrer, der sie in *yoga*-Disziplinen unterrichtete. Die Bücherschränke meiner Eltern waren gefüllt mit chinesischen, tibetischen und indischen Worten und Gedanken, und meine Kindheitserinnerungen und das Leben in der Familie war durchdrungen von östlicher Philosophie. Während meiner Schulzeit sprach ich jedoch nie von diesen Dingen. Ich verbarg diesen Bereich meines Lebens und meiner Gedanken vor meinen Freunden, denn damals interessierte man sich im Westen entweder nicht für diese Dinge oder war nicht soweit, über solche Interessen offen zu sprechen. Mein Kopf war voll von Gesprächen, die in meinem Alltagsleben nirgends Raum hatten. Ich sehnte mich danach, mit anderen Menschen über das reden zu können, das mich so faszinierte und das mir so bedeutungsvoll erschien.

Als sich dann eine Gelegenheit ergab, beschloß ich, einige Jahre in Korea zu verbringen. Ich gab mir große Mühe, mich mit der Sprache vertraut zu machen, weil ich dachte, in Korea würde es vielleicht anders sein. In den Straßen von Seoul sah ich Mönche im Habit aus entlegenen Tempeln; vielleicht würde jeder hier, der überhaupt Gelegenheit hatte, mit einem Menschen aus dem Westen zu sprechen, glücklich darüber sein, sich über asiatisches Gedankengut mitzuteilen. Meine Hoffnung war es, mit Menschen zusammenleben zu können, die dachten und sprachen wie traditionelle Asiaten — also nicht unter Weisen zu leben, sondern mit denen, die wie ich suchten und dienten, wo immer sie auch leben mochten.

Doch wie es im Leben so geht, trat diese Hoffnung sehr bald in den Hintergrund; ich war so intensiv mit der Verwestlichung Koreas beschäftigt — als Lehrer für Englisch, Stenographie, Maschinenschreiben und Büroarbeiten, als Berater von Studentengruppen verschiedener Universitäten, von Firmen und Hotels — daß für etwas anderes keine Zeit mehr blieb. Nach der ersten kurzen Begegnung mit jenem jungen Mönch hatte ich öfters Gelegenheit, mit anderen Mönchen in verschiedensten buddhistischen Tempeln zu sprechen; ich verbrachte jedoch mehr als acht Jahre lang meine Tage in Seoul, umgeben von Menschen, die genau wie wir im Westen waren oder sich bemühten, so zu werden. Sie waren alle versessen darauf, mehr über die Vereinigten Staaten zu erfahren. Das östliche Gedankengut, das mich interessierte, und über das ich viel lieber gesprochen hätte, lag ihnen nicht am Herzen, ja es langweilte sie. In ihren Augen waren solche unpraktischen Gedanken sicher völlig aus der Mode; vielleicht waren sie sogar der Grund für die Gegenwartsprobleme in Korea. Wie man meinte, waren die Amerikaner reich und glücklich, weil ihnen die Suche nach der Weisheit nicht im Wege gestanden hatte.

Es wurde mir klar, daß man die Verwestlichung des Ostens nicht mehr aufhalten konnte. Vielleicht war es unabänderliches Schicksal oder der natürliche Lauf der Geschichte oder auch Teil eines göttlichen Planes. Da es nun einmal unabänderlich war, schien es mir sinnvoll zu sein, mitzuhelfen, daß es schmerzlos und schnell ging. Nach einigen Jahren der Arbeit in Korea begann ich zu ahnen, daß der Verwestlichungsprozeß eine Übergangsphase zwischen einer vielleicht möglichen Synthese des Ostens und des Westens sein würde. Die Überzeugung festigte sich in mir, daß die Asiaten, die ich aus der Nähe beobachten konnte, wirklich Menschen des Westens waren. Sie waren Menschen des Westens mit einer westlichen Vergangenheit, die nur zum Ziel dieser Synthese im Osten geboren worden waren — als Menschen des Westens in der physischen Erscheinungsform von Asiaten.

Als ich 1968 nach beinahe zehn Jahren Aufenthalt in Asien in die Vereinigten Staaten zurückkehrte, trat mir vor Augen, wie stark östliches Denken in den Westen eingedrungen war. Ich glaubte, daß ich diese Veränderung viel bewußter wahrnahm als die meisten Amerikaner. Einerseits fallen nach einer Zeit der Abwesenheit Veränderungen viel stärker ins Auge, da man die einzelnen Schritte des Prozesses nicht miterlebt hat; andererseits hatte ich die umgekehrte Situation bereits wahrgenommen: den Verwestlichungsprozeß in Korea. Ich war an der gegenläufigen Tendenz beteiligt gewesen. Nun waren die Veränderungen, die ich hier entdeckte, genau das, wonach ich mich gesehnt hatte. Ich sah nun, daß ich mit meiner Sehnsucht nicht allein gewesen war. Tausende meiner Landsleute hatten, ohne daß ich es ahnte, eben diese Kommunikation erhofft und auf die Zeit gewartet, die jetzt gerade anbrach. Die Überzeugung wuchs in mir, daß viele der Menschen des Westens, die ich jetzt kennenlernte und mit denen ich ins Gespräch kam, wirkliche Orientalen waren. Sie waren Menschen des Ostens mit einer östlichen Vergangenheit, die um dieser möglichen Synthese willen für dieses Leben in einen Leib im Westen hineingeboren worden waren.

Kurze Zeit nachdem ich mich entschlossen hatte, eine zeitlang nach Topeka zu gehen, kam Baba Ram Dass für ein paar Tage zu den Greens und bezog den Raum in der Bibliothek, in dem Swami Rama im Frühjahr, bevor ich zurückgekehrt war, gewohnt hatte. In Gesprächen mit Ram Dass erfuhr ich, wie er den Verwestlichungsprozeß im Osten sah: Ram Dass glaubte, wie ich, daß die Erhaltung der östlichen Traditionen zum Zeil davon abhing, ob es gelingen würde, sie erfolgreich im Westen Fuß fassen zu lassen. Deshalb war die Zeit nun für die neuen Menschen des Westens reif, mit der Abwendung von den Systemen und Ideologien zu beginnen, die das militärische und industrielle Establishment hervorgebracht haben, und nach neuen Wegen zu suchen. Und nun kamen *yogis, swamis, lamas* und Mönche und legten die Samen ihrer uralten Traditionen in die dafür offenen Seelen. Und sie würden weiterhin kommen. Dass schien mir als Initiator und Interpret mehr geeignet zu sein als die meisten östlichen Lehrer, die ich bis jetzt gesehen hatte: Vielleicht konnte niemand so klar die östlichen Vorstellungen artikulieren und so wirkungsvoll mit den verschiedenartigen alten und jungen Menschen des Westens kommunizieren wie er.

Kurz nachdem Dass Topeka verlassen hatte, sollte nun Swami Rama aus dem Himalaya eintreffen und für einige Monate bleiben, um eine Reihe psycho-physiologischer Experimente durchzuführen. In seinem Brief hatte uns der Swami eine Reihe von Demonstrationen und Meditationsübungen vorgeschlagen, mit denen er, angeschlossen an einen Elektro-Enzephalopgraphen, ein Kardiotachometer, ein Atmungsmeßgerät und andere elektronische Geräte psycho-physiologische Prozesse ablesbar machen wollte. Als sein Sekretär und Assistent im Laboratorium würde ich Gelegenheit haben, seine Techniken zu beobachten. In der „Arbeitsplatzbeschreibung des Assistenten von Swami Rama" hatte Dr. Green vermerkt: „Es wurde beschlossen, zur Sicherung des reibungslosen Ablaufes aller Forschungsaktivitäten, Verabredungen und Vorträge Swami Ramas einen Assistenten einzustellen, der alles Erforderliche koordiniert." Meine Pflichten schlossen, wie im folgenden ausgeführt, ein, daß ich mich um die Telefonanrufe und Verabredungen des Swami kümmern, Diktate aufnehmen, Tonbandaufnahmen abschreiben, Briefe, Manuskripte in die Maschine tippen und schriftliches Material des Swami herausgeben sollte.

„Ihre Hauptarbeit wird darin bestehen, daß Sie alles notieren", erklärte Dr. Green. „Sie werden alles, was vor sich geht, schriftlich festhalten — alles, abgesehen von den psycho-physiologischen Daten, die im Laboratorium festgehalten werden — den Tagesplan, sämtliche Aktivitäten, jedes Wort, jede Erklärung. Wir möchten, daß der Swami einige

Vorträge und Übungen abhält, daß er Anfängertechniken, Atmung, Konzentration, Meditationsübungen usw. erklärt. Da Sie sich stets in der Nähe des Swami aufhalten und all diese Dinge aufschreiben, werden Sie in der Lage sein, eine Zusammenfassung der wesentlichen Punkte und der in die Praxis übertragbaren Teile seines psycho-physiologischen Trainingssystems, das er uns anschaulich machen wird, auszuarbeiten."

Swami Rama und ich sollten in der Wohnung der Greens untergebracht werden und auch dort essen; zu meinen Aktivitäten würde es auch gehören, mich um seine finanziellen Angelegenheiten und um seine Spezialdiät zu kümmern und dem Swami als eine Art „Hausdiener" vierundzwanzig Stunden am Tag zur Verfügung zu stehen. Diese Aussicht begeisterte mich. So würde ich nicht nur die Lehren und die Gedanken dieses *yogi* aus dem Himalaya aus der Nähe kennenlernen, sondern auch den Menschen selbst.

Elmer legte den Brief des Swami in den Ordner zurück und stellte ihn zu den Akten. Er kam mit etwa einem halben Dutzend kleiner grauer Metalldöschen zurück. Diese unscheinbaren, leichten Geräte waren Temperatur-Simulatoren — Biofeedback-Instrumente — die man nach Elmers Angaben im biomedizinisch-elektronischen Laboratorium der Forschungsabteilung entwickelt hatte. Es waren hochempfindliche Thermometer mit kleinen Thermistoren (Heißleitern), die man auf die Haut kleben konnte, und Meßgeräte, die Bruchteile von Graden und Temperaturschwankungen anzeigen konnten.

Mit einem dieser einfachen Simulatoren konnte jemand zuhause oder im Büro sitzen und erproben, wie die Hauttemperatur seiner Handflächen oder Fingerspitzen anstieg. Eine Beobachtung des Meßgerätes überzeugt einen rasch davon, daß es genügte, sich tief zu entspannen und sich vorzustellen, daß die Hände schwer und warm waren, damit sich die Nadel nach oben bewegte. Viele Migräne-Patienten des Migräne-Forschungsprojekts der Menninger-Klinik hatten diese Temperatursimulatoren erfolgreich angewendet, um zunächst Kopfschmerzen zu vermeiden oder zu mindern, schließlich aber, um zu einer Lebensweise zu finden, in der sie überhaupt keine Kopfschmerzen mehr bekamen. Was diese Resultate hervorbringt, könnte man in einer komplexen physiologischen Terminologie erklären — vielleicht ein Ausgleich der Funktionsebenen der sympathischen und der parasympathischen Funktionen des autonomen Nervensystems. Das Erstaunliche beim Biofeedback ist jedoch, daß es genauso bei Menschen funktioniert, die von den komplexen psycho-physiologischen Prozessen nicht mehr wahrnehmen als ihr Befinden. Die Mutter, die einen Spiegel als Mittel zum Feedback benutzt, um ihrem Sohn zu helfen, sich und seine Umgebung nicht mehr mit seiner schlechten Stimmung zu tyrannisieren, weiß, daß seine subjektive Verfassung und sein übel gelauntes Gesicht irgendwie miteinander in Beziehung stehen und daß sich, wenn er das eine ändert, sich auch das andere ändern wird. Das kleine graue Döschen, das Elmer Green jetzt auf seinen Schreibtisch gestellt hatte, war nur eines aus einer ganzen Reihe von Trainingsgeräten, die Patienten, Teilnehmer am Forschungsprojekt und Freiwillige Versuchspersonen ausprobieren und mit nach Hause nehmen konnten, um damit die verschiedensten Aspekte der Selbststeuerung zu praktizieren.

Elmer hielt den Thermistor, der mit dem grauen Döschen verbunden war, zwischen Daumen und Zeigefinger. Die Nadel auf dem Anzeiger bewegte sich kontinuierlich nach rechts. „Es hat eine Weile gedauert, bis Swami Rama verstand, was Biofeedback bedeutet", sagte er, während er den Anzeiger beobachtete. „Aber als er begriff, worum es ging, war er sehr beeindruckt. Als er verstand, daß diese elektronischen Maschinen nicht auf den Körper einwirken, um physische Phänomene zu produzieren, sondern nur dazu da sind, physiologische Reaktionen auf Veränderungen des geistigen, emotionalen oder physischen Zustandes anzuzeigen, wurde sein Interesse wach. Er sprach sogar davon, daß er vielleicht einige dieser Instrumente mit in den Himalaya in die Höhlen der *yogis* nehmen würde. Wissen Sie, diese kleinen Dinger sind batteriebetrieben und wiegen fast nichts, so daß man sie überall mit hinnehmen kann. Stellen Sie sich all die *yoga*-Schüler in ihren Höhlen und *ashrams* vor, die an die Geräte angeschlossen dasitzen."

Während er sprach, ließ er den Thermistor los und drückte ihn dann wieder ein wenig zwischen seinen Fingern, wodurch sich die Nadel hin und her bewegte. Ich hatte plötzlich eine skurrile Vision: Ich sah ein riesiges Transportflugzeug, das

Kisten mit Biofeedback-Instrumenten fallen ließ, die an Fallschirmen leise hin und her schaukelnd in den Himalaya und an die Ufer des Ganges hinabfielen. Auf allen Kisten stand EEG - das bedeutete entweder Elektro-Enzephalograph oder Elmer E. Green, oder auch beides. „Ich dachte immer, daß wirkliche *yogis* weit über solcher physiologischer Gymnastik stehen", protestierte ich erstaunt, „zumindest über Angstsyndromen und Spannungskopfschmerz".

„Die Adepten stehen zweifellos darüber, aber denken Sie an die Neulinge. Sie alle müssen einmal anfangen, müssen beginnen mit Selbstbeeinflussung psycho-physiologischer Prozesse oder mit bewußter Kontrolle innerer Zustände. Wie der Swami sagte: Die *yogi* können lernen, was sie tun müssen, aber sie haben keine Möglichkeit, ihren Fortschritt zu messen. Sie haben keine Möglichkeit herauszufinden, ob sie sich verbessern oder etwas falsch machen, bis sie Meister sind. Er meint, daß diese Phasen der anfänglichen *yoga*-Übungen durch Biofeedback abgekürzt werden könnten. Natürlich ist der Wunsch, schneller zum Ziel zu kommen, wahrscheinlich eine Erfindung des Westens; vielleicht in dieser Beziehung aber auch eine gute. Ich glaube jedenfalls, daß sich Swami Rama im Herbst nach seiner Rückkehr mit Feedback-Techniken beschäftigen wird, und das interessiert ihn auch ganz persönlich."

„Als Swami Rama sein Herz zum Stillstand im Laboratorium brachte, hatte er kein Feedback, oder?"

„Nein. Er hatte keines. Er saß wie alle Versuchspersonen im Experimentierraum und war an den Polygraphen im Kontrollraum angeschlossen, aber das war eher eine Demonstration als eine Übung. Es gab keine visuellen oder hörbaren Feedback-Signale. Übrigens brachte der Swami sein Herz nicht wirklich zum Stehen. Im Grunde schlug sein Herz nun dreihundertmal in der Minute anstatt siebzigmal. Das nennt man Vorhof-Flimmern. Aber er brachte sein Herz dazu, etwa siebzehn Minuten lang kein Blut mehr zu pumpen. Dr. Marvin Dunne, ein Kardiologe des University of Cansas Medical Centre identifizierte das Elektrokardiogramm und sagte, daß es einem starken Absinken des Blutdrucks, einer Ohnmacht oder sogar dem nahen Tod ähnle. Habe ich Ihnen schon von dieser Kontrolle der Herzkurve erzählt?"

„Nein. Jedenfalls nicht in Einzelheiten."

„Es war so: Der Swami sagte, er sei bereit, sein Herz für drei oder vier Minuten zum Stillstand zu bringen. Ich sagte ihm, daß es mich schon sehr beeindrucken würde, wenn er das für zehn Sekunden täte. Ich war nämlich überrascht, daß er es überhaupt versuchen wollte, denn er hatte uns bei seinem Besuch gesagt, daß er drei Tage lang fasten müsse, um sein Herz ohne Gefahr zum Stillstand bringen zu können. Ich nehme jedoch an, daß er vielleicht zweierlei Techniken anwenden kann. Bei der Demonstration, die er meinte, als er vom Fasten sprach, kann er seinen Herzschlag wirklich aussetzen lassen und eine völlig flache EKG-Kurve erzeugen. Als er uns dieses Experiment vorschlug, war ich überrascht; denn ich dachte, daß wir alle geplanten Experimente schon beendet hätten, und zudem saßen wir gerade mit Dan Fergusun, dem Arzt, der uns mit ihm bekannt gemacht hatte, beim Abendessen. Der Swami wollte am nächsten Morgen im Konferenzraum einen Vortrag halten; danach wollten er und Dr. Ferguson nach Minneapolis fliegen. Alyce und ich waren mit ihm in ein Restaurant gegangen und hatte gerade ein üppiges Abendessen beendet. Wir sagten ihm, wie sehr wir ihm für seinen Beitrag zu unseren Forschungen dankbar waren; da rief er plötzlich aus: „Es tut mir leid, daß ich nicht für Sie mein Herz zum Stehen gebracht habe. Ich weiß, daß Sie das gerne gesehen hätten." „Aber das können Sie doch das nächste Mal tun", sagte ich. Aber er erwiderte: „Ich werde es morgen tun." Alyce erinnerte ihn daran, daß wir gerade aßen und nicht fasteten und sagte, daß ich bestimmt nicht bereit sein, ihm dabei zu helfen, wenn er sein Leben aufs Spiel setzte. Und wissen Sie, was er sagte? Er sagte: ‚Mein Herz ist *mein* Spielzeug und ich kann damit spielen, wann ich will!' Und schließlich überzeugte er uns.

Und so machten wir am nächsten Tag das Experiment. Der Swami hatte darauf bestanden, und nachdem er uns versichert hatte, daß er sein Herz nur für einige Sekunden zum Stillstand bringen und daß es ihm keinesfalls schaden würde, waren wir bereit, den Versuch zu wagen. Wir mußten ein bißchen früher am Morgen beginnen als gewöhnlich, damit wir rechtzeitig fertig wurden, bevor er seine Rede halten mußte. Ich saß mit dem Swami im Experimentierraum, Alyce und Dale waren mit Dr. Ferguson und Dr. Sargent, einem Arzt der Menninger Foundation, im Kontrollraum. Der

Swami hatte Alyce gebeten, ihr über die Gegensprechanlage ein Zeichen zu geben, wenn sein Herz begann stillzustehen. Wenn man dem Swami sagen würde: ‚Es genügt‘, so sollte dies das Signal dafür sein, sein Herz wieder normal funktionieren zu lassen. Was sie dann auf dem EKG-Polygraphen sahen, haten sie nicht erwartet. Wir hatten uns vorgestellt, daß etwa für zehn Sekunden eine flache Linie erscheinen würde. So wurde das Signal zu schnell gegeben. Alle standen da, starrten fasziniert auf das EKG und fragten sich, was dreihundert Herzschläge pro Minute für jemanden wie Swami Rama bedeuten mochten.

Natürlich hatte ich keine Ahnung, was los war. Der Swami saß einfach ruhig da. Auf das Signal ‚Es genügt‘ zog er seinen Magen und sein Zwerchfell zusammen, so daß eine Blockierung des Sonnengeflechts entstand. Ich fragte ihn, wie es seinem Herzen ginge. Dann rief Alyce mich über die Gegensprechanlage. ‚Würden Sie einen Moment herüberkommen und sich dieses EKG ansehen?‘ Als ich zum Swami zurückkam, sagte ich: ‚Ihr Herz hat nicht ausgesetzt, wie wir uns das vorgestellt hatten, sondern es schlug fünfmal so schnell wie sonst!‘ ‚Nun ja, wenn man sein Herz auf diese Weise zum Stehen bringt, flimmert es hier drin immer noch‘, sagte er darauf. Es war interessant, daß er dieses Wort verwendete, denn Dr. Marvin Dunne, Professor für Kardiologie an der Universität Kansas, gebrauchte, als er das Elektrokardiogramm sah, dasselbe Wort. Er nannte es Herzflimmern. Nachdem Dr. Dunne eine Weile über das EKG gesprochen hatte, fragte er: ‚Übrigens, wer ist dieser Mann? Was ist ihm dann passiert?‘ ‚Nichts‘, sagte ich. ‚Wir befreiten ihn von den Elektroden und er stand auf und hielt einen Vortrag.‘ Bevor er Topeka verließ, sagte mir der Swami, daß dieses Herzkontrollexperiment nichts war im Vergleich mit dem Temperaturkontrollexperiment, das er am Tag zuvor gemacht hatte. Er sagte, daß er viel mehr Übung dazu brauchte, einen signifikanten Temperaturunterschied zwischen zwei Punkten derselben Handfläche zu produzieren, als eine solche Spielerei mit seinem Herzen zu machen oder sogar zu lernen, es zum Stillstand zu bringen.‘

„Aber solch eine außergewöhnliche Kontrolle über das eigene Herz zu haben ist doch wohl viel spektakulärer und in gewisser Weise auch wichtiger, als die Hauttemperatur der

Hände zu kontrollieren?" „Das scheint nur so. Außerdem ist es wirklich auch spektakulär, wenn ich mir überlege, daß es dem Swami gelungen ist, einen Temperaturunterschied von zehn Grad zwischen zwei Punkten auf derselben Handfläche zu erzeugen, indem er sie auf dem Daumenballen um fünf Grad ansteigen und in der Handfläche um fünf Grad sinken läßt. Und auch hier schien mir der Swami äußerlich nichts anderes zu tun als ruhig dazusitzen und seine Hände auf dem Tisch vor sich mit den Handflächen nach oben liegen zu haben. Diese beiden Punkte auf der Handfläche liegen etwa fünf Zentimeter auseinander; die Kontrollzentren im zentralen Nervensystem sind wahrscheinlich nur Millimeter voneinander entfernt. Das ist schon eine sehr subtile Beherrschung des zentralen Nervensystems!"

Ich sollte Swami Rama in zwei oder drei Wochen zum ersten Mal sehen. Jetzt erwartete ich diese Begegnung mit Spannung.

I
Vorspiel in Amerika

KAPITEL 1

SWAMI RAMA KAM an dem Tag nach Topeka, an dem der Herbst begann — am 9. September 1970. Es war, als brächte er etwas Herbstliches mit sich, als verändere sich plötzlich die Atmosphäre — innerlich und äußerlich. Um zwei Uhr hatten wir noch einen ganz gewöhnlichen Sommernachmittag. Elmer war zum Flughafen gefahren; als er um zwei Uhr die Einfahrt hinaufkam, waren Alice und ich gerade in einem Zimmer im ersten Stock, das als Bibliotheks- und Meditationsraum diente; wir zündeten Räucherstäbchen an und trafen die letzten Vorbereitungen für die Ankunft des Swami. Als ich den Wagen über den Kies rollen hörte, sah ich aus dem Fenster; durch die Umrisse der Windschutzscheibe konnte ich undeutlich eine Gestalt auf dem Beifahrersitz sehen. Er war groß — größer als ich es erwartet hatte. Ich sah ihm zu, wie er aus dem Wagen stieg, einen riesigen Koffer herausstellte und nach dem nächsten griff. Ich lief die Treppe hinunter. Als ich die Haustür öffnete, rief er mir mit dröhnender Stimme zu: „Hallo, Douglas! Ich kenne dich!" Ich ging auf ihn zu und griff nach einem seiner Koffer. Da er wohl dachte, ich wollte ihm die Hand schütteln, klemmte er den riesigen Koffer unter seinen linken Arm und packte meine rechte Hand mit der seinen. Er hatte ein unglaubliches Lächeln. Er trug einen weißen Rollkragenpullover und eine Nehrujacke. Seine Haut war dunkel, seine Züge scharf und er hatte große, dunkle, tiefliegende Augen. Sein tiefschwarzes Haar war lang, lockig und glänzte ölig. „Ja, ich kenne dich!"

Er machte einen sehr starken Eindruck auf mich. Vielleicht überraschte mich seine aggressive Vitalität ein wenig, aber es war dennoch eine heitere und freundliche Begegnung. Wie hätte er mich in Verlegenheit bringen können, wäre er aufgeblasen oder reserviert gewesen!

Als Elmer und ich sein Gepäck die Treppe hinaufgetragen hatten, wandte er sich zu mir um, packte mich am Arm und sagte: „Douglas, du wirst mit mir arbeiten, und ich werde dich mit nach Indien nehmen!"

In diesem Augenblick nach der Ankunft des Swami kam plötzlich der Herbst mit Pauken und Trompeten: Der Himmel wurde dunkel, der Wind begann draußen in den Blättern zu rauschen. Ich ließ ihn allein, damit er seine Koffer auspacken und sich umziehen konnte und ging noch einmal in den Garten hinaus. Schwere Wolken dröhnten von Blitzen und der scharfe Wind wirbelte Zweige und Blätter über den Rasen. Früher hatte ich gedacht, in Kansas zu leben sei ziemlich langweilig; aber inzwischen hatte ich die Weite und die Schönheit dieses Staates entdeckt und schätzen gelernt. Ich mochte die endlosen grünen Felder, die sanften Hügel, die unendliche Vielfalt von Singvögeln, die dramatischen Wolkenlandschaften, aus denen die Sonne immer wieder plötzlich hervorbrach, und die heftigen Unwetter. Jetzt begann es zu regnen und ich sah in den Himmel, aus dem dicke Tropfen auf mich herabfielen. Weiche Wolken wogten so dicht über der Erde, daß ich sie beinahe hätte mit der Hand berühren können. Weiter oben am Himmel bewegten sich dunklere, bedrohliche Wolken in die entgegengesetzte Richtung. Manche der unteren Wolken schienen wider Willen in die entgegengesetzte Richtung gedrängt zu werden, und ich fragte mich, was passieren mochte, wenn sie zusammenstiessen. Dann ertönte das schrille Wimmern der Sirene. Eine Tornadowarnung!

Ich rannte ins Haus. Die Greens hatten die Sirene gehört und das Radio eingeschaltet.

„Bitte bringen Sie sich in Sicherheit, solange die Sirene zu hören ist", sagte eine Stimme. Es gab einen kleinen Keller unter dem Haus, der als Tornadoschutzraum diente. Man konnte ihn entweder durch den Hinterhof oder durch eine Falltüre in einer Abstellkammer von der Eingangshalle aus erreichen. Elmer öffnete die Kammertür und begann die Schirme, Skistiefel, Überschuhe und Staubsaugerteile beiseitezuräumen, die im Weg standen. Der Radiosprecher wiederholte die Durchsage immer wieder: „Dies ist eine Tornadowarnung. Etwa 20 Meilen südwestlich von Topeka ist ein Tornado gesichtet worden. Er hat den Boden berührt und bewegt sich in östlicher Richtung. Es wird empfohlen, sich sofort in Sicherheit zu bringen. Begeben Sie sich in den Tornadoschutzraum in Ihrem Haus oder in der näheren Umgebung. Wenn Sie Auto fahren, verlassen Sie Ihren Wagen, suchen Sie das nächste Haus oder den nächsten Schutzraum auf. Bitte verlassen Sie den Schutzraum nicht, solange die Sirene läuft."

Alyce rief, so laut sie konnte, ins Treppenhaus, um Wind, Sirene und Radio zu übertönen: „Swami, Swami, es tut mir leid, Sie müssen bitte herunterkommen. Bitte kommen Sie sofort herunter. Hören Sie, Swami?" „Ja, ja, danke", antwortete eine heitere Stimme. „Komme gleich. Es dauert nur noch einen Moment!"

„Sie werden ihn herunterholen müssen, Doug, er versteht nicht."

„Swami, es ist eine Tornadowarnung ausgerufen worden", rief ich, während ich zu seinem Zimmer hinauflief. „Bitte kommen Sie mit uns in den Schutzraum,"

Er kam mir auf der Treppe entgegen. Er trug ein langes, fließendes, weißes Gewand und einen weißen Schal um die Schultern.

„Was ist denn? Was gibt es?"

„Ein Tornado, Swami, ein gefährlicher Sturm nähert sich. Wir müssen alle in den Keller hinunter."

„Nein, nein, nein! Das ist nicht gut. Swami kommt und das erste, was ihr tut — ihr habt Angst vor dem Wind. Was soll dieser Unsinn!"

„Aber Tornados sind sehr gefährlich, Swami", sagte Alyce, schüttelte den Kopf und versuchte ihrer Stimme zugleich Dringlichkeit und einen vernünftigen Ton zu geben. „Wir wissen nicht, ob der Tornado bis hierher kommt, aber wenn. . . wenn wir nicht. . ."

„Das ist unmöglich!" unterbrach sie der Swami. „Wir haben unsere Arbeit noch nicht begonnen und der Sturm soll kommen und den Swami, den Doktor und alle anderen wegblasen? Unmöglich!"

Majestätisch schritt er ins Wohnzimmer, wobei sein Schal über seine ausgebreiteten Arme wallte, und ließ sich auf dem großen Sessel in der Ecke nieder.

Alyce und ich gingen hinaus in die Eingangshalle zu der Abstellkammer. Elmer hatte die Falltüre freigeräumt und sah

durch die Öffnung hinunter, um festzustellen, ob der Keller-
boden feucht war. Ich hatte gehofft, daß der Swami uns
folgen würde, aber er tat nichts dergleichen, und so lief ich
zurück ins Wohnzimmer. Er sprach immer noch: „Schwierigkeiten kommen und gehen. Sie mögen ganz plötzlich auftauchen, aber wovor sollten wir uns fürchten? Was sollen diese
Ankündigungen eines Unglücks? Wie kann so ein lächerlicher
Ton, so eine Radiostimme intelligente Leute dazu bringen,
unter ihr Haus zu kriechen?"

Ich stand im Türrahmen und sah ihn an. Es war mir nicht
klar, wie ich ihn überzeugen konnte oder ob ich es überhaupt
versuchen sollte.

„Mach', was du willst", sagte er, „kriech unter die Erde."
Anmutig hob er seine Beine und setzte sich, ohne seine Hände zu benutzen, im Lotussitz zurecht. Dann faltete er seine
Arme vor der Brust. „Ich werde hier bleiben und der Wirklichkeit ins Auge schauen."

Immer noch stand ich da und sah ihn an. Ich dachte, daß
der sicherste Platz vielleicht hier, an der Seite des Swami
sei. . .

Und dann hörte die Sirene plötzlich auf zu heulen. Funk-
stille im Radio. Der Sprecher brachte eine neue Durchsage.
Der Tornado war immer noch unterwegs, aber er war östlich
von Topeka vorbeigezogen. Hier konnte nichts mehr passieren. Elmer und Alyce kamen herein und setzten sich auf
das Sofa. Durch das lange Hin und Her war niemand bis in
den Keller gelangt. Swami lächelte. „Wovor sollten wir uns
fürchten?" fragte er wieder.

Eine Weile saßen wir ruhig da, lauschten auf den immer
noch heftigen Wind, sahen den Blättern und Zweigen zu, die
draußen vorbeiwirbelten. Dann sah ich zum Swami hinüber
und bemerkte, daß sein Blick auf mir geruht hatte.

„Wie wäre es mit einer Tasse Tee?" sagte er mit sanfter
Stimme. Alyce sprang auf und wollte in die Küche gehen.
„Nein, nein, Mama, lassen Sie Douglas das machen. Warum
sollten Sie gehen?" „Nun ich werde ihm wenigstens alles zeigen", sagte sie. Das Telefon klingelte. Es war eine der Sekre-
tärinnen des Forschungszentrums. „Ist der Swami schon
angekommen?. . . Dann hat er die Warnung miterlebt?
Wunderbar. Er hatte keine Angst, nicht wahr? Oh, ich wußte
es: er würde keine Angst haben."

An diesem Tag wurde es nicht mehr hell. Als die Bewölkung sich aufgelöst hatte, war die Sonne schon untergegangen. Wind und Regen legten sich. Eine ruhige Nacht brach herein. Die Luft war frisch und klar, man konnte die Sterne sehen. Nun begann wirklich eine neue Jahreszeit.

Wir vier saßen an diesem Tag noch sehr lang bei Tisch. Der Swami aß mit Genuß und hatte seine Mahlzeit schneller als wir beendet; nun trank er eine Tasse Tee nach der anderen und erzählte Geschichten, die auch nicht aufhörten, als wir anderen längst zu Ende gegessen hatten. Der Swami war ein wunderbarer Geschichtenerzähler. Mit großem Geschick berichtete er die unglaublichsten Erlebnisse, während wir fasziniert vor unseren leergegessenen Tellern saßen.

„Ich erinnere mich an einen der Swamis, der im Himalaya von meinem Meister unterrichtet wurde. Nach siebzehn Jahren Übung konnte er immer noch nicht *samadhi* erlangen. Wir haben einen systematischen Schulungsweg. Nach drei Stunden und sechsunddreißig Minuten erreicht man die vollkommene Ruhe im Sitzen. Wenn jemand geübt hat, völlig regungslos in einer bestimmten Stellung zu sitzen, erreicht er diese innere Ruhe nach drei Stunden und sechsunddreißig Minuten. Und das ist eines der Zeichen für *samadhi*. Er erreichte dieses Stadium, aber *samadhi* erreichte er nicht.

Mir ging es genauso. Nach dreizehn Jahren sagte ich: ‚Oh gott, ich habe mein ganzes Leben vertan — die besten Jahre meines Lebens sind vergeudet. Was soll aus mir werden?‘ Und dann war ich wütend auf meinen Meister. Ich sagte zu ihm: ‚Ich will dir nicht mehr folgen. Ich mag nicht mehr. Ich werde diese Bücher in den Ganges werfen und ich werde allen Leuten, die ich treffe, bevor ich diesen Leib verlasse, sagen, daß all das nichts ist, nichts als Humbug. Niemand soll mehr einem Meister folgen und seine Zeit verschwenden!‘ ‚Was ist denn heute morgen mit dir‘, fragte er. ‚Bist du verrückt geworden? Was ist nur los mit dir?‘ ‚Ich will *samadhi* erlangen‘, sagte ich. ‚Ich habe getan, was ich konnte, genau nach deinen Anweisungen. Ich habe sie bis auf‘s I-Tüpfelchen befolgt. Aber ich habe nichts erreicht.‘ ‚Und was willst du jetzt tun?‘ fragte er. ‚Ich will mir das Leben nehmen.‘

‚Du weißt, was das für Folgen hat‘, sagte er. ‚Du mußt wiederkommen — und das nächste Mal werde ich dich nicht unterrichten, weil ich dann befreit bin. Und wer wird dich dann unterrichten? Außerdem mußt du dann noch einmal ganz von vorne anfangen.'

Dieses Problem begleitet mich immer. Ich meine, daß ich alles noch einmal lernen muß, wenn ich wiederkomme. Er fragte nochmals: ,Willst du wirklich Selbstmord begehen?' ,Ja', sagte ich. ,Ich will diesen Leib nicht mehr haben. Laß mich mit einem neuen Leib zurückkommen und von vorne beginnen. Ich werde einen guten Meister finden, einen wirklichen Lehrer, der mich nicht an der Nase herumführt. . . Du hast meine Zeit vergeudet!' — Und er war so ein alter Mann, ein verehrter Heiliger aus dem Himalaya! Er sah mich an und sagte: ,Ich habe dich nie als meinen Schüler betrachtet. Ich habe dich wie mein eigenes Kind großgezogen. Ich habe dich wie eine Mutter geliebt.'

,Da hast du es — du hast mich zu sehr verwöhnt, siehst du? Ich wollte, daß du mir *samadhi* gibst, sonst nichts. Das hast du nicht getan. Ich habe nichts bekommen, was ich brauche. Nimm mir alles weg. Danach werde ich mich in die Arme des Todes begeben. Ich will diesen höchsten Zustand erreichen. Ich bin immer noch ein Individuum, gebunden an meinen Verstand, meinen Körper. Ich möchte ihn erweitern.' ,Tu, was du willst', sagte er.

Ich wollte mich in den Ganges werfen. ,Warte!' sagte er. ,Ich werde dir jetzt sofort *samadhi* geben.' Ich wartete. ,Setz dich', sagte er. Meinst du, daß du bereit bist für diesen Zustand?' ,Ja', sagte ich. Als er überzeugt war, daß mein Wunsch stark genug war, daß ich vor Verlangen brannte, half er mir. Ich wußte in den nächsten Stunden nicht, was mit mir geschah. Als ich wieder aus diesem Zustand erwachte, waren schon neun Stunden vergangen, und ich war in einem solchen Glückszustand, daß ich selbst noch nach dieser langen Zeit sagte: ,Ich will in diesem Zustand bleiben.' Es war eine unbeschreibliche Freude. Auch heute noch kann ich das nicht beschreiben.

Seit diesem Tag hat sich etwas verändert in mir. Ich bin von allen Ängsten befreit, von diesen krankhaften Zuständen und ihren Ursachen. Wenn sie da sind — laß sie doch, wo sie hingehören, was geht es mich an? Ich bin etwas anderes als mein Körper. Ich identifiziere mich nicht mit meinem Körper. Der Körper ist nur mein irdisches Kleid, ich bin nicht Körper. Diese Unterscheidung zwischen Unwirklichem und

Wirklichem ist auf einmal da, sie ist ganz fest in mir veran-
kert. Wenn wir dieses höchste Ziel des Lebens nicht
erreichen, was ist dann der Sinn unseres Lebens auf diesem
Planeten? Nur so zu leben wie die Kreatur, wie die Tiere
leben? Nur für die sinnlichen Freuden leben – diese Freuden,
die mit Kummer, mit Sorgen vermischt sind? Nein, es muß
einen anderen, einen höheren Zustand geben, und das ist der
überbewußte Zustand!"

,,Soll ich Ihnen noch etwas heißes Wasser für den Tee bringen?" fragte Alyce.

Wir drei hatten die Kaffeekanne geleert, und der Swami
hatte, während er erzählte, seine ganze Teekanne leergetrun-
ken.

,,Nein, nein, es ist gut, Mama. Ich habe schon dieses ganze
Gefäß ausgetrunken. Ich werde erst morgen früh wieder
etwas nehmen." Doch dann fügte er hinzu: ,,Eine halbe Tasse
möchte ich doch noch."

Ich räumte Geschirr weg, während eine Tasse Tee bereitet
wurde, dann setzten wir uns alle wieder an den Tisch.

,,Das Alter meines Meisters kann ich nicht sagen. Wir
sagen nicht, wie alt unser Meister ist. Aber er ist uralt, sein
Körper ist so alt. Er glaubt nämlich, daß er diesen Körper
erhalten muß. Er möchte eigentlich gar nicht warten, Mama,
er bleibt nur noch für mich da. Ich habe meinem Meister gesagt, daß ich nicht leben kann, wenn er nicht mehr lebt.

,Das ist Unsinn', sagt er. ,Haben wir es umsonst so weit
gebracht? Du hast deine Vorbereitungszeit beendet, und ich
kann nun endlich sagen, ich habe das meine getan und du
wirst ohne mich weiterarbeiten – und jetzt willst du alles
aufgeben? Was ist denn mit dir los?' ,Oh, ihr wißt nicht, er ist
meine Mutter, mein Vater, mein Guru, er ist alles für mich.
Ich war für ihn wie sein eigenes Kind. Er erzog mich nicht
nur geistig, müßt ihr wissen, sondern ihm verdanke ich auch
alles, was ich über praktische Dinge, für das alltägliche Leben weiß. Und ich habe ihm solchen Kummer gemacht. Ich
war ein schwieriger junger Mensch. Solche Kopfschmerzen
habe ich meinem Meister verursacht!

Nachdem ich vom College in England zurückkam zu meinem Meister, war ich immer noch wie ein Kind. Ich wollte
ihn mit neiner modernen westlichen Kleidung beeindrucken.
Aber er bemerkte es gar nicht. Er sah mich kaum an. Tag für

Tag zog ich eigens für ihn wunderschöne Anzüge an, aber er sah sie nicht. Ich wollte, daß mein Meister mich lobte, das ist ganz natürlich. Also kam ich jedesmal mit etwas Neuem zu ihm — mit den verschiedensten Hemden, Krawatten, Jacken, Hosen — und dachte jedesmal: das wird ihn jetzt beeindrukken. Oder gefällt ihm dies hier besser? Aber er sah mich nicht an, und ich wäre eher gestorben, als daß ich ihn gebeten hätte, mich anzusehen. Schließlich hatte ich alle neuen Sachen schon zum zweitenmal angehabt und gab auf. Ich werde einige Tage warten, dachte ich, und dann alle Sachen in einer anderen Reihenfolge anziehen. So kam ich in einer einfachen *kurta* und *pajamas*-Hosen zu ihm. Er sah mich an und sagte: ‚Du siehst heute hübsch aus.'

An diesem Tag sah er mich immerzu an und sprach sehr liebevoll mit mir. ‚Warum hast du mich so lange ertragen?' fragte ich ihn. ‚In all diesen Jahren habe ich es dir so schwer gemacht. Du warst meine Familie, und ich habe mich benommen wie ein widerspenstiges Kind.Es gibt andere, die würden voller Verlangen und mit großer Ausdauer zu dir kommen. Warum hast du es auf dich genommen, gerade mich zum Schüler zu haben?' Der arme, gebrechliche alte Mann. . . er sah mich nur an. ‚Du weißt nicht', sagte er, ‚es ist mein Karma.' "

Der Swami leerte seine Tasse und sah nachdenklich vor sich hin. „ ‚Verlaß mich nie', bat ich meinen Meister. ‚Versprich mir, daß du so lange leben willst, bis ich ohne dich sein kann.' Und er versprach es. So ist mein Meister.

Aber eines Tages erschreckte er mich sehr. Oh, es war furchtbar. Wir waren an diesem Tag unter den Gipfeln des Himalaya in einem sonnigen Tal, durch das der Ganges floß. Wir saßen am Ufer des heiligen Flusses und mein Meister sprach auf Sanskrit und erklärte mir einige Stellen aus den Upanishaden. Als er aufsah, bemerkte er einen toten Mann, der im Fluß vorübertrieb. Er zeigte zu der Stelle und sagte: ‚Laß uns den Mann aus dem Wasser holen.'

‚Warum?, fragte ich. ‚Der Mann ist doch tot. Ihr müßt wissen, daß die Leute aus meinem Volk am liebsten an den Ufern des Ganges sterben und ihren Leichnam in das heilige Wasser werfen lassen. Wer lange genug am Ganges wartet, sieht manchmal jene, die ihren Körper verlassen haben. ‚Laß uns sicher gehen', sagte mein Meister. ‚Komm, wir

sehen nach.' Es war der Leichnam eines jungen Mannes. Als
er ihn ans Ufer gezogen hatte, tastete mein Meister den Körper ab und sah ihn sich ganz genau an. ‚Er ist ein so gutaus-
sehender Bursche und jetzt ist er einfach gestorben.'

‚Nachdem er diese Worte gesprochen hatte, fiel er nach
hinten um. Ich stürzte zu ihm hin. Er war gestorben, Mama.
Oh, wie furchtbar! Gerade hatten wir diesen toten Mann
aus dem Fluß gezogen, und nun verließ mein Meister auf
einmal auch seinen Körper! Ich begann meinen Meister zu
schütteln. ‚Meister! Meister! Stirb nicht! Verlaß mich nicht!
Nicht!' Da richtete sich der junge Mann auf und sagte:
‚Warum schüttelst du diesen alten Mann? Warum kommst
du nicht zu mir? Ich bin doch da, und für diesen toten Körper kannst du nichts tun.' Es war seine Stimme, die Stimme
meines Meisters! Ich konnte keinen klaren Gedanken fassen.
Ich war wie betäubt. Ich kniete eine Weile reglos da. Als ich
mich endlich wieder bewegen konnte, begann ich wieder,
meinen Meister zu schütteln. Der junge Mann stand auf.
‚Warum kommst du nicht zu mir und vergißt diesen abge-
legten Körper? Der junge Mann hat seinen Körper verlassen
und ich habe ihn mir genommen. Warum ist das so schlimm?
Ich habe es für dich getan.' Diese Worte meines Meisters
kamen aus dem Mund des jungen Mannes; jetzt ging er auf
mich zu und streckte seine Arme aus. Voller Angst schrie ich
auf. ‚Meister, wo bist du? Bitte, steh auf! Warum tust du mir
das an?'

Ich konnte dem jungen Mann nicht ins Gesicht sehen und
ließ meinen Meister nicht los. ‚Was ist mit dir?' fragte er und
setzte sich neben mir nieder. ‚Ich tu das doch für dich. Du
willst mich nicht gehen lassen, du willst mich hier festhalten.
Warum läßt du mich nicht dieses hübsche Kleid anlegen? Sieh
mich an, gefalle ich dir in dieser Gestalt nicht besser? Ich
möchte dir gefallen!'

Oh, ich konnte ihn nicht ansehen, Mama, und ich brachte
kein Wort hervor. Ich war von Angst und Verwirrung überwältigt. Ich wollte nur eines: daß mein Meister sich wieder
aufrichtete. ‚Du weißt doch nun, daß ich in diesem Körper
bin', sagte er. ‚Warum benimmst du dich so töricht? Warum
sprichst du nicht mit mir? Warum hilfst du mir nicht, den
Leichnam dieses uralten Mannes ins Wasser zu werfen?'
Ich sah das fremde Gesicht und brachte hervor: ‚Nein, nein!

Er ist mein Meister, ich liebe nur ihn. Quäl mich nicht so. Ich möchte dich so, wie du immer warst. Ich möchte dich in deinem eigenen Körper. Ich könnte nie einen Fremden als meinen Meister annehmen.

Da fiel der junge Mann zu Boden und mein Meister richtete sich auf. ‚Der Körper ist nichts, das weißt du doch‘, sagte er. Ich war so glücklich, seine Stimme aus seinem eigenen Körper zu hören, daß ich ihm um den Hals fiel. ‚Der, den du deinen Meister nennst, ist nicht dieses alte Gerippe‘, fuhr er fort. ‚Warum hängst du so an diesem häßlichen Fleisch, wenn ich selbst es aufgeben möchte?‘ ‚Weil ich nicht so erleuchtet bin‘, antwortete ich. ‚Ich spüre zwar mehr als dieses physische Sein, aber ich kann nur den Körper sehen. Und wenn du ihn verläßt, dann hast du auch mich verlassen.‘ Er ging noch einmal zu dem Toten und untersuchte ihn. ‚Dann laß mich diesen jüngeren Körper annehmen‘, sagte er. ‚Niemand braucht ihn mehr. Ich muß es dir zuliebe tun. Du bist von meiner physischen Existenz abhängig, und deshalb muß ich sie verlängern.‘

‚Nein, nein, bitte nicht!‘ schrie ich und hielt ihn an den Füßen fest. ‚Ich möchte sie nicht verlängern.‘ ‚Ah‘, sagte er. ‚Das wollte ich hören.‘ ‚Nein, nein, das habe ich nicht gemeint. Ich möchte nur diesen Körper, der mich gelehrt und erzogen hat. Ich möchte sein Leben nicht so sehr verlängern. Nur bis zu dem Tag, an dem du mich gelehrt hast, ohne dich leben zu können.‘

Er sah mich an mit seinen alten Augen – was für ein Blick, Mama. Wir hatten beide Tränen in den Augen. Und dann sagte er: ‚Nein, ich hätte es nicht getan. Ich wollte dir nur etwas klarmachen. Siehst du, diese Körper sind für uns wirklich, und dennoch sind sie eine Illusion. Doch hier auf der Erde haben wir nun einmal diese Bindung an Illusionen, und eines Tages muß ich dich auch hergeben. Wir wollen beide tun, was wir können, mehr bleibt uns nicht.‘ "

Der Swami hatte seinen Stuhl zurückgeschoben und betrachtete uns einige Augenblicke, während wir noch am Ufer des Ganges saßen. „Ich habe so viel geredet", sagte er, und stand auf. „Laßt mich jetzt an meine Arbeit gehen. Mein Meister wartet jetzt immer noch auf mich. Der gleiche Körper am gleichen Ort." Er hob die Arme zum Gruß und legte die Handflächen aneinander. „Gute Nacht, gute Nacht!"

KAPITEL 2

ES BEDEUTETE EINE beträchtliche Veränderung in meinem Lebensstil, bei den Greens mit Swami Rama zu leben. Ich merkte das schon am Tag, an dem der Swami ankam, und es wurde mir noch mehr klar, als er am nächsten Morgen um halb sechs Uhr an meine Tür klopfte und rief: „Hallo, Douglas, wie wäre es mit einer Tasse Tee?" Das Zubereiten von Tee wurde ein wichtiger Bestandteil des Tageslaufs, und wo immer der Swami sich befand: ich hatte auf dem Sprung zu sein, jederzeit bereit, heißen Tee mit Milch zu servieren. Der Swami nannte ihn oft „tilk" und trank ihn am liebsten aus einem großen Glas, gefüllt mit gleichen Teilen starken schwarzen Tees und heißer Milch, verrührt mit ein paar Löffeln gesundem Honig. Der Tee vor Sonnenaufgang war ein sehr wirksames Mittel für mich, meine Tage früh und gut zu beginnen. Der Swami hielt es für einen wichtigen Brauch aller *yogis* und Schüler, gleich nach dem Erwachen aus dem Bett zu springen. Er glaubte auch, daß alle sensiblen Menschen bei Sonnenaufgang schon auf den Beinen waren, um in den Genuß der wohltuenden Wirkung der ersten Sonnenstrahlen zu kommen, die eine besondere ätherische Eigenschaft hatten. Ich war froh, jeden Morgen so geweckt zu werden. Es fiel mir leicht, den Wecker zu überhören, nicht aber die dröhnende Stimme des Swami und nicht sein Bedürfnis nach seinem morgendlichen tilk. Einmal sagte er mir, er bräuchte mich so früh am Morgen nicht mehr zu stören, wenn ich ihm beibrächte, wie man Tee zubereitete und wie man mit den Knöpfen am Küchenherd umging. Ich brachte es ihm bei, um seine stets wachsende Erleuchtung zu vermehren, aber ich wollte seinen Tee weiterhin zubereiten und geweckt werden, wenn er morgens im Haus zu rumoren begann.

Anfangs war ich sehr verwundert darüber, daß dieser eingeweihte *yogi*, dieser Meiser über „unwillkürliche" Prozesse, so ungeschickt war, wenn es um alltägliche Fertigkeiten wie die Zubereitung von Tee ging; aber dann erfuhr ich, daß der Swami daran gewöhnt war, in Indien von allen Seiten bedient zu werden. Nicht, daß er darauf bestanden hätte — es war üblich, daß ergebene Schüler ihren Meister so verwöhnten. Swami Rama galt als ein sehr bedeutender Meister, da er früher in Südindien ein Sankaracharya gewesen war. Sankaracharyas sind einflußreiche spirituelle und religiöse Führer in der indischen Hindu-Hierarchie.

Swami Rama ist vielleicht der einzige Mann, der dieser Position „entronnen" ist, in der er sich, wie er es beschrieb, wie ein Vogel im goldenen Käfig vorkam. Nur ein wahrer Gelehrter konnte in die hohe und heilige Stellung eines Sankaracharya erhoben werden; das Leben des Swami war immer von gründlichen Studien erfüllt gewesen; er hatte sich viele lange Tage freiwillig an einen Stuhl gekettet, um bei seinen Büchern zu bleiben. Manchmal erschien er mir als Experte auf allen erdenklichen Wissensgebieten — von der Metaphysik über Geschichte bis zur Gärtnerei. Die Tatsache jedoch, daß für alle seine täglichen Bedürfnisse und Wünsche gesorgt war, noch bevor sie ihm selbst klar wurden und ohne daß er sie aussprach, ließ ihn unerfahren in allen praktischen alltäglichen Notwendigkeiten bleiben. Der Swami war eine bemerkenswerte Mischung aus höchster Selbstbeherrschung und Unfähigkeit. Ich wußte, daß für diesen *yogi* aus dem Himalaya die verwirrende Kompliziertheit des technologischen Amerika noch überwältigender als für einen gewöhnlichen Fremden sein würde, und ich wollte ihm den zusätzlichen Kulturschock ersparen, sich seinen eigenen Tee zubereiten zu müssen.

Auch in Swami Ramas Lebensstil bedeutete es eine beträchtliche Veränderung, bei den Greens zu leben. Und es bedeutete eine Herausforderung. Am dritten Tag nach seiner Ankunft gingen Elmer und Alyce in ihre Büros und ließen den Swami und mich zuhause zurück. Am Nachmittag sollte der Swami eine Sitzung in tiefer Meditation haben, die zu physiologischen Meßzwecken diente; er wollte deshalb den Morgen alleine und in Ruhe zuhause verbringen, um sich darauf vorzubereiten.

Am Mittag störte ich ihn aus seiner Ruhe auf mit der Ankündigung, das Mittagessen sei in fünfzehn Minuten fertig. Die Greens erwarteten uns um ein Uhr. Während ich seine übliche Mahlzeit aus frischen Früchten und Gemüse und heißem tilk zubereitete, duschte sich der Swami oben im Bad. Als alles fertig und der Tisch gedeckt war, hörte ich die Dusche immer noch rauschen. Es hatte keinen Sinn, nach ihm zu rufen, und so setzte ich mich an den Tisch, auf dem Schüsseln, Teller und Tassen standen, und wartete. Aber das Rauschen hörte nicht auf. Es hörte auch dann noch nicht auf, als ich meinte, das Öffnen und Schließen einer Tür von oben her gehört zu haben. Als es fast ein Uhr war, wußte ich, daß wir zu spät kommen würden, aber ich dachte, sich lang zu duschen sei vielleicht Teil der Vorbereitung, die der Swami für den Nachmittag im Laboratorium brauchte, und wollte ihn nicht stören. Dann hörte ich laute Schritte über mir. Der Swami ging in der Bibliothek umher, in der er jetzt wohnte. Ich wunderte mich, daß das Wasser immer noch lief. Ich wußte, daß selbst Swami Rama nicht zugleich in der Dusche und in seinem Zimmer sein konnte. Nun, ich würde ihn nicht daran hindern, so seltsame Dinge zu tun wie er mochte. Den Geräuschen nach, die ich von oben her hörte, wußte ich wenigstens, daß er sich beeilte.

,,Douglas!'' rief er plötzlich durchs Treppenhaus. ,,Douglas, ach Gott, hilf mir, was habe ich angerichtet?''

Ich rannte hinauf und sah, daß der Boden unter Wasser stand. Die Dusche spritzte in voller Stärke gegen die Wand des Badezimmers und das Wasser verteilte sich über die anderen Wände, den Spiegel, die Regale, die Handtücher und das Toilettenpapier. Natürlich versuchte ich zuerst, den Wasserhahn abzudrehen, aber alles Drehen half nichts.

,,Oh, Gott, hilf uns!'' schrie der Swami. ,,Warum ist das nur passiert?''

Endlich wurde mir klar, daß der Swami bei dem Versuch, das Wasser abzudrehen, die Hähne so lange in die falsche Richtung gedreht hatte, daß sie fast herausgeschraubt waren. Ich drehte beide fast ein dutzendmal herum, bis das Wasser endlich versiegte und Stille eintrat.

,,Oh, Gott segne dich, du hast mir das Leben gerettet!''

Ich sah ihn an. Da stand er in seinem feinsten Gewand und Sandalen. Ich konnte mir genau vorstellen, was geschehen war. Als der Swami seine Dusche beendet hatte und versuchte, das Wasser abzudrehen, hatte er die Hähne herausgeschraubt. Dann mochte er eine qualvolle halbe Stunde unter dem rauschenden Wasserfall gestanden und verzweifelt versucht haben, das Wasser abzudrehen, und sicher hatte er nicht gewagt, den Duschvorhang zu öffnen, damit das Wasser nicht überall im Bad herumspritzte. Als er endlich beschlossen hatte, die Dusche zu verlassen und um Hilfe zu rufen, war er geräuschvoll herumgerannt, während das Wasser das Badezimmer überflutete, und hatte sich rasch angezogen, um wenigstens so würdevoll wie möglich auszusehen.

Er sah mir zu, als ich die Handtücher und Vorleger auswand und klagte: „Oh, mein Gott, was habe ich getan! Ich habe die Wohnung des Doktors ruiniert!"

„Es ist nicht so schlimm", beruhigte ich ihn. „Es ist ja nur Wasser. Ich werde alles in Ordnung bringen und niemand wird etwas bemerken." Das stimmte nicht ganz, aber ich wollte nicht, daß die bedrückende Erinnerung an diese Episode als Schatten über seine Tiefenmeditation im Labor fallen sollte.

In den ersten Tagen verbrachten der Swami und ich die Vormittage zu Hause. Er rief mich öfters nach oben in sein Zimmer, damit ich mit ihm seine Tonbandaufnahmen von klassischer indischer Musik und religiösen Gesängen anhörte. „Du verstehst diese Musik", sagte er zu mir. „Du verstehst sie, weil du im Osten gelebt hast." Die meiste Zeit jedoch schwieg er. Manchmal saßen wir stundenlang in tiefem Schweigen da. Er saß völlig reglos mit halb geschlossenen Augen im Lotussitz, mit so geradem Rücken und gestrecktem Hals, daß er größer als sonst wirkte. Dann sah er alt und würdevoll aus. An diesen Tagen aßen wir auch zuhause zu Mittag und verbrachten immer viel Zeit mit Gesprächen bei Tisch, mit Ausnahme jenes Tages, an dem das Mißgeschick mit der Dusche passierte. Alles, was ich für ihn zubereitete, schien ihm gut zu schmecken, und das tat mir wohl.

„Wir sollten ein Restaurant eröffnen", sagte er eines Tages zu mir. „Eines Tages müssen wir das tun! Du kannst einige indische Gerichte zubereiten lernen und wir beide werden eine Vielfalt der köstlichsten Speisen kochen. Das müssen wir unbedingt machen. Es wird das beste Restaurant werden, das man je gesehen hat."

Er meinte das wohl nicht ganz ernst, aber vielleicht konnte es wirklich wahr werden, wenn ich nur mit genügend Enthusiasmus darauf einging?

Gegenüber der Wohnung der Greens lag ein von Trauerweiden gesäumter Landschaftspark. Es gab darin einen Zoo, einen Rosengarten und ein Gewächshaus, ein Schwimmbecken, Tennisspielplätze und viele grüne Rasenflächen; mit einem kleinen offenen Zug mit einer Glocke und einer schrillen Pfeife konnte man für fünfunddreißig cents rings um den Park fahren. Jeden Tag zur Mittagszeit, wenn wir bei Tisch saßen, fuhr der Zug seine Runden unter lustigem Trillern der Pfeife, und der Swami machte jeden Tag eine Bemerkung darüber. Zwei oder dreimal lief er zum Fenster, um den Leuten zuzusehen, die da hinter den Ästen der Trauerweiden vorbeikutschierten.

Eines Tages erzählte ich ihm, daß die Greens mit ihren Enkeln eine solche Rundfahrt gemacht hätten, ich aber noch nie. Ich gestand, daß es mir leid tat, noch nicht dazugekommen zu sein. „Mir ist klar, daß ich unbedingt solch eine Zugfahrt machen muß", sagte ich scherzhaft, „denn ich weiß, daß jeder Schüler seine Wünsche entweder befriedigen oder überwinden muß, um zur Freiheit von allen Bindungen, zur völligen Bedürfnislosigkeit, zu kommen."

Meine Bemerkung amüsierte ihn offenbar, doch dann wurde sein Gesicht für einen Augenblick ernst und nachdenklich. Dann lächelte er wieder und seine Augen strahlten. „Wir tun es", sagte er. „Ganz bestimmt. Triff du alle Vorbereitungen."

„Yogis und andere östliche Menschen vereinen oft verschiedene Naturen, unterschiedliche Aspekte ihrer Persönlichkeit in sich", hatte mir Elmer einmal erklärt. „Der Swami ist in meinen Augen ein Mann mit dreierlei Gesichtern: ein weiser alter Mann, ein Mann mittleren Alters und ein Knabe." Ich hatte in diesen ersten Tagen seine drei Wesen kennengelernt. Wenn er in ruhige Kontemplation versunken oder in tiefer Meditation dasaß, war er ein würdevoller und weiser alter Mann. Die meiste Zeit war er sein beherztes, gutgelauntes mittleres Selbst, und in seltenen, unerwarteten Momenten war er einfach ein Kind. Obwohl seine höchste *yogi*-Natur wohl in sein altes, weises Selbst eingegangen war, schien es mir, als sei es sein mittleres Selbst,

das die Demonstrationen in unserem Laboratorium vornahm
und außerordentliche *yogi*-Taten vollbrachte. Und es mochte
sein, daß das Kind in ihm eines Tages auf dieser Zugfahrt bestehen würde — nicht nur um meinetwillen.

KAPITEL 3

ELMER VERLIEH Swami Rama den Titel eines Beraters des Voluntary Controls Project und der Swami bekam sein eigenes Büro mit einem Namensschild an der Tür. Das Büro war nicht groß, und da er es so vollgestellt hatte mit Kakteen, Farnen und anderen Topfpflanzen, blieb gerade noch genug Platz für seinen Schreibtisch, seinen Sessel und weitere zwei Stühle für den Fall, daß Besucher kamen. Im ganzen Forschungszentrum gab es kein solches Büro. Es sah fast aus wie ein Tempel und war eine Quelle heiliger Wohlgerüche wie Jasmin, Moschus, Weihrauch und Myrrhenduft. Man trat in dieses von Räucherschwaden erfüllte Zimmer, das von Pflanzen, Bildern und zahllosen exotischen Kunstgegenständen überquoll, wie in ein Heiligtum in einem *ashram* oder in einem Kloster. Ein professioneller Experimentator oder ein klinischer Psychiater ist nicht leicht zu erschüttern, aber nicht wenige unserer Ärzte und Wissenschaftler, die an unseren Räumen vorbeikamen, waren überrascht und manchmal fast bestürzt über Swami Rama und die vielerlei Manifestationen seiner Gegenwart.

Einfachen Leuten erschien des Swami weniger beunruhigend. Der Gärtner der Menninger Foundation mochte ihn auf anhieb, was auch einer der Gründe dafür war, daß der Swami so viele Pflanzen in seinem Büro hatte. „Wissen Sie, ich finde es prima, daß hier endlich mal jemand was von Pflanzen versteht", sagte der Mann zu ihm. Und später, als der Swami es nicht hören konnte, sagte er zu mir: „Also das ist mal ein Mann, mit dem man reden und dem man zuhören kann, das ist gar nicht selbstverständlich, glauben Sie mir — und ich bin schon eine ganze Weile hier. Er ist so gescheit wie sie alle zusammen, das sieht man sofort, aber das ist nicht so eine abgehobene Gescheitheit wie bei 'ner ganzen Reihe von anderen Leuten, die ich Ihnen nennen könnte." Das war eine bemerkenswerte Feststellung. Zweifellos wären die meisten anderen, die er nicht nannte, vom Gegenteil überzeugt gewesen.

Mein Büro war nur einige Schritte von dem des Swami entfernt. Es war nicht größer als seines, aber der Arbeitsplatz schien größer, weil nur ein paar kleinere Pflanzen darin standen. Wenn jemand Swami Rama anrief, läutete das Telefon in meinem Büro. Mit einem Knopfdruck konnte ich ihn verständigen, wer am Apparat war. In den meisten Fällen sollte ich das jedoch nicht tun, denn es gehörte zu meinen Aufgaben, dafür zu sorgen, daß der Swami nicht gestört wurde. ,,Es werden mich viele Leute anrufen. Du weißt nichts, du hast keine Ahnung. Auf Schritt und Tritt passiert mir das. Swami, Swami, Swami. Ich kann diese Ablenkung nicht brauchen. Sag ihnen: ‚Swami ist gerade im Laboratorium, Swami spricht gerade mit Ärzten, Swami meditiert gerade.' Wir müssen unsere Arbeit tun. Ich möchte nicht gestört werden von all diesen Menschen." So verstaute man also das Telefon des Swami zwischen ein paar Blumentöpfen auf einem Tisch hinter seinem Rücken und er konnte es vergessen.

Als alles besprochen war, verbrachte der Swami fast jeden Vormittag friedlich in seinem Büro verschanzt, las, schrieb, dachte nach, meditierte oder ruhte sich einfach aus. An den Nachmittagen gab es viel zu tun: die Experimente im Labor, die Überprüfung und Auswertung der psychophysiologischen Messungen, Besprechungen; aber an den Vormittagen hatte er Zeit für sich, es sei denn, er nahm an Mitarbeitergesprächen teil. Er brauchte diese ungestörten Stunden, um sich auf seine Arbeit im Laboratorium vorzubereiten. Deshalb war es wichtig, ihn nicht mit unerwarteten Anrufen und Besuchen zu stören. Er malte sich sogar selbst ein ,,Bitte-nicht-stören"-Schild wie im Hotel, hängte es an seine Türklinke, schloß die Tür und gab keine Antwort, wenn jemand klopfte. Dann konnte ich, wenn ich ihn sprechen mußte, aus meinem Büro in seines mit einem Summton hinüberrufen und er nahm den Hörer ab.

Etwas mehr als zwei Wochen nach der Ankunft des Swami hatte er sich zuhause und im Büro eingelebt und das Swami-Rama-Forschungsprojekt war in die Wege geleitet. Der Swami sollte jeden Nachmittag ungefähr zwei Stunden im Labor verbringen, an die Meßgeräte angeschlossen, und zu Beginn jeder Woche sollte eine Serie von je fünf Nachmittagssitzungen in allen Einzelheiten geplant werden. Alle, die am Swami-Rama-Projekt teilnahmen, erhielten jeden Montagmorgen eine Kopie des Wochenplans. Auch der Swami bekam eine Kopie, aber es war meine Aufgabe, ihn jeden Nachmittag daran zu erinnern, wenn es ein Uhr war und Zeit, hinaufzugehen und die nötigen Vorbereitungen zu treffen. Mir oblag es auch, dafür zu sorgen, daß er wohlbehalten oben ankam (ohne daß ihn jemand durch ein Gespräch im Flur aufhielt), daß er in Ruhe am Labortisch Platz nahm und eine Tasse heißen tilk mit Honig bekam, um den langwierigen Prozeß zu überstehen, der nun folgte. Drähte für oculographische (Augenbewegungs-), Hautresistenz-(GSR), elektro-kardiographische und elektroenzephalographische Messungen, zum Messen von Fingertemperatur, Fingerkreislauf (Photoplethysmographie) und Unterarmtemperatur (EMG) wurden am Körper des Swami befestigt, dazu ein Atmungskontrollgerät. An seinem Hinterkopf und über dem Gesichtsfeld der Großhirnrinde wurden mit Salzcreme zwei Gehirnwellen-Elektroden (EEG) befestigt und dazu trug er zwei ohrringförmige Elektroden. Diese Vorbereitungen wurden in einer ruhigen Ecke im dritten Stock vorgenommen; daraufhin wurde der Swami mit dem Lift ins Labor im Erdgeschoß gebracht. Unten im Labor saß er in einem bequemen Sessel im schallgedämpften, mit stufenlos verstellbarem Licht ausgestatteten Experimentierraum, und seine Drähte wurden an ein knapp einen Meter langes Kabel angeschlossen, das die physiologischen Signale in den Polygraphen-Raum übertrug. Es machte den Swami unruhig und gereizt, reglos oben am Tisch zu sitzen, während zwei oder drei Mitarbeiter sich an seinem Haar und seiner Haut zu schaffen machten, um die Elektroden anzubringen. Ich hätte ihm am liebsten gesagt: „Sei einfach losgelöst"; aber das hätte wahrscheinlich alles nur noch schlimmer gemacht, und so brachte ich ihm Tee und tat mein bestes, es ihm so angenehm wie möglich zu machen, damit er die gesammelte Gemütsverfassung, die er sich den Morgen über erworben hatte, nicht verlor.

Eine kleine Katastrophe geschah bei einer der ersten Laborsitzungen. Es war ein Experiment, bei dem es um intensive Konzentration nach außen hin ging, bei denen der Swami also seine Sinneswahrnehmungen nicht nach innen verlagerte. Bei dieser Sitzung war er allein im Experimentierraum und das Licht war vollständig gelöscht. Beinahe eine Stunde lang saß er vollständig reglos da; auch das leiseste Zucken wäre auf den Bildschirmen im Kontrollraum abzulesen gewesen. Aber auf einmal hüpften alle Meßgeräte. Auf dem Höhepunkt seiner Konzentration hörte der Swami das Klappern der hohen Absätze einer Sekretärin auf dem Fliesenboden einen Stock über uns. Der Experimentierraum war ausreichend schallgedämpft, es sei denn, im Kontrollraum machte jemand oder eine Maschine ein so lautes Geräusch, daß man es durch zwei Wände und einen Gang hindurch hörte. Wenn man je zuvor Schritte vom oberen Stockwerk her gehört hatte, so waren sie zu leise gewesen, als daß man auf sie geachtet hätte, aber in Swamis ultrasensiblem Zustand produzierte das Geräusch einen schmerzvollen Schock. Als jemand über die Wechselsprechanlage mit dem Swami sprach, bestand er darauf, die Sitzung zu unterbrechen und sofort von all den Drähten befreit zu werden.

„Oh, Doktor", sagte er, „ich bin furchtbar erschrocken! Befreien Sie mich von all diesem. . . diesen. . . den Drähten. Machen wir Schluß für heute. Bitte, ich kann jetzt nicht weitermachen."

Nach einigem Hin und Her fanden wir schließlich heraus, was ihn gestört hatte, und mit etwas Nachdenken und Nachforschen kamen wir darauf, woher das Geräusch gekommen war, das ihn so erschreckt hatte.

Später, als sie oben waren und er mithalf, sich von den Elektroden zu befreien und die Salzcreme zu entfernen, beklagte er sich bei Alyce Green. „Sie wissen nicht, was das für ein Gefühl war. Sie können sich das nicht vorstellen, Mama. So etwas kann gefährlich werden. Ich möchte nicht auf eine solch unerwartete Weise aus meiner Konzetration aufgeschreckt werden, wenn ich da unten sitze. Heute habe ich meine Aufgabe nicht erfüllt, aber wie soll ich diese Art von Konzentrationsübung nochmal machen? Ich werde immer nervös zur Decke schauen und auf den Schock warten. Oh, das kann gefährlich sein, Mama. Tun wir sofort etwas dagegen." Elmer setzte sich mit der Hausverwaltung in Verbindung und sofort kam jemand ins Forschungsgebäude, um den Gang über dem Experimentierraum auszumessen, der nicht mit einem Teppich ausgelegt war. Als der Swami das nächste Mal mit all seinen Drähten ausgestattet in den Experimentierraum hinuntergebracht wurde, lag auf dem Boden über seinem Kopf ein dicker Teppich; und wenn dort oben niemand eine Schreibmaschine zu Boden fallen ließ, bestand keine Gefahr mehr für den Swami, noch einmal einen solchen Schock zu erleiden.

Aber es gab noch andere Dinge als Bequemlichkeit und Ruhe, die für den Swami bei diesen Experimenten wichtig waren. „Spontane Begeisterung", so nannte Elmer Green die Verfassung, in der der Swami seine *yoga*-Künste im Labor vollbrachte. Wir merkten allmählich, wie wichtig es war, das Interesse des Swami an dem, was er tat, wachzuhalten und ihm darüberhinaus das Gefühl zu geben, die Dinge unter Kontrolle zu haben und kreativ sein zu können.

Dafür mußten wir zunächst herausfinden, in welchem Verhältnis das, was er innerlich tat, zu dem stand, was er im Rahmen der von uns verwendeten Resultate produzierte. Eine Besprechung der Aufzeichnungen, die jeden Tag im Labor gemacht wurden, erfolgte jeden Nachtmittag. Die bisherigen Experimente hatten alle mit den verschiedensten Formen der Konzentration zu tun: mit der Konzentration auf einen bestimmten Punkt durch Blicke, auf ein bestimmtes *chakra*, auf den Atem, wobei der Swami verschiedene Atemtechniken anwandte; für diese Experimente waren die Gehirnwellenaufzeichnungen auf den Elektroenzephalographen-Streifen wichtig. Unser System, ihm nach jeder Nachmittagssitzung die Diagramme, die er produziert hatte, zu zeigen und ihre Bedeutung zu erklären, machte ihm bald verständlich, was die Gehirnwellen aussagten und wie die vier verschiedenen Kurven definiert werden. So konnte er die Aufzeichnungen mit seinen inneren Vorgängen in Zusammenhang bringen; sobald dieser Zusammenhang für ihn hergestellt war, konnte er in seinem Sessel im Experimentierraum sitzen und jede Art von Gehirnwelle hervorbringen — von delta bis beta — so lange er wollte, während der Papierstreifen durch die Maschine lief.

Der Papierstreifen, der langsam und gleichmäßig durch das Aufzeichnungsgerät lief, war für den Swami eine weitere Quelle der Irritation, was wir aber in den ersten Wochen gar nicht bemerkten. Von Anfang an sah das Programm vor, daß der Swami für seine verschiedenen Konzentrations- und Meditationsübungen wenigstens drei Stunden pro Sitzung Zeit hatte. Aber der Swami beendete die ersten Sitzungen jedesmal schon nach viel kürzerer Zeit, dann, wenn er gerade richtig angefangen hatte. Da man beschlossen hatte, es den Inspirationen und dem Zeitgefühl des Swami zu überlassen, was er tat, scheute sich Elmer, das zu kritisieren. Wenn der Swami die Sitzungen ausdehnte und mehr tat, sollte er den Eindruck haben, es sei seine eigene Idee gewesen. Wir hofften alle, daß er allmählich genug Begeisterung aufbringen würde, um wirklich ausgefüllte und sinnvolle Sitzungen zu ermöglichen.

Während einem der Montagmorgen-Treffen, an denen die anderen Mitarbeiter und der Swami teilnahmen, erwähnte jemand den Umstand, daß der Swami bei jeder Sitzung nur sehr kurze Zeit an den Maschinen verbrachte und erinnerte daran, daß zu diesem Zweck drei Stunden vorgesehen waren. Das erlaubte Elmer, selbst auf diesen Punkt zu sprechen zu kommen. „Sie wissen, Swami, daß Sie immer viel Zeit haben", sagte er, „Wenn alle Vorbereitungen getroffen sind und Sie im Labor sitzen, fänden wir es sehr schön, wenn Sie weitermachten, solange Sie wollen oder müssen, oder auch solange Sie können. Sie können es natürlich machen, wie Sie wollen, ich meine nur, daß Sie so lange weitermachen können, wie es Ihnen beliebt. Vielleicht wissen Sie noch nicht genau, was Sie vorhaben. Wir können am Anfang ja alles mögliche ausprobieren. Deshalb wäre es vielleicht am besten, viele Aufzeichnungen zu produzieren, die wir dann nach jeder Sitzung ansehen und besprechen könnten."

Am nächsten Tag rief der Swami Elmer und Alyce und sagte: „Ich habe eine Neuigkeit für Sie. Alle Aufzeichnungen, die wir in den letzten zwei Wochen gemacht haben, müssen weggeworfen werden."

„Warum denn?" fragte Elmer.

„Weil ich nicht in die vorgesehenen Stadien der Meditation gelangt bin."

„Wie konnte das geschehen?"

„Wenn Sie mir nicht gesagt hätten, daß eine Schachtel von diesem Papier sechzehn Dollar kostet, wäre das besser gewesen. Das ist nämlich das Problem. All dieses Papier. Ich

verschwende das ganze Papier. Und noch dazu ist es Spezial-
papier. Jeden Nachmittag sitze ich in dem dunklen Raum
und bin so irritiert, weil ich an all das Papier denken muß, was
sich da am Boden anhäuft."

„Aber Swami, an das Papier brauchen Sie wirklich nicht zu
denken", versicherte ihm Alyce. „Hat Sie das wirklich so beunruhigt und Sie haben es uns nicht gesagt?"

„Oh, Mama, es ist schlimm. Sie wissen gar nicht, wie
schlimm das für mich ist."

Bevor wir diese Testreihe begannen, war der Swami durch
den Polygraphen-Kontrollraum geführt worden, und wir hatten ihm die verschiedenen Apparate und ihre Funktion erklärt. An diesem Tag wurde gerade eine Testserie ausgeführt,
und der Swami sah, wie die Apparate die Kurven auf Papierstreifen aufzeichneten. Das EEG-Papier wurde in Stapeln in
den Maschine gefüttert und es faltete sich wieder zu einem
ordentlichen Stapel zusammen, nachdem es herausgelaufen
war. Der EKG-Apparat und der Polygraph zur Aufzeichnung
anderer physiologischer Signale wurde mit Rollen von Spe-
zialpapier gefüttert, die sich dann auf dem Boden häuften.
Wenn nicht genug Hände im Kontrollraum frei waren, um die
Papierstreifen aufzurollen, mußte man nur aufpassen, daß
man nicht darauf trat, bevor die Sitzung beendet und die
Apparate ausgeschaltet waren. Der Swami war sicher nicht
nur beeindruckt davon, er war wohl entsetzt. Alle Drucker
und Papierhändler seiner Heimatstadt zusammengenommen
konnten an einem Tag nicht so viel Papier bekommen wie
hier in unserem Kontrollraum im Laboratorium an einem Tag
auf dem Boden lag.
auf dem Boden lag.

„Sehen Sie, wir haben ganze Stöße Papier", sagte Elmer.
„Schachteln voll. Das ist unser geringstes Problem, es spielt
wirklich keine Rolle. Es wäre uns sogar lieber, wenn Sie mehr
Papier verbrauchten als bisher. Vielleicht sollten wir uns vornehmen, eine gewisse Menge Papier zu verbrauchen — etwa
vier oder fünfmal so viel wie bisher. Sie könnten machen, was
sie wollen und können, und wir hätten jeden Tag eine Menge
von Kurven zur Kontrolle."

Allmählich überwand der Swami seine Angst davor, Papier
zu verschwenden, und auf den großen Tischen oben im Konferenzraum lag von nun an eine Menge Papierstreifen und Bo-

gen, wenn wir uns nach einer Nachmittagssitzung zusammensetzten. Bald konnte der Swami ankündigen, daß er soundsoviele Minuten theta, soundsoviele Minuten delta produzieren, zu beta zurückgehen und alpha für soundsoviel Minuten produzieren und dann genau das tun konnte, was er ankündigte. Aber schließlich beeindruckte ihn diese Leistung nicht mehr. Eines Tages schlug er ganz begeistert vor, daß er gerne mithelfen würde, neue Möglichkeiten zum Nachweis der Existenz zusätzlicher Wellen oder Kurven zu entwickeln, die unsere Elektroenzephalographen offenbar nicht messen oder aufzeichnen konnten. Er dachte, er könne durch Zusammenarbeit mit Elmer und anderen Leuten im biomedizinisch-elektronischen Labor dazu beitragen, sensiblere Instrumente zu entwickeln und dadurch die Existenz signifikanterer Zustände zu beweisen, die man anscheinend noch nicht entdeckt hatte.

„Vielleicht wissen Sie nicht", erklärte Elmer, „daß es nicht mehr gibt. Sie können von einer flachen Kurve, d.h. von null Zyklen in der Sekunde bis zu vierundzwanzig, sechsundzwanzig, achtundzwanzig hinaufgehen, soviel Zyklen Sie in der Minute produzieren können — es wird genauestens auf dem Polygraphen angezeigt. Das ganze Spektrum, also der ganze Umfang der eletro-physiologischen Aktivität des Gehirns, ist in gewisser Weise willkürlich in diese vier Kurven eingeteilt. Es ist also nur eine Frage der Definition. Null bis vier Hertz ist also delta, vier bis acht ist theta — und das wissen Sie, weil wir es früher schon einmal definiert haben — acht bis dreizehn Hertz wird alpha genannt, weil dieser Bereich zuerst entdeckt wurde; jede Frequenz von dreizehn aufwärts wird als beta definiert. Es gibt also gar nicht mehr."

Der Swami war nun in der Lage, Kurven innerhalb aller vier Frequenzbereiche zu produzieren. Offensichtlich hatte er aber entdeckt, daß er in der Lage war, mehr zu tun, als auf diese Weise sichtbar gemacht werden konnte. „All das ist nichts", sagte er, „das sind nur Fingerübungen. Irgend etwas fehlt hier — es muß mehr Kurven geben, mehr als dieses beta, alpha, theta, delta."

„Ja, natürlich gibt es mehr als das", antwortete Elmer. Er und ich hatten nun verstanden, was der Swami meinte.

„Sie dürfen nicht vergessen, daß diese Apparate die physische Aktivität in ihrem physischen Leib messen. Diese Kurven zeigen nicht notwendigerweise einen Zustand des Geistes und ganz gewiß nicht Zustände, die über den Geist hinausgehen", fügte ich hinzu, denn ich dachte daran, daß der Swami mir gesagt hatte, Meditation sei ein Zustand jenseits des gewöhnlichen Verstandes.

Eine Weile saß der Swami in Gedanken versunken da. Ich stellte mir vor, daß er nun das Gefühl haben mochte, die Grenzen dessen erreicht zu haben, was er im Bereich von Konzentration und Meditation demonstrieren konnte. Es mochte ihm plötzlich klar werden, daß all die wunderbaren Feinheiten innerer Bewußtseinszustände, die er erreichen konnte, nicht ihren Ausdruck in ebenso wunderbaren Veränderungen der Kurven auf dem Polygraphen finden würden.

„Wozu sind dann all diese Apparate da?" fragte er.

„Im Bereich dessen, was sie leisten können, sind sie sehr nützlich. Sie sind in der Lage, das psycholphysische Prinzip, die Beziehung zwischen Körper und Seele, zu zeigen. Wir behaupten, daß Veränderungen physiologischer Zustände die geistig-seelische Verfassung beeinflussen und umgekehrt. Bis zu welchem Grad das zutrifft, kann durch physikalische Messungen physikalischer Zustände gezeigt werden, da wir so sehen können, wie Veränderungen im Körper mit Veränderungen der subjektiven geistigen und seelischen Verfassung einhergehen. Das ist ein sehr wichtiger Schritt, und das, was Sie tun, ist für diesen Schritt von großem Nutzen. Sie wären überrascht, wenn Sie wüßten, wie viele Menschen, sogar Ärzte und Wissenschaftler, glauben, wir seien nichts als ein Körper — nicht mehr als ein Bündel weitgehend unwillkürlicher chemisch-elektrischer Vorgänge. Und das ist nicht nur ihre Hypothese, sondern ihrer Weisheit letzter Schluß. Wir müssen diese Schlüsse nun zunächst entlarven; wir werden alle voreiligen Theorien über den Haufen werfen müssen — auf wissenschaftlichem Weg natürlich — damit sich die Wissenschaft weiter entwickeln kann. Schließlich werden wir vielleicht auch herausfinden, daß höhere Prinzipien gelten: wir könnten herausfinden, wie höhere Bewußtseinszustände mit der Beziehung zwischen Körper, Seele und Geist zusammenhängen. Und vielleicht wird die Wissenschaft eines Tages in der Lage sein, nichttypische Messungen mit nichtphysischen Instrumenten zu machen."

„Gut", sagte der Swami. „Ich möchte gern eine Tasse Tee."

Und als der Swami soweit war, stundenlang im Experimentierraum zu sitzen und sich nicht mehr daran zu stören, daß sich das Papier auf dem Boden des Kontrollraums häufte, ertrug er die unangenehmen Vorbereitungen, die jeder Sitzung vorangingen, auch gelassener.

Als ich ihm eines Tages seinen heißen Tee brachte und, hinter ihm stehend, zusah, wie man seinen Kopf mit der Salzcreme einrieb, merkte ich, daß er guter Laune war. Es schien mir, als könne er, wenn er wolle, die Aufmerksamkeit und die Berührungen, die ihm bei der Prozedur des Befestigens von Elektroden und Thermistoren zuteil wurde, sogar genießen. Als er aufstand, breitete sich ein Lächeln über sein Gesicht aus.

„Sie sehen interessant aus", sagte ich. Er sah wirklich interessant aus. An diesem Tag war er mit seinen weiten, schneeweißen *yogi*-Hosen, die in Indien *pajamas* genannt werden, ins Labor gekommen. Dazu trug er Sandalen, ein feines, weißes Seidenhemd und darüber die hellblaue Jacke, die alle Versuchspersonen unseres Forschungsprojektes anhatten. Alle an seinen Fingern, Handgelenken, Armen, an seinem Gesicht und dem Hinterkopf befestigten Drähte waren in Taschen gesteckt, die man auf die Ärmel und den Kragen seiner Jacke genäht hatte. Als Stirnband über seinem glänzenden schwarzen Haar trug er die weiße Binde, mit der die EEG-Elektroden befestigt waren. Schwarzes Isolierband und schwarze Kabel bedeckten sein Gesicht, seine Hände. „Ich bin nicht sicher, ob Sie aus einer Höhle des Himalaya oder aus dem Weltraum kommen", fügte ich hinzu. Der Swami strahlte. Das würde ein guter Tag im Labor werden, dachte ich.

„Nein, nein, laß, laß nur", sagte der Swami, als ich mit einem Knopfdruck den Aufzug holen wollte. „Warum sollen wir dieses Ding immer bemühen, wenn ich genauso gut die Treppe benutzen kann?"

„Aber so ist es doch sehr unbequem zu laufen, Swami", wandte ich ein.

„Vor Unbequemlichkeit muß man sich nicht fürchten. Meinst du denn, diese Elektroden hinderten mich am gehen? An meinen Füßen habe ich ja nichts. Beim Hinauffahren können wir den Lift vielleicht benutzen, aber nach unten sollten wir von Zeit zu Zeit zu Fuß gehen."

Und so gingen wir denn die Treppe hinunter. Als wir im zweiten Stock angekommen waren, wandte er sich plötzlich um und schritt den Gang entlang. Ich folgte ihm. Er sah in die Büros hinein, deren Türen offen standen und blieb lächelnd stehen, wenn jemand in der Halle an ihm vorbeiging. Er hatte die Arme in einer anmutigen Geste ausgebreitet, wie er es tat, wenn er seinen Schal trug. Natürlich fiel er allen Vorüberkommenden auf. Wenn er die Leute anlächelte, lächelten sie zurück — weil er zuerst gelächelt hatte und weil er so komisch aussah.

„Gott segne Euch", sagte er immer wieder. „Gott segne Euch, Gott segne Euch."

Warum gebrauchte er diese Worte? Er hatte sie zu den Menschen gesagt, mit denen er arbeitete und gebrauchte sie oft zuhause, vor allem bevor er zu Bett ging, aber nie hatte er diesen Gruß zu all den Mitarbeitern des Forschungszentrums gesagt, zu den anderen Versuchspersonen. Als er im zweiten Stock die Runde gemacht hatte, gingen wir in den ersten Stock, ich immer ein paar Schritte hinter ihm.

„Gott segne Euch! Guten Tag, Gott segne Sie! Wie geht es Ihnen? Gott segne Sie!"

Es dämmerte mir, daß der Swami sich danach gesehnt hatte, die Kluft zwischen sich und all diesen intelligenten und reservierten Leuten zu überbrücken. Dies war nun der richtige Augenblick, seine wissenschaftlichen Bemühungen zur Schau tragen und zugleich wie ein richtiger *yogi* auszusehen. „Gott segne Euch", das war es, was er nun sagen mußte. Es waren die Worte, die diese beiden Welten vereinen sollten — die heilige und die wissenschaftliche. Und das war es, was der Swami von Herzen wünschte. Deshalb sagte er „Gott segne Euch", und er meinte es auch so.

KAPITEL 4

MIT SWAMI RAMA gab es zuhause und bei der Arbeit Anstrengendes und Lustiges, Überraschungen und manchmal auch Verwicklungen. Am wichtigsten jedoch waren die friedlichen Augenblicke zuhause am späten Abend, nach dem Essen, wenn wir mit dem Swami gemeinsam meditierten. Dann war er ganz wundervoll. Wenn ich das sage, so nicht aus übersteigerten Emotionen heraus; er war wirklich wundervoll. Wenn er im Lotussitz auf seinem Meditationskissen saß, Kopf, Hals und Oberkörper sehr gerade aufgerichtet, (auch uns erinnerte er immer wieder daran, so zu sitzen) sah er sehr groß und sehr ruhig aus, und ich konnte etwas von dem ältesten und weisesten Teil seines Wesens spüren.

Die klare und tiefsinnige Anrufung, mit der er die Meditation gewöhnlich begann, gefiel mir sehr. Er sprach zuerst auf Sanskrit und übersetzte dann ins Englische:

> *Führe mich aus dem Dunkel ins Licht,*
> *führe mich vom Unwirklichen zum Wirklichen,*
> *führe mich von der Sterblichkeit zur Unsterblichkeit.*

Swami lehrte mich, wie man den Lotussitz richtig ausführt. Da ich über acht Jahre lang in Korea gelebt hatte, war ich es gewöhnt, einen guten Teil des Tages mit überkreuzten Beinen zu sitzen und so waren meine Beine recht beweglich. Es gelang mir, ziemlich lange recht bequem mit untergeschlagenen Beinen zu sitzen, und ich dachte, das sei ein guter Lotussitz. Der Swami sagte mir jedoch, daß ich es erst lernen müsse, wenn ich wirklich den Lotussitz erreichen wollte. Er zeigte mir, was er unter einem wirklichen *lotus-asana* verstand. „Siehst du, wo meine Füße sind? Die Fersen müssen so gegen den Unterkörper gedrückt werden. So stellst du die richtige Beziehung zum Solarplexus- und Anal-*chakra* her und hast zugleich ein sicheres Gleichgewicht, was diese Haltung auszeichnet und sie über alle anderen erhebt. Nicht daß diese Haltung allein ausreichte — so etwas kann niemand behaupten. Jedes *asana* ist richtig für die Meditation, solange Kopf, Hals und Oberkörper ganz gerade sind. Das *lotus-asana* sollte man entweder richtig oder gar nicht machen. Siehst du meine Zehen? Die Oberseite der Zehen liegt flach auf der Außenseite meiner Beine. Du kannst es versuchen, wenn du willst; wenn du es beherrscht, wirst du merken, daß es für die Meditation das Beste ist. Wenn du die Haltung wirklich beherrscht, ist sie auch nicht mehr anstrengend. Du wirst sehen, wie leicht du deine Wirbelsäule völlig gerade halten kannst. Bei jeder anderen Haltung wird sich der Rücken krümmen. Du mußt immer und immer wieder auf ihn achten. Doch so wirst du sehen, daß die Wirbel ohne dauernde Anstrengung der Muskeln in einer Linie bleiben."

Mit einiger Anstrengung gelang es mir, so zu sitzen wie er, und meine Fersen preßten sich fest gegen meinen Unterleib. Diese Haltung war natürlich weniger bequem als die halbherzige Art, in der ich vorher gesessen war; ich sagte es dem Swami.

„Nein, nein, nein! Du weißt nicht, was ich meine! Du probierst es nur einen Augenblick lang aus und schon fällst du ein Urteil? Du wirst sitzen und sitzen und immer weiter sitzen. Am nächsten Tag wirst du wieder einige Stunden sitzen und am übernächsten ebenso. Dann werden es sechs Stunden und zuletzt sitzt du neun Stunden lang reglos da. Wenn du neun Stunden lang dasitzen kannst, ohne dich zu bewegen oder diesen Körper zu spüren, dann wirst du es zu etwas bringen. In neun Stunden erreichst du etwas. Und dann erfährst du erst, wonach du gesucht hast. Aber es ist harte Arbeit, selbst vier oder sechs Stunden zu schaffen. Eine Welle des Schmerzes nach der anderen wird kommen. Schmerz und Erleichterung. Schmerz und Erleichterung. Erst fühlst du dich unwohl, so wie jetzt. Aber dann gewöhnt sich der Körper daran, du entspannst dich und findest dich darein."

„Das stimmt", sagte ich. „Es geht mir jetzt schon etwas besser." „Ja, aber dann kommt die nächste Welle. Du hast das Gefühl, die Füße schlafen dir ein. Und dann hast du dieses Gefühl und dann jenes."

„Ich weiß, was Sie meinen."

„Aber das geht vorbei. Mit der Zeit geht es vorbei. Der Körper wird gefühllos. Das Körperbewußtsein verschwindet und er wird transzendiert. Und dann kannst du zwei oder drei Stunden so weitermachen. Du sitzt da und denkst ‚Oh, jetzt habe ich wirklich was erreicht. Ich habe den Körper transzendiert. Ich habe das Gefühl, über meinem Kopf aufgehängt zu sein.' Aber du hast nichts erreicht, denn du hast den Geist noch nicht beruhigt. Du mußt den Geist beruhigen. Du mußt all die zerstreuten Gedanken sammeln und sie still werden lassen, damit dein Geist nicht fortwährend herumhüpft. Aber dann kommt die nächste Welle. Du fühlst einen Schmerz in deinem Bein, einen neuen und größeren Schmerz. Ein Schauder geht durch deine Adern und Nerven, er steigt auf, dir wird übel. Und wieder wirst du in deine Körperempfindungen hineingezogen. Dann kommt die Bequemlichkeit, und du sagst dir ‚Oh, nun habe ich genug getan. Jetzt will ich nicht weitermachen. Morgen wird es sicher besser.' Aber morgen ist es ganz genauso. Aber irgendwann einmal mußt du aushalten. Früher oder später mußt du über diesen Punkt hinauskommen, denn das ist noch nicht einmal der Anfang. Das ist noch nicht Meditation. Das ist noch nicht einmal Konzentra. . . Siehst du, was du da machst? Dein Knie kommt nach oben. Das ist nicht richtig. Du brauchst ein höheres Kissen. Wenn dein Gesäß höher ist, gehen die Knie nach unten. Dein linkes Knie bleibt am Boden, aber das rechte Knie muß auch am Boden bleiben."

„Ist es so richtig?" fragte ich, nachdem ich mir ein anderes Kissen geholt und mich halb darauf gesetzt hatte.

Er sah mich mit einem langen, strengen Blick an. „Natürlich", antwortete er feierlich. „Aber natürlich ist das noch gar nichts. Nur so kurze Zeit hast du es richtig gemacht. Wir sprechen dabei. Aber versuche es und bleibe dabei, bis du damit etwas erreicht hast. Eines Tages wirst du diese Wellen hinter dir gelassen haben und dann erreichst du die Ebene des Geistes. Eines Tages wirst du über den Verstand hinauskommen, dann wirst du anfangen zu wissen, was Meditation ist. Nicht vorher. Die Disziplin ist notwendig. Ohne Disziplin erreicht man nichts. Nicht einmal das, was man schon weiß. Mach' es nicht wie ich die, die sagen: ‚Oh, ich sitze doch in einer wunderschönen Haltung da. Schau, wie gut ich es mache.

Räucherstäbchen glühen. Die Kerze brennt. Ich habe Visionen. Ist das nicht *samadhi?*' Nein, das ist nicht *samadhi*. *Samadhi* ist nicht dieses Zimmer, dieser Körper, dieses Hirn. *Samadhi* ist nichts von alledem. Arbeite, arbeite, arbeite, bis du die Freude daran erlebst und dann wirst du eines Tages *samadhi* kennenlernen. Weil du es schon immer gekannt hast."

Ich versuchte die Anweisungen des Swami genau zu befolgen. Stundenlang saß ich im richtigen Lotussitz da und beruhigte erst den Körper und dann die Gedanken. Ich versuchte es jeden Abend bei unseren Meditationen und manchmal an meinem *puja*-Tisch in meinem eigenen Zimmer. Unsere Abendmeditationen dauerten nicht länger als ein oder zwei Stunden, und selbst während dieser kurzen Zeit erfuhr ich alles, wovon der Swami gesprochen hatte, das Kommen und Gehen all der Schmerzwellen, die Erleichterung, das Transzendieren und die Rückfälle.

An einem klaren und stillen Sonntagnachmittag saß ich einmal vor meinem *puja*-Tisch in meinem Zimmer. Die Greens waren im Laboratorium und Swami Rama war ausgegangen. Fast vier Stunden saß ich da, irgendwann in diesem Zeitraum mußte ich alles transzendiert haben — die Wellen der Empfindungen, das ewige Plappern der Gedanken, die Bilder, alles. Entweder war ich eingeschlafen oder ich hatte einen Zustand jenseits der Erinnerung erreicht, denn als der Swami plötzlich laut an der Eingangstüre klopfte, kam ich von sehr weit her. Es dauerte eine ganze Weile, bis ich wußte, wo ich war und was ich tat. Als ich meinen Kopf schließlich soweit geneigt hatte, daß ich meinen Körper sah, konnte ich mich nicht bewegen. Nach mehreren Minuten und einem weiteren Klopfen an der Türe konnte ich endlich mit Hilfe meiner Hände meine Beine wieder etwas bewegen. Sie waren völlig gefühllos. Ich konnte nicht aufstehen. Langsam kroch ich aus meinem Zimmer über den Gang zur Türe. Ich öffnete die Türe und sah auf zu Swamis überraschtem Gesicht.

„Mein Gott, was tust du denn?"

„Ich übe", sagte ich. Ich sah ihm an, daß er das nicht als Entschuldigung dafür gelten ließ, daß ich nicht auf beiden Beiden vor ihm stand. „Ich kann jetzt noch nicht aufstehen", erklärte ich. „Ich kann die Knie nicht strecken. Ich kann nur kriechen."

„Nein, nein, nein! Laß diese Kriecherei, was ist das für eine sinnlose Angewohnheit?"

„Ich will mir das Kriechen nicht angewöhnen, Swami. Ich übe das Sitzen und ich bin ungefähr vier Stunden völlig reglos gesessen. Ich habe kein Gefühl mehr in meinen Beinen und kann sie nicht ausstrecken."

Der Swami lachte mich aus. Das war für mich in diesem Augenblick das Schlimmste; dann aber bemerkte ich selbst, wie lustig die Situation war. Als er genug gelacht hatte, sah er mich wieder streng an. „Steh auf, sonst bekommst du Schmerzen. Steh auf und laß es vorbeigehen. Steh auf, steh auf, steh auf!"

Sofort stand ich auf, und wieder lachte der Swami schallend.

An einem Abend kamen wir erst spät zur Meditation, weil wir nach dem Essen zu lange den lustigen, faszinierenden Geschichten aus Indien gelauscht hatten, die uns der Swami erzählte. Kurz vor zehn Uhr sprang er vom Tisch auf. „Ich möchte heute Abend alleine arbeiten", sagte er. „Ich habe ein Versprechen gemacht und kann es nicht hinausschieben. Ihr macht eure Meditaion wie immer ohne mich. Ist euch das recht?"

„Natürlich ist uns das recht, Swami."

Alyce, Elmer und ich räumten den Tisch so schnell und so leise wie möglich ab, um den Swami nicht zu stören und gingen dann ins Wohnzimmer nach unten. Wir schalteten alle Lichter aus. Ohne irgendein Ritual begannen wir unsere Abendmeditation. Das Haus war stockfinster und totenstill. Noch vor wenigen Augenblicken hatten wir am Tisch gesessen, geredet und gelacht. Und nun verharrten wir reglos im Dunkeln. Ich versuchte mir vorzustellen, wie der Swami nicht weit von uns in Meditation versunken dasaß. Ohne seine Gegenwart, sein Gebet und seine Räucherstäbchen fehlte etwas; heute war alles anders. Meditation ist nicht von der Stimmung abhängig, erinnerte ich mich. Es war ja nicht so, daß wir ohne den Swami noch nie meditiert hätten. Nach etwa einer Stunde größter Anstrengung würde jedoch die Umgebung keine Rolle mehr spielen. Ich mußte all diese Gedanken wegschieben. Ich glaube, daß ich es nach dreißig oder vierzig Minuten geschafft hatte. Als es mir einigermaßen gelungen war, in meinem Körper und in meinen Gedanken völlige Stille einkehren zu lassen, wurde ich plötzlich durch ein lautes Krachen aufgeschreckt. Es durchzuckte schmerzvoll meinen Körper. Ich öffnete die Augen und wandte sie dorthin, woher das Geräusch kam. Es kam aus der Richtung, wo der Swami war, aber natürlich konnte ich ihn durch die Wände nicht sehen – ich konnte in der Dunkelheit nicht einmal Alyce und Elmer ausmachen. Aus den folgenden Geräuschen entnahm ich, daß der Swami sich durch die Dunkelheit zum Telefon tastete und eine Nummer wählte. Jetzt war mir auch klar, woher das erste Geräusch gekommen war. Der Swami war aus seiner Meditationshaltung auf die Füße gesprungen. Was für eine Art von Meditation betrieb er, fragte ich mich, daß er so plötzlich das Bedürfnis hatte, spät in der Nacht zu telefonieren?

Er wählte scheinbar unendlich viele Nummern, zuviele selbst für ein Ferngespräch. Eine Pause, dann wieder das Geräusch der Wählscheibe. Er mußte ungefähr ein Dutzend Nummern hintereinander gewählt haben. Dann hörte ich ihn sprechen. „Oh ja, bitte, helfen Sie mir. Ich sehe nichts. Ja, ich versuche Minneapolis zu erreichen, aber es klappt nicht. Können Sie eine Verbindung nach Minneapolis herstellen? Es ist dringend. Ja, es ist dringend! Ja, ich sage Ihnen die Nummer!" Langsam sagte er die Nummer und wiederholte sie mehrmals. Nach einer Pause rief er plötzlich mit dröhnender Stimme ins Telefon: „Haha, ich habe dich erwischt. Du liest Zeitung! Du hast mich gebeten, mich mit dir durch die Meditation in Verbindung zu setzen und ich tue es zur versprochenen Zeit – aber du? Hast du mich nur deshalb darum gebeten, damit du dann unter deiner hellen Lampe sitzen und die Zeitung lesen kannst? Was soll das? Das ist nicht gut!"

Er knallte den Hörer auf die Gabel und trat in die Tür zum Wohnzimmer. Er kicherte vor Vergnügen und ich konnte an seiner Silhouette sehen, daß er ins Wohnzimmer schaute, wo wir im Dunkeln saßen. „Seht ihr? Alle versuchen sie, auszukneifen. Sie bitten mich darum, mit ihnen zu arbeiten, und dann tun sie selbst nichts. Ich habe ihn erwischt. Er hat nicht gearbeitet und ich habe ihn dabei erwischt!" Der Swami lachte lauthals. „Ich habe ihn erwischt! Meine Güte war der gute Mann überrascht!"

KAPITEL 5

MITTE SEPTEMBER trafen sich Swami Rama und die Mitglieder des Meditationskurses im Konferenzraum im dritten Stock des Menninger-Foundation-Forschungszentrums. Bei diesem ersten Treffen waren wir neun, eingeschlossen die Greens und ich. Elmer war aus zwei Gründen für die Bildung einer solchen Gruppe gewesen: Sie würde dem Swami helfen, den Kulturschock zu bekämpfen, und für uns wäre sie sehr lehrreich. Wir schoben die Tische beiseite und stellten unsere Stühle im Halbkreis um den Swami auf. Es war nicht sehr gemütlich: Das grelle Neonlicht summte über unseren Köpfen; und als wir aufrecht in unseren Konferenzstühlen saßen, wie der Swami vorgeschlagen hatte, sahen wir steif und linkisch aus. Der kalte, harte Boden wäre jedoch noch unbequemer gewesen. Wir beschlossen, daß wir uns von nun an zweimal in der Woche bei den Greens treffen würden, wo wir auf Kissen im Wohnzimmer sitzen konnten, während der Swami seine Anweisungen über die richtige Haltung zu geben begann. Der Swami sprach einführende Worte über die Übungen zur Gedankenkontrolle und zur Meditation, die wir in den nächsten Sitzungen machen würden; es sollte für diesen ersten Tag genügen.

„Nur wenige Menschen kennen die Wissenschaft des *yoga* wirklich. Viele studieren Bücher über *yoga*, manche haben einige *yoga-sutren* gehört oder die Kommentare zu den *sutren* gelesen, wieder andere haben ein paar praktische Übungen ausprobiert, aber es sind nur sehr wenige, die die Philosophie und die Technik des *yoga* wirklich verstehen. Die meisten Menschen im Westen denken heute, daß *yoga* eine Art Gymnastik ist, die auf bestimmten Körperhaltungen beruht. Diese oberflächliche Anwendung mag manchen Leuten heute geholfen haben, aber die tiefere Bedeutung des *yoga* ist weit davon entfernt. Ich bin der Überzeugung, daß weniger als ein Prozent aller Leute die wirkliche Bedeutung des *yoga* begreifen. Die anderen denken entweder überhaupt nicht über *yoga* nach, oder sie denken, *yoga* hieße, auf dem Kopf stehen. Gut. Laßt sie auf dem Kopf stehen; ich tue es auch. Aber sie sollen dann nicht sagen, das sei *yoga*. Meine lieben Freunde, *yoga* heißt, auf den eigenen beiden Füßen zu stehen. Nichts weiter!

Yoga ist die Kontrolle über die verschiedenen Formen des Denkens. *Yoga* ist ein System, mit dem man seine eigene Natur verstehen kann, sie beherrschen lernt und diese Beherrschung für einen höheren Zweck verwendet. Hier ist Disziplin nötig. Keine Selbstbeherrschung kann ohne Disziplin erreicht werden. Das erste *yoga-sutra* des Patanjali sagt: ,Nun folgt die Disziplin des *yoga*.' Ohne Disziplin kann der Student nicht einmal die Bedeutung des *yoga* verstehen. Wenn wir beispielsweise das oberflächliche Benehmen der Menschen beobachten, wenn wir über unser Verhalten in der Gemeinschaft, in der Familie oder in anderen sozialen Bereichen nachdenken, wenn wir weiter über unsere Art zu denken, über unsere innersten Gedanken, unser tieferes Bewußtsein nachdenken, so sehen wir deutlich die große Kluft, die zwischen Denken und Verhalten besteht. Ein Studium ohne Disziplin schafft eine Kluft zwischen Denken und Handeln, zwischen Wissen und Verhalten. Der hingebungsvolle Aspirant ist selbstdiszipliniert, er hat zu lernen, wie er seinen inneren Fähigkeiten sichtbar Ausdruck verleihen kann. . . Doug, ich möchte eine Tasse Tee.''

Am Waschbecken im zweiten Stock waren zwei Hähne. Aus dem einen kam sofort kochend heißes Wasser, und so dauerte es nur ein oder zwei Minuten, um mit einem Teebeutel und einem Styroporbecher eine Tasse Tee zuzubereiten. In wenigen Minuten, in denen ich nicht bei der Gruppe war, dachte ich darüber nach, wie der Swami sich eingeführt hatte. Ich hatte ihn heute zum ersten Mal als Lehrer und Theoretiker erlebt. Seine Stimme und seine Worte hatte ich schon oft gehört — bei Zusammenkünften in Elmer Greens Büro. bei den Meditationen oder an den Abenden, wenn er seine humorvollen und faszinierenden Anekdoten versprühte. Heute aber war er wieder anders — ein Wesen irgendwo zwischen seinem mittleren und älteren Selbst — und er sprach flüssiger, als ich es für möglich gehalten hatte. In dieser Umgebung wirkte er wie ein spiritueller Lehrer, der seine Schüler belehrte und inspirierte, und es schien, als hätte er nie etwas anderes getan, als sei dies seine wirkliche Identität.

Als ich mit seinem Teebecher in den Konferenzraum zurückkam, sprach er immer noch gleichmäßig und fließend, wobei er wichtige Worte und Sätze kraftvoll unterstrich.

„Der Mensch sucht nach Frieden, Segen, Weisheit und Glück. Wir alle wollen dieses immerwährende Glück finden, ein Glück, das durch Wissen erreicht wird, ein Wissen, das durch Frieden erreicht wird, ein Frieden, der durch die richtige Methode erreicht wird. Um glücklich zu sein, brauchen wir Frieden im Geist. Für den Frieden im Geist brauchen wir Gedankenkontrolle. Für die Gedankenkontrolle brauchen wir eine bestimmte Methode. Wir brauchen einen exakten Prozeß, mit dessen Hilfe wir den Verstand völlig von der Verbindung mit den Sinnen, absondern können von den Empfindungen und Objekten der äußeren Welt.

Deshalb müssen die ersten Schritte auf dem Weg getan werden. Die ersten Schritte werden durch ein Üben des Geistes getan. Man ist gewöhnt, sich mit seinen Gedanken im alten Fahrwasser zu bewegen. Und deshalb braucht man Übung — Übung, um in ein neues Fahrwasser auf dem Weg zur Meditation zu kommen. Der Geist muß frei von aller Unruhe werden. Buddhistische Schriften, Schriften der Hindu, der Tibeter, taoistische und konfuzianische Schriften sprechen alle von Wegen, wie man den Geist befreien kann. Zu Beginn gibt es verschiedene Methoden, aber sie münden alle in den gleichen Weg. Alle Wege führen zur Meditation, denn es gibt nur ein Ziel, und dieses Ziel ist die Meditation. Die Meditation ist der einzige Weg zur Freiheit — Freiheit von Furcht, Freiheit von Schmerz, Zorn, Kummer und Depression. Freiheit von allen Sorgen, allen Ängsten, allen Bindungen.

Und die Meditation ist der einzige Weg zum Wissen.

Euer Leben muß sich auf eine Philosophie stützen, eine Lebensphilosophie, die euch zu euren höchsten Möglichkeiten führt. Sie wird euch helfen, die Verbindung zwischen Körper, Geist und Seele zu verstehen. Sie wird euch helfen, eure Beziehung zur Natur zu begreifen, und sie wird euch helfen, eure eigenen Schwierigkeiten und Probleme zu lösen und auch anderen beistehen zu können. Das wirkliche Wissen beginnt mit dem Verständnis für das Nicht-Selbst und das wirkliche Selbst. Es wird leicht für euch sein, eure Beziehung zum Universum zu verstehen, wenn ihr zunächst etwas über eure eigene Existenz versteht. Ihr müßt unterscheiden zwischen dem Nicht-Selbst und dem Selbst. Das Nicht-Selbst ist der Körper, die Sinne, der Verstand, das Ego, der Intellekt; alles was dahinter und darüber ist, ist das wahre Selbst. Alle Dinge werden durch ihre innere Wahrheit bewegt. Alles manifestiert sich von innen her. Versteht dieses innerste Zentrum, und ihr werdet keine Schwierigkeit haben, das Leben zu verstehen, sein Ziel, seine Strömungen und Gegenströmungen. Jemand, der alle Schätze und alles materielle Glück der Welt hat, ist nichts im Vergleich zu einem Menschen, der das Wissen vom Geist oder vom Göttlichen hat — Wissen von sich selbst, von seinem wahren Selbst.

Ihr solltet ein spirituelles Tagebuch führen. Ihr könnt euch selbst entwickeln, indem ihr in klaren Worten aufschreibt, was ihr jeden Tag getan habt. Euer spirituelles Selbst wird euch sagen, welche Arbeit zu tun ist, die ihr nicht getan habt, und was lieber nicht hättet tun sollen. So werdet ihr euch an Disziplin gewöhnen. Ihr werdet eure wichtigsten Gedanken verstehen und so verstehen, wo ihr Fehler begangen habt.

Es nützt nichts, über die Vergangenheit nachzugrübeln. Es schadet, wenn man sich selbst verdammt. Fehler und Unwissen sollte man bewußt wahrnehmen und vergessen. Es ist besser, seinen Verstand dazu zu benutzen, die Dinge wirklich zu verstehen, als sich mit seiner Unwissenheit aufzuhalten. Den Weg zum Göttlichen sollte man ernst nehmen, aber dieser Ernst darf einen nicht quälen oder traurig machen. Fröhlichkeit ist der beste Arzt. Wer immer heiter ist, hat mehr Kraft, kann mehr arbeiten, ist entspannter, kann sich am Leben mehr erfreuen.

Auf diesem Weg, dem Weg zur Mediation, ist nichts eine Sünde. Es gibt keine Sünden, es gibt nur Hindernisse. Wenn ihr beginnt, die Dinge richtig zu verstehen, werden auch die Hindernisse eine Hilfe sein. Aber bevor man sich selbst erkannt hat, kann alles und jedes zum Fallstrick werden. Versucht diese Hindernisse mit der Reinheit des Geistes, mit eindeutigem Streben, mit Selbstvertrauen und Disziplin zu überwinden, damit ihr euch mit den höheren Dingen befassen könnt.

Aber ihr sollt nicht auf die Früchte eures Handelns schauen. Benutzt eure Unterscheidungsgabe und tut, was euer Gewissen euch als gut und richtig erscheinen läßt. Dann könnt ihr zufrieden darüber sein, daß ihr das Beste getan habt. Laßt euch nicht dadurch aufhalten, daß ihr nach Ergebnissen sucht. Die Ergebnisse werden kommen. Nichts sagt euch, daß ihr nach ihnen Ausschau halten und sie erkennen müßt. Wenn ihr nach den Ergebnissen schielt, werdet ihr von eurer Arbeit abgelenkt. Diejenigen, die nach den Ergebnissen Ausschau halten, geraten in Versuchung, die Früchte für sich selbst in Anspruch zu nehmen. War ihre Bemühung aber fruchtlos, sind sie enttäuscht. So wird beides zu einer Last. Man ist entweder glücklich oder enttäuscht. Wenn man enttäuscht ist, kann man nicht weiterarbeiten. Und wenn man nicht enttäuscht ist, gerät man in Versuchung, die Ergebnisse für sich in Anspruch zu nehmen, oder man will diese Versuchung bekämpfen. Also urteilt zuerst, unterscheidet zuerst. Und dann handelt. Und denkt nicht an die Ergebnisse eurer Handlungen — das würde sonst nur zu einer schweren Last. Wenn ihr für alle etwas tut — für die Menschen, Tiere, Vögel, Insekten und Pflanzen — dann gehören die Früchte eures Handelns nicht euch, sondern dem ganzen Leben, und ihr seid frei und froh. . . Jetzt brauchen wir einige Papiertaschentücher."

„Papiertaschentücher?" fragte ich verwundert.

„Laßt uns jetzt etwas praktische Arbeit tun. Wir werden mit der ersten Atemübung beginnen — Bauchatmung. Deshalb sollt ihr euch die Nase putzen. Dafür brauchen wir Papiertaschentücher. Das nächste Mal sollte jeder Taschentücher dabeihaben."

Jemand ging hinaus auf den Gang, um aus dem Vorratsraum eine Schachtel Gesichtstücher zu holen. Wortlos sah der Swami zur Tür. Dann begann er wieder zu sprechen: „Fangen wir ganz von vorne an. All diese Schritte sind Schritte auf dem Weg zur Meditation. Sie sind Schritte dazu, aber nicht die Meditation selbst. Ihr dürft nicht denken, daß das schon Meditation sei. Sie sind Teil des Prozesses, aber sie sind nicht der Zustand selbst; denn Meditation *ist* ein Zustand, ein Zustand jenseits des Verstandes. Man hört so viel über Meditation. Die Leute sagen: ‚Ich habe dieses oder jenes gesehen oder dieses oder jenes gefühlt. Ich habe dieses oder jenes erfahren.' Aber diese vielerlei Erfahrungen sind noch nicht Meditation. Meditation geht darüber hinaus. Meditation ist der Zustand, in dem man in seiner eigensten, innersten Wesensidentität ruht — das sagt *yoga-sutra* drei des Patanjali. *Sutra* vier sagt: ‚Alle anderen inneren Zustände sind bestimmt durch die Identifizierung mit den seelisch-geistigen Vorgängen.‘ Der Aspirant, der sich mit diesen Erfahrungen identifiziert, identifiziert sich mit seinem Verstand. Solch ein Lernender verbringt sein Leben damit, seine Eindrücke und Empfindungen zu sammeln und bleibt darin gefangen, also in dem gefangen, was Veränderungen, Tod oder Verfall unterworfen ist.

Nun stellt euch beispielsweise vor, daß ich in einer ruhigen Ecke meines Hauses sitze, körperlich völlig im Gleichgewicht, und sage: ‚Ich möchte jetzt meine Meditation beginnen.‘ Dann beginnen sich meine Gedanken mit all dem zu beschäftigen, was mich im Alltagsleben bewegt hat. Ich warte darauf, daß sich mein Bewußtsein auf einen Punkt konzentriert. Mein Bewußtsein ist in diesen Gedankenwirbeln gefangen, diesen *vrittis* und diese *vrittis* halten mich zum Narren und lassen mich glauben, dieses Bewußtsein sei meine Identität. Und dann kommt ein Bild — plötzlich steht ein Baum vor meinem geistigen Auge. Und dieses Bild wird zu einer Erfahrung, zu einer klaren Erfahrung, so als stünde ich wirklich vor dem Baum. Dieser Baum, den ich anschaue, ist ein Sandelholzbaum. Ich kenne den Duft des Sandelholzes und reagiere in der entsprechenden Weise. Meine Gedanken sind von dem Sandelholzbaum erfüllt, und ich erfahre das Bild und spüre den Duft. Oft winden sich Schlangen um diese Bäume, und plötzlich bemerke ich, daß sich auch um diesen Baum eine Schlange ringelt. Bei ihrem Anblick erschaudere ich. Mein Intellekt funktioniert; ich weiß, daß der Sandelholzgeruch Schlangen besänftigt. Eine Schlange in einem Sandelholzbaum vergißt zu beißen; deshalb habe ich nichts zu fürchten. Einen Augenblick lang bin ich erleichtert; ich weiß jedoch, daß es eine giftige Schlange ist, und sie sieht furchterregend aus. Solch eine Schlange kann einen Menschen töten, sage ich mir, und wieder schaudert es mich. Das natürliche, ursprüngliche Gefühl der Abscheu ist stärker als der Intellekt. Ich werde von der Angst überwältigt. Eine Welle von Übelkeit geht durch meinen Körper. Doch dann siegt wieder mein Verstand. Mir wird klar, daß gar kein Baum da war, denn ich sitze mit geschlossenen Augen in einer Ecke meines Hauses. Es gab keine Schlange, keinen Sandelholzduft. Es war nur ein Gedanke. Mein Körper entspannt sich und das schreckliche Gefühl verschwindet langsam. In einem kurzen Augenblick habe ich eine ganze Reihe von Erfahrungen durchgemacht — Erfahrungen der Fantasie, der Sinne, des Verstandes und der Emotionen — und mein Nervensystem machte eine ganze Reihe von Veränderungen durch. Aber wo war ich? War ich in meiner Mitte, im Innersten meines Seins, von wo aus ich meine Gedanken und Handlungen aus der Distanz beobachten kann? Saß ich in einer stillen Ecke meines Hauses? Stand ich vor einem Sandelholzbaum? Wo bin ich jetzt? Sitze ich noch ruhig im Yogasitz in irgendeiner stillen Ecke meines Hauses, wie ich anfangs dachte? Oder stehe ich wirklich vor diesem Sandelholzbaum, den ich beschrieben habe? ,Nein, Swami', sage ich mir, ,du sitzt in Wirklichkeit in einem Sessel im Konferenzraum und hältst eine Rede.' Aber ist das mein wirkliches Sein, das diese Dinge tut — zu euch sprechen und diese Erfahrung haben? Nein, meine wahre Natur tut nichts davon. Nichts von dem, was mein Körper tut und was mein Gedankenprozeß erklärt. Wenn diese Fragen vor mir auftauchen und ich meine Erfahrungen zu analysieren versuche, bleibe ich ganz eins mit meinem Gedankenprozeß. Wenn wir uns selbst mit unseren Gedanken und unseren Erfahrungen identifizieren, haben wir unsere wahre Natur vergessen. Unsere wahre Natur zu erinnern, sie zu sein, das ist Meditation.''

Als die Taschentücher gebracht und verteilt worden waren — jeder von uns bekam zwei oder drei — demonstrierte Swami Rama, was er Bauchatmung nannte — ein intensives, lautes Schnaufen. Ohne seinen Körper zu bewegen, atmete er laut durch beide Nasenlöcher aus und ein; er begann langsam und atmete dann schneller. Es klang wie ein Zug, der aus dem Bahnhof fährt und allmählich immer schneller wird, bevor er in der Ferne verschwindet.

,,Eure Arbeit beginnt mit euren Lungen. Warum mit den Lungen? Warum nicht mit den Armen? Durch eine Kontrolle der Lungenbewegung kommen auch die Gedanken unter Kontrolle. Durch die Kontrolle der Lungenbewegung, durch ein Anwachsen der Lungenkapazität, durch eine Stärkung der Lunge wird das Atmungssystem sehr regelmäßig. Durch diese Regelmäßigkeit könnt ihr den Vagusnerv unter Kontrolle bringen. Dadurch bekommt ihr das sympathische und das parasympathische System unter Kontrolle. Im Menschen besteht eine grundlegende Einheit zwischen Geist und Körper. Diese Einheit existiert auf allen Ebenen — auf den bewußten wie auf den unbewußten. Die Atmung ist das wichtigste Bindeglied zwischen dem Bewußten und dem Unbewußten. Warum? Weil die Atmung eine unbewußte Aktivität ist, die man auf die Ebene des Bewußtseins heben kann. Wenn ihr also euren Atem kontrolliert, also diese normalerweise unbewußte Aktivität mit Aufmerksamkeit beobachtet, entwickelt sich eure Aufmerksamkeit und eure Sensibilität und ihr seid auf dem Weg die Fähigkeit zu entwickeln, unbewußte Prozesse oder Vorgänge in eurem Geist unter Kontrolle zu bringen."

Der Swami zeigte uns unsere erste Übung, eine Form der Bauchatmung für Anfänger. Er ließ uns laut und heftig ausatmen, wobei er bis eins zählte; wir mußten unsere Lungen völlig entleeren und dann, während er bis drei zählte, das gleiche Volumen wieder einatmen. Das taten wir mehrere Male und kehrten dann den Vorgang um, indem wir auf drei Schläge ausatmeten und auf einen Schlag gleich viel Luft einatmeten. Er sagte uns, daß wir unsere Wirbelsäule dabei gerade halten und weder Kopf noch Brust bewegen sollten; und das war für einige von uns schwierig. Bevor wir das nicht konnten, würden wir nicht in der Lage sein, die Bauchatmungsübung zu machen, die er uns gerade demonstriert hatte, erklärte er uns.

„Ihr solltet diese Methode zwei oder drei Wochen lang üben; dann machen wir weiter. Das nächste Mal wollen wir über die Aufrechterhaltung, unser Gleichgewicht, sprechen, die dafür notwendig sind. Übt, wie ich es euch gezeigt habe, und verwendet euren Mund nicht dazu. Der Mund ist nur der Notausgang, ist nicht für Atemübungen und nicht für die gewöhnliche Atmung da. Warum? Weil der Mund keinen Filter hat. Der Schöpfer hat nur die Nasenlöcher mit Filtern ausgestattet. Ihr solltet diese Übung machen, dabei den Atem beobachten und darauf achten, daß ihr normalerweise durch die Nase atmet. Das wichtigste ist, daß ihr immer eure Aufmerksamkeit auf das richtet, was ihr gerade tut. Im *yoga* muß der Geist bei allem, was man tut, gegenwärtig sein. Doch es ist nun genug für heute. Verlassen wir diesen Raum. Das nächste Mal treffen wir uns in der Wohnung von Dr. Green. Nicht wahr, Herr Doktor?"

Auf dem Heimweg sagte ich dem Swami, daß ich an einen anfahrenden Zug hatte denken müssen, als er seine Bauchatmung vorführte. „O mein lieber Junge", sagte er, „immer denkst du an Züge. Nichts als Züge. Eines Tages müssen wir unbedingt eine Runde im Park mit dem Zug machen. Wirst du das arrangieren?"

„Wir können es jederzeit machen, wann immer Sie wollen."

„Ich bin jederzeit dazu bereit, wenn du dazu bereit bist. Aber arrangiere es bitte. Für *dich* lege ich solchen Wert darauf."

KAPITEL 6

AN EINEM SONNTAG Nachmittag war ich, während Elmer und Alyce im Labor an einem Bericht arbeiteten, mit dem Swami zuhause. Als ich in der Bibliothek seine Schritte hörte, wußte ich, daß er nicht meditierte; ich beschloß, ihm ein großes Glas heißen tilk hinaufzubringen, bevor er darum bat. Ich lernte es allmählich, seine Wünsche zu erfüllen, bevor er sie aussprach.

„Ah, sehr gut!" sagte er, als er seine Türe öffnete. „Wunderbar! Ich bin gerade dabei, einige dieser Filme ablaufen zu lassen, die ich aus Indien mitgebracht habe. Musikfilme, Aufnahmespulen, wie nennt ihr das?"

„Ach, Sie meinen Tonbänder, Tonbandaufnahmen."

„Ja. Wenn du mir helfen kannst, dieses Gerät zu bedienen, werden wir uns etwas von dieser Musik anhören."

Zu Elmers Stereoanlage in der Bibliothek gehörte auch ein Tonbandgerät. Ich fädelte eines der Bänder ein, während der Swami seinen Tee zu trinken begann. Ich hörte ihn genüßlich schlürfen und bemerkte plötzlich, daß keine Räucherstäbchen brannten. Eine innere Stimme wiederholte die Worte, die ich gerade vor ein paar Tagen zu jemand anderem gesagt hatte: „Sie haben ihm immer den Tee bereitet und sogar die Räucherstäbchen für ihn angezündet." Ich schaltete die Lautsprecher ein und bevor ich den Startknopf für das Band drückte, entzündete ich ein ganzes Bündel Räucherstäbchen. Ich hielt sie wie einen brennenden Strauß in meiner Hand; als alle lichterloh brannten, blies ich sie nicht aus wie Kerzen, sondern fächelte ihnen mit der anderen Hand kräftig Luft zu, um die Flammen zu löschen, genauso, wie ich es beim Swami beobachtet hatte.

„Mein lieber, großer Doug, du bist genau wie ich", sagte er „du bist diesen Räucherstäbchen ganz verfallen. Aber es ist eine schöne Leidenschaft, nicht wahr?" Ich lächelte nur. „Nein, nein, das ist nicht wirklich eine Leidenschaft. Es ist nur Freude an etwas Irdischem, ein Vergnügen, das uns nicht schadet, das uns sogar hilft, ohne uns aufzuhalten. Selbst die allem Entsagenden verzichten nicht auf Räucherstäbchen. Aber früher oder später müssen all diese Dinge aufgegeben werden. All diese weltlichen Dinge, selbst die Devotionalien, müssen überwunden werden. Sie können uns ein Stück weit bringen, aber wir müssen weiter gehen, weit darüber hinaus — und alle Hilfsmittel, durch die wir die Schritte auf dem Weg machen, müssen wir hinter uns lassen. Früher habe ich *sitar* gespielt. Ich habe alle Instrumente gespielt, die du auf diesem Tonband hören wirst. Und dann sagte mir mein Meister eines Tages, daß ich es aufgeben sollte. ‚Warum soll ich es aufgeben? Es ist etwas Schönes und Nützliches‘, sagte ich, ‚und ich werde jeden Tag besser. Warum sollte ich es gerade jetzt aufgeben, wo ich gut werde?‘ Er sagte: ‚Das ist ja das Problem bei dir. Du willst gut werden und dann willst du besser werden und dann hervorragend. Du wirst selbstgefällig werden, weil du so hervorragend bist, und das wird dich von deiner Arbeit abbringen. Laß die Musiker ihre Arbeit tun und tu' du die deine. Wenn du Musik hören willst, dann höre den Musikern zu.' "

Ich schaltete das Tonband ein; der Swami trank seinen Tee aus, stellte das Glas auf den Tisch, setzte sich im Lotussitz auf das Sofa und faltete die Hände im Schoß. Er schloß die Augen. Auch ich schloß die Augen. Das Zimmer füllte sich mit dem Duft der Räucherstäbchen und den wunderbaren altindischen Klängen der *sitar*, *tambura* und *tabla*.

Nach einer Weile öffnete ich die Augen und sah den Swami an. Er saß so still und friedlich da, daß er beinahe unwirklich schien. Ich fragte mich, ob er in Meditation oder vielleicht in eine Art Trance versunken war. Jetzt war er wieder sein älteres Selbst. Er strahlte etwas Ehrwürdiges aus.

Plötzlich blickte er auf. Ich merkte, daß ich gerade seine geschlossenen Augen betrachtet hatte. Er sah mir gerade in die Augen und schien tief in mein Inneres zu blicken. Dann wurde sein Blick weich.

„Verstehst du diese Musik? Magst du sie? Ich glaube, du magst sie."

„Ja."

Wieder schloß er die Augen. „Weil du aus dem Osten kommst."

Schweigend hörten wir das Band bis zum Ende ab. Ich hielt meine Augen geschlossen und sah den Swami nicht mehr an. Als die Musik verklungen war, sprachen wir eine Weile miteinander. Bis der Swami sagte; „Gut, danke. Morgen hören wir eine andere Spule — etwas Gesungenes. Jetzt geh' bitte und laß mich allein!"

Ich setzte mich in den Garten und ließ den Swami allein im Haus. Kam der Wind von Norden und war die Luft frisch und klar, so war es schön draußen zu sitzen. Ich blieb solange ich konnte — bis die Sonne sehr tief stand und es kalt zu werden begann.

Ob der Swami wohl immer noch in der Meditation saß?

Ich ging leise die Treppe hinauf. Seine Türe war geöffnet, aber er war nicht in seinem Zimmer. Auch im Bad war er nicht. Ich dachte, daß er sich vielleicht eine Tasse Tee machen wollte, aber ich fand ihn auch in der Küche nicht. Nirgends entdeckte ich ihn, weder im oberen Stockwerk noch unten. Schließlich fand ich ihn in der Garage.

Es war fast völlig dunkel. Er stand in der Ecke einer Garage und hatte einen Stock in der Hand. Er rührte in dem großen Waschbecken herum. Als ich das Licht einschaltete, lächelte er mich verlegen an, rührte aber weiter mit seinem Stock. Nachdem ich ihm eine Minute lang zugesehen hatte, wurde mir klar, was da geschah: Swami Rama wusch seine Unterwäsche in der Garage.

„Das kann ich doch machen", sagte ich.

„Nein, nein, ich bin fast fertig. Laß mich nur machen. Und sag' es Mama nicht."

Aber ich sagte es „Mama", als sie und Elmer vom Labor zurückkehrten. Es hatte auch gar keinen Sinn, nicht davon zu sprechen, denn der Swami und ich hatten die ganze Wäsche auf der Leine im Hof aufgehängt, und es war unübersehbar, daß am Sonntagmorgen dort die Wäsche in der Sonne flatterte.

„Warum hat er das nur getan?" fragte Alyce. „Ich habe ihn mehrmals gebeten, mir die Dinge zu geben, die gewaschen werden müssen. Er sagte immer: ‚Es ist schon gut, Mama.' Was sollte ich da machen?" „Das Problem liegt darin", warf Elmer ein, „daß er Leuten wie uns keine schmutzige Wäsche geben kann. Wie unpraktisch für den Swami. Es ist niemand in seiner Umgebung aus der richtigen Kaste, der die Wäsche waschen könnte!"

Am Sonntagmorgen sah ich in den Hof hinunter. Die Wäsche des Swami hing immer noch auf der Leine. Ich sah aus dem vorderen Fenster: Der Zug drehte im Park seine Runden. Ich beschloß, daß der Tag von einer Zugfahrt mit Swami Rama gekrönt werden sollte.

„Wenn es dich so lockt", rief er aus, als ich den Zug nach dem Frühstück erwähnte, „dann fahren wir heute endlich einmal mit dem Zug!"

Am frühen Nachmittag überquerten wir die Straße und gingen in den Park. Es war ein schöner Tag: Der Himmel leuchtete blau und die Luft war noch ziemlich warm. Swami hatte seine besten Gewänder angezogen. Besonders eindrucksvoll war seine elegant bestickte Stola. Wenn ihm die Enden beim Gehen von den Schultern glitten, warf er sie mit einer unbewußten, anmutigen Bewegung wieder zurück.

„Wie sehe ich aus?" fragte er.

„Wie ein Swami", antwortete ich. „Wie ein sehr schöner Swami."

„Nein, nein, das ist egal. Schön aussehen ist nicht wichtig. Aber bin ich nicht für die Leute aus dem Westen sehr merkwürdig? Für die Familien und die Kinder, die in den Park kommen? Ich möchte niemanden in Verlegenheit setzen. Sie können denken, was sie wollen, aber ich möchte ihnen kein Ärgernis sein."

„Für mich sehen Sie ganz natürlich aus, Swami. Wenn es irgendwelche Leute aufregt, sind sie selbst schuld."

„Du sagst das, weil du dich mit allen Dingen schnell vertraut machst. Aber viele Leute — vor allem in deinem Land, finde ich — lassen sich von Ungewohntem leicht aus der Fassung bringen."

Der Zug startete von der östlichen Ecke des Parkes, schräg gegenüber vom Eingang zum Zoo. Ich kaufte unsere Eintrittskarten und wir warteten, daß der Zug einfuhr. Auf einem Schild stand, daß der Zug bei seiner Rundfahrt immer wieder anhielt und daß man unterwegs aussteigen konnte. Viele Kinder warteten an diesem Sonntagnachmittag auf eine Zugfahrt; ich fragte mich, ob der Swami und ich Platz finden würden. Aber als der Zug vor uns hielt, sprang der Swami sofort auf den nächsten Sitz und rief: „Komm, komm schnell!" Wir klemmten uns zu zweit auf einen Sitz, während sich rings um uns die Kinder drängten. Der Zugführer, der fast so groß wie die Lokomotive war, nahm eines der Kinder mit auf seinen Sitz nach vorne. Es durfte an der Schnur ziehen, mit der die Pfeife betätigt wurde. Auf dem letzten Anhänger standen ein paar Erwachsene. Zwei von ihnen sahen aus wie ein junges Paar auf Hochzeitsreise. Aber die meisten Erwachsenen standen neben dem Zug und winkten den Kindern zu. Der Swami zog alle Blicke auf sich. Er schien sie nicht zu irritieren, aber neugierig zu machen. Sie fragten sich wohl weniger: Warum trägt dieser Mann solche Kleider? als: Warum sitzt dieser riesige Mann in diesem winzigen Zug?

„Er ist klein", sagte der Swami. „Jetzt, wo wir hier sitzen, wird uns klar, daß er viel kleiner ist als in unserer Vorstellung." Als der Zug anfuhr, fügte er hinzu: „Das ist wirklich nichts Großartiges." Aber er lächelte, als der Zug durch einen Tunnel fuhr. Und als er auf einer Brücke einen kleinen Fluß überquerte, sagte er: „Das ist schon eine nette Idee. Es ist das richtige für Kinder." Der Zug hielt, aber niemand stieg aus. Kurz darauf hielt er ein zweites Mal und der Swami sagte: „Sag mir schnell, bist du zufrieden?"

„Zufrieden? Ja. Ich bin zufrieden. Warum?"

„Dann laß uns aus diesem Ding aussteigen", und schon sprang er von seinem Sitz. „Es hat keinen Sinn, im Kreis zu fahren und wieder dort anzukommen, wo wir angefangen haben. Dann kommen wir nirgends hin. Hier sind wir mitten in der Wiese und können in einer Viertelstunde zurück sein." Nach ein paar Minuten blieb er stehen und zeigte mit dem Finger auf ein Glashaus. „Sieh mal, dort, das ist vielleicht noch interessanter!"

„Das ist das Gewächshaus, Swami!"

„Natürlich ist es das Gewächshaus. Aber was ist darin? Sie müssen doch Kakteen haben, oder?"

„Ich nehme es an, ich war noch nie dort."

„Du hättest einmal hineinsehen können. Warum hast du es nicht getan? Du hättest längst Gelegenheit dazu gehabt."

„Das ist wie mit dem Zug — ich bin einfach nie dazu gekommen." „Siehst du, heute haben wir viele ungetane Sachen zu erledigen!"

Wir verbrachten eine gute halbe Stunde im Gewächshaus. Wir waren die einzigen. Der Swami lief herum, sah sich alle Pflanzen an und äußerte sich zu jeder einzelnen. Es gab viele Arten von Kakteen, aber der Swami war enttäuscht von ihnen. „Ich bin ein Fachmann für Kakteen, wie du weißt. Ich habe viele in meinem *ashram* in Indien — du wirst erstaunt sein, wenn du meine Kakteen dort siehst. Diese hier sind nichts dagegen. Wer kümmert sich um sie? Diese armen Geschöpfe verhungern! Sieh sie dir an, wie vernachlässigt sie sind. Sie hungern nach Zuneigung!" Und er sprach auf dem ganzen Heimweg über die Kakteen.

Kaum waren wir ins Haus getreten, rief er: „Mama! Wo ist Mama?" Sie kam aus der Küche. „Mama, ich habe eine Idde. Laß mich hier draußen überall Kakteen aufstellen. Tun wir dieses Dickicht von Gebüschen weg und ersetzen sie durch Kakteen. Zwanzig verschiedene Arten von Kakteen werde ich pflanzen. Sie werden die schönsten in eurem Land sein!"

An diesem Abend saßen wir nach dem Essen schweigend im Wohnzimmer. Der Swami hatte sich im Lotussitz auf seinem Lieblingsplatz auf dem kleinen Sofa niedergelassen und hielt ein großes Glas tilk in den Händen. Eine ganze Weile sagte niemand etwas.

„Übrigens sollte Douglas sich Möbel kaufen. Es darf nicht mehr verschoben werden. Ich werde dir helfen, Doug; wir werden etwas aussuchen, was dir gefällt, und ich berate dich."

Seine Worte erschreckten mich. Was für eine merkwürdige Äußerung des Swami mitten in das Schweigen hinein — und in einem solch vertraulichen, autoritären Ton. Niemand wußte, was er darauf sagen sollte.

„Nein, nein, das muß unbedingt geschehen."

„Ich hatte nicht daran gedacht, Möbel zu kaufen", sagte ich.

„Deshalb spreche ich ja jetzt davon."

„Aber was soll ich mit den Möbeln?"

„Ich werde dafür sorgen, daß du eine Wohnung bekommst. Dann wirst du heiraten. Es ist höchste Zeit für dich, eine Wohnung zu finden und eine Familie zu gründen. Ich werde diese Dinge in die Hand nehmen. Wir werden damit anfangen, Möbel zu suchen, und als nächstes wirst du dann eine Frau finden." „Wollen Sie für mich eine Frau suchen?"

„Es ist keine Schwierigkeit für mich, eine passende Frau für dich zu finden. Du wirst sehen."

„Ich dachte, Sie wollten mich mit nach Indien nehmen?"

„Entweder du läßt dich hier nieder oder du gehst. Ich möchte die Dinge richtig vorbereiten. Erst werden wir für dich eine Wohnung finden und danach werde ich dich mit nach Indien nehmen."

Einige Augenblicke dachte ich nach. Das war ein sehr schwerwiegender Vorschlag des Swami — der Vorschlag, mein Leben in die Hand zu nehmen.

„Doug hat vielleicht etwas anderes vor", wandte Alyce ein. „Er kann beschließen, nicht nach Indien zu gehen. Oder wenn er nach Indien geht, möchte er vielleicht seine eigenen Pläne machen. Oder vielleicht möchte er auch zurück nach Korea gehen, wo er soviele Jahre gelebt hat?"

„Nein, das ist nicht gut. Deshalb bin ich ohne Umschweife zur Sache gekommen."

„Vielleicht kommen Sie zur Sache", Alyce lachte, „aber ist es nicht *seine* Sache?"

„Er sollte auf mich hören, denn ich weiß, was das Beste ist."

„Aber wenn er nicht einverstanden ist?"

„Dann werde ich Druck ausüben — ganz unmerklich. So etwas ist für uns kein Problem."

Das seltsame Gespräch wurde noch eine Weile fortgesetzt, während es mir immer ungemütlicher wurde. Man hätte das ganze vielleicht von der komischen Seite sehen können, aber der Swami war völlig ernst. Ich sagte sehr wenig. Ich wollte nicht, daß ein Streit entstünde, aus dem der Swami nur gestärkt hervorgegangen wäre.

Noch tagelang gingen mir seine Worte im Kopf herum. Ich wollte sie vergessen, aber aus irgendeinem Grund konnte ich das nicht. Ich fragte mich, ob er wirklich besser als ich wußte, was für meine Zukunft richtig war — ob er möglicherweise eine Veränderung auf meinem Lebensweg sah, die mir noch nicht bewußt war. Vielleicht steckte etwas hinter seinem Vorschlag, auf das ich achten mußte. Aber ich wünschte mir, daß er die ganze Sache vergäße. Ich wollte weder widerspruchslos seinem Rat folgen, noch unbewußt von ihm unter Druck gesetzt werden.

Bei dieser Episode war der Swami, wie meistens, sein mittleres Selbst. Dieses mittlere Selbst, das die *yoga*-Künste beherrschte, war der Teil von ihm, der dazu neigte, andere zu beherrschen. Er hatte auch wirklich einen großen Einfluß mit diesem Teil seiner Person. Mein Problem war es, von ihm zu lernen und das Gute von ihm anzunehmen, ohne dem Einfluß seiner Persönlichkeit zu verfallen. Der alte Mann und das Kind in ihm waren zu selten sichtbar. Sein älteres Selbst schien eher die Quelle seines Wissens als seiner Handlungen zu sein und hatte es nicht nötig, jemanden zu etwas zu überreden oder gar zu zwingen. Er war nur bei den Abendmeditationen sein älteres Selbst und manchmal auch während unserer Gruppensitzungen; vielleicht war er auch sein älteres Selbst, wenn er allein war oder wenn ich mit ihm abends dasaß und er so still und schweigsam war, daß er eine Atmosphäre von Frieden und Sicherheit ausstrahlte. Diese drei Aspekte sah nicht nur ich in ihm: Jeder, der ihn gut kannte, entdeckte sie. Sie waren so verschieden, wie drei verschiedene Menschen unterschiedlich sind.

Das Kind in Swami Rama war spontan und natürlich, nicht ungeschickt und töricht, sondern rein und offen. Wenn er ein Kind war, lachte und bewegte er sich kindlich und so anmutig, daß es einen bezauberte. Es war der erfreulichste und zugänglichste Teil seiner Person. Man mußte dann nicht vorsichtig oder aufmerksam sein und man konnte, wenn man heiter war, alles tun und sagen, was man wollte. Alyce und Elmer hatten vier Enkelkinder, die in Topeca lebten; in ihrer Gegenwart wurde er ganz Kind. Einmal saß er am Eßtisch, in nachdenkliche Gespräche vertieft, als er aus dem Augenwinkel einen der Knaben sah, der auf dem Teppich im Wohnzimmer einen Kopfstand zu machen versuchte.

Mit einem Schlag veränderten sich das Gesicht, die Gestalt und das Verhalten des Swami. „He", rief er und sprang auf, „los, probieren wir es, ich kann es. Schau, was ich kann!" In zwei Sekunden stand er auf dem Kopf, auf den Händen und wieder auf dem Kopf, verschränkte seine Beine in der Lotushaltung, streckte sie wieder aus und verschränkte sie wieder in einer fließenden Bewegung, als sei er aus Gummi. Wenn er mit den Kindern spielte, vergaßen sie, wer er war, behandelten ihn wie einen der ihren. Wenn er lachte, drehte er sich im Kreis oder hüpfte in die Höhe, ebenso beweglich und geschickt wie ein kleiner Junge. Das Kind in ihm aß durcheinander, was ihm gerade schmeckte – Kekse, Torten, Süßigkeiten, Limonade, beinahe alles außer Fleisch oder Fisch – und die Kinder nutzten seinen Hang zu derlei Köstlichkeiten aus. Erwachsene schieben oft Verbote oder ihre Vernunft vor, um Kinder an dem zu hindern, was ihnen Spaß macht und wollen nicht, daß sie sich so richtig austoben. Deshalb waren die vier Kinder glücklich, an einem Karnevalsabend der Schule, zu dem sie uns eingeladen hatten, von den Erwachsenen frei zu sein mit dem Swami herumrennen zu können. Als sie sich an den Buden sattgesehen hatten, zog es sie zu den Spielen und Karussellen am anderen Ende des Schulhofes hin. Sie kamen an einem Platz vorbei, wo sie für zehn Cents mit Gummihämmern auf ein Autowrack einhauen durften. Das Auto war unter den Schlägen schon fast völlig zu Bruch gegangen. Ein Erwachsener stand dabei und paßte auf. Das mittlere Ich des Swami wäre sicherlich in Empörung ausgebrochen, aber das Kind in ihm betrachtete das grausame Spiel verwundert und gequält. Trostsuchend wandte er sich an seine kleinen Freunde und fragte nur: ,,Warum? Warum? Was soll das bedeuten?"

Ich stellte mir die Kindheit des Swami in seinem Land vor und es wurde mir klar, wie unbegreiflich ihm ein solches Spiel dort hätte sein müssen. Jetzt sah ich ihm an, wie er mit sich kämpfte, um auf der Ebene des guten Freundes der Kinder zu bleiben.

,,Wir machen so etwas nicht", sagte eines der Mädchen tröstend. ,,Wir mögen das auch nicht."

Der Swami nahm ihre Hand. ,,Wir schauen einfach nicht mehr hin."

Die vier Kinder liefen nun zum Riesenrad; der Swami und ich liefen hinter ihnen her. Als das große Rad zum Stehen kam, rannten sie zum Kartenverkäufer. Mit fünf Eintrittskarten kamen sie zurück. Der Swami bekam eine davon. Der Kartenverkäufer sah sie erstaunt an, als sie zum Eingang gingen. ,,Sind das Ihre Kinder? Sind es vier oder fünf?"

,,Nein, er fährt mit uns", erklärten sie.

Der Mann warf dem Swami einen verwunderten Blick zu. ,,Na ja, er kann hier oben stehen und zuschauen."

Der Swami schien verlegen und fiel für einen Augenblick beinahe aus der Rolle. Aber dann kam ihm der rettende

Einfall. „Ich hebe das für sie auf", sagte er. „Ich kaufe noch ein paar Tickets mehr und dann fahren sie alle noch ein zweites Mal. Ich habe genug Geld dafür."

„Ich mache jetzt bald Schluß", sagte der Mann. „Eigentlich sollte das schon die letzte Runde sein. Es dauert lange, bis ich das Rad zum Stehen bringe. Ich sage Ihnen was: sie sind die einzigen Kinder, die jetzt mitfahren. Für die übrige Karte lasse ich Sie alle zweimal fahren."

Der Swami warf einen Blick auf all die leeren Sitze, die bald lustig im Kreis durch die Luft schweben würden. Ich sah, wie er die Karte in der Hand zerknüllte. „Gut", sagte er. Genau in dem Augenblick, als der Mann den Hebel bediente, um den leerlaufenden Motor in Gang zu setzen, sprang der Swami auf das Rad, warf sich in einen leeren Sitz und schloß den Sicherheitsgurt über seinem Schoß. Die Kinder schrien auf vor Freude. Nur ein Knabe konnte sich so rasch bewegen. Als er auf seinem Platz saß, war das Rad schon in Bewegung, aber anstatt es zum Stillstand zu bringen, rief der Mann mir zu: „Eigentlich darf er nicht da oben sein!"

Die Greens und ihre Töchter tauchten auf. Als der Mann sah, daß sie zu uns gehörten, zeigte er auf den Swami und schüttelte den Kopf. Eine Frau kam aus dem Fahrkartenschalter, um ihn besser zu sehen. Der Swami saß grinsend auf seinem Platz und machte sich so klein er nur konnte. „Sie haben mich gezwungen!" rief er jedes Mal, wenn er in unserer Nähe vorbeikam. „Die Kinder haben mich dazu gezwungen. Was sollte ich machen! Sie haben mich gezwungen!"

Der Kartenverkäufer kam zu mir herüber und fragte leise und in respektvollem Ton: „Entschuldigen Sie, daß ich so neugierig bin, aber was ist das für ein Mann?"

„Er ist ein Swami", sagte ich. „Er kommt aus Indien."

„Ja? Ich dachte mir schon sowas."

Und die Kinder und der Swami durften zweimal hintereinander mit dem Riesenrad fahren.

Es war manchmal köstlich, was der Swami tat, und manchmal sehr verwirrend. Immer aber war es interessant. Der Druck, den er auf mich ausübte, hörte jedenfalls nicht mehr auf, und zwar ziemlich unverhohlen. Er wiederholte seinen Rat immer wieder mit Nachdruck. Immer wieder traf er andere Anordnungen für mich, die ich nie befolgte, und

er schien wirklich zu erwarten, daß ich mich seinen Zukunfts-
vorstellungen fügte. Einige Male bat er die Greens darum, ihm
zu helfen, mich zu überzeugen. „Wenn er mir nur drei Jahre
seines Lebens gäbe", sagte er einmal. „Wenn ich ihn jetzt
hätte und dann drei Jahre in Indien. Ich könnte großartige
Dinge mit ihm zustandebringen!" Wenn ich den Swami bei
der Zugfahrt, auf dem Karneval oder beim Spiel mit den
Kindern sah, war es schwierig, mir vorzustellen, daß er so
unverhohlen und fast erschreckend nachdrücklich Einfluß zu
nehmen versuchte. Er übte immer ganz plötzlich und un-
erwartet Druck aus; weil ich so überrascht war, konnte ich
sein Verhalten nicht ignorieren. Ich wußte, daß er manchmal starke Intuitionen hatte und daß er zuweilen weniger
seine Person als sein höheres Ich war. Aber ich konnte nie sagen, woher seine Ratschläge für mich kamen. Ich spürte nur,
daß sie sehr ernst gemeint waren.

Ich dachte lange Zeit über dieses Problem nach. Es ging
nicht darum, seine Forderungen zu erfüllen, sondern darum,
wie ich auf sein Verhalten reagieren sollte. Wenn sein Rat
einem höheren Wissen entsprang, einer intuitiven Sicht
der Dinge, zu der ich keinen Zugang hatte, mußte ich entweder auf ihn hören und seinen Rat befolgen — meinen persönlichen Gefühlen zum Trotz — oder ich würde vielleicht eine
wichtige Möglichkeit versäumen. Ich wußte, daß vieles, was
wohl gut für mich war, meinem Ego nicht anziehend erschien. Andererseits hatte auch der Swami ein Ego — und ein
sehr starkes. Es war mehr als töricht, es war gefährlich, wenn
ich meine eigene Persönlichkeit in den Hintergrund drängte,
nur um einer anderen Person zu folgen — um mich den Mani-
pulationen des Ego einer charismatischen Persönlichkeit zu
unterwerfen.

Als ich das Problem endlich innerlich bewältigt hatte,
hatte ich es für immer bewältigt, nicht nur in Hinsicht auf
Swami Rama, sondern auch in Hinsicht auf jeden anderen
Menschen, von dem ich in Zukunft lernen würde. Beim Nachdenken über diese Sache hatte ich meine Verstandes- und
Urteilskräfte wachgerufen; und eines Tages wurde es mir
klar, daß dieser Prozeß nie beendet sein würde. Meine Möglichkeit, weiterzulernen und mit besonderen Lehrern zusammen zu sein, würde von meiner Fähigkeit abhängen, mich auf
meine eigene Urteilskraft zu verlassen. So heilig, geheimnis-

voll, mächtig oder guruhaft ein Lehrer auch sein mochte — er hatte immer noch ein höheres und ein niedrigeres Selbst wie jeder andere Mensch; es würde die Aufgabe meines eigenen *gurus* — des *gurus* in mir sein — zwischen diesen beiden Ebenen des Selbst zu unterscheiden. Sollte ich je einen Teil meines Willens und meiner Selbstbestimmung aufgeben, so müßte es ein bewußter, absichtsvoller Schritt sein, den ich in aller Klarheit tat.

Als ich diesen Entschluß gefaßt hatte, war ich gerettet. Nun konnte ich weiter auf ihn hören, konnte mich bis zu einem gewissen Grad in Swami Ramas Hände geben. Und schließlich wußte Swami Rama ja unendlich viele Dinge, die ich noch lernen mußte. Was ich brauchte, war genug Selbstvertrauen, war genug innere Sicherheit und Bescheidenheit, um zu lernen.

KAPITEL 7

MIT JEDEM NEUEN Tag in Topeka, Kansas, rief Swami Rama wachsende Neugier unter den Mitarbeitern der Menninger Foundation hervor. Einige Forscher reagierten mit sehr gemischten Gefühlen auf ihn. Er weckte ihr Interesse, weil sie wußten, daß er ungewöhnliche und bemerkenswerte Dinge vollbrachte, zugleich aber schien er ihre durchaus nicht vorurteilsfrei gefaßten Schlüsse über die Gesetze des Universums und die Natur des elektro-chemischen Organismus, genannt Mensch, und ihre Gewißheit von der Überlegenheit und Unverrückbarkeit der zeitgenössischen westlichen Wissenschaft ins Wanken zu bringen.

Besorgniserregend war nicht so sehr, was Swami Rama tat, sondern was er sagte. Und er selbst trug durch den großzügigen Umgang mit dem verbreiteten indischen Brauch, zu übertreiben und in Superlativen zu sprechen, zur Verwirrung bei. Zu oft sagte er Dinge wie diese: Wenn man endlich lernen würde, dieses oder jenes zu tun oder zu verstehen, dann könne er einem versichern, daß man an keinen Krankheiten mehr leiden und keinerlei Schwierigkeiten mehr haben würde. In gewissem Sinn mochte er Recht haben, da man einen unglaublich hohen Grad an Verständnis und Fähigkeit erreichen mußte, um diese unglaublichen Ansprüche zu erfüllen. Viele der Forscher hatte jedoch schon eine Grenzlinie zwischen dem Möglichen und dem Unmöglichen gezogen und faßten diese überwältigenden Behauptungen als Herausforderung an ihren gesunden Menschenverstand auf.

Eines Tages forderte der Swami einen Psychiater in Elmer Greens Büro ziemlich heftig heraus. Es war nicht, um Elmer damit Eindruck zu machen; er hatte es sich angewöhnt, sich ihm gegenüber vorsichtiger auszudrücken, da Elmer ihn manchmal daran erinnerte, seine Ankündigungen seien so übertrieben, daß ihnen niemand mehr Glauben schenken würde. Im Hinblick auf den Psychiater brachte der Swami einige ziemlich unglaubliche Behauptungen über die Fähigkeiten zur Aufmerksamkeit und Konzentration ins Gespräch. Als man nachfragte, trumpfte der Swami mit noch Unglaublicherem auf; das Gespräch drehte sich schließlich um Phänomene der Psychokinetik und Telepathie. Was folgte, war das typische „Können Sie das machen?" ...„Ja, das kann ich..." „Gut, dann beweisen Sie es." Und der Swami bot an, ein psychokinetisches Experiment einen Stock tiefer in der Praxis des Psychiaters zu machen.

„Er band einen Bleistift an eine Schnur", erzählte mir Elmer, „und ließ ihn von der Ecke eines Schreibtisches herunterhängen. Dann ließ er sich auf den Boden nieder und begann sein *mantra* laut zu sprechen. Der Bleistift drehte sich. Ich wandte ein, daß er auf den Bleistift blies, während er sein *mantra* sprach. Natrülich dreht sich der Bleistift, wenn jemand auf ihn bläst. Deshalb fragte ich den Swami, ob er es auch aus einiger Entfernung fertigbrächte. Er sagte ja."

Elmer berichtete mir, daß der Swami behauptet hatte, er könne solch einen Gegenstand aus einiger Entfernung bewegen und dabei eine Maske tragen, um Luftbewegungen zu vermeiden. Das Experiment sollte zehn Tage später stattfinden.

In den folgenden Tagen begann der Swami sich für das psychokinetische Experiment vorzubereiten. In manchen Augenblicken erschien es mir so, als fürchtete er sich selbst ein wenig vor dem, was er angekündigt hatte. Es hätte mich nicht überrascht zu erfahren, daß es ihm leidtat, die Herausforderung angenommen zu haben. Aber es hätte mich überrascht, wenn er es zugegeben hätte.

Wider Willen beschäftigte mich die Frage sehr, wie diese Sache wohl ausgehen würde. Immer noch fragte ich mich, ob der Swami den Bleistift im Büro des Psychiaters durch Blasen in Bewegung gesetzt hatte und ich hoffte voller Inbrunst, daß er es nicht getan haben möge. Hätte er sich lang und intensiv genug bemüht, vielleicht hätte sich der Bleistift gedreht, ohne daß er blies. Wenn nicht, wäre es besser gewesen, er hätte versucht, sein Mißlingen zu erklären, als die anderen an der Nase herumführen zu wollen. Aber vielleicht wollte er gar niemanden an der Nase herumführen? Vielleicht hatte er nur deshalb so laut gesprochen, weil er sich so sehr konzentrierte? Ich war ihm Tag für Tag so nahe, daß ich spürte, was in ihm vorging; und ich war ihm so nahe, daß ich wußte, daß er wirklich an sich und an das, was er sagte, glaubte.

Der Swami übte jeden Tag im Büro und jeden Abend zuhause. Niemand wußte genau, wie er übte, denn niemand durfte ihm zusehen. Er setzte seine Nachmittage im Labor fort. Am Vormittag saß er oft allein in seinem Büro, hatte seine Tür geschlossen und sein „Bitte-nicht-stören"-Schild an den Türgriff gehängt. Ich spürte, daß er unruhig wurde. Oft sah ich ihn an meiner Türe vorbeigehen, wenn ich an der Schreibmaschine in meinem Büro saß. Manchmal öffnete er kurz die Türe, fragte: „Hat jemand für mich angerufen?". Es hatte immer jemand angerufen — immer hatten einige Leute ihre Namen und Telefonnummern hinterlassen und hofften, daß der Swami zurückriefe.

Manche Anrufe, die ich für den Swami bekam, waren so merkwürdig, daß es mir leid tat, ihm davon zu berichten. Es gab Leute, die sagten z.B.: „Ich bin ein spiritueller und geistig fortgeschrittener Mensch — ich bin jahrelang immer außerhalb meines Körpers gereist" oder: „Ich bin sicher, daß eine Bekanntschaft mit Swami Rama, ob sie nun auf der irdischen oder auf der spirituellen Ebene geschieht, für uns beide von großer Bedeutung sein könnte." Seltsamerweise — und glücklicherweise, wie mir schien — lehnten es viele Anrufer ab, ihre Namen und Telefonnummern zu hinterlassen. „Soll ich dem Swami ausrichten, daß Sie angerufen haben?" fragte ich.

„Oh ja, bitte tun Sie das."

„Gut, können Sie mir Ihren Namen sagen?"

„Oh, er kennt meinen Namen, sagen Sie ihm nur, daß ich angerufen habe."

„Es tut mir leid, aber ich weiß nicht, wer Sie sind."

„Das macht nichts. Swami weiß es. Der Swami weiß alles!"

Manchmal schaltete sich der Swami auch selbst in eines dieser seltsamen Gespräche ein, gerade wenn ich dabei war, ein zeitraubendes Palaver mit jemanden zu beenden. Eines Tages läutete das Telefon, als ich in seinem Büro war. Wir hörten das Läuten nicht, aber einer der Plastikknöpfe an seinem Apparat leuchtete auf, was er sofort sah. Ich hätte es nicht einmal bemerkt.

„Das Telefon!" rief er. „Nimm den Hörer ab. Ach nein, laß es mich tun!" Es war ein Anruf für mich, und so reichte er mir den Hörer. „Ich höre nicht zu, wenn du Gespräche führst", sagte er, als ich den Hörer wieder aufgelegt hatte, „nur wenn es für mich ist. Wer hat uns jetzt angerufen? Betrifft es mich?"

Es dauerte nicht lange, da war der Swami nicht mehr darauf angewiesen, auf das Lämpchen an seinem Telefon zu achten. Immer öfters empfing er schon ein geheimnisvolles „Signal", noch bevor das Lämpchen leuchtete.

Das erste Mal bemerkte ich das, als er in meinem Büro war. „Laß mich drangehen", sagte er plötzlich und lief zur Tür. „Es ist nicht wichtig für dich. Leg das Gespräch zu mir hinüber." Noch bevor er zu Ende gesprochen hatte und meine Türe hinter sich geschlossen hatte, läutete das Telefon. Es war für den Swami, der auch sofort den Hörer in seinem Büro abhob und sich einschaltete: „Ja, ja, ich bin da", sagte er.

Einige Tage später kam er mit gerunzelter Stirn in mein Büro: „Ich habe einen Anruf aus Minnesota, aber Sie verbinden mich nicht! Was soll das bedeuten? Ich bin doch da, warum verbinden Sie mich nicht? Ruf die Zentrale an, sie machen das nicht richtig."

„Aber das Telefon hat doch gar nicht geläutet", protestierte ich. „Niemand hat angerufen."

„Doch, doch, jemand von auswärts. Die Zentrale muß mich verbinden. Sie hat irgendetwas falsch gemacht. Frag nach, warum sie mich nicht verbunden haben."

„Ja, es hat jemand aus Minnesota angerufen", sagte mir die Telefonistin. „Aber Ihre Leitung war belegt. Der Teilnehmer hat eine Weile gewartet und sagte dann, er wolle am Nachmittag zurückrufen."

„Das verstehe ich nicht", beklagte sich der Swami. „Wir waren doch die ganze Zeit da."

„Haben Sie telefoniert?" fragte ich.

„Nein, ich habe nur gewartet."

Am Nachmittag nahm ich den Hörer ab, um ein Gespräch zu führen. Sofort schaltete sich die Stimme des Swami ein: „Hallo, sind Sie da?" „Ja", sagte ich. „Nein, nein, nicht du. Er versucht mich schon wieder zu erreichen. Siehst du, irgendetwas stimmt nicht."

Endlich wurde mir klar, wo das Problem lag. Ich ging in sein Büro hinüber, um es ihm zu erklären. „Swami, wenn ein Anruf kommt, dürfen Sie den Hörer nicht zu früh abnehmen. Wenn Sie den Hörer in der Hand haben, kann die Verbindung nicht hergestellt werden. Wir müssen warten, bis es läutet oder bis das Licht aufleuchtet. Sonst ist nur ein Belegtzeichen zu hören. Und dann denkt man. . ."

„Nein, warte!" unterbrach er mich. „Der Anruf kommt. Siehst du? Der Anruf kommt und das Licht geht nicht an."

Er griff nach dem Hörer, aber noch bevor er ihn hochhob, begann das Licht zu blinken. „Ach nein, du hast Recht gehabt, jetzt funktioniert es." Er reichte mir den Hörer. Es war tatsächlich ein Anruf aus Minnesota.

Ich erzählte Elmer und Alyce davon, und sie brachten die Sache bei einer Morgenrunde zur Sprache. „Wie Sie wissen, rufen immer mehr Leute für Sie an, Swami", sagte Elmer. „Und wie mir scheint, kümmern Sie sich etwas zu sehr darum. Aber das wollten Sie doch, wie Sie anfangs sagten, gar nicht. Jedefalls ist es Dougs Angelegenheit, er soll sich um die Anrufe kümmern. Wenn Sie das Telefonieren Doug überlassen und weiter ‚unerreichbar' sein könnten, wie Sie ursprünglich vorhatten. . ."

„Wozu habe ich denn dieses Telefon?" protestierte der Swami. „Warum brauche ich ein Telefon, wenn ich nicht drangehen kann?"

Der Swami würde uns beide weiterhin mit seinen Telefonanrufen auf Trab halten und nichts würde sich ändern. Das war mir klar. Ich wußte, daß er vier- oder fünfmal am Tag in die Halle hinuntergehen und nachsehen würde, ob Post für ihn da war. Bekam er einen Brief oder einen Anruf, ohne daß ich davon wußte, würde das für mich zum Problem werden. Der hervorstechendste Zug des Swami, immer sicher zu sein, machte den Umgang mit ihm nicht leicht, vor allem auf der Ebene, auf der ich mit ihm zu tun hatte. In irgendein *ashram* oder in ein Kloster mochte sein Verhalten passen, aber dies war ein Büro und ein Forschungslaboratorium, und ich mußte mit ihm und mit all den Menschen, die mit ihm zu tun hatten, arbeiten und auskommen.

Diese Gedanken gingen mir durch den Kopf, als ich nach der Morgenrunde an meinem Schreibtisch saß. Sie belasteten mich und machten mich immer ärgerlicher. Bis der Swami plötzlich zur Türe hereinkam und sagte: „Warum denkst du so etwas? Du bist unabhängig und ich bin unabhängig. Wir sind frei und nichts kann uns stören! Wir haben uns nicht zu beklagen und niemand kann sich über uns beklagen: ‚Oh, Doug macht das oder das nicht richtig und dieser seltsame Swami macht dieses oder jenes.' Was kümmert es uns? Wir sind frei und unabhängig und stehen über all diesen Dingen. Laß die anderen ihr Leben leben, laß' mich meines leben und lebe du deines!'' Ohne auf eine Antwort zu warten, machte er auf dem Absatz kehrt und ging wieder.

Einer meiner Freunde in der gleichen Abteilung war ein Forschungsassistent bei einem anderen Projekt. Von dem Tag an, an dem der Swami das psychologische Experiment im Büro eines Kollegen unternommen hatte, wollte der Leiter dieses Projektes ein Privatinterview mit dem Swami haben. Er rief mich an und fragte, ob der Swami nicht an einem Morgen einige Stunden Zeit für ihn hätte. Ich sagte ihm, daß der Terminkalender des Swami für die nächste Woche schon voll sei und daß ich angewiesen worden war, ihm genügend Zeit für seine Übungen zu lassen.

„Worüber will er wohl mit dem Swami sprechen?'' fragte ich meinen Freund beim Mittagessen.

„Er möchte nicht mit ihm sprechen'', antwortete mein Freund. „Ich weiß, was er will. Er will mit ihm einen Rohrschachtest machen.''

„Warum?'' fragte ich. „Braucht ihr das für die Forschung? Will er, daß der Swami sich als freiwilliges Versuchsobjekt zur Verfügung stellt?''

„Wenn du schon fragst, dann sage ich dir, was ich glaube: Er will den Swami bloßstellen. Er will beweisen, daß er verrückt ist.''

„Eines sage ich dir, wenn ich ein Swami wäre, würde ich nicht hierherkommen. Manche Leute halten ihn für verrückt, manche halten ihn für einen Betrüger, gewisse Leute halten ihn für ihren Meister, andere halten ihn für eine Art Gott. Swami Rama ist nichts vol alldem. Er ist ein *Raja-yogi* aus Indien. Die Amerikaner wissen nicht einmal, was ein *yogi* ist.''

Trotz seiner Ruhelosigkeit und den Zerstreuungen von außen, die er, wie mir klar wurde, gar nicht so ungern hatte, weil sie von der Ablehnung ablenkten, die ihm entgegengebracht wurde, setzte der Swami seine täglichen Übungen für die Demonstrationen fort, bei der er einen Gegenstand in Bewegung setzen wollte. Meistens übte er zuhause; ich hatte manchmal den Eindruck, als übe er die ganze Nacht.

Am Tag bevor das Experiment gemacht werden sollte, verließ er sein Zimmer nicht. Nur Alyce und ich gingen zur Arbeit und ließen ihn allein zuhause. Wir ließen eine Verabredung am Morgen und die nachmittägliche Laborsitzung ausfallen. Ich fragte mich, ob wir auch unsere Gruppensitzung absagen sollten. Es war Donnerstag und unser Gruppentraining hatten wir für diesen Abend angesagt. Ich wollte den Swami nicht durch einen Anruf stören. Aber ich machte den Vorschlag, als Alyce und ich an diesem Nachmittag nach Hause kamen und der Swami aus seinem Zimmer trat und mir zum ersten Mal gestand, daß er völlig übermüdet sei.

„Sollen wir das Training lieber auf morgen Abend verlegen? Es ist kein Problem, alle Leute anzurufen. Wenn Sie morgen keine Zeit haben, dann könnten wir uns ja nächste Woche zweimal treffen."

Als Alyce und ich nach Hause gingen, war Elmer im Labor geblieben, um für die morgige Demonstration Vorbereitungen zu treffen. Er wollte eine Art Spindel konstruieren, auf der die Nadel sich drehen konnte, damit man sie nicht aufhängen mußte, und versuchen, eine Art von Plastikmaske für den Swami zu erfinden, die er bei dem Experiment tragen sollte, damit sicher war, daß er nicht auf die Nadel blasen konnte. Wenn ich an all die Vorbereitungen dachte, die getroffen wurden und an die überraschend große Müdigkeit des Swami, war mir klar, in welch schwieriger Lage er sich befand.

„Nein, nein. Diese Treffen sind zur Übung da, und Übungen müssen regelmäßig abgehalten werden. Warum sollten wir es verschieben, wenn es für uns alle gut ist?" Um sieben Uhr an diesem Abend rief Elmer an und schlug vor, daß man die Demonstration des Swami um fünf Tage verschieben sollte, weil er noch Zeit brauchte, um die verschiedenen Vorbereitungen zu treffen. Er wollte das Ereignis vom Freitag auf den folgenden Mittwoch verlegen. Der Swami stimmte sofort zu.

An diesem Abend fand das vierte Treffen unserer Gruppe statt. Inzwischen hatten wir alle eine aufrechte Sitzhaltung geübt; wir saßen entweder im Lotussitz oder mit überkreuzten Beinen oder im Schülersitz und unsere Wirbelsäulen waren völlig gestreckt, während wir den Worten des Swami lauschten. Diesmal zeigte er uns wieder seine Form der Bauchatmung. „Jetzt beginnen wir mit dem Bauch. Warum mit dem Bauch? Oft sind unsere Nasenlöcher geschlossen, unser Hals ist verschleimt oder unsere Nebenhöhlen sind nicht in Ordnung. Diese Übungen vermehren die Luft in den Lungen und den Sauerstoff im Blut; deshalb haben sie die wohltuende Wirkung, von der ich euch erzählt habe. Habt immer ein Taschentuch bei euch, wenn ihr sie macht. Ich will euch die Methode zeigen."

Und wieder fürte er uns seine Bauchatmung vor. „Versucht nicht zu tun, was ich tue. Ich zeige es euch nur. Überanstrengt eure Lungen nicht. Ihr solltet zu einem bestimmten Zeitpunkt ein- oder zweimal am Tag üben, aber nie nach dem Essen. Wartet ein paar Stunden mit der Bauchatmung, nachdem ihr gegessen habt. Das sind die Vorsichtsmaßregeln. Für alles gibt es solche Regeln."

Nachdem wir dem Swami zugesehen hatten, machten wir zusammen unsere eigenen Übungen. Unsere Gruppe war dabei so geräuschvoll, daß wir froh waren zu wissen, daß sich niemand in Hörweite befand. Die Bauchatmung war die erste einer Reihe von Übungen, die wir bei jedem Treffen praktizierten. Nach der Bauchatmung kam die alternierende Atmung. Bei dieser Übung atmeten wir durch ein Nasenloch aus, wobei wir das andere mit der rechten Hand schlossen, und atmeten genauso lang durch das andere Nasenloch ein. Nachdem wir das öfters wiederholt hatten, kehrten wir den Vorgang um. Danach folgte eine Reihe von Entspannungsübungen, die wir in der einfachsten Stellung ausprobierten. Der Swami nannte sie die „Totenstellung". „Diese Stellung", sagte er „muß euch niemand zeigen, denn ihr kennt sie von Geburt an. Ihr liegt dabei einfach auf dem Rücken. Das habt ihr in eurem Leben schon unzählige Male getan. Nur die Menschen sind unter allen Geschöpfen Gottes gesegnet, diese bequeme und angenehme Haltung richtig auszuführen." Der Swami führte uns immer durch die Reihe der Entspannungübungen und ließ uns danach einige Minuten auf dem

Boden des Wohnzimmers liegen, damit wir die gleichmäßige Ruhe, die sich in uns ausgebreitet hatte, bewußt wahrnahmen. Dann begann er wieder langsam und leise zu sprechen; meist war es eine Anekdote oder ein Beispiel, das er ausgewählt hatte, um einen bestimmten Aspekt der Wahrheit zu verdeutlichen. An diesem Abend war das Thema, das ihn beschäftigte, das Ego.

„Wißt ihr, was die Reinheit des Geistes ist – wie der Geist gereinigt werden kann? Es gibt eine Funktion des Geistes, die Ego genannt wird. Das bin *ich*, das bin *ich*. Was ist dieses Ich? Wenn das Ich verletzt wird, verliert man seinen Halt. Das Ich zu reinigen, heißt, den Geist zu reinigen – den Geist zu reinigen, heißt, das Ich zu reinigen.

Nehmt an, daß ich plötzlich jemanden auf die Probe stellen möchte. Ich würde einfach zu ihm sagen: Du bist ein Dummkopf! Er wird den Namen Gottes vergessen, er wird seine geliebte Frau vergessen, er wird seine Kinder vergessen, er wird seine Pflichten vergessen – aber den ganzen Tag lang wird er daran denken: Er hat mich Dummkopf genannt, er hat mich Dummkopf genannt! Wenn ihr nicht an Gott denkt, denkt ihr an euren Feind. Ein Mensch erinnert sich mehr an seinen Feind als an seinen Geliebten – und das nennt man Ego. Dieses Ego muß gereinigt werden.

Den ganzen Tag werden wir geführt und beherrscht von unserem Ego. Der und jener sagte dieses, der und jener sagte das. Und wo bleibt ihr? Wo ist euer Standpunkt? Was ist eure Meinung? Irgendjemand sagt etwas, und man ist begeistert. Jemand sagt: Du bist gut, und so bin ich glücklich. Jemand anders sagt: ,Du bist schlecht, und sofort bin ich traurig – das heißt, daß ich von den Meinungen anderer abhänge und daß ich selbst ein Nichts bin. Aber ihr sollt euer eigenes Selbst entwickeln. Laßt die Leute Komplimente machen, es soll euch nicht berühren.

Eines Tages sagte ich zu meinem Meister, meinem Guru: ,Das ist ja nichts. Ich habe es schon geschafft!' Er sagte: ,Was Du hast es geschafft? Die Weisen brachten es auch durch mehrere Geburten hindurch nicht zustande und mein liebes Kind, du willst dein Ego schon gereinigt haben?' Ich sagte: ,Mein Ego ist mein Schuh, wenn ich es trage. Wenn ich es benutze, benutze ich es!' Er sagte: ,Nein, nein. Tu es nicht! Denn das ist Ego.' Ihr seht also, dieses Ego ist nicht einfach. Und nur wenn wir wirklich befreit sind, können wir sagen, wir haben es geschafft. Wir können alte Schriften studieren, wir können diesen Körper beherrschen, wir können Übungen machen und uns selbst verleugnen, und trotzdem kann das Ego weiterhin ein Problem sein. Ich weiß das. Bei mir ist das so."

Der Swami beendete die Sitzung und kehrte sofort in sein Zimmer zurück. Er bat mich nicht einmal um seine gewohnte Tasse tilk. Erst drei Stunden später, kurz nach Mitternacht, sah ich ihn wieder.

„Schau dir meine Augen an", sagte er. „Für diesen Unsinn überanstrenge ich mich. „Ich sah, daß seine Augen stark gerötet waren.

„Ich mache all das mit den Augen. Es ist eine Frage der Anziehung: Man macht es mit dem Blick und nicht mit dem Atem, das wirst du sehen. Es ist sehr gut, daß die Sache verschoben worden ist. Ich werde die Zeit nutzen. In meinem Land hat man jahrhundertelang solche Dinge getan, und es war nichts schwieriges. Aber hier gibt es soviel Negativität; das ist für mich eine Herausforderung."

Am Mittwochnachmittag, um halb zwei Uhr, war der große Augenblick gekommen. Der Swami blieb am Vormittag zuhause, während wir die letzten Vorbereitungen im Experimentierraum, in dem die Demonstration stattfinden sollte, trafen. Die Ventilatoren an den Wänden und an der Decke wurden zugeklebt, damit kein Luftzug entstehen konnte. An der Wand stand eine Liege, auf der der Swami im Lotussitz Platz nehmen konnte. Ein hölzerner Kaffetisch stand etwa fünfzehn Zentimeter von der Liege entfernt; die Konstruktion, die in Bewegung gesetzt werden sollte, stand auf dem Tisch. Elmer zeigte mir, wie sie funktionierte. Er hatte zwei Aluminiumnadeln rechtwinklig in der Form eines X zusammengeklebt und auf den Träger einer kleinen Metallspindel gelegt. Durch einen leichten Anstoß konnte man die Nadeln, die in etwa acht Zemtimeter Höhe horizontal über dem Tisch lagen, zur Drehung bringen.

„Die eine Nadel ist fünfunddreißig Zentimeter lang und die andere fünfundzwanzig", sagte er. „Dadurch wird es einfach sein, jede Veränderung ihrer Position festzustellen. Ich habe keine Vorstellung davon, wie sich dieses Ding in Bewegung setzen soll oder ob es sich überhaupt in Bewegung setzen wird, aber um keinen Zweifel offenzulassen, habe ich die Spindel auf diesen Kreiswinkelmesser gestellt." Wir bliesen aus den verschiedensten Richtungen auf die Nadeln. Waren sie auf Gesichtshöhe, so war es einfach, sie in Bewegung zu setzen, aber von der Stelle aus, an der der Swami sitzen würde, konnte man nur mit Mühe so stark blasen, daß sie sich drehte. „Auf jeden Fall wird der Swami die Maske tragen", sagte Elmer und reichte mir die Nase und Mund bedeckende Gesichtsmaske. Er hatte sie aus einer Malermaske gemacht, die mit einer Atmungsablenkvorrichtung aus Plastik versehen war. „Und wenn der Swami wirklich blasen sollte, so wird er auf seine eigenen Füße blasen."

Wir hängten eine Fotolampe an ihrer Schnur von der Decke herab und befestigten sie so, daß sie genau die Konstruktion auf dem Tisch beleuchtete. Dann stellten wir die Stühle für die Zuschauer so zur linken Seite der Liege auf, daß jeder genau sehen konnte, was auf dem Tisch geschah.

Nach dem Mittagessen brachten wir den Swami, der seine schönsten Gewänder angezogen hatte, zu seinem Platz im Experimentierraum. Er setzte sich sofort auf die Liege, richtete sich im Lotussitz ein, ohne die Stühle, Tische und anderen Gegenstände im Raum auch nur eines Blickes zu würdigen. Einen Augenblick lang hatte ich Mitleid mit ihm, dann aber erinnerte ich mich daran, daß der Swami die ganze Sache selbst ins Rollen gebracht hatte. Dennoch empfand ich mit ihm. In was für einer unangenehmen Situation er war!

„Wenn es zu Ihrem Vorgehen gehört, stark auszuatmen, so können Sie das ruhig tun", erklärte ihm Elmer." Sie werden dieses Ding nicht erreichen, so fest Sie auch blasen."

„Blasen! Davon ist nicht die Rede, Doktor! Es geht nicht um Abstoßung! Die Methode ist Anziehung – der Gegenstand muß sich auf mich zubewegen."

„Aber der Gegenstand dreht sich, es ist eine Kreisbewegung."

„Der Gegenstand, auf den ich meinen Blick richte, wird sich mir entgegen und nicht von mir wegbewegen", insistierte Swami.

„Wohin werden Sie schauen?"

„Genau auf die Spitze einer dieser Nadeln."

Elmer schob den Winkelmesser ein wenig beiseite. Jetzt war die Verbindungsstelle der Nadeln etwas rechts von dem Gesicht des Swami. Die Spitze einer Nadel war in gerader

Linie vor seinem Blick und im rechten Winkel zu seinem Gesicht, wenn er ganz geradeaussah. „Wenn Sie jetzt auf diesen Punkt schauen und er sich Ihnen entgegenbewegt", sagte Elmer, „werden sich die Nadeln im umgekehrten Uhrzeigersinn bewegen."

Der Swami sah mich an. „Bring Räucherwerk aus meinem Büro. Wir werden einige Räucherstäbchen hier anzünden — ich habe sie immer um mich. Und dann brauche ich ein Gefäß, weil ich hier zu meiner Rechten etwas kaltes Wasser haben muß. Es muß aber ein Metallgefäß sein. Du sollst dich hier neben mich setzen, ich werde dir sagen, was du zu tun hast."

Die Räucherstäbchen wurden angezündet und eine Metallschüssel mit kaltem Wasser ans Ende der Liege gestellt. „Doug, du wirst jetzt hier zu meiner Linken bleiben. Es kann sein, daß ich zur Seite falle; dann sollst du mich auffangen. Du mußt etwas in der Hand haben, du darfst mich nicht mit den Händen berühren. Du darfst mich auf keinen Fall berühren, sonst bekommen wir beide einen großen Schock. Wie wäre es mit Holz? Hol einen Gegenstand aus Holz."

In der Holzwerkstatt auf der anderen Seite des Ganges fand Elmer ein zehn Zentimeter langes und circa acht Zentimeter breites Stück Sperrholz. „Sehr gut!" sagte der Swami. Er zeigte mir, wie ich damit gegen seine linke Schulter drücken sollte, falls er bei dem Experiment in meine Richtung kippen sollte.

„Und wenn Sie nach rechts fallen?" fragte ich.

„Nein, nein, nur auf diese Seite. Auf die negative Seite. Es ist nicht möglich, nach rechts zu fallen. Wo sind eigentlich die anderen?"

„Sie werden bald kommen."

„Dann laßt mich allein, damit ich meine Mediation beginnen kann. Kommt zusammen herein, wenn die anderen da sind, dann werden wir anfangen. Sonst gehen die Leute herein und hinaus mit ihren Gefühlen und Kommentaren, und ich bin abgelenkt."

Elmer sagte den anderen Bescheid, die zusehen sollten, daß alles fertig war, während ich mit dem Brett in der Hand vor der Tür auf dem Gang stand. Ich lehnte meinen Kopf gegen die Wand, schloß die Augen und fragte mich, was jetzt im Innern des Swami vorgehen mochte. Sollte ich mich auch in Meditation versenken? Würden wir das Experiment nicht ebenso beeinflussen? Ich wußte, daß der Swami wirklich an die Möglichkeit dessen, was er versuchen würde, glaubte — sonst hätte er sich nicht so langwierigen und anstrengenden Übungen unterworfen. Aber ich wußte auch, daß er nicht sicher über das Ergebnis seiner Bemühungen war. Daher kam seine Ruhelosigkeit. Ich hätte gerne gewußt, ob er zuhause in seinem Zimmer Objekte in Bewegung gesetzt hatte, wenn niemand da war, der ihn sehen konnte. Ob er noch müde war, jetzt, da drinnen in dem Zimmer? Ob seine Augen wohl noch gerötet waren?

Als wir in das Zimmer kamen, schien er ruhig und heiter. Er bemerkte uns offenbar gar nicht. Er saß aufrecht und reglos auf der Liege, murmelte kaum hörbar sein *mantra* vor sich hin, während wir Beobachter unsere Plätze einnahmen. Außer Elmer, Alyce und Dale Walters, den drei wichtigsten Forschern unseres Projektes und einem anderen Mitglied unserer abendlichen Meditationsgruppe war noch der Arzt anwesend, der bei dem früheren unglücklichen psychokinetischen Versuch des Swami zugegen gewesen war und ein weiterer Arzt aus der Menninger Klinik. Ich setzte mich im Lotussitz auf die Liege neben dem Swami und wandte mich leicht nach rechts, so daß ich ihn und den Gegenstand auf dem Tisch sehen konnte.

Elmer sprach mit sanfter Stimme. „Swami?"

Der Swami hörte auf, sein *mantra* zu murmeln, behielt jedoch die Augen geschlossen und wandte den Kopf nicht. „Ja."

„Ich werde Ihnen jetzt diese Maske aufsetzen. Sind Sie einverstanden?"

„Einverstanden."

„Möchte jemand die Maske prüfen, bevor ich sie dem Swami aufsetze?" Elmer hielt die Maske mit ausgestrecktem Arm in die Luft, so daß sie jeder sehen konnte. Niemand wollte sie noch näher untersuchen. Der Swami saß reglos und mit geschlossenen Augen da, als Elmer ihm nun die Maske auf das Gesicht setzte und sie mit einem Gummiband an seinem Hinterkopf befestigte. Elmer setzte sich und Totenstille breitete sich im Raum aus. Ich sah auf die Schulter des Swami und dann zu dem Holzstück in meiner Hand. Er saß so aufrecht da, daß er größer wirkte denn je.

Der Swami öffnete die Augen weit und richtete einen scharfen Blick auf die Spitze der Nadeln. Sein Blick war durchdringender, als ich ihn je gesehen hatte; da sein übriges Gesicht von der Maske bedeckt war, wirkte er beinahe furchterregend. Er wiederholte sein *mantra* wieder und wieder. Das ging eine ganze Weile so. Als er pausierte, um Atem zu holen, waren seine Atemzüge sehr laut und heftig. Jedes Mal, wenn er laut ausatmete, fixierte ich den Gegenstand auf dem Tisch, aber nichts bewegte sich. Er benutzte ein seltsam klingendes *mantra*, das ich nie zuvor gehört hatte. Er beschleunigte das Tempo und die Höhe seines murmelnden Gesanges, während er es wiederholte, bis er in einem durchdringenden, hohen Crescendo endete, das wie „r-eee-eee-m" klang. Da geschahen zwei Dinge gleichzeitig: Ich hatte das Gefühl, einen elektrischen Schlag zu bekommen, vor allem in der Brust und in der rechten Seite meines Gesichtes. Und die Nadeln bewegten sich. Mein erster Eindruck war, daß der elektrische Schlag nur Einbildung war, entstanden durch ein hypnotisches Phänomen, durch das mir die Bewegung der Nadeln vorgegaukelt wurde. Der Schlag war in Sekundenschnelle vorbei. Der Swami fragte Elmer, ob er wolle, daß er es noch einmal tue. Elmer sagte ja, und der Swami nahm seinen Singsang wieder auf, mit leiser und langsamer Stimme beginnend. Dann passierte es wieder. Derselbe Ton „r-eee-eee-m", derselbe intensive elektrische Schlag — und die Nadeln drehten sich auf der Spindel. Nein, das war keine Einbildung gewesen.

Die Nadeln hatten sich tatsächlich gedreht und jeder mußte es gesehen haben; auch wenn sie sich nur um wenige Grade fortbewegt haben, waren sie nun in einer anderen Stellung. Die Nadelspitze, die in gerader Linie vor dem Gesicht des Swami gewesen war, hatte sich auf ihn zubewegt wie der lange Zeiger einer horizontal liegenden Uhr, wenn er entgegen dem Uhrzeigersinn von neun auf sieben gerückt wäre. Als der Swami sich zu Elmer wandte, sah ich seine Augen: Es standen Tränen darin, sie sahen überanstrengt aus.

Der Swami blieb scheinbar unberührt, als man ihm die Maske abnahm und sich die Beobachter erhoben und das Zimmer verließen. „Es hat nicht viel genützt", sagte er zu Elmer und mir, als nur noch wir drei im Raum waren.

„Wer vorher gezweifelt hat, zweifelt jetzt auch noch."

„Machen Sie sich keine Gedanken darüber, Swami. Es beschäftigt mich nicht sonderlich, wenn die Leute sich irgendetwas einreden."

„Swami", sagte ich, als wir im Lift nach oben fuhren, „eine elektrische Welle ging durch meinen Körper, als Sie diesen hohen Ton von sich gaben."

Er lächelte. „Aber natürlich, du hast ja neben mir gesessen."

„Sie wußten also, daß ich dieses Gefühl haben würde?"

„Ich habe dir doch gesagt, daß du mich nicht berühren sollst, oder?"

„Zuerst dachte ich, es sei nur Einbildung."

„Es ist keine Einbildung. Es ist Strom, man kann ihn messen."

Als der Swami und ich allein in seinem Büro waren, machte er seiner Unzufriedenheit Luft. „Es war sinnlos. Was hat es für einen Sinn, solche nutzlosen Dinge zu tun? Es war nichts verglichen mit dem, was möglich wäre!"

Ich sagte nichts. Ich konnte mir nicht vorstellen, was der Swami sich erwartet hatte. Ich konnte mir auch nicht vorstellen, was es für Möglichkeiten gab.

„Diese Dinge erfordern die richtigen Umstände. Man muß alles sehr genau machen. Ich wollte deshalb jeden Verdacht ausschließen. Was hat es für einen Sinn, diesen Verdacht zu bekämpfen, wenn man dann die Gelegenheit nicht wirklich nutzen kann? Ich hatte auf die Vorbereitungen keinen Einfluß. Ich sagte dem Doktor, er solle die Dinge selbst arrangieren, damit keine Zweifel aufkämen. Ich hätte mein Gesicht mit einem Handtuch umwickeln sollen, dann hätte niemand mehr zweifeln können."

„Ich glaube nicht, daß ein Handtuch besser als die Maske gewesen wäre."

„Und dann hätte ich hinter einer Glasscheibe oder einer riesigen Plastikscheibe sitzen müssen; der Doktor hatte von einer Plastikscheibe gesprochen."

„Ich glaube nicht, daß die Leute gezweifelt haben. Ich kann mir nicht vorstellen, warum. . ."

„Sie haben gezweifelt. Das konnte ich deutlich spüren. Das ist sehr problematisch. Solche Dinge werden mit Hilfe von Visualisierung gemacht."

Ich ging in den zweiten Stock hinauf, um eine Tasse heisses Wasser und einen Teebeutel zu holen und dachte dabei über die Demonstration und die Gefühle des Swami nach. Ich wußte nicht genug, um erklären zu können, was der Swami getan hatte, aber es war mir dennoch klar, daß er erfolgreich gewesen war. Die Nadeln hatten sich zweimal auf der Spindel bewegt. Es schien mir nicht anzuzweifeln, daß sie sich keinesfalls durch den Atem des Swami in Bewegung gesetzt hatten. Wenn das geschehen wäre, hätten sie sich in die entgegengesetzte Richtung bewegt, und die Lampe, die darüber hing, wäre ebenso in Schwingung versetzt worden; das hätte man am Lichtkegel bemerkt. Außerdem war da dieses seltsame elektrische Phänomen, das ich beide Male fühlte, wenn sich die Nadeln bewegten. Jedenfalls mußte etwas die Nadeln in Bewegung gesetzt haben, und dieses Etwas war in natürlichen und nicht in übernatürlichen Worten erklärbar. Es mußte reale Energie sein, die auf ein physikalisches Objekt einwirkte. Wer diese Möglichkeit ausschließen wollte, mußte sich auf seine persönlichen Gefühle oder traditionellen Vorstellungen berufen.

„Ich glaube nicht, daß man etwas hätte tun können, was dieser Demonstration mehr Überzeugungskraft verliehen hätte", sagte ich zum Swami und reichte ihm eine Tasse Tee. „Die Menschen klammern sich an ihre Zweifel und ihren Glauben. Kein Experiment kann den Glauben eines Menschen beeinflussen, Swami. Ich weiß nicht, wie es in Indien oder in anderen Ländern ist, aber in Amerika bauen sich die Menschen in ihrer Jugend, in der Schule und in der Kirche hohe Mauern um ihre Gedanken. Innerhalb dieser Mauern können sie noch etwas lernen, aber selten sind sie motiviert oder fähig, sich über diese Grenzen hinaus zu wagen. In Amerika gibt es einen sehr verbreiteten Abwehrmechanismus, mit dessen Hilfe die Menschen sich neuen Möglichkeiten entziehen — sie gebrauchen Worte wie Scharlatanerie, Quacksalberei, Betrug und vieles andere. Ich glaube nicht, daß es eine andere Lösung für dieses Problem gibt, als es sich selbst lösen zu lassen. Wenn wir das Kontrollsystem raffinierter machen würden, dächten sie einfach, daß Sie ein raffinierteres Betrugssystem ausgearbeitet hätten. Im Grunde hat sich hier schon jeder eine Meinung über Sie gebildet — nicht über Ihre Lehren oder Ihre Fähigkeiten, sondern über

Sie als Person. „Das nächste Mal mußt du mich von so etwas abhalten", sagte der Swami nach einem Augenblick des Schweigens. „Es ist eine schlechte Angewohnheit von mir, auf solche Herausforderungen zu antworten. Ich sollte das nicht tun. Es hat keinen Sinn, jemanden überzeugen zu wollen. Das ist nicht Teil meiner Aufgabe. Es geht überhaupt nicht darum, zu überzeugen. Warum sollten wir gegen diese Zweifel kämpfen, wenn es Menschen gibt, die bereit sind, die Methoden zu lernen? Nächstes Mal hilf mir bitte."

Ich ging zu meinem Schreibtisch und fragte mich, ob es mir je gelingen würde, den Swami von irgend etwas abzuhalten. Er hatte Recht, es ging nicht darum, jemanden zu überzeugen. Es geht darum, sich unermüdlich zu bemühen, neue Dinge zu lernen — neue Dinge außerhalb der zeitlichen Grenzen unseres Verständnisses. Es geht darum, die falsch gesetzten Grenzen zu erweitern und immer wieder zu staunen, so wie die Menschen schon immer gestaunt haben über Möglichkeiten, die sie sich zuvor nicht träumen ließen. Dafür ist die Wissenschaft da.

KAPITEL 8

ENTGEGEN ALLEN Behauptungen und Versicherungen
wünschte und brauchte Swami Rama Kontakt mit den Menschen. Es war ein komplexeres Bedürfnis als der Wunsch
nach Popularität. Der Swami brauchte es, unterrichten, führen, erklären zu können; unsere privaten Mediationsabende
genügten nicht, um dieses Bedürfnis zu stillen. Der Swami
hatte verschiedene kleine Bücher in Sanskrit, Hindi und
Englisch geschrieben. Er war der Gründer des Himalayan
International Institute of Yoga Science and Philosophy.
Er hatte in Indien, Japan, den Vereinigten Staaten und Europa Vorträge gehalten und Kurse gegeben. Daß er sich jetzt
freiwillig erbot, sich vor allem mit dem Studium psychophy-
siologischer Selbststeuerung und verschiedenen nicht physiologischen Phänomenen zu befassen, verlangte von ihm, was
er seine „Enthaltsamkeit" nannte; dazu gehörte auch, daß er
nicht durch die Begegnung mit anderen Menschen und die
Beschäftigung mit ihnen abgelenkt wurde. Es stellte sich
jedoch heraus, daß es ihm unmöglich war, seine frühere Identität aufzugeben. Unvermeidlich empfand der Swami, daß
viele „Wissenschaftler", mit denen er in Berührung kam,
ihm gegenüber nicht unemotional, objektiv, nicht wohl-
meinend empfanden, und so sehnte er sich nach mehr seelischer Unterstützung. In einer Höhle im Himalaya wäre er
vielleicht in der Lage gewesen, die Selbstbescheidung zu
üben, von der er sooft sprach. Aber hier im Westen, wo alle
Dinge sichtbar sein und zu meßbaren Ergebnissen führen
mußten, zeigte der Swami einen fast unstillbaren Hunger
nach positiver emotionaler Bestätigung. Er war in der Hoffnung in die Vereinigten Staaten gekommen, Ärzte von
seinem außerordentlichen *yogi*-Wissen und seinen Fähigkeiten zu überzeugen und eine Begegnung westlicher und
östlicher Wissenschaft auf dem Gebiet der Psychophysiolo-

gie anzuregen, aber die sachliche Laboratoriumsatmosphäre mit ihrer ständigen Reproduktion von Tests und Demonstrationen befriedigte seine Bedürfnisse danach nicht.

An einem Freitag Abend Ende Oktober begann Swami Rama seine erste Reihe öffentlicher Vorlesungen in Topeka. Sie wurden im Auditorium des Hochhauses gehalten — dem Verwaltungsgebäude der Menninger Foundation, das im Westen des Geländes, in der Nähe der Forschungsabteilung lag. Außer den Mitgliedern unseres eigenen Projektes nahmen keine anderen Forscher teil, obwohl unter den Zuhörern immer einige andere Leute der Menninger Foundation saßen, vor allem jüngere. Es waren immer einige Mitarbeiter des großen Veteranen-Hospitals, einige Studenten und Lehrer von der Washburn University in Topeka und sogar einige High-School-Studenten anwesend. Ein Großteil der Zuhörer waren Mitglieder der örtlichen Ananda Marga Ashram und einer neuen, in Topeka angesiedelten Organisation, die sich Ashram Association nannte. Der Swami, war, wenn er in der Öffentlichkeit auftrat, eine eindrucksvolle Erscheinung. Mit majestätischen Schritten ging er auf der Bühne hin und her, Sandalen an den Füßen, den langen Schal anmutig um die Schultern gelegt; er wußte Hände und Stimme wohl zu gebrauchen. Jeden Freitag Abend sprach er zwei Stunden oder sogar länger; es war keine Schwierigkeit für ihn, alle Zuhörer in Bann zu halten, Junge und Alte. Er sprach über die östliche und westliche Auffassung vom Geist, über die *yoga*-Disziplinen der geistigen Kontrolle und über ihre Funktionen. Er sprach über die Bedeutung und den Vorgang der Meditation und lehrte in dem, was er den praktischen Teil seiner Lektionen nannte, einige *yoga*-Stellungen, Atemübungen und sogar Sanskrit-Gesänge.

„Ich weiß, daß viele Menschen meinen, diese *yogis* und *swamis* aus Indien sind nur dazu gekommen, um mit ihren Meditationsformen andere Menschen und ihr Leben zu beeinflussen", begann er seinen Vortrag. „Wenn ihr euch diese Vorstellung aus dem Kopf schlagt, daß dies hier ein Swami aus dem Osten ist und daß ihr aus dem Westen seid, so ist das besser. Die tiefste Wahrheit ist für alle die gleiche Wahrheit, und die Wahrheit hat nichts mit Religion zu tun. Jeder einzelne muß sich die Methoden selbst wählen und entwickkeln. Ich weiß, daß meine Jacke eucht nicht passen würde,

und ich weiß ebenso, daß eure Jacke mir nicht passen würde.
Deshalb versichere ich euch, daß ich nicht gekommen bin,
um euch Religion zu lehren oder die Ideen irgendeiner Religion zu propagieren. *Yoga* hat nichts mit Religion zu tun.
Religion ist nur äußere Form. Ebenso wie diese Jacke. Deshalb werde ich nicht über Religion sprechen. Ich glaube
nicht, daß Christus, Buddha oder Krishna, wenn sie heute
auf die Welt kämen, wie früher angenommen würden. Man
würde sie kaum wahrnehmen und nicht auf sie hören. Wir
sind so sehr von der physischen Zeit abhängig, daß wir kaum
Zeit haben, die Werte des Lebens zu verstehen. Wir sind
mit den äußerlichen Dingen beschäftigt, mit dem Materiellen. Weder auf der Universität, noch in der Schule, noch in
den modernen Familien werden wir heute durch die Erziehung nach innen geführt. Deshalb bleibt ein Teil des
Lebens vor unseren Augen verborgen und wir nehmen nur
die äußere Hülle des Lebens wahr. Die jüngere Generation
sucht heute etwas jenseits dieses modernen Lebens, weil sie
weiß, daß das moderne Leben nicht erfüllend ist. Ihr wißt,
daß wir im Osten an Trägheit, ja Faulheit leiden. Im Osten
wie im Westen leiden wir. Wir brauchen mehr als das, was wir
haben. Wir leiden hier unter dem einseitigen Fortschritt.
Wenn es etwas wie Geist gibt, dann gibt es die Natur des Geistes, und es gibt die Kontrolle der Geistesfunktionen; darüber
sollten wir etwas lernen. Wenn es eine Möglichkeit gibt, diese
Dinge zu lernen und zu erfahren, dann sollten wir sie unbedingt lehren. Wir können die Meditation nicht lernen, bevor
wir gelernt haben, die Funktionen unseres Geistes, unseres
Verstandes zu kontrollieren. Aber wo ist die Universität, die
diese Erziehung vermittelt?

Wenn wir Lehrer oder Universitätsprofessoren nach der
Bedeutung der Meditation fragen, müssen sie erst im Lexi-
kon nachschlagen. Und wißt ihr, was dort als Definition der
Meditation gegeben ist? Die Definition der Meditation ist
Kontemplation und die Definition der Kontemplation ist
Meditation – also wird überhaupt nichts erklärt. Ich versichere euch, daß die Bedeutung des Wortes Meditation nirgends in der englischen Sprache erläutert worden ist. Soviele Menschen sagen, sie meditieren. Ein moderner Mensch
des Westens kann einige Zeit ruhig dasitzen, sich entspan-

nen, atmen, ein Mantra sprechen. Er wird Frieden finden und sich besser fühlen. Manche Menschen sagen mir: Ich habe viele Stunden gesessen. Ich habe viele Erfahrungen gemacht. Das ist nicht Meditation. Das ist Konzentration oder es sind unkontrollierte Eindrücke aus dem Unbewußten. Aber nicht Meditation.

Es ist möglich, den ganzen Tag Meditation zu treiben, ohne auf einem Platz zu sitzen. Ohne eine bestimmte Stellung einzunehmen, ohne das Büro und die weltlichen Pflichten zu vernachlässigen, kann man meditieren. Meditation ist eine ganz bestimmte Disziplin, und es steht eine exakte Philosophie dahinter. Sie hängt von der Kraft einer fundierten Philosophie ab, die sie stützt. Meditation bedeutet zunächst Selbstanalyse, dann Selbstzucht, dann Selbstentwicklung, dann Selbstentfaltung, dann Selbsterleuchtung. Meditation ist Wissen für einen selbst. Sie gehört dem wirklichen Selbst an und geht über Bilder, Eindrücke, Erfahrungen, Namen und äußere Formen hinaus. Sie ist keiner Veränderung unterworfen."

Die Ashram Association hielt ihre Versammlungen ebenfalls am Freitag Abend ab; die Mitglieder, die beim Vortrag des Swami gewesen waren, gingen direkt vom Hörsaal im Hochhaus zu ihrem Treffpunkt. Nach dem ersten Vortrag hatten sie den Swami in ihren Kreis eingeladen. „Ich werde kommen", sagte er. „An einem Abend nach dem Vortrag werde ich zu euch kommen." Einige Wochen lang erinnerten sie ihn jeden Freitag an die Einladung, bis er eines Abends einverstanden war.

„Ich habe es versprochen", sagte er zu mir. „Wir werden heute hingehen. Zusammen. Aber wir wollen erst einen Moment nach Hause zurückkehren, um uns auszuruhen." Die Mitglieder der Ashram Association begaben sich in ihre Versammlung, und wir gingen mit den Greens heim, damit der Swami sich umziehen und seine Tasse tilk trinken konnte.

Der Swami machte es sich auf dem Sofa im Wohnzimmer bequem und trank seinen Tee. Da fuhr der Wagen der Ashram Association in die Einfahrt. Der Swami stand auf und öffnete selbst die Tür. Ich war in der Küche, weil er mir gerade gesagt hatte, daß er noch etwas Tee und Milch haben wolle.

„Kommt herein!" hörte ich den Swami sagen. „Setzt euch, wir haben Zeit. Laßt sie nur anfangen, wir kommen dann noch rechtzeitig dorthin."

Während ich in der Küche stand und achtgab, daß die Milch nicht überkochte, bemerkte ich, daß aus dem Wohnzimmer keine Geräusche kamen. Die beiden jungen Männer, die gerade angekommen waren, mochten noch nicht zwanzig sein. Wahrscheinlich fühlten sie sich dem Swami gegenüber etwas auf verlorenem Posten. Vielleicht saß der Swami auch wie eine Statue in seinem Lotussitz mit geradem Rücken und geschlossenen Augen da, und die Besucher fühlten sich etwas unbehaglich. Doch dann hörte ich ihn seinen Tee schlürfen und räuspern, woraufhin einer der Besucher sich ebenfalls räusperte.

Endlich begann einer der beiden zu sprechen. „Wir kennen in Topeka ein Medium, Swami." Der Swami sagte nichts. Der andere nannte den Namen der Frau, aber der Swami schien nicht darauf zu reagieren.

„Kennen Sie sie, Swami? Haben Sie schon einmal von ihr gehört?"

„Nein."

„Sie ist wirklich toll. Sie kann Gedanken lesen. Sie kann sogar außerirdische Stimmen hören von Toten und von Lebewesen auf der Venus und so."

Der Swami nahm einen weiteren geräuschvollen Schluck aus seinem Glas und räusperte sich wieder. „Das ist eine Krankheit", sagte er feierlich. „Die Frau müßte behandelt werden."

Wieder breitete sich Schweigen aus. Die beiden sagten kein Wort mehr, bis der Swami sein zweites Glas tilk getrunken hatte und wir draußen in den Wagen gestiegen waren. Auf der Fahrt wandte sich der Beifahrer um, beugte sich über die Lehne nach hinten zu uns und fragte: „Swami, wissen Sie etwas über Drogen?"

„Drogen? Ja. In anderen Ländern schreibe ich Rezepte für Medikamente aus. Aber hier darf ich das nicht."

„Nein. Ich meine bewußtseinserweiternde Drogen. Was denken Sie darüber, wenn man Drogen verwendet, um auf einen Trip zu gehen, um zum Beispiel zu veränderten Bewußtseinszuständen zu kommen?" „Es ist nicht sehr sinnvoll. Gar nicht. Und es ist gefährlich für die Gesundheit und das Wohlergehen. Drogen können zu einem Teil psychische Erfahrungen vermitteln, aber im spirituellen Bereich bringen sie nichts Gutes. Die Suche nach Selbstverwirklichung hat nichts zu tun mit irgendwelchen Drogen. Nur das Nicht-Selbst kann diese verdrehten Zustände erfahren, dieses „erweiterte Bewußtsein“. Und selbst bei psychischen Erfahrungen hemmen einen die Drogen im Grunde doch, weil man diese Erfahrungen nicht unter Kontrolle hat. Die Drogenerfahrungen sind nichts im Vergleich zu den Erfahrungen eines *yogi. Yogis* werden von diesen kleinen Vergiftungen nicht angezogen und lassen sich von dieser Passivität nicht beeindrucken. Sie möchten hart arbeiten und weiterkommen. Warum sollte man sich mit solch leichten und unnützen Dingen zufriedengeben? Ihr jungen Leute fühlt euch zu diesen minderwertigen Hilfsmitteln und ihren eher lächerlichen Ergebnissen hingezogen, weil ihr bis jetzt überhaupt nichts anderes hattet.“

Vielleicht wollte der junge Mann nur Konversation machen; vielleicht wollte er auch nur herausfinden, was für ein Mensch der Swami war; oder hatte er wirklich die Meinung des Swami hören wollen? Jedenfalls sah er mich an, als hätte er eine Antwort bekommen, die weit über seine Frage hinausging. Er sagte nur: „Hm“ und wandte sich wieder nach vorne.

Alle Mitglieder des Ashrams und viele andere Interessierte warteten schon, als wir ankamen; eindeutig würde dieser Abend dem Swami gehören.

„Da ist er! Da ist er!“ rief jemand in der Nähe der Türe. Eine andere Stimme aus einer entfernten Ecke rief: „Kommen Sie bitte hierher, Swami.“ Alle Stühle und Sofas füllten sich mit Menschen. Mehr als die Hälfte saß auf dem Boden, im Halbkreis um den einen Stuhl in der Ecke. Einige Leute, die in der Mitte auf dem Boden saßen, rückten zusammen, um dem Swami einen Weg zu seinem Platz freizumachen.

Der Swami saß einen Augenblick lang ruhig da, sah in die erwartungsvollen Gesichter und machte nicht den Eindruck, als wolle er an diesem Abend noch einen Vortrag halten. Einen Augenblick mochte er ratlos sein, was er sagen sollte und nahm Zuflucht zu dem Altvertrauten: „Wie wäre es mit einer Tasse Tee?“ Sofort eilten zwei oder drei Leute in die Küche. Es wurden ein paar Fragen an ihn gestellt, man sprach dieses und jenes über Indien. Dann erinner-

te ihn etwas, das er gesagt hatte, an eines seiner Lieblingsthemen, und schon sprudelte es wieder aus ihm hervor. Er
bat sogar um eine Schiefertafel. Zufällig war eine da, man
brachte sie ihm mit einem Stück Kreide. Er sagte, daß alles
Eins sei und daß nichts von dem All-Einen getrennt sein oder
außerhalb des All-Einen existieren könne. Natürlich konnte
er der Versuchung nicht widerstehen, diese Idee weiterzu-
entwickeln.

„Ich werde euch etwas zeigen. Wißt ihr, daß Eins die einzige Zahl ist, die es gibt?" Als er nach der Tafel fragte, ahnte
ich, was er sagen wollte, da ich es schon einmal gehört hatte.
„Gut, ich werde es euch erklären. Diese Philosophie muß
verstanden werden; die Mathematik kann sie sehr gut erläu-
tern. Ihr kennt alle diese Zahl und nennt sie eins." Er schrieb
die Zahl auf die Tafel. „Keine Zahl hat ohne die Eins eine
Bedeutung. Jetzt nehmen wir die Null. Diese Null ist nichts
wert, wenn man nicht eine Eins davorschreibt. Dann wird sie
zu Zehn. Und jetzt könnt ihr zwei, drei, vier oder fünfzehn
oder hundert sagen." Während er sprach, schrieb er all die
Zahlen mit Kreide an die Tafel. Die Gastgeberin bahnte sich
inzwischen vorsichtig mit einer Tasse Tee in der Hand einen
Weg durch die am Boden sitzenden Hörer und stellte die
Tasse neben den Swami.

„Wenn man nun eins von hundert abzieht", fuhr er fort,
„verliert es sein Dasein. Es wird neunundneunzig
Zieht man wieder eins von neunundneunzig ab, so wird es
achtundneunzig. Deshalb hängen alle Zahlen von der Eins
ab. Wenn ihr zwei von hundert abzieht, wird achtundneunzig daraus, nicht wahr? Das heißt, daß ihr zweimal eine eins
von hundert abgezogen habt. Denn zwei ist nur eins und
noch einmal eins, zweimal eins. Die Hundert besteht aus
nichts als Manifestationen der Eins — hundert Manifestationen dieser Zahl! Deshalb steht hinter allen Zahlen und Wer-
ten nichts als eine Eins. Entweder ist es Null oder es ist Eins
oder es ist ein Teil von Eins oder viele Wiederholungen von
eins. Manche Menschen sagen, Gott hätte die Welt geschaffen. Gott hat die Welt nie geschaffen — das ist eine falsche
Vorstellung. Wenn wir diese Behauptung zu beweisen versuchen, wird uns die Logik selbst ad absurdum führen. Wie
konnte Gott die Welt erschaffen? Was war das, was gleichzeitig mit Gott existierte? Es gibt nur Gott und sonst nichts!"

Nach diesen Worten machte er eine Pause und hob die Teetasse an seine Lippen. Im selben Augenblick verzog er das Gesicht zu einer Grimasse und tausend Tröpfchen sprühten aus seinem Mund. Schwankend stellte er die Tasse zurück auf den Unterteller und ließ sich in seinen Lotussitz fallen. Dann rief er keuchend: „Was ist los? Was habt ihr mir da gegeben?"

„Swami, es tut mir leid", sagte eine Stimme aus der Küche. „Ich weiß nicht. Es ist Tee. Soviel ich weiß, ist es guter Tee."

Er hob die Tasse wieder ans Gesicht und roch daran. „Nein. Nein. Das ist irgendeine medizinische Mischung."

„Es ist Kräutertee, Swami, ganz natürlicher Kräutertee."

„Kräutertee ist Kräutertee und Tee ist Tee. Wenn ich denke, es ist Tee, und ihr bringt mir etwas anderes, solltet ihr mir das vorher sagen."

„Es tut mir leid, Swami, es tut mir wirklich leid." In ihrer Stimme schwang ein Lächeln mit.

Und nun lachte der Swami auch. „Es ist schon gut", sagte er. „Es ist gut. Entweder werde ich jetzt eine Tasse richtigen Tee bekommen oder ich werde versuchen, mich an diese Mischung zu gewöhnen."

Einen Augenblick lang studierte er die Zahlen und Pfeile, die er auf die Tafel geschrieben hatte. „In all diesen Manifestationen existiert also nur Gott, und darüber gibt es keine Diskussion." Er schrieb einen langen Satz in Sanskrit. „Es ist ein wunderschönes *mantra*. Es bedeutet: Der Eine manifestiert sich in vielen und die Zahl Eins manifestiert sich in verschiedenen Zahlen. Dieselbe Eins, diese Eins, die ich dorthin geschrieben habe, wird zu zwei, drei, vier, fünf, sechs und so weiter. Aber nur die Existenz der Eins gibt ihnen ihren Wert. Und es ist der Wert der Eins, der ihnen ihre Existenz gibt. So werden alle Freuden Wert haben, wenn ihr das Eine hinter allem versteht. All jene Zahlen gehen auf die Eins zurück. Eine Summe, ein Wert. Und alle Werte und alle Existenzen gehen auf Eins zurück, auf dieses Eine, aus dem alles hervorgeht. Ihr müßt dieses Eine in eurem Leben in den Mittelpunkt stellen — dieses universelle Eine, das in allem aufscheint.

Man muß lernen, in jeder Lebenssituation glücklich zu sein. Nichts sollte den Menschen stören. Wann werden wir glücklich? Wenn wir das Selbst erinnern. Wenn wir erkennen,

daß wir Teil dieses universellen All-Einen sind. Dieses Ich —
was ich Ich nenne — ist nicht vollständig. Dieses Getrennt-
sein, dieses einsame Ich sein macht mich eng. Sagt euer Nach-
bar nicht, daß Frau Soundso so ist oder anders? Und wird
Frau Sounso nicht beleidigt sein, weil ihre Nachbarin das gesagt hat? Das ist schlecht. Wenn einen jemand lobt, sagt
man: ‚Oh, ich bin froh, daß du das gesagt hast.' Nein! Nichts
sollte einen stören und nichts sollte einen erfreuen! Ihr fragt,
was soll das bedeuten, versteht ein großer Mensch die
Sprache der Welt nicht? Doch, er versteht sie. Nehmt an, jemand nennt einen großen Menschen einen Narren. Er
versteht es, aber er wird nicht zum Narren. Wenn einen etwa
etwas irritiert, ist es der eigene Verstand, ein Mißverständnis,
die Art zu denken. Wenn wir die Sprachen der Welt
vergessen, sind wir frei. Es gibt nur ein Selbst und nur eine
Sprache, die spirituelle Sprache. Wenn wir das lernen, werden
wir die Urteile dieser Welt vergessen, die sagen: Er ist gut, er
ist schlecht, das ist schön, das ist angenehm, das ist unangenehm. Das erreicht man durch Erkenntnis. Alle Religionen
der Welt, alle Tugenden, alle Mittel und Wege sind nur Krük-
ken. Die wirkliche Religion ist Selbsterkenntnis, nichts
anderes. Und Selbsterkenntnis ist nicht das Monopol einer
bestimmten Religion. Keine Religion ist frei. Deshalb sind
die Religionen untereinander zerstritten. Das heißt, daß sie
gefangen sind. Nur Menschen, die das wirkliche Selbst erkennen, sind befreit. Die Religionen bleiben in ihren Fes-
seln. Ich sage euch die Wahrheit." Und er trank seinen Kräutertee.

Weit nach Mitternacht kamen wir nach Hause. Der Swami
ging sofort in sein Zimmer, um - wie er sagte — endlich eine
Weile alleinzusein und zu arbeiten. Ein großer Teil der interessierten Öffentlichkeit von Topeka hatte Swami Rama nun
zu ihrem eigenen oder zu seinem Vorteil gesehen. Sicher gab
es andere Männer wie diesen Swami Rama unter den *yogis*
und *swamis* Indiens und anderer Länder. Vielleicht war es
gut, daß wir erfuhren, was wir von Menschen wie ihm erwarten konnten, vor allem da immer mehr von ihnen mit der
Zeit in den Vereinigten Staaten auftauchen würden. Es war
gut zu wissen, was ein Mann, der in der *yoga*-Disziplin
geschult war, über Meditation, Drogen und Religion zu sagen
hatte, und auch den Teil des Menschen kennzulernen, der

nicht *yogi* war. Denn die Persönlichkeit keines Menschen kann je ein vollkommener *yogi* werden. Mit unglaublicher Anstrengung kann man den *yogi*-Grad erreichen. Das bedeutet Selbstverwirklichung. Aber die Persönlichkeit behält weiter das für sie charakteristische Persönliche. Was von der *yogi*-Natur in der Persönlichkeit wiedergespiegelt wird, hängt von der Natur der Persönlichkeit und dem sie bestimmenden Karma ab.

Ich wußte nicht, ob der Swami sich selbst verwirklicht hatte, denn man kann nur erkennen, was man selber ist. Doch ich glaubte, daß hinter ihm ein wirklicher *yogi* stand. Aus welchem Grund auch immer hatte er ein starkes Ego. Er war *yogi* mit einer ausgeprägten Persönlichkeit. Es schien mir, daß man Swami Rama nur lang genug kennen müsse, um zu sehen, wie sich beides vereinte.

Die Anwesenden hatten gesehen, wie er seinen Kräutertee ausspuckte und doch sagte: „Soviele Dinge geschehen im täglichen Leben, warum sollte man sich darüber erregen? Nichts sollte einen stören und nichts sollte einen erfreuen!" Und er hatte gleich ein sehr eindringliches Beispiel gegeben.

Ich hielt all das für außerordentlich wichtig, da immer mehr Menschen nach *gurus* suchten und jemanden ihren Meister nennen wollten; sie sollten wissen, daß ihr wirklicher Meister ihr wahres Selbst ist. Swami Rama hatte das selbst gesagt. Die Disziplin des *yoga*, die Gedankenkontrolle und ihre Modifikationen, die Meditation, die Selbsterkenntnis — all dies ist die Unterscheidung zwischen dem Nicht-Selbst und dem Selbst, es ist das Wissen um das Selbst, „weiter nichts".

Das nahe Zusammenleben mit dem Swami, der Einfluß, den er durch Ratschläge und Druck ausübte, machte die Frage für mich unausweichlich, wer und was der wahre Meister ist. Mir wurde nun klar, daß dies eine der wesentlichen Fragen ist, die jeder zu Beginn lösen mußte; in dieser Lösung bestand einer der Initiationsschritte auf dem Weg des wahren Schülers. Den wirklichen Meister mußte man in seinem Inneren finden — wenn das gelang, so war die Begegnung mit seinem äußeren Spiegelbild keine Gefahr mehr.

KAPITEL 9

DA DER SWAMI nun öfters in der Öffentlichkeit erschien, nahmen die Anrufe und Briefe für ihn überhand. Nachdem er sich eines Tages zu einer „Privataudienz" in seinem Büro bereiterklärt hatte, wurden solche Gespräche gang und gäbe. Ich führte seinen Terminkalender, der nun, nachdem seine Tür nicht nur Mitgliedern der Menninger Foundation und des Abendkurses, sondern auch beinahe jedem von „draußen" offenstand, randvoll mit Verabredungen war. Er hatte jetzt beinahe keine Zeit mehr, Telefonanrufen oder der Post aufzulauern. Es schien mir jedoch, daß er es sehr genoß, immer mehr beschäftigt zu sein.

Die einzige Zeit des Tages, zu der er sein „Bitte-nicht-stören"–Schild an die Tür hängte, war die Mittagspause. „Geht ihr drei nur essen", sagte er eines Tages zu mir, „ich bleibe allein hier. Ich brauche kein Mittagessen. Eine Tasse Tee genügt mir. Ich tue meine Arbeit, wenn es still im Hause ist. Diese Gelegenheit möchte ich nutzen. Du kannst mir ein paar Früchte mitbringen, wenn du magst."

Wir hielten es eine Weile so; wenn wir vom Essen zurückkamen, saß er immer noch in seinem Büro, das Schild an der Tür. Doch eines Tages stand er vor Elmers Tür im Flur und wartete auf unsere Rückkehr. Er sah aufgeregt aus. „Doktor, ich muß mit Ihnen sprechen. Gehen wir in ihr Büro." Wir vier gingen in Elmers Büro. „Macht die Tür zu, bitte", drängte der Swami. „Ich muß euch etwas sagen."

„Möchten Sie mit Elmer allein sein?" fragte Alyce.

„Nein, nein, ihr könnt alle zuhören. Ihr sollt es alle wissen."

„Ich habe einen Apfel und zwei Bananen mitgebracht, Swami", sagte ich. „Nein, nein! Ich kann doch jetzt nicht an Essen denken. Oh, Mama, ich habe etwas kaputtgemacht. Ich habe persönliches Eigentum anderer Menschen zerstört."

„Was haben Sie denn kaputt gemacht?" fragte Elmer.

„Ein sehr schönes. . . wie nennt ihr das?. . . Ein Lineal!"

Ich war erleichtert. Bei dem seltsamen Verhalten des Swami, das eine Mischung aus Scham und Stolz verriet, hätte es mich nicht gewundert, wenn es um einen Schreibtisch oder gar einen Konferenztisch gegangen wäre.

„Wie ist das passiert?"

„Ich habe ein Experiment gemacht – das hätte ich nicht tun dürfen!"

Elmer hatte so etwas schon einmal erlebt, als der Swami im Frühling in Topeka war. Dale Walters und einer der Ärzte der Klinik hatten jeder ein Ende eines dreißig Zentimeter langen Holzlineals gehalten, und der Swami hatte es, nur durch die Berührung mit seinem Zeigefinger, durch eine rasche Armbewegung zerbrochen; er mache das mit „der Elektrizität des Körpers", hatte er gesagt. Die beiden Männer, die das Lineal gehalten hatten, waren vor allem darüber überrascht gewesen, daß sie nicht die geringste mechanische Erschütterung verspürten.

„Meinen Sie so etwas wie Sie es beim letzten Mal oben gemacht haben? Oder wenn Sie manchmal für Kinder Bleistifte zerbrachen?"

„Ja, so etwas, das ich schon einmal gemacht habe. Es mag noch hingehen, daß ich hin und wieder einen Bleistift zerbreche, um Kindern einen Spaß zu machen. Aber was ich jetzt getan habe, war falsch. Es ärgert mich nur, daß die Leute solche Sachen immer als Tricks bezeichnen. Deshalb hat es mir nicht mehr genügt, nur einen Bleistift zu zerbrechen."

„Nun, wie ging denn das Ganze zu?" fragte Elmer noch einmal.

„Es geschah gerade eben, draußen in der Halle, während ihr noch beim Essen gewesen seid. Der junge Mann aus dem College erzählte von seiner Kraft. Ich hörte nicht einmal genau, was er sagte, ich empfand nur, daß er etwas prahlte, in aller Unschuld. Ich sagte zu ihm: ‚Was wissen Sie über Kraft? Meinen Sie, Sie seien so stark, daß Sie davon aufhebens machen müssen?' Das war natürlich eine Herausforderung für ihn – so etwas darf ich nicht tun. Er hatte ja nicht einmal mir gegenüber so geredet. Natürlich war er überrascht. Ich sagte: ‚Kraft ist nicht das, was Sie dafür halten, Kraft ist etwas Sanftes. Haben Sie schon mal was von der Elektrizität des Körpers gehört? Ich werde sie Ihnen zeigen.' Die Sekretärin stand auch dabei, ihr hatte er erzählt, wie stark er sei, und nun fing ich auch an zu prahlen, Mama. Jetzt war ich nicht mehr zu bremsen. Beinahe hätte ich für mein Experiment ihren hölzernen Karteikasten verwendet. Ich hätte ihn leicht in zwei Hälften zerschlagen können, das wäre wirklich kein Problem für mich gewesen. Im Spaß erwähnte ich den Karteikasten... und wenn sie nun darauf eingegangen wären? Ich hätte nicht widerstehen können – das ist ja das Schlimme bei mir. Wir holten ein Lineal. Das muß ich jetzt ersetzen!"

„Wo ist es jetzt?"

„Es ist noch draußen", sagte er und deutete zur Eingangshalle, „auf dem Empfangspult."

Elmer ging hinaus, um nach dem Lineal zu sehen, und Alyce folgte ihm. Ich ging mit dem Swami in sein Büro, wo er seinen Apfel und seine Bananen verzehrte.

Elmer betrachtete sich das Lineal. Es war zerbrochen; die beiden Holzteile hingen noch an der verdrehten Metallschiene, die sie verband. Alyce befragte die Empfangssekretärin und erzählte mir später, was sie berichtet hatte. Der Swami war vorbeigekommen, um nach Post zu sehen und hatte mit halbem Ohr gehört, was der junge Mann sagte. Nachdem er ihn eine Weile angesehen hatte, ging er zu ihm hinüber und hob ihn hoch, als sei er eine Feder. Dann sagte er: „Ich werde Ihnen etwas zeigen." Als er vorschlug, ihren Karteikasten in zwei Teile zu zerbrechen, wurde ihr mulmig. Er sprach sogar noch von ein paar anderen Gegenständen, wozu auch ihre Handtasche gehörte, die er mit der „Elektrizität des Körpers" zweiteilen wollte. Schließlich entschied er sich für ein stabiles Lineal mit Metallrand und bat den jungen Mann, es horizontal an beiden Enden festzuhalten. „Sehen Sie", sagte der Swami und bewegte seine Hände langsam am Oberkörper hinauf, „so steigt die Eletrikzität auf." Auf der Höhe seines Gesichtes drehte er seine Hände mit einer raschen Bewegung um, zeigte auf den Zeigefinger seiner rechten Hand und ließ seinen Arm durch die Luft sausen. Im selben Augenblick zerbrach das Lineal und der junge Mann ließ es zu Boden fallen. Wie die Empfangssekretärin sagte, stand er mit offenem Mund da, und er sah in seinem Erstaunen so seltsam aus, daß sie einige Augenblicke lang ihn und nicht das Lineal anstarrte, als hätte es der Swami darauf angelegt gehabt, sein Gesicht zu verändern.

„Ich glaube nicht, daß Sie es berührt haben", sagte der junge Mann. „Ich habe nichts gespürt."

Dann sah sie zu dem Lineal, das auf dem Boden lag. Das Holz war in zwei Teile zerbrochen, der Metallrand verdreht.

„Ich habe es nicht berührt", sagte der Swami. „Jedenfalls nicht mit meinem Finger."

Dem Swami war es wichtig, sich Zeit für private Treffen oder Telefongespräche für die Mitglieder unserer Gruppe zu nehmen; er fand, das sei ein Teil seiner Arbeit mit uns. Eines Nachmittags, als er zuhause war, sprach er eine Weile mit Pat Norris am Telefon. Dann sagte er plötzlich: „Kommen Sie her. Ich möchte, daß Sie hierher kommen. Können Sie gleich da sein?" Pat arbeitete als klinische Psychologin im Kansas Reception and Diagnostic Center in Topeka. Da sie zu unserer Gruppe gehörte und da der Swami sie darum gebeten hatte, machte sie sich sofort auf den Weg zur Wohnung der Greens und fragte sich, was der Swami wohl vorhabe.

Während Pat unterwegs war, saß der Swami im Wohnzimmer und schrieb hastig etwas auf ein Blatt Papier. Zufrieden las er durch, was er geschrieben hatte, faltete das Blatt zusammen, steckte es in die Tasche und wartete auf Pats Ankunft.

„Fragen Sie mich etwas!" sagte er ohne Umschweife, sobald sich Pat neben ihn gesetzt hatte.

„Was denn?" fragte Pat erstaunt." Was soll ich Sie denn fragen?"

„Irgend etwas. Fragen Sie einfach. Sie können mich alles fragen, was Sie wollen."

Einen Augenblick lang dachte sie nach. Sicher dachte der Swami an etwas bestimmtes — aber was mochte es sein? Ihr Telefongespräch hatte keine wichtigen Fragen offengelassen, und nun fielen ihr nur völlig nebensächliche Dinge ein.

„Warum zögern Sie? Fragen Sie! Gleich!"

Sie stellte eine kurze, einfache Frage, die ihre Zukunft betraf. Der Swami antwortete ihr nicht. Er sah sie nur einen Augenblick lang erstaunt an und bat sie dann, etwas anderes zu fragen. Sie versuchte, sich eine präzisere Frage einfallen zu lassen. Sie wollte wissen, ob sie ihr Studium fortsetzen sollte und konnte.

„Gut", sagte der Swami. „Fragen Sie mich noch etwas."

Pat war verwirrt. Er hatte sie aufgefordert zu fragen, was sie wollte, aber offenbar hatte er nicht vor, ihr irgend eine Antwort zu geben. Er schien nicht einmal genau zuzuhören, was sie ihn fragte. Sie dachte eine Weile gründlich nach und überlegte sich eine persönlichere Frage.

„Fragen Sie mich noch etwas."

Pat dachte, der Swami wolle herausfinden, in welchen Angelegenheiten sie Rat brauchte. Aber sie hatte sich die Fragen mehr oder weniger aus den Fingern gesogen. Ihre vierte Frage sollte etwas sein, was der Swami gerne beantworten würde, etwas Persönlicheres, Bedeutungsvolleres.

Als sie ihre vierte Frage so aufrichtig sie konnte gestellt hatte, lächelte der Swami sie an, zog das zusammengefaltete Blatt aus der Tasche und gab es ihr.

Sie faltete den Bogen auseinander. Da standen ihre vier Fragen, in der Reihenfolge, in der sie sie gestellt hatte. Und darunter standen die Antworten, die der Swami ihr darauf gab.

An einem kalten Morgen Anfang Dezember kam ein Mitglied der Ashram Association zu einer Verabredung mit dem Swami. Der Swami war noch in einem der Konferenzräume, wo er eine Zeit lang jeden Morgen mit unserer Gruppe über die *yoga-sutren* des Patanjali sprach. An diesem Tag dauerte das Treffen etwas länger. Als ich nach seinem Vortrag das große Tonbandgerät in mein Büro trug, sah ich in der Eingangshalle die Frau sitzen, ihren dreieinhalbjährigen Sohn auf dem Schoß.

An jenen Freitagabend nach dem Vortrag im Hochhaus, als der Swami auf dem Treffen der Ashram Association gesprochen hatte, wollte die Frau ihn beim Hinausgehen sprechen, weil sie Sorgen mit ihrem Sohn hatte. Der Knabe litt offenbar unter Asthma, war anfällig für Lungenentzündungen und hatte in der letzten Zeit nachts so schlimme Anfälle gehabt, daß er beinahe daran gestorben wäre. Ein Arzt behandelte ihn, aber sie war sehr beunruhigt, da sein Zustand sich nicht besserte. Nun wollte sie unbedingt mit dem Swami sprechen, hatte aber große Schwierigkeiten, sich bis zu ihm durchzukämpfen. Er sprach mit verschiedenen Leuten ein paar eher belanglose Worte, schien die verzweifelte Frau aber gar nicht zu bemerken. Doch dann, als sie schon fast aufgegeben hatte und er schon vor der Tür stand, wandte er sich plötzlich um, ging wieder hinein und setzte sich neben sie. Sie erzählte ihm von ihrem Kind. Der Swami schloß müde und überfordert die Augen und sagte dann leise, wie zu sich selbst: „Das Herz des Kindes ist die Ursache." Dann sah er sie an und sagte ihr, der Arzt solle ein Elektrokardiogramm machen. Am nächsten Tag ließ sie von einem anderen Arzt das EKG anfertigen.

Nun war sie mit ihrem Sohn gekommen. Ich holte den Swami, der mit ihr in sein Büro ging. Er nahm ein paar Heiligenbilder von seinem Schreibtisch und sagte dem Jungen, er dürfe sich eines davon auswählen. Er suchte ein modernes Christusbild aus; der Swami sagte der Mutter, sie solle es zuhause in das Zimmer ihres Kindes hängen. Sie berichtete, daß ihr Arzt sich geweigert hatte, den Jungen weiter zu behandeln, als er erfuhr, daß sie auf den Rat eines Swami hin bei einem anderen Arzt ein EKG hatte machen lassen.

Als ein Kardiologe dann das EKG überprüfte, stellte sich heraus, daß das Kind eine Herzstörung oder sogar einen Herzfehler hatte.

„Wie kamen Sie auf den Gedanken, man solle ein EKG machen lassen?" fragte Elmer den Swami später.

Der Swami erinnerte sich an den Abend, an dem er nach seinem Vortrag neben der Frau gesessen hatte. „Ich rief den Jungen; er erschien mir in seinem Astralleib. Was fehlt dir? fragte ich ihn. Er antwortete: „In diesem Leben habe ich ein krankes Herz."

Inzwischen geht es dem Jungen viel besser; seine Mutter schreibt das dem Umstand zu, daß sie durch das Ergebnis des EKG gezwungen war, den Arzt zu wechseln. Sie hatte auf diese Weise den „idealen" Doktor für ihren Sohn gefunden. Und sie schreibt es der Tatsache zu, daß der Swami den Jungen segnete und für ihn meditierte — und daß er ihr riet, das Christusbild in sein Zimmer zu hängen, wo es heute noch war.

Der Versuch des Swami, einem Psychologen der Forschungsabteilung zu helfen, ging weniger gut aus und führte zu einer heftigen Auseinandersetzung im Institut. Der Psychologe war schon viele Jahre lang wegen einer Lähmung in Behandlung gewesen; weil sein Arzt ihm keine Hoffnung auf Besserung mehr machte, war er zum Swami gekommen. Der Swami meinte, mit *yoga* könne man etwas ausrichten Er dachte an gewisse Atemübungen, die der Patient ungeachtet seiner sonstigen ärztlichen Behandlung machen konnte, und der Psychologe war immerhin so interessiert, daß er einige Stunden mit dem Swami verbrachte, um sich seine Vorschläge und Anleitungen anzuhören. Aber der Forscher, der mit dem Swami unbedingt den Rorschach-Test hatte machen wollen, schaltete sich ein. Er forderte, daß man die Gespräche des Swami mit dem Psychologen unterband und den Swami daran hinderte, sich weiterhin mit Krankheit und Heilung zu beschäftigen. Und der Psychologe selbst? Er war unsicher. Der Swami hatte einige verwirrende Äußerungen getan, aber wenn etwas an dem war, was er sagte, so konnte man Hoffnung schöpfen.

Genau das sei der Haken, sagte der Gegner des Swami bei einem Gespräch in Elmer Greens Büro. Der Swami wecke auf unverantwortliche Weise falsche Hoffnungen, die er nicht erfüllen könne. Einer der Ärzte — er kannte den Swami gut — war bei diesem Gespräch zugegen und schaltete sich bei dieser Behauptung ein. „Moment mal!" sagte er. „Ist Hoffnung denn etwas schlechtes? Hoffnung kann sehr zur Heilung beitragen. Niemand wird behaupten, Hoffnungslosigkeit sei humaner als Hoffnung. Und woher wollen wir überhaupt wissen, daß es keine Hoffnung gibt?"

Dennoch bat Elmer den Swami, den Psychologen nicht mehr zu treffen. Mir schien es einen Grund für die Aufregung zu geben. Um dem Psychologen zu helfen, wollte der Swami mit Hilfe von „*prana*" und „Körperelektrizität" arbeiten. Jeder, der den Swami ein wenig kannte, mußte zugeben, daß an seinen Vorstellungen von der „Körperelektrizität" etwas war, und daß die *yogi*-Vorstellungen vom „*prana*" das Ergebnis einer jahrhundertealten Überlieferung wissenschaftlicher und empirischer Forschungen von *yogi*-meistern und Schülern darstellte. Doch der Swami hatte einige diesbezügliche Gedanken in eigenen Worten in Form einer Reihe von Lektionen niedergeschrieben und einige davon dem Psychologen gegeben, der sie anderen gezeigt hatte. Ich wußte das, weil der Swami mich vor jedem Treffen mit dem Psychologen darum gebeten hatte, mit der Maschine abzuschreiben, was er von Hand notiert hatte. Die ersten beiden Seiten der 3. Lektion enthielten die Erklärung des Swami zum Begriff „*prana*"; er hoffte, dem Psychologen dadurch zu helfen, die Therapie, die er mit ihm vorhatte, besser zu verstehen.

„Wenn das Gleichgewicht zwischen dem Luftstrom des rechten und linken Nasenloches gestört ist, wird dadurch die „*prana*-Energie" beeinträchtigt, was leichtere oder ernstere physische Störungen nach sich ziehen kann. Wenn wir uns selbst heilen und das Gleichgewicht des Lebens wieder herstellen wollen, sollten wir versuchen, das Gleichgewicht des Atemstroms wieder herzustellen. Um Krankheiten zu überwinden, muß man deshalb den Atemstrom sorgfältig bewußtmachen. Die Atmung versorgt das Blut nicht nur mit Sauerstoff, sondern lädt einen auch mit „*prana*-Energie" auf. Die Atmung koordiniert nicht nur positive und negative Ströme im Körper, sondern zieht auch erwünschte und unerwünschte Verfassungen nach sich. Das geschieht durch die Wirkung des magnetischen Gesetzes von Anziehung und Abstoßung. Die moderne Wissenschaft hat bewiesen, daß der Äther alle Stoffe enthält, die wir zum Aufbau und zur Heilung des Körpers brauchen. Wenn wir atmen, nehmen wir Sauerstoff aus der Luft und Nahrung aus dem Äther. Gelingt es uns nun, das von der Natur gewollte Gleichgewicht zwischen den Magnetströmen zu finden oder zu erhalten, können wir „*prana*-Energie" für alle Bedürfnisse des Körpers produzieren; hat jedoch der eine Strom Übergewicht, ist der andere dementsprechend schwächer. So kann keine „*prana*-Energie" entstehen, da diese, wie Elektrizität, durch die Vereinigung der positiven mit einer entsprechenden Menge negativer Ströme produziert wird. Diese „*prana*-Energie" verursacht, wenn sie verschwendet wird, Krankheiten. Glückliche, hoffnungsvolle, gläubige, mutige und kraftvolle Gedanken helfen uns, die „*prana*-Energie" zu erhalten. Sorgenvolle, ängstliche Gedanken schwächen diese Energie."

„So etwas habe ich noch nie gehört", sagte der erstaunte Psychologe immer wieder. Er sagte es zu mir, er sagte es mehrmals zum Swami, und auch zu seinen Kollegen mochte er es gesagt haben, als er ihnen den Text zeigte, um sie um ihre Meinung zu befragen. Elmer und ich waren uns einig, daß diese Worte besser nicht so niedergeschrieben worden wären und zumindest nicht für die Augen dieser westlichen Wissenschaftler bestimmt waren. Wir wußten beide, daß der Swami sich das nicht aus den Fingern gesogen hatte; für ihn war das eine altvertraute Wahrheit, aber die Art, in der er sie ausdrückte, war doch mißverständlich. Dieser Text klang so, als genüge es, etwas mehr oder etwas weniger durch das rechte oder linke Nasenloch zu atmen, um Krankheiten heilen zu können. Wie so manche Behauptungen von Heilern, mit denen sie konventionelle Ärzte zuweilen verärgert haben, war er zu simplifiziert, zu allgemein, zu siegessicher. Der Swami hatte sich jedoch in einer typisch indischen Weise geäußert und selbst Wissenschaftler aus seinem eigenen Land wären nicht so leicht darüber gestolpert.

Doch der Swami konnte mit seinen einfachen *yoga*-Übungen natürlich keinerlei Schaden anrichten, und so schien es mir, als fürchteten seine Feinde weniger seinen Mißerfolg als seinen Erfolg. Der Swami selbst war traurig, nicht wütend. Er mochte diesen Psychologen und er sprach viel von ihm. Er versprach sich mehr von der Heilung dieses Menschen als von allen anderen Dingen, die er in der Menninger Foundation zuwege brachte, das war deutlich.

Ich versuchte ihn zu trösten, indem ich ihm von einigen Fällen erzählte, in denen Vorurteile selbst durch offensichtliche Erfolge nicht ausgeräumt werden konnten. Zum Beispiel von der Abwehr gegen Aldous Huxley, der sich selbst durch unkonventionelle und unorthodoxe Methoden von seiner fast vollständigen Blindheit geheilt hatte, und von einem Heiler, bei dem mein Großvater studiert hatte und der, als Quacksalber abgetan, wegen „betrügerischer" Behandlungsmethoden ins Gefängnis kam; seine Methode bestand in einer Art Druckpunkt-System ähnlich der Akupunktur, eine Methode also, die von Millionen von Menschen in der ganzen Welt, vor allen aber in Asien, erfolgreich angewendet worden war. Ich erzählte ihm von der gigantischen Kampagne gegen die Akupunktur, die in den späten Fünfziger- und frühen Sechzigerjahren mit amerikanischer Hilfe in Asien finanziert worden war — einer amerikanischen Aktion, von der ich in Korea erfuhr und die dazu dienen sollte, diesen „gefährlichen Aberglauben" zu eliminieren, damit er sich nicht auch noch im Westen ausbreitete. „Glücklicherweise jedoch", sagte ich zu dem Swami, „konnte die amerikanische Medizin die chinesischen Praktiken nicht unterdrücken. Jetzt ist es zu spät; die Akupunktur wird in den kommenden Jahren viele Menschenleben auch in Amerika retten. Ich habe fast zehn Jahre lang in Korea gelebt und kenne über hundert Ärzte dort. Ich lernte dort vor allem die unvorstellbare Macht und Autorität der westlichen Medizin kennen. Sie ist im Grunde kommerziell und mißbraucht ihre Macht über die Menschen. Das müssen Sie wissen. Ähnlich wird es wohl in Indien sein."

„Nein, in Indien ist das nicht so", sagte er sanft. „Solch eine Macht, solch einen Einfluß gibt es dort nicht. In meinem Land gibt es keine Konkurrenz oder Feindschaft zwischen den verschiedenen Lehrmeinungen und Methoden — alle Wege, alle Wissenschaften und Religionen sind gut und nützlich. Kein Mensch hat das Recht, sich als Autorität über einen anderen zu fühlen und ihm zu sagen, er dürfe sein Heil nicht anderswo suchen. Kein noch so angesehener Arzt würde es wagen zu sagen: Dieser Patient gehört nur mir. Sieht er, daß er nicht genug Erfolg hat, muß er den Patienten zu allen anderen möglichen Methoden ermutigen — zur Verwendung von Heilkräutern, *asanas, pranayama, mantren* und allem anderen, was es noch gibt. Wenn er eine mögliche Alternative ausschließt oder ihre Anwendung verhindert, wenn er in bestimmten Fällen behauptet, es gäbe keine Hoffnung, so ist das Unterdrückung. Niemand hat das Recht, so etwas zu tun. In meinem Land respektieren wir jedes Wissen. Wir erkennen, daß alle Teilwissenschaften — Chemie, Physik, Anatomie — nur Aspekte des höheren spirituellen Wissens sind, daß sie nur ein kleiner Teil der umfassenden Schriften sind, denen man sie entnommen hat. Dennoch gibt es in meinem Land soviel Krankheit und Leiden. Das liegt daran, daß kein Geld da ist. Ihr hier habt so wenig Wissen und so viel Geld, das ist etwas sehr seltsames. Aber darum geht es nicht. Ich wollte Hilfe bringen, Trost. Das ist meine Aufgabe. Was nützt es, einem Menschen zu helfen und dafür zwei oder drei andere zu verärgern oder zu verwirren? Ich möchte Freude bringen, sonst nichts." Einige Momente lang saß er tief in Gedanken versunken. In seiner Stimme hatte Trauer, ja tiefere Bekümmerung gelegen, als ich sie je bei ihm erlebt hatte. Ich glaubte ihm, daß er nur Trost und Freude zu geben beabsichtigte. Auch wenn er machnmal übertrieb oder sich seltsam benahm: dies war die reine Wahrheit.

Der Swami verließ die USA noch vor Weihnachten. Diesen Beschluß faßte er im November, als Elmer Green mit ihm über eine Internationale Yoga-Konferenz sprach, die in Neu-Delhi stattfinden sollte. Unser Forschungs- und Übungsprogramm sollte noch bis Ende 1970 dauern und 1971 fortgesetzt werden, aber es wurde uns in unseren Gesprächen mit dem Swami klar, daß er sehr gerne bald nach Indien zurückkehren wollte. Wenn er rechtzeitig zu der Konferenz in Neu-Delhi zurück sein wollte, mußte er seine Reisevorbereitungen in aller Eile treffen. Man beschloß, das Arbeitsprogramm auf den Anfang des Jahres 1971 zu verschieben. Der Swami sagte, er käme dann zurück, aber ich glaubte nicht daran.

Zu dieser Zeit wohnte der Swami im Holiday Inn, das auf halbem Weg zwischen dem Universitätsgelände und der Wohnung der Greens lag. Auf eigenen Wunsch, von dem er sich nicht abbringen ließ, hatte er das Zimmer nach der Rückkehr von einer kurzen Reise nach Chicago bezogen und wollte dort bleiben, obwohl die Greens ihn gerne wieder bei sich aufgenommen hätten. Für einen Swami gebührte es sich nicht, lange an einem Ort zu verweilen, erinnerte er uns. Das erleichterte mir das Leben ein wenig und ihm wahrscheinlich auch. Die Angestellten des Hotel fanden ihn interessant und unterhaltsam und lasen ihm jeden Wunsch von den Augen ab.

So saßen wir also in seinem Hotelzimmer, zwei Tage vor seiner Abreise; der folgende Tag, sein letzter Arbeitstag, würde sehr ausgefüllt sein. Er wollte seine Vortragsreihe über die *yoga-sutren* beenden und hatte noch eine ganze Reihe von Verabredungen. Vor allem war besprochen worden, daß er eine Anzahl tragbarer Biofeedback-Trainingsinstrumente, die vom biomedizinisch-elektronischen Laboratorium für die Konferenz in Neu—Delhi zusammengestellt worden waren, mitnehmen würde, und man hatte ihm genau erklärt, wie er sie aus- und einpacken und für Demonstrationen verwenden sollte.

An diesem Abend packte der Swami seine persönlichen Sachen, und während er seine Schubladen leerte, fragte ich mich, warum ihn der Widerstand, den man ihm gegenüber gezeigt hatte, so verletzte. Mußte er nicht, wie er zu sagen pflegte, zwar „in der Welt leben, aber dennoch darüberstehen"? Doch ich wußte die Antwort selbst. Der Swami reagierte auf alles. Das war sein wesentlichster Charakterzug und es bestimmte sein Verhalten. Er reagierte auf meine unausgesprochenen Gedanken. Er reagierte auf Telefonanrufe, noch bevor das Telefon klingelte und er konnte sich niemandem entziehen, der etwas von ihm wollte — gerade das, was ich, Elmers und des Swamis eigenen Wünschen zufolge verhindern sollen. Er reagierte auf alle Stimmungen und Verfassungen der Greens und ihrer Familie. Er spürte, wenn jemand müde oder krank war. Die negativen Gefühle gegenüber seiner Gegenwart im Forschungszentrum entgingen ihm nicht, ebensowenig wie meine Gedanken, wie Telefonanrufe und alles andere — und er konnte nicht anders, als darauf zu reagieren.

„Hast du das schon gesehen?" fragte der Swami und nahm eine kleine Schachtel aus einer Nachttischschublade.

„Vielleicht", sagte ich und wartete, daß er mir zeigen würde, was darin war.

„Nein, noch nie. Wie könntest du auch, da ich es doch noch nie jemandem gezeigt habe?" Er nahm einen Ring aus der Schachtel und steckte ihn sich an den Finger. Er war mit einem viel zu großen Diamanten geschmückt — nein, es war wohl kein Diamant, sondern Glas. Er streckte den Arm aus, damit ich den Ring aus der Nähe betrachten konnte, neigte den Kopf und drehte die Hand elegant in der Luft herum, als bewundere er sich selbst.

„Sie haben recht", sagte ich. „Ich hätte es sicher bemerkt, wenn Sie das Ding schon einmal getragen hätten."

„Ding? Das ist nicht einfach ein Ding, es ist nicht einmal einfach ein Ring. Es ist nicht zum Tragen da, nicht zum Bewundern. Wie nennt man so etwas?"

„Ich weiß nicht. Was ist es denn?"

„Das weiß ich auch nicht. Damit übt man. In meinem Land habe ich damit sehr gut üben können. Siehst du den Brennpunkt?"

Er schob den Ring über seinen Daumen, streckte den Arm aus und fixierte die kleine Glaskugel. „Damit üben wir, die Aufmerksamkeit auf einen Punkt zu konzentrieren — man nennt das Fixieren."

„Kristallkugel!" sagte ich. „Man könnte es eine Kristallkugel nennen. Wollten Sie das sagen? Es sieht aus wie eine Kristallkugel, nur daß die viel größer sind."

„Oh ja, das ist ein und dasselbe."

Der Swami und eine Kristallkugel, wie ein Magier, dachte ich — dieses Bild hatte ich vor Augen gehabt, als ich das Wort „Swami" zum ersten Mal hörte. „Damit übte ich, als ich mich vor einiger Zeit auf diesen einfachen Anziehungs-Test vorbereitete. Damit habe ich meine Augen beinahe ruiniert. Du hast meine roten Augen gesehen. Es ist nicht so gut, diese Dinge hier zu tun. Wegen der Ablenkungen, verstehst du? In meinem Heimatland war ich immer in der richtigen Verfassung. Dann ist das mit der Anziehung fast ein Kinderspiel. Die Leute hier wissen das nicht. Abstoßung ist viel schwieriger, das habe ich nie wirklich geschafft. Aber Anziehung ist kein Problem." Er nahm den Ring von seinem Daumen, legte ihn wieder in das Schächtelchen und verstaute dieses in seinem Koffer. „Es macht mir nichts aus, daß man mich getestet hat — ich wollte es ja selbst; aber was mir etwas ausmacht, ist, daß ich diesen Ärger, diese Angst hervorgerufen habe. Sehr viele eurer Intellektuellen haben Angst, sich auch nur den Toren so mancher Gärten des Wissens zu nähern. In meinem Land ist das nicht so, weißt du — und ich ahnte nicht, was mich hier erwarten würde."

Der Abschiedstag des Swami im Büro war bis zur letzten Stunde ausgefüllt. Am Morgen hielt er im Konferenzraum den letzten Vortrag über die yoga-sutren des Patanjali und traf dann private Verabredungen mit einigen Mitgliedern der Gruppe. Am Nachmittag räumten wir gemeinsam seinen Schreibtisch auf, so gut es ging, und dann kehrte er in sein Zimmer im Hotel zurück.

Am Nachmittag saß ich noch eine Weile allein in seinem Büro und ordnete die Notizen, die Bücher und das Arbeitsmaterial, das auf seinem Schreibtisch bleiben sollte, bis er wiederkam. Da war auch noch sein Räucherwerk und allerlei Devotionalien und Kunstgegenstände, die ich auf den Tischen, Regalen und Fensterbrettern stehen lassen sollte, in der Hoffnung, niemand rühre daran. Ich hatte dem Swami versprochen, mich um all seine Pflanzen zu kümmern. „Ich lege jetzt all diese Dinge in Deine Hände", hatte er zu mir gesagt.

Nachdem ich mit meiner Arbeit für diesen Tag fertig war, lieh ich mir von der biomedizinisch-elektronischen Abteilung eine Adressiermaschine und begann, Namen und Adressen auf Plastikstreifen zu drucken, mit denen der Swami sein umfangreiches privates und offizielles Gepäck kennzeichnen konnte. Ich war noch nie mit einem solchen Gerät umgegangen und stellte fest, daß es mühsamer war, als ich dachte. Man mußte ziemlich fest auf die Hebel drücken, damit die Buchstaben auf den bunten Plastikstreifen deutlich zu sehen waren. Bestimmt hatte ich die Hebel schon tausendmal gedrückt, bevor alle nötigen Etiketten gedruckt waren. Schon nach knapp einer Stunde Arbeit merkte ich, daß ich Blasen an der Hand bekam, aber da war ich noch längst nicht fertig. Als die Greens und alle anderen schon lange nach Hause gegangen waren und es schon dunkel wurde vor meinem Bürofenster, saß ich immer noch an meinem Schreibtisch und preßte die Hebel zusammen. Unzählige Male druckte ich die Worte „Eigentum der Menninger Foundation", „Forschungsabteilung, Menninger Foundation, Topeka, Kansas, USA", mit denen die verpackten Geräte geschützt und die Zollkontrollen für den Swami erleichtert werden sollten. Dann beschloß ich, eigens für den Swami Schilder zu drucken, auf denen stand „H. H. Swami Rama" oder „H. H. Swami Rama, Forschungsabteilung, Menninger Foundation, Topeka, Kansas, USA" und zusätzlich einige, die lauteten: „H. H. Swami Rama, Himalayan Institute of Yoga Science and Philosophy, Kanpur, Indien."

Eine Mitarbeiterin, Dolly Gatozzi, arbeitete noch in einem Labor einen Stock tiefer. Ich hatte ihr versprochen, sie nach Hause zu fahren, wenn sie fertig war. Sie war eine Wissenschaftlerin des National Institute of Mental Health und war vor kurzem nach Topeka gekommen, um sich mit unserem Projekt zu beschäftigen. Sie wohnte auch bei den Greens.

Es war fast sieben Uhr, als sie in mein Büro kam. „Schau, was ich gemacht habe", sagte ich und zeigte ihr meine Hand. Inzwischen hatte ich nämlich drei große Blasen an drei verschiedenen Fingern. Sie waren hellrot, offen und sehr schmerzhaft.

„Laß mich weitermachen", schlug sie vor. „Ich werde rechtzeitig aufhören, im Gegensatz zu dir."

„Ich bin schon fertig. Ich mache nur noch dieses Schild hier zu Ende und dann gehen wir. Ich möchte die Dinger auf dem Heimweg dem Swami vorbeibringen."

Als wir zum Hotel fuhren, merkte ich, daß ich wirklich übertrieben hatte. Ich konnte meine rechte Hand nicht gebrauchen. Sie tat schon genug weh, wenn ich sie nicht bewegte. Wir fanden den Swami nicht in seinem Hotelzimmer; so beschlossen wir, die Tasche mit den Etiketten mit einer Notiz für ihn an der Rezeption zu hinterlassen. Der Swami wollte um neun Uhr zu einem letzten Treffen mit der Gruppe zu den Greens kommen. Der Mann an der Rezeption schickte uns jedoch in den Speisesaal und sagte, der Swami sei wahrscheinlich noch dort.

Dolly und ich sahen in den Speisesaal. Wir hatten den Swami noch nicht gesehen, als plötzlich seine dröhnende Stimme vom anderen Ende des Raumes erscholl. „Kommt, kommt! Hier bin ich. Warum kommt ihr nicht herein?" Die Köpfe der Leute wandten sich zuerst zum Swami, dann in unsere Richtung. Dolly und ich gingen zurück in die Halle und der Swami folgte uns.

„Was ist los? Warum kommt ihr denn nicht?"

„Wir sind auf dem Heimweg, Swami", sagte ich. „Ich wollte Ihnen nur sagen, daß ich die Schilder für Ihr Gepäck an der Rezeption hinterlegt habe. In der Tasche liegt ein Zettel, auf dem. . ."

„In Wirklichkeit möchte er Ihnen sagen, welche Opfer er für sie gebracht hat", unterbrach mich Dolly. „Douglas, zeige ihm deine Hand!"

„Nicht so schlimm", sagte ich kurz und hob meine Hand.

Swami sah nur flüchtig hin. „Warum stehen wir hier herum? Ich habe Gäste dort im Speisesaal. Setzt euch doch zu uns!"

Wir erklärten ihm, daß wir zum Abendessen erwartet wurden und sagten, daß wir ihn ja nachher bei den Greens sehen würden.

„Danke", sagte der Swami und schüttelte meine Hand. „Dank Dir, hab' Dank! Ich habe dir nie gesagt, daß ich dir für alles dankbar bin, aber ich bin es wirklich."

„Doch, Sie haben es mir schon auf Ihre Weise gesagt, Swami. Ich habe Ihnen zu danken."

Er drückte mir lange die Hand. Es war wie ein Abschied. Das einzige Mal, daß mir der Swami bisher die Hand gegeben hatte, war bei unserer ersten Begegnung. Danach hatte er mich immer mit der traditionellen indischen Geste begrüßt. Als er endlich meine Hand losließ, gingen wir zum Ausgang.

„Wir sehen uns ja heute abend noch zuhause, Swami."

Als ich die große Glastür aufdrücken wollte, merkte ich erst, was geschehen war. Ich blieb stehen und starrte meine Hand an. Ich tastete meine Finger mit der linken Hand ab. Ich wandte mich nach dem Swami um, aber er war schon im Speisesaal verschwunden.

„Schau!" sagte ich und hielt Dolly meine Hand hin. Die drei schmerzhaften Löcher an meinen Fingern waren verschwunden, als hätte ich sie nur geträumt. Keine Spur mehr war von den Blasen zu sehen!

Am späten Abend saßen wir alle mit Swami Rama zusammen und tranken Tee. Immer wieder rieb ich meine Hand, um mich daran zu erinnern, was vor kaum drei Stunden geschehen war. Durch das viele Reiben oder durch mein dauerndes Daran-Denken schmerzten die Stellen, an denen die Blasen gewesen waren, plötzlich wieder; als ich meine Hand ansah, verging der Schmerz jedoch sofort wieder. Von den Blasen war nichts mehr zu sehen; hätte ich die Stellen nicht gekannt, so hätte ich unmöglich sagen können, an welcher Stelle meine Finger überhaupt verletzt gewesen waren. Wieder rieb und drückte ich an den Stellen herum, aber jetzt fühlte ich überhaupt nichts mehr, nicht einmal das normale Druckgefühl. Da merkte ich, daß der Swami mich ansah; vielleicht wußte er auch, was ich dachte. Ich hörte auf, meine Finger zu betasten und trank meinen Tee.

Bevor er abreiste, gab der Swami uns Anleitung für eine ganz neue Art der Meditation. Wir hatten noch nie so etwas gemacht und der Swami sagte, für jemanden, der ungeübt war, sei sie sehr gefährlich. „Wenn ihr diese Übung an irgend jemanden weitergebt, bin ich für die Folgen nicht verantwortlich", warnte er uns. Ich mußte mir trotzdem alles merken, was er sagte und von der Niederschrift eine Kopie für alle Mitglieder unserer Gruppe anfertigen. Als ich den Bogen in die Schreibmaschine einspannte, sah ich noch einmal verstohlen nach meiner Hand und wieder war ich starr vor Staunen. An den Stellen, wo die verschwundenen Blasen gewesen waren, sah ich nun drei harte Schwielen. Ich wollte sie mir näher betrachten, aber der Swami beobachtete mich. „Komm, bist du bereit? Laß uns anfangen!" Nachdem ich fertig geschrieben hatte, schwiegen wir lange. Dann sagte der Swami ruhig: „Jetzt gehe ich."

II
Indien-
erste Eindrücke

KAPITEL 10

AM 25. OKTOBER 1973 reisten Dr. Green und eine Gruppe von Forschern und Dokumentatoren nach Indien ab; sorgfältig in ihre Koffer verpackt befand sich das wohl raffinierteste tragbare psycho-physiologische Labor der Welt. Ich hatte mich in letzter Sekunde entschieden mitzureisen. Jetzt war ich kein Angestellter der Menninger-Foundation mehr; ich hatte das Forschungszentrum während meiner Arbeit mit Rolling Thunder, einem indianischen Medizinmann aus Nordamerika, verlassen — als inoffizieller Begleiter war ich jedoch gerne wieder beim Voluntary Controls Program, und ich freute mich, mit nach Indien zu reisen.

Bei Sonnenaufgang landeten wir in Neu-Delhi. Swami Rama mußte bei Tagesanbruch aufgestanden sein, denn er erwartete uns schon mit seinem breiten Lächeln im Flughafengebäude. Ich erinnerte mich, daß es für Swami Rama nichts ungewöhnliches war, einen Tag schon kurz nach Mitternacht zu beginnen, und ich fand, daß er, wie immer, gut aussah. Sein dichtes, geöltes Haar, seine weißen Kleider und sein lächelndes braunhäutiges Gesicht glänzten im Morgenlicht und ließen uns noch müder und zerknitterter aussehen.

Wir waren nicht die einzige Gruppe, die der Swami am Flughafen abholte. Über ein Dutzend anderer Gruppen waren mit demselben Flugzeug aus Minneapolis, Madison und Chicago gekommen. All diese Menschen kamen aus seinen *ashrams* in den verschiedenen Städten; es waren Schüler des Swami Rama, die angereist waren, um an der gesamtindischen Yoga-Konferenz in Kanpur teilzunehmen, die vom Himalayan Institute of Yoga Science and Philosophy veranstaltet wurde. Unsere Gruppe hatte noch etwas anderes vor: eine 90-Tage-Reise quer durch fast ganz Indien. Zunächst jedoch wollten wir an der Yoga-Konferenz teilnehmen, wo die Greens,

Elmer und Alyce und ihre Tochter Judy Vorträge halten würden.

Die Zollabfertigung war schnell und problemlos abgewickelt, da der Swami sich um alles kümmerte. Bald fuhren wir in kleinen indischen Wägen in einer Karawane zur Hauptstadt. Es war eine unvergeßliche Fahrt: Der erste Eindruck von Indien in den frühen Morgenstunden. Die Straße zum Flughafen war um diese Tageszeit leer bis auf ein paar Kühe, die vor unseren Autos über die Straße trabten, um ihr Vorrecht zu demonstrieren. Doch als wir uns der Stadt näherten, füllten sich die Straßen mit Menschen, die am Straßenrand badeten und kochten, hier und dort Herden vor sich her trieben, und bald wimmelte es von Stadtbevölkerung, die mit allen Arten von Taxis, Fahrrädern, Motorrädern und Autos jeder Größenordnung ihren täglichen Bestimmungsorten zueilte.

Es erinnerte mich an meine erste Fahrt durch Straßen von Seoul in Korea. Damals fuhren Taxis zwischen Fahrrädern und Ochsenkarren. Das war in der Zeit, bevor der Verkehr mechanisiert und automatisiert wurde, bevor die Stadt ein westlich geprägtes, modernes Bild bekam und das ursprüngliche Leben auf den Straßen verschwand. Diese Straßen hier quollen jedoch immer noch von Leben über. Indien war wohl, was Korea früher einmal war: Hier zu reisen würde bedeuten, daß man das Alltagsleben mitten auf der Straße erlebte, Menschen die sich vor aller Augen die Zähne putzten, Teller und Töpfe am Straßenrand wuschen und ungeniert überall ihren natürlichen Bedürfnissen nachgingen.

Der Swami führte seine Wagenkarawane und seine über zwanzig Gäste ins Lodhi-Hotel, wo er sich weiter um jeden Einzelnen bemühte, seinen verschiedenen Gästen Zimmer zuwies und seinen jüngeren Schülern energisch Aufgaben wie die Verteilungs des Gepäcks übertrug. Dadurch vereinfachte er die Dinge nicht unbedingt. Ich vermißte die beiden Aspekte des Swami, die ich am meisten mochte, den weisen alten Mann und das unbekümmerte Kind. Hier war vor allem sein geschäftiges mittleres Selbst am Werk. Da nahm er mich plötzlich beiseite und sagte zu mir: „Du bist mein Bruder und Du bist in mein Land gekommen. Wenn Du irgendetwas brauchst, frage mich. Sag dem Doktor nichts. Bitte mich nur um alles, selbst um Geld, wenn du es brauchst." Sicher war das ehrlich gemeint, aber er sagte das wohl zu allen, und eigentlich wäre es nicht nötig gewesen.

Am nächsten Tag landeten wir in Kanpur auf einem eher dürftigen Flughafen, der jedoch von strahlenden und festlich gekleideten Menschen wimmelte. Sie reckten die Hälse und sahen erwartungsvoll in unsere Richtung. Ich dachte, daß sie sich vielleicht wunderten, was all die Amerikaner hier zu suchen hatten. Doch dann rannten plötzlich alle Kinder auf Swami Rama zu und berührten seine Füße. Der Swami streichelte ihnen die Köpfe. All diese Menschen waren Schüler des Swami. Die meisten hatten die Hände zum traditionellen indischen Gruß aneinander gelegt.

Elda Hartley, die Filmemacherin aus unserer Gruppe, sah mich an und schüttelte den Kopf. „Ich habe mich schon gefragt, wer hier wohl die große Berühmtheit ist."

Nun ging das große Begrüßen und Vorstellen und Händeschütteln los, während Flughafenangestellte Wagenladungen voll Gepäck über die Landebahn fuhren und Begeisterte dem Swami eine duftende gelbe Blumengirlande nach der anderen um den Hals hängten. Der Swami rief in Hindi einigen der dunkelgesichtigen und vornehm aussehenden Männern etwas zu (ich erfuhr später, daß sie die vertrautesten Schüler aus seinem Yoga-Institut in Kanpur waren) und die Männer begaben sich zu einem der geparkten Autos. Als der Wagen neben dem Swami hielt, instruierte er die mit ihm Angekommenen, ihre Koffer zu zählen und darauf zu achten, daß niemand verlorenging, öffnete die Türe, gab dem Fahrer einen Wink und sprang hinter das Steuerrad. Er lächelte uns zu, streckte die Zunge heraus und hatte einen Augenblick lang das schelmische Kindergesicht, daß ich vorher so vermißt hatte. Dann wendete er den Wagen und preschte in einer Staubwolke über das Flughafengelände zur Straße.

Wir hatten unseren Ankunftstermin nach dem Beginn der Yoga-Konferenz gerichtet, ohne zu ahnen, daß wir gerade rechtzeitig zum Devali-Fest ankamen, einem Ereignis, bei dem sich Religiosität und Volksfeststimmung mischten, und das uns wichtige erste Eindrücke von diesem Land vermittelte. Beim Devali-Ritual werden die Gottheiten Lakshmi und Ganesh verehrt. Lakshmi ist die Göttin des Wohlstands und des Glücks. Ganesh ist der elefantenköpfige Sohn Shivas; er hilft den Gläubigen beim Überwinden von Hindernissen. Die Stadt Kanpur brachte viele Tage damit zu, die Straßen, Gebäude und Gärten mit heiligen Bildern, Fahnen, Spruchbändern, Herbstblumen und bunten Lichterketten zu schmücken. Diese lebhafte, aber sonst sehr häßliche Industriestadt erschien uns auf unseren abendlichen Gängen durch die Straßen heller und bunter, als sie sonst war.

Wir, die wir zusammen nach Indien gekommen waren, verbrachten die Woche, während der die Yoga-Konferenz in Kanpur stattfand, bei einer indischen Familie in einem Privathaushalt. Unsere Gruppe bestand aus acht Mitgliedern: Drei Psychologen, Elmer, Alyce und Judy Green, das Filmteam, besteht aus Elda Hartley, zwei Assistenten, Harvey Bellin und Tom Kieffer und der Schriftstellerin Dolly Gatozzi und mir.

Einer der stärksten Eindrücke von der Yoga-Konferenz war das große Zelt. Es war nicht so riesig wie ein amerikanisches Zirkuszelt, aber viel exotischer. Seine Farben und seine Form erinnerten an Tausendundeine Nacht. Es stand inmitten des Parks von Kanpur, umgeben von weiten Wiesen, auf denen sich unzählige Menschen tummelten. Im Innern des Zeltes standen eine hohe Rednerbühne, ein langer Tisch und ungefähr fünfundzwanzig bequeme Sessel für Ehrengäste. Aus allen Himmelsrichtungen strömten Menschen herbei und nahmen auf den unzähligen Klappstühlen Platz, um den *swamis, yogis*, Doktoren und Gelehrten zu lauschen.

Der Zeremonienmeister hielt eine lange Rede in Hindi und Englisch, um den Vorsitzenden, Arrangeur und Meister der Konferenz vorzustellen. Wieder legten andächtige Menschen dem Swami Ketten aus leuchtend bunten Blumen um den Hals, als er von seinem Ehrensitz zur Plattform nach vorne ging. Und wieder legte Swami die Blumenketten beiseite. Groß und ernst sah er auf die riesige Menge erwartungsvoller Gesichter. Er hob seine Arme, die von fließendem weißen Stoff umgeben waren, und legte die Handflächen aneinander. Ein Murmeln ging durch die Menge. In das Schweigen hinein sagte er mit ruhiger Stimme: „Ich begrüße die Gottheit in Euch". Aufs neue fühlte ich die Würde und Schönheit, in der ich Swami Rama auch früher schon erlebt hatte.

Am zweiten Tag der Konferenz sprachen die Greens über Biofeedback und Selbststeuerung, also über ihre Forschungen auf dem Gebiet der bewußten Kontrolle innerer Zustände. Sie demonstrierten ihre biofeedback-Geräte — die kleinen batteriebetriebenen Instrumente, die sie als Simulatoren bezeichneten, und führten das tragbare psycho-physiologische Labor vor, das wir Tausende von Kilometern durch Indien transportieren würden. Die riesige Menge von Studenten, Lehrern, Ärzten, *yogis, swamis* und Touristen hörten aufmerksam zu, als die Greens erklärten, wie sie Energiefelder auf der Haut, Hauttemperatur, Atmung, Herzschlag, Muskel- und Gehirntätigkeit von *yogis* und fortgeschrittenen Meditierenden, die ein außergewöhnliches Maß an physiologischer Kontrolle über sich selbst erreicht hatten, messen würden.

In den vergangenen Jahren hatten die Greens ihre Meß- und feedback-Instrumente vielen Tausenden Wissenschaftlern und Laien des Westens vorgeführt und ihnen ihre Hypothese über die willentliche Selbststeuerung vorgetragen. Zweifellos waren die meisten ihrer Zuhörer mehr oder weniger erstaunt über die Möglichkeiten auf dem Gebiet der Selbststeuerung, so zum Beispiel über die hypothetische Fähigkeit, seinen eigenen Herzschlag bewußt zu regulieren. Diese Zuhörer hier jedoch waren anders: Was die Menschen vor allem begeisterte, war nicht die Vorstellung von Selbststeuerung und Selbstbeherrschung, sondern die elektronische Ausrüstung.

Mit gespannter Aufmerksamkeit verfolgte die riesige Schar von Menschen, die sich im Zelt und ringsherum in Reichweite des Lautsprechers versammelt hatten, alles, was die amerikanischen und indischen Redner zu sagen hatten. Diese Konferenz sollte dem *yoga* in Indien neue Freunde gewinnen. Es war in gewissem Sinne der Versuch einer Erneuerung, Teil des in jüngster Zeit in Gang gekommenen weltweiten Prozesses der Wiederbelebung alten östlichen Wissens in all seinen spirituellen und praktischen Formen.

Bevor ich nach Indien gekommen war, hatte ich mit Rolling Thunder und anderen indianischen Medizinmännern Amerikas gearbeitet; deshalb wußte ich, daß es ebenso ein traditionelles Wissen des Westens gab (selbst ein Wissen aus dem Land, das wir seit noch nicht allzulanger Zeit „Amerika" zu nennen pflegen) und daß östliches wie westliches Wissen nun gleichzeitig wieder erwachen. Ich stellte mir vor, daß der nächste Schritt in einer Vereinigung dieses Wissens aus Ost und West zu aller Wohle bestehen könnte.

Irgendjemand hatte einmal gesagt, daß der wesentliche

Unterschied zwischen Osten und Westen darin bestünde, daß sich im Osten das Gefühl manifestiert und im Westen der Intellekt. Mir wurde nun klar, daß *yoga* nicht auf den Osten beschränkt bleiben mußte. Die parallel laufenden Entwicklungen der Gegensätze mußten also im Ganzen gesehen werden.

Rishikesh ist mit dem Zug schwer zu erreichen; die meisten Züge halten in Hardwar einige Meilen flußabwärts und fahren von dort weiter nach Dehradun. Die meisten indischen Pilger, die nach Norden zu diesen heiligen Städten am Ganges reisen, nehmen den Zug oder Bus nach Hardwar, wo sie sich zum ersten Mal in das heilige Wasser tauchen. Von dort aus ist es nur noch eine knappe Stunde mit dem Taxi oder einem Bus nach Rishikesh. Unsere Gruppe stieg in Hardwar aus und sollte dort auf das Fahrzeug warten, das uns nach Rishikesh und dann weiter nach Chandigarh und Calcutta bringen und uns für den Rest unserer Reise zur Verfügung stehen sollte. So stiegen wir also beim ersten Tageslicht aus dem Zug und fuhren durch die Straßen von Hardwar zum Touristenhotel am Ram Ghat. Dort warteten wir vier Tage lang ungeduldig auf das Fahrzeug, das Swami Rama zu schicken versprochen hatte, das aber nie eintraf.

In diesen Tagen wurden wir auf unsere Indienreise gründlich vorbereitet: Wir saßen mit gekreuzten Beinen auf hartem Holzboden, aßen Quark und Reis und Curryhuhn mit den Fingern; wir kauften Früchte und Nüsse auf dem Marktplatz und versuchten mit unserem halben Dutzend Hindiworten aus Judys Reiseführer zurechtzukommen; freche rote Affen stahlen uns Ahnungslosen Dinge einfach aus den Händen; unsere Augen tränten und unsere Nasen liefen von Ruß, Holzkohlenrauch und Düngerstaub, und wir lernten, jeden Tag unsere fünf oder sechs Gläser milchigen, zuckersüßen Tee zu schlürfen.

Trotz des unfreiwilligen Aufenthalts fand ich, daß Hardwar seine Reize hatte. Hier waren wir wenigstens an den Ufern des heiligen Ganges, des Flusses, um den sich so viele uralte Legenden rankten. Überall an den Ufern waren die Bade-*ghats*, zu denen immerzu Menschen herbeiströmten, um Blumen und Münzen in den Strom zu werfen und mit den Händen Wasser an die Lippen zu heben oder sich Gesicht und Haare zu benetzen, wenn sie ich nicht ganz untertauchten mitsamt ihren Hemden, Hosen, Badehosen, *pajamas* oder *saris*. Nach Sonnenuntergang fanden allabendlich *pujas* an den Flußufern, in den Tempeln oder selbst in unserem Touristenhotel statt. Jeden Abend öffnete ich mein Fenster, das auf den Ganges hinausging, betrachtete eine Weile das zitternde Bild des Mondes auf dem Wasserspiegel und ließ mich dann vom Rauschen des Flusses in den Schlaf wiegen.

Als wir fanden, in Hardwar lang genug gewartet zu haben, bestellten wir zwei Taxis, die uns zu Swami Ramas *ashram* in Rishikesh bringen sollten, wo wir uns um unseren weiteren Transport kümmern würden. Die Reise von Hardwar nach Rishikesh war angenehm; ich faßte wieder Mut. Die Luft war jetzt rein und frisch, die Temperatur angenehm, und es war schön, in die Waldlandschaft hinauszuschauen. Elda Hartley hatte ein besonderes Auge für die Schönheiten der Landschaft, auf die sie uns auch später während der ganzen Reise aufmerksam machte.

Nach einer knappen Stunde tauchten ein paar kleine Gebäude und ein paar Obst- und Gemüsestände auf; der Wagen blieb am Straßenrand stehen.

„Wo sind wir?" frage jemand.

„Das ist Rishikesh", sagte unser Fahrer. „Hier ist das Zentrum."

Das sollte also die heilige Stadt sein? Die Straße war staubbedeckt. Wir standen neben einem offenen Gelände, das mit einem verfallenen Zaun umgeben war. Hinter dem Zaun standen ein paar verrostete Autos und eine rußschwarze Kuh, überall lag Papierabfall herum. Auf der anderen Straßenseite stand eine Baracke mit der Aufschrift KOFFEEKORNER.

Ich versuchte mir einzureden, daß ich keinen Grund hatte, enttäuscht zu sein. Wir baten den Taxifahrer, uns direkt zu Swami Ramas *ashram* zu bringen; zu unserem großen Erstaunen sprach er gut Englisch.

„Wenn sie mir eher gesagt hätten, wohin Sie genau wollen", schimpfte er, „hätten wir nicht bis in die Stadt fahren brauchen. Jetzt müssen wir wieder umkehren und ein Stück zurückfahren bis zur Abzweigung".

Die beiden Autos wendeten auf der schmalen Straße und fuhren zurück bis zu einem großen Schild, auf dem „Ram Nagar" stand. Die schmale Straße schien in die Landschaft zu führen. Wir waren jetzt in der Nähe des Ganges, der aber hinter Häusern und Bäumen verborgen war. Vergeblich hielten wir rechts und links Ausschau nach einem weiteren Schild; der Fahrer hielt schließlich an und fragte nach dem Weg. Ein alter Mann in verblichenen, organgefarbenen Gewändern, wie ich sie oft in Hardwar gesehen hatte, blieb stehen. Er hatte dichte, buschige Augenbrauen und einen langen weißen Bart und hielt einen Wanderstab in der Hand.

Der alte Mann sprach auf Hindi und zeigte die Straße hinab, dann öffnete er die Tür und setzte sich neben mich ins Auto, wobei er mich unsanft zum Fahrer hinüberschob.

„Er muß uns den Weg nicht zeigen, er soll ihn uns nur erklären", sagte Elmer Green, der hinter mir saß. „Wir finden den Weg bestimmt."

„Dieser Swami möchte auch dorthin", sagte der Taxifahrer.

Noch ein Swami! Damals wußte ich noch nicht, daß es rund um Rishikesh Hunderte dieser Heiligen Männer gab.

Ich war von Swami Ramas *ashram* angenehm überrascht. Er paßte zu dem Bild, das ich mir vor Jahhren in Topeka gemacht hatte, damals, als der Swami so oft und lebhaft von seinem *ashram* sprach, um mich zu überreden, mit ihm nach Indien zu gehen. Dutzende und Aberdutzende von Kakteen standen überall, wie er es erzählt hatte. Sie bildeten einen Wall um den *ashram*. Ich erinnerte mich, daß der Swami sogar den Garten der Greens in Topeka „mit über zwanzig Kakteenarten" hatte bepflanzen wollen.

Während ich die Pflanzen des Swami betrachtete, beobachtete mich einer seiner Schüler. „Swami liebt Kakteen", sagte er.

„Das weiß ich", antwortete ich.

Der Swami wußte, daß wir kommen würden und erwartete und schon. Wir wurden durch die Eingangstür in einen leeren Vorraum geführt, in dem wir unsere Schuhe auszogen. Dann betraten wir einen Raum im Innern. Der Swami saß auf einem Thron aus Kissen und Polstern und trug einen majestätischen, weinroten Umhang. Er sah aus wie ein moderner Maharaja. Zu seiner Rechten brannten Räucherstäbchen, zu seiner Linken stand ein Telefon. Ein wunderschöner handgemachter Teppich mit dem Emblem des International Institute of Yoga Science and Philosophy bedeckte fast den ganzen Boden; mir schien es, als habe ihn noch nie jemand betreteten. An den Wänden entlang lagen Kissen, auf die wir uns setzten, neben die anderen amerikanischen Schüler, die dem Swami dort lauschten.

Es gab einiges Hin und Her über die Tatsache, daß wir nicht in Hardwar gewartet und dem Swami alles weitere überlassen hatten. Dann benutzte er sein Telefon und bestellte Zimmer für uns im Gasthaus des *mahant*, nun, da wir schon einmal hier waren. Wir kannten den *mahant*; wir hatten ihn in Neu-Delhi schon einmal getroffen. „Mahantji" nannte ihn jeder (man sprach es jedoch so schnell aus, daß es wie „mandschi" klang) und das war, wie wir erfuhren, sein Titel, nicht sein Name. Ein *mahant* ist ein religiöser Führer. Er fungiert als Verwalter der heiligen Städte, so hochstehend und bedeutend, daß man ihn einen Heiligen nennt. Er ist der Erbwächter der Tempel und des Tempeleigentums, also aller dazugehörenden Güter. „Das ist der Mann, dem Rishikesh gehört", hatte jemand in Neu-Delhi über den Mahantji gesagt. Er hatte die Zimmer im Lodhi-Hotel, unsere Flugzeugtickets nach Kanpur und den Zug nach Hardwar für uns bezahlt.

„Wie wär's mit einer Tasse Tee?" schlug Swami Rama vor. Ich hatte diese Worte zwischen 1970 und 1971 in Topeka viele Hunderte Male gehört. Jetzt aber klangen sie anders: Es war eine freundliche Aufforderung, keine fordernde Bitte. Jetzt würde jemand anders den Tee machen.

Wir setzten uns um einen langen Tisch im Eßzimmer; die amerikanischen Schüler des Swami fragten uns über Hardwar aus. Nach dem Tee führte man uns eine schmale Betontreppe hianauf auf die Dachterrasse dieses Hauptgebäudes des *ashrams*, von wo aus wir weit über die Landschaft sehen konnten.

Auch dieses Land hatte der *mahant* Swami Rama für seinen *ashram* zur Verfügung gestellt. Es war noch viel schöner, als ich es mir vorgestellt hatte. Um dieses und das Nebengebäude, in dem Schüler wohnten, war ein offener Hof, saubergefegt und leer, der mit Kakteen und vielerlei Blumen geschmückt war, in dessen Mitte ein runder Gartentisch mit einem riesigen Sonnenschirm stand. Jenseits dieses Hofes fiel das Gelände zu einem felsigen Sandstrand ab, der die Ufer des Ganges säumte.

Wir hatten den Ganges auch schon in Kanpur und Hardwar gesehen; hier aber gefiel mir der Fluß am besten, denn hier führten keine breiten Steinstufen ins Wasser wie bei den Badeghats. Hier floß er still zwischen Bäumen und Bergen hindurch und folgte in großen Schleifen den Formen der Landschaft.

Trotz all dieser Schönheit war ich froh, den *ashram* verlassen zu können. Swami Rama erschien mir unzugänglich, umgeben von all diesen Menschen, die ihn als ihren Herrn betrachteten. Nachdem wir viel über Selbstbestimmung und die Suche nach dem inneren Meister gesprochen hatten, verwirrte es mich, zu sehen, wie der Swami es geschehen ließ, daß das *guru*-Schüler-Verhältnis so unangenehm amerikanisiert und, wie mir schien, banalisiert wurde.

Wir waren etwa drei Wochen in Rishikesh und warteten immer noch auf irgendein Fahrzeug, das uns weiterbringen würde.

In der ersten Woche wohnten wir im Gästehaus, sprachen oft mit Mahantyi und besuchten den alten Tempel in der Stadt. Dann nahmen wir uns Zimmer im Touristenbungalow auf der anderen Seite der Stadt, ein Stück weit entfernt vom *ashram* des Swami.

Eines morgens kurz nach unserer Ankunft, begann ein junger Hindustani, der als Wächter arbeitete, *mantren* zu singen, was er den ganzen Tag über fortsetzte. Am Abend ritzte er neben dem Pfad, der vom *ashram* zu einem Mangobaum führte, ein großes Viereck in den Boden und grub eine Höhlung aus, in der er ein Feuer anzündete. Er baute einen Altar aus Steinen und entzündete davor eine Kerze und viele Räucherstäbchen. Dann setzte er sich auf eine Matte vor dem Altar, neben das in der Grube brennende Feuer.

An diesem Abend fuhren Swami Rama und einer seiner Assistenten hinauf zum Touristenbungalow, wo wir uns in einem der Säle zum Tee versammelt hatten. Er erzählte uns von dem Hindustani, der dabei war, im *ashram* sein Ritual zu vollziehen. Der junge Mann würde dort die ganze Nacht in einem tranceähnlichen Zustand in intensiver Konzentration sitzen, während andere Schüler Kerzen, Räucherstäbchen und Feuer in Brand hielten. In der Morgendämmerung war dann sein Körper zum Tempel geworden; er würde einen glühenden Gegenstand auf die Zunge legen um so zu zeigen, daß nichts mehr ihn verletzen konnte. Wir sollten am frühen Morgen zum *ashram* kommen, um diesem Geschehen zuzusehen. Es durften keine physiologischen Test stattfinden. Niemand durfte seinen Körper berühren, weder mit Elektroden noch mit den Händen, und niemand durfte das abgegrenzte Areal betreten. Aber wir konnten ihn ansehen und fotografieren.

Der Hindustani war ein Anhänger der Göttlichen Mutter und vollführte sein Ritual zu ihrer Verehrung; diesmal aber hatte Swami Rama ihn gebeten, es uns zugänglich zu machen.

Am Morgen gingen wir schweigend den Pfad hinunter und sahen den jungen Mann an der eingegrenzten Stelle sitzen, an der er nun schon zwölf Stunden verharrt hatte. Ich respektierte ihn. Dieser Respekt bewahrte mich nicht davor, unsere Anwesenheit mit unseren Fotoapparaten als etwas aufdringlich zu betrachten.

Der Swami, der uns vor wenigen Minuten angewiesen hatte, nicht über die eingeritzte Grenzlinie zu treten und weder etwas Störendes zu tun oder zu denken, benahm sich nun selbst wenig zurückhaltend. Lauthals dirigierte er seine Schüler, die Fotoapparate mitgebracht hatten, an die richtigen Plätze, kritisierte jene, die keine mitgebracht hatten, und ermahnte mit gellender Stimme diejenigen, die noch nicht an Ort und Stelle waren. Als der Swami schließlich zufrieden war und sich jeder auf dem für ihn vorgesehenen Platz befand, setzte er sich neben den Mahantji außerhalb der Grenzlinie direkt gegenüber seinem jungen Schüler.

Die dicke Inderin, die im *ashram* kochte, kam mit einem Tablett den Pfad herunter; ungeniert marschierte sie in das heilige Viereck, das niemand sonst betreten hatte. Sie setzte sich neben den jungen Mann, der sie liebevoll ansah: sie war Teil des Rituals. Sie nahm etwas von dem Essen von ihrem Tablett und schob es ihm sanft in den Mund. Er sah sie mit einem tiefen ruhigen Blick an, während sie ihn fütterte, und seine großen, schwarzen Augen füllten sich mit Tränen. Dann wandte er das Gesicht ab, als könne er ihren Anblick nicht mehr ertragen und schloß halb die Augen.

Plötzlich sah er Swami Rama an und schrie ihm mit zorniger Stimme etwas zu. Er beugte sich nach vorn und gestikulierte mit seinem Finger. Alle waren erschrocken. Angst durchzuckte mich. Warum war er so wütend geworden und warum so plötzlich mitten in seinem Ritual? Was mochte er dem Swami zurufen? Ich war sicher, daß so etwas noch nie zuvor geschehen war. Aber der Swami blickte seinen Schüler ruhig an, bis er zu schreien aufhörte, beugte sich dann zu Mahantji und flüsterte ihm etwas ins Ohr. Der junge Mann starrte die beiden an. Der Swami wartete auf die Antwort des *mahant*, der einen Moment lang sehr nachdenklich aussah, nickte dann und sagte ein oder zwei Worte auf Hindi.

Der junge Mann hatte immer noch diesen starren Blick und nahm nun Asche in die Hand, die er von seiner Handfläche ableckte. Aus den glühenden Kohlen holte er ein flaches, etwa vierzig Zentimeter langes Stück Metall und rieb damit heftig seine Zunge. Sein Ausdruck wurde nun wieder ruhig und friedlich. Mit leicht zitternden Händen griff er wieder in die Grube, nahm eine Handvoll heißer Asche und warf sie sich in den Mund. Wieder legte er sich das heiße Metall auf die Zunge, während die Asche ihm aus dem Mund fiel. Eine Sekunde später saß er wieder reglos da, wie vorhin, als wir angekommen waren. Als der Swami aufstand um den Pfad zum *ashram* hinauf zu gehen, kam Bewegung in die Zuschauermenge. Der junge Mann gab ihnen ein Zeichen, daß sie näher kommen sollten. Elda machte einige Nahaufnahmen von der Zunge des Mannes, während andere das Stück Metall prüften. Es war soweit abgekühlt, daß man es jetzt vorsichtig berühren konnte. Manche wollten den Mann etwas fragen, aber entweder konnte er nicht sprechen oder er wollte es nicht. Niemand wußte, wie seine Zunge vorher ausgesehen hatte; verbrannt wirkte sie jedoch nicht.

Ich ging den Pfad hinauf und fand Swami Rama auf einer Mauer neben den Stufen sitzend, die zum Garten hinaufführten. Es war das erste Mal seit Topeka, daß ich ihn alleine sah. Ich setzte mich auf die Treppe. Nun, da keiner seiner Jünger um ihn war, machte der Swami einen ruhigen und freundlichen Eindruck und sprach voller Wärme mit mir.

Später erzählten Elmer und Alyce uns, was der Swami ihnen über das Ereignis des heutigen Morgens berichtet hatte. Die Frau, die an dem Ritual teilnahm, stellte für den Hindustani die physische Verkörperung der Göttlichen Mutter dar, auf die er sich über vierundzwanzig Stunden konzentriert hatte. Die Worte, die der junge Mann dem Swami zugeschrien hatte, waren nicht die seinen gewesen. Er war in diesem Augenblick ein Medium, so sagte Swami Rama, und die Hindi-Worte, die wir nicht verstanden hatten, beinhalteten Anweisungen für Veränderungen und die Bitte um ein Versprechen.

Der Swami sagte nicht, was er in dem Ritual hatte versprechen sollen, nur daß er es nicht getan hatte.

„Ich sollte der Frau etwas zusagen", erklärte der Swami, „aber ich habe es nicht getan. Da sie es verlangte, sagte ich dem Mahantji, *er* solle es versprechen, und das hat er auch getan. Ich verspreche nie etwas."

KAPITEL 11

JUDY GREEN UND ich machten am Straßenrand Rast, um auf den Ganges hinabzusehen. Wir hatten uns gerade vom Touristenbungalow hier mit herunter nehmen lassen und waren nun auf der Straße nach Rishikesh. Man mußte nicht einmal eine halbe Stunde auf dieser Straße gehen, um zum KOFFEEKORNER, zur Post und zu den Obstständen zu gelangen; manche von uns hatten diesen Weg schon mehrere Male zurückgelegt.

Heute wandten wir uns jedoch in die andere Richtung; wir wollten zwei oder drei Kilometer flußaufwärts gehen und dann auf der aus Eisendrähten geflochtenen Hängebrücke namens Laxman Jhula den Ganges überqueren. Ein langer, steiler Weg stand uns bevor; wir machten deshalb eine Pause, um vorher noch den Blick auf den Ganges über weite, grüne Felder zu genießen.

Ein *sadhu* in orangefarbenen Gewändern kam die Straße herunter. Wir sahen ihm entgegen. Wir beachteten diese orangegekleideten Menschen inzwischen nicht mehr so wie vor einer Woche, wo wir oft Dutzende von ihnen auf der Straße auf unseren Gängen nach Rishikesh trafen. Sie lebten in *ashrams*, auf den Bergen und an den Ufern des Ganges und waren oft als Pilger zu den heiligen Stätten im Süden gekommen. Der Mahantji unterhielt eine Art Speisesaal für diese *sadhus*, die zu bestimmten Zeiten morgens und abends in die Stadt kamen, um dort umsonst Essen zu erhalten. Zu diesen Stunden konnte man ganze Scharen von *sadhus* sehen, die sich in dieser riesigen Halle Speisen holten, während andere mit Behältern voller Reis und *japatis* die Straße zurückgingen. Selten schienen sie andere Menschen wahrzunehmen, selbst uns seltsam gekleidete Ausländer; nun nahmen auch wir sie schon kaum mehr war.

Dieser Mann, der die Straße herunterkam, weckte unsere Aufmerksamkeit jedoch, weil er uns ansah. Als er näher kam, merkten wir, daß er zu einem Gespräch stehenbleiben wollte. Er mochte schon in den Vierzigern sein; sein Gesicht sah jung und offen aus. Sein Kopf war mit einem Tuch bedeckt, das er um die Schultern trug, und seine Beine waren bis über die Knie nackt.

„Entschuldigen Sie, darf ich Sie fragen, woher sie kommen?"

Wir merkten sofort, daß wir nicht die ersten Amerikaner waren, mit denen der Mann sprach. Er war natürlich und konnte sich gut ausdrücken. Er war der erste, der nicht undeutlich murmelte: „Woher kommen?"

„Dann besuchen Sie einen *ashram* hier, oder sind Sie Touristen oder ...?"

Wir waren Touristen, viel mehr mußten wir nicht sagen. Wir fügten nur noch hinzu, daß wir zu acht waren.

„Interessieren Sie sich vielleicht für unsere Religion oder für *yoga* oder möchten Sie Sehenswürdigkeiten kennenlernen?"

Es schien, daß dieser Mann Fremdenführer spielen wollte, aber in diesem Augenblick hatten weder Judy noch ich ein Bedürfnis nach einem Führer. Natürlich war es angenehm, jemanden zu haben, der dolmetschen und erklären konnte, aber noch angenehmer war es, allein zu sein, allein, um die Einsamkeit eines Bergpfades zu genießen oder sich den persönlichen Eindrücken in einem abgelegenen Tempel hinzugeben. Wir wollten heute nichts weiter, als einen ruhigen Spaziergang machen. Deshalb schickten wir ihn zu Harvey Bellin, der gerade in Rishikesh *sadhus* fotografieren wollte.

„Gut, dann gehe ich jetzt."

„Harvey wird sich freuen, Sie zu sehen."

„Ich bin Swami Sivanandapuri", erklärte er uns. „Nachdem ich den Sivananda Ashram hier verlassen hatte, war ich im Sanyas Ashram in Hardwar untergebracht. Aber jetzt bin ich zurück nach Rishikesh gekommen, um Menschen aus dem Westen zu treffen." Von der Zeitung, die er dabei hatte, riß er eine Ecke ab und schrieb diese Information für uns auf. Wir antworteten nicht mit ähnlichen Auskünften; wir sagten ihm nur noch einmal Harveys Namen und beschrieben seinen Schnurrbart und sein blaues Hemd, damit der Swami ihn auch bestimmt fände. Der Swami lächelte. Er war sicher, den Amerikaner unter all den *sadhus* zu erkennen. Nachdem er sich auf den Weg nach Rishikesh hinunter gemacht hatte, setzten wir unseren Aufstieg fort.

Judy seufzte. Sie war froh, daß wir einer vielleicht unangenehmen Situation entgangen waren. „Armer Harvey", sagte sie. Wir hatten hier schon einmal erlebt, daß wir einen solchen *sadhu* nicht mehr abschütteln konnten. Judy war nun besorgt, daß wir schuld waren, wenn Harvey jetzt auch von einem organgefarbenen Schatten verfolgt wurde. Aber das war vielleicht eine übertriebene Befürchtung, denn wir wußten nicht wirklich, wer oder was dieser Mann war. Er hatte sich auch nicht ausdrücklich als Führer angeboten. Dennoch hatte ich das Gefühl, daß wir diesen Mann noch oft sehen würden.

Es war ein langer Marsch bis zur Abzweigung zur Laxman Jhula-Brücke. Die steile, gewundene Straße schien sich manchmal zwischen den Hügeln zu verlieren. Obwohl sie von Bäumen gesäumt war und man von ihr aus zum Fluß hinuntersehen konnte, und obwohl hier wenig Verkehr war, gestaltete sich die Wanderung doch schwierig. Kam aus einer Richtung ein Bus, dann ratterte prompt aus der anderen Richtung auch einer daher, und die beiden schafften es jedesmal, genau an der Stelle aneinander vorbeizufahren, wo wir gestanden wären, hätten wir uns nicht schnell hinter die Bäume gerettet.

Als wir die Abzweigung erreichten, entdeckten wir, daß wir hoch über dem Fluß waren. Der stille Weg hinunter zur Brücke sah jedoch einladend aus. Nach einer Weile hatten wir die Hängebrücke erreicht. Sie begann leicht zu schwanken, als wir uns der Mitte näherten. Aber nicht wir verursachten dieses Schwanken, sondern ein Zug von Affen, die mit Ziegelsteinen beladen waren und sich auf den Weg über die Brücke gemacht hatten.

Wir genossen das sanfte Wiegen, sahen tief hinunter auf den still dahinströmenden Fluß und ließen die Affen an uns vorbeiziehen.

Als wir die Laxman-Jhula-Brücke verließen, betraten wir harten Betonboden, der die populären Touristen-*ashrams* und Tempel umgab. In Korea und Japan hatte ich wunderschöne und abgeschiedene Tempel kennengelernt. Hier sahen diese heiligen Stätten wie Hotels, Büros, Warenhäuser oder Bahnhöfe aus. Sie bestanden aus kahlem, kaltem, rechteckigem Beton und erinnerten mich an Kasernen. Dekoriert waren sie mit Bildern oder Statuen verschiedener Gottheiten, die in schreienden Farben gemalt oder bunt bekleidet waren. Im Innern der ebenerdigen Hallen opferten die Leute Münzen und Blumen und beteten unter Glockengebimmel ihre Götter an; wir zogen es vor, nicht hineinzugehen.

An diesem Ufer des Ganges führte von Laxman-Jhula ein Pfad zur Fähre ein Stück flußaufwärts; wir hatten vor, diesen Weg zu nehmen und mit dem Boot zurückzufahren. Der Weg am Ganges entlang war viel angenehmer zu gehen als unser Hinweg. Man sah den Fluß, obwohl er sehr nah war, zwar nicht, da Mangobäume und viele andere exotische Obstbäume, deren Namen wir nicht mehr wußten, den Weg auf beiden Seiten dicht säumten. In ihrem kühlen Schatten und unter dem Gekreisch Dutzender von Affen wanderte es sich jedoch angenehm dahin.

Nicht weit von der Brücke entfernt saßen am Wegrand etwa ein Dutzend seltsame alte Männer mit langen, verfilzten Haaren, die Körper mit Asche bedeckt und heilige Symbole auf die Stirnen gemalt. Ob sie nun echte oder falsche Yogis, Fakire oder religiöse Fanatiker waren – sie schienen ihr Handwerk zu verstehen. Sie saßen so nah wie möglich am Wegrand und hatten ihre Bettelschalen vor sich aufgestellt. Jeder war umgeben von verschiedenen Utensilien: Bilder ihrer Gurus und Götter, Räucherstäbchen und *bidis* (handgemachte indische Zigaretten), Reisschalen und Teller, Sitz- und Schlafmatten. Manche saßen sogar auf einer Decke. Die meisten trommelten oder flöteten auf irgendwelchen Instrumenten. Ein alter Mann bearbeitete ein Musikinstrument, das aus einer Saite, aus einem Stock und einem Bogen bestand; er hatte sogar eine Schlange in einem Korb dabei, die er gegen Geld sicher zum Tanzen bringen konnte. Manche dieser alten Männer hatten sich zum Sitzen Erdhügel gebaut, ein anderer saß sogar auf einem alten Feldbett; die meisten jedoch hatten es sich zu Füßen der größten Bäume, deren riesige Wurzeln in bizarren Formen über die Erde wuchsen, mehr oder weniger bequem gemacht.

Wir gingen an den Männern vorbei, ohne einem von ihnen Münzen zu geben und antworteten nur: „*Hari Om!*" wenn uns einer von ihnen diesen Gruß zuerst entgegengerufen hatte;

als wir jedoch zu dem kleinen Alten am Ende der Reihe gelangten, blieben wir stehen. Diesen Mann kannten wir!

Swami Rama und der Mahantji hatten uns angeboten, den einen oder anderen *yogi* ausfindig zu machen, die bereit wären, sich mit den Geräten des tragbaren psycho-physiologischen Labors untersuchen zu lassen. Die meisten bedeutenden *yogis* lebten jedoch zurückgezogen in entlegenen Wäldern oder Höhlen hoch in den Bergen und waren schwer zu finden. Außerdem waren die Straßen durch das Tal der Blumen und in den Himalaya hinauf für ausländische Reisende wegen der jüngsten Grenzstreitigkeiten zwischen Indien und China geschlossen worden.

Aber eines Sonntagmorgens brachten sie einen kleinen Mann von der anderen Seite des Ganges mit. Er hatte langes, verfilztes Haar, eine aschebedeckte Haut und hielt seine Meditation auf einem Nagelbrett ab. Die Greens bekamen die Erlaubnis, ihn am Ufer des Ganges, unterhalb des *ashrams* von Swami Rama, an die Elektroden anzuschließen und so seine Temperatur, seinen Herzschlag, seine Gehirnwellen, seine Atmung und verschiedene andere physiologische Funktionen zu beobachten, während er sich konzentrierte, meditierte oder einfach auf seinem Nagelbrett lag und seine *bidis* rauchte. Er war unser erstes Versuchsobjekt. Wenn irgendetwas Interessantes an dem Mann war, so seine ungewöhnliche Erscheinung; uns zog auch die Tatsache an, daß er ein Gelöbnis abgelegt hatte, mindestens zwölf Jahre lang zu schweigen. Und wir waren fasziniert davon, daß einige seiner Nägel wirklich sehr spitz waren. Vom physiologischen Standpunkt aus jedoch war er ein ganz gewöhnlicher Mensch, und der Mahantji gab zu, daß er nur ein „kommerzieller Yogi" sei. Trotzdem war es ein nützliches Probeexperiment, und die Greens hatten durch den kleinen alten Mann die Gelegenheit, ihre Ausrüstung im Freien auszuprobieren.

Hier saß er nun auf dem Nagelbrett und feilte an einer der scharfen Spitzen herum. Wir betrachteten ihn eine Weile. Wenn er aufgesehen hätte, dann hätte er uns sicher wiedererkannt und gesagt: „He, wie geht's?" Aber er sah nicht auf. Er feilte ununterbrochen weiter und befühlte die Spitze ab und zu mit seinem Daumen. Einmal machte er eine Pause, um an seiner brennenden Kerze ein Räucherstäbchen zu entzünden, steckte sich eine *bidi* an und feilte weiter, ohne je einen Blick auf den Weg zu werfen. Wir machten ein paar Fotos, was er offenbar gar nicht wahrnahm, und legten ihm ein paar Münzen in seine Schale. Einige indische Pilger, die den Weg entlang gekommen waren, blieben stehen, als sie bemerkten, daß wir den alten Mann ansahen und gaben ihm dann auch einige Münzen. Wahrscheinlich dachten sie, daß jemand, der ausländische Touristen anzog, auch ihr Geld wert war.

Als wir im Touristenbungalow angekommen waren, begann Harvey beim Abendessen von Swami Sivanandapuri zu sprechen, noch bevor wir dazu kamen, ihn nach dem geheimnisvollen Mann zu fragen. Der Swami hatte Harvey ausfindig gemacht und mit ihm gesprochen, und Harvey hatte ihm gesagt, wo wir wohnten. Der Swami wußte nun sogar unsere Zimmernummern.

„Wir sprachen nicht viel", sagte Harvey. „Er fragte mich nur etwas über unsere Gruppe und sagte, daß er uns gerne wiedersehen würde. Er wollte wissen, wofür ich mich interessierte. Dann gab er mir seinen Namen und fragte, wie man uns erreichen könne. Ich habe es ihm gesagt. Dann erzählte er mir von eurer Begegnung auf der Straße."

„Ja, Harvey, das sieht so aus, als hättest du es einmal wieder geschafft!"

„Nein, ich glaube, er ist wirklich nett."

„Dann müssen wir uns nicht dafür entschuldigen, daß wir ihn dir nachgeschickt haben?"

„Ich mag ihn wirklich. Ihr werdet schon sehen. Wahrscheinlich kommt er hierher."

Harvey hatte richtig geraten. Swami Sivanandapuri war schon auf dem Weg zu uns.

Nach dem Abendessen hatten wir das Geschirr abgespült und saßen nun auf den Stufen vor unseren Zimmern. Da entdeckten wir eine Gestalt in einem langen Gewand, die sich näherte. Judy sprang auf, um sich aus dem Staub zu machen.

„Das ist doch nur Harveys Freund", sagte Elda. „Geh deinem Freund entgegen, Harvey. Zeig ihm, daß du auf ihn gewartet hast."

Harvey ging den Weg hinunter, und Elda sagte leise zu uns: „Ich weiß, warum der Mann Harvey so beeindruckt hat. Er hat es mir gesagt. Er war einfach mit den Worten auf Harvey zugegangen: Entschuldigen Sie, Sie sind Harvey und ich möchte Sie kennenlernen. Ich weiß von Ihnen und Ihrer Gruppe ... Harvey glaubte schon, der Himmel hätte ihm einen

Swami geschickt!"

So war Swami Sivanandapuri an diesem Abend unser Gast. Am nächsten Nachmittag war er schon wieder da und brachte ein Harmonium und ein paar indische Liederbücher mit. Es waren nicht die üblichen Liederbücher: Es handelte sich um erläuterte Übersetzungen von Hinduliedern und *mantren*, Liedern aus dem Ramayana und Kompositionen des hochgeehrten Philosphen Shankaryacharya. Swami Sivanandapuri war kein Virtouse auf dem Harmonium, aber er konnte sich recht gut selbst begleiten. Und er kannte all diese Lieder und die dazugehörigen Geschichten. Er ermutigte uns mitzusingen. Hätten wir nur ein paar Wochen Zeit gehabt, so hätten wir eine ganze Reihe dieser wunderbaren indischen Lieder gründlich lernen können. An diesem Abend ließ ich die anderen allein und brachte das Harmonium und eines der Liederbücher auf mein Zimmer. Ich stellte das Harmonium auf das Bett, setzte mich mit gekreuzten Beinen davor und öffnete das Buch. Ich wollte ein bestimmtes Lied unbedingt lernen. Gerade als ich begonnen hatte, hörte Swami Sivanandapuri mich von draußen und klopfte an meiner Türe.

„Darf ich hereinkommen?"

Ich klappte den Deckel des Harmoniums herunter. Der Swami setzte sich auf meine Bettkante. In dem folgenden Gespräch erfuhr ich, daß er vor einigen Jahren aus dem Süden heraufgekommen war und bis vor kurzem im Sivananda Ashram gelebt und gearbeitet hatte. Zu seinen Pflichten gehörte die Auslandskorrespondenz und die Übersetzung von Briefen; was ihm aber am meisten Freude gemacht hatte, war die Begegnung mit Menschen aus dem Westen. Er lebte nicht so gerne in enger Bindung an den Ashram. Es gab immer zu viele Briefe, die geschrieben werden mußten und zu viele Menschen, die auf ein Gespräch warteten. Bald schon begann er, wenn er versuchte zu meditieren, im Geist die Bilder dieser Menschen vor sich zu sehen oder in Gedanken Sätze zu übersetzen oder sich Formulierungen zu überlegen. Aus diesem und wahrscheinlich auch anderen Gründen verließ er den Asram und ging nach Hardwar, wo er wieder sehr nach Menschen aus dem Westen, vor allem Amerikanern, Ausschau hielt. Wenn in Hardwar keine zu finden waren, kam er zurück nach Rishikesh. Er wollte sich nirgends wirklich niederlassen. Seine Hoffnung war es, daß er zu einer neuen, engen Freundschaft zwischen Indien und Amerika beitragen könne — diesmal nicht auf politischer Ebene, sondern vielmehr auf kultureller und spiritueller Ebene.

Während er mir davon erzählte, wurde mir klar, daß diese Aufgabe das *sadhana* dieses Swami geworden war. Er sah seinen Weg in der Welt darin, daß er westlichen Menschen begegnete, ihnen Freundschaft erwies, ihnen das Gefühl gab, bei ihren spirituellen Lehrern willkommen zu sein und sie zu jedem Menschen und zu jedem Ort führte, zu dem sie gelangen wollten.

„Der einzige Weg, Indien zu retten", sagte er begeistert und fügte dann etwas leiser hinzu „und vielleicht auch Amerika ... ist es, daß junge, neue Inder und viele neue Amerikaner und Europäer sehr enge Freunde werden."

Er sah mich beifallheischend an und fuhr dann rasch fort: „Aber ich sollte Sie nicht beim Singen unterbrechen."

Er bot mir an, das Harmonium und die Bücher ein paar Tage dazulassen, damit ich mehr Zeit zum Üben hätte. Dann mußte er Harmonium und Bücher jedoch wieder holen, da er sie sich selbst ausgeliehen hatte. Zuvor aber wollte er sie uns gerne überlassen.

„Und ich werde versuchen Zeit für euch zu haben", bot er an, „wann immer ihr neue Lieder und *mantren* lernen wollt."

Wäre er einer jener bis zur Lästigkeit anhänglichen Swamis gewesen, so hätten mich diese Worte beunruhigt; aber sie waren wirklich nur ein freundliches Angebot. Ich wußte, daß dieser Swami nicht versuchen würde, mir irgendetwas beizubringen, was ich nicht erfahren wollte. Und wenn ich ein Lied lernen wollte, so wußte ich, daß er nicht versuchte, zu bestimmen, welches Lied es war. Als ich ihn da so auf meiner Bettkante sitzen sah, spürte ich deutlich, daß er weder anmaßend noch aufdringlich sein konnte. Man mußte ihn einfach gern haben.

„Ich möchte nicht Religion verbreiten", fuhr er fort, „nur Freude. Wir sollen nur Freude bereiten — alles andere kommt dann von selbst."

Swami Sivanandapuri bemühte sich wirklich, jederzeit für uns dazusein. Am nächsten Tag, als wir von einem längeren Einkauf zurückkamen, stand er schon vor der Tür eines unserer Zimmer.

„Ich habe mir eines der Zimmer in dem Gebäude hier

oben genommen", verkündete er und zeigte in die andere Richtung des Korridors, wo Gästezimmer mit einem gemeinsamen Bad lagen.

„Ich habe es für die Dauer eures Aufenthaltes gemietet. Es war mir zu kalt, am Fluß zu schlafen. Außerdem dachte ich, daß ich versuchen sollte, in der Nähe zu leben, solange ihr da seid. Ich werde euch nicht stören, ich bin gerne allein. Aber ich werde in der Nähe sein."

KAPITEL 12

AN EINEM FRÜHEN Morgen führte Swami Sivanandapuri fünf von uns die Straße zum Sivananda Ashram hinauf.

Elmer, Alyce und Elda hatten am Nachmittag zuvor den Yogi Niketan Ashram besucht, wo ihnen ein indischer Professor von Swami Nadabrahmananda erzählt hatte, einem Lehrer des Sivananda Ashrams, dessen spirituelles *sadhana* die Ausübung der Musik war. Der Professor hatte ihn den besten Musiker der Welt genannt, was sicher eine typisch indische Übertreibung war. Immerhin sagte man von dem Swami, er könne eine halbe Stunde lang ohne zu Atmen die Stimme halten, während er die kompliziertesten *ragas* auf der *tabla* spielte; außerdem schien er bereit zu sein, sein Können in unserem tragbaren Labor messen zu lassen.

Elmer und Alyce hatten mir von dem Musiker-Swami erzählt, und ich wollte nun Swami Sivanandapuris Meinung dazu hören.

„Man macht vielleicht ein bißchen zu viel Wind um ihn", sagte Swami Sivanandapuri, „aber ihr solltet ihn euch trotzdem anhören. Vielleicht macht es euch Freude und vielleicht ist es auch eindrucksvoll. Aber ich möchte dich vorher mit einem anderen Musiker des Sivananda Ashram bekanntmachen. Er heißt Swami Vidyananda Saraswathi. Er ist ein Musiker im traditionellen Sinn. Ihn solltest du zuerst hören, um wirklich religiöse Musik kennenzulernen — danach kannst du dir anhören, wen du willst."

Ich nahm seinen Vorschlag an. Ich war neugierig, diesen Swami Vidyananda kennenzulernen.

„Aber wir müssen früh aufstehen. Das Morgenritual beginnt vor Sonnenaufgang."

Und so ließen wir, Dolly, Judy, Harvey, Tom und ich, uns um vier Uhr Morgens von Swami Sivanandapuri durch die

Dunkelheit einen Weg rund um den Ashram zum Eingang an der Rückseite des alten, gelbgestrichenen Betongebäudes mit grünen Holzfensterläden und die schmale Treppe zum dritten Stock hinaufführen. Ausgerechnet Elmer, Alyce und Elda, die zuerst von dem Musiker-Swami gehört hatten, würden nun versäumen „wirklich religiöse Musik" kennenzulernen.

Durch eine Tür hörten wir den Klang von Instrumenten und Gesang. Wir gingen über eine Veranda in einen leeren Vorraum, von wo aus wir durch einen Durchgang Swami Vidyananda auf einer Matte am Boden sitzen sahen. Er spielte auf einer *vina*; auf dem Boden vor ihm lag ein großes aufgeschlagenes Buch. Er sah wie ein Heiliger aus: ein älterer, schlanker, gütig aussehender Mann in traditioneller Kleidung mit dichtem Haar und einem silberweißen Bart. In rechtem Winkel zu ihm saßen zwei andere Musiker: zu seiner rechten eine Frau, die ebenfalls *vina* spielte; zu seiner linken ein Mann mit einer *tambura*.

Dem Swami gegenüber auf der anderen Seite des kleinen Raumes saßen etwa fünfzehn Menschen. Sie hörten nicht zu, sondern sie nahmen teil, denn es war eine Morgen-*puja*.

Swami Sivanandapuri trat in das Zimmer, legte seine Hände zu einem respektvollen Gruß zusammen, auf den Swami Vidyananda Saraswathi nicht reagierte, und setzte sich dann unter die Gläubigen. Dolly und Judy folgten ihm, während Harvey und Tom im Vorraum blieben und ihren Casettenrecorder aufbauten. Ich ging allein zurück auf die Veranda.

Ich blickte in den sanft dämmernden Morgenhimmel. Die Luft war noch frisch, aber der rasche Gang den Hügel hinauf hatte mich erwärmt, und so zog ich meinen Mantel und meinen dicken Wollpullover aus. Die Morgenluft belebte mich. Ich ließ mich auf einer Holzbank nieder und lauschte eine Weile dem Gesang, der in der Dämmerung schwebte.

Als ich wieder hineinging, sah ich Harvey, der an der Tür stand und das Mikrophon hielt; ich setzte mich im Durchgang auf den Boden und betrachtete die Frau mit der *vina*. Sie saß unter einem geöffneten Fenster auf der anderen Seite des Raumes. Ich konnte ihren friedlichen Gesichtsausdruck sehen. Hinter ihren Brillengläsern lagen tiefe, dunkle Augen. Auch sie sah in ein vor ihr liegendes Buch. Sie blätterte immer dann um, wenn auch der Swami umblätterte. Wenn ich ihre raschen Fingerbewegungen beobachtete, konnte ich die

Melodie, die sie spielte, aus der Musik herauslösen, die den ganzen Raum erfüllte. Wenn ich die Augen schloß, konzentrierte ich mich auf eines der drei Instrumente gesondert oder nahm sie alle als Einheit wahr. Die Musik folgte bestimmten, vorgegebenen Tonfolgen, und ihre Logik machte ihre Spiritualität aus. Darin erinnerte sie mich an Bach. Ich mußte daran denken, was Swami Rama in Topeka bei seiner Rede in der Ashram Association über die einzige Zahl Eins gesagt hatte, über die Vielheit, die doch wieder in einer übergeordneten Einheit mündet.

Derlei Gedanken gingen mir durch den Kopf, während ich zuhörte. Ich betrachtete das ruhige Gesicht der *vina*spielenden Frau während hinter ihr durch das offene Fenster das Morgenlicht schien. Ein Vogel huschte draußen vorbei; nun mischte sich der Gesang der Vögel mit der meditativen, ehrfurchtsvollen Musik und den Liedern der Morgen-*puja*.

Und dann war die Musik plötzlich zu Ende, ohne Höhepunkt oder Schlußakkord. Sie klang mir noch eine Weile in den Ohren. Ich hatte die *raga* in mich aufgenommen, der Rhythmus schwang noch in mir fort. Vielleicht war das Zimmer aber auch noch mit dem Nachklang erfüllt, wie ein leise verklingendes Echo.

Die Musiker saßen reglos da; ich wendete den Blick minutenlang nicht von dem Gesicht der Frau. Dann folgten meine Blicke Swami Vidyananda Saraswathi, der seine *vina* behutsam auf den Boden legte; seine gefalteten Hände berührten seine Stirn, er beugte sich nach vorne, bis sie auf dem Boden lag. Ich schloß die Augen. Der laute Gesang der Vögel mischte sich mit meiner inneren Musik.

Swami Nadabrahmanda hatte sein eigenes Domizil in einem anderen Teil des Ashram-Komplexes. Als Elmer, Alyce und ich die lange Treppe zum Haupteingang des Ashrams emporstiegen und fragten, wo Swami Nadabrahmanda zu finden sei, führte uns ein junger Mann zu dem kleinen landhausartigen Gebäude mit der vertrauten gelben Bemalung und dunkelgrünen Fensterläden und bat uns, draußen zu warten, während er den Swami holen ging.

Swami Nadabrahmanda war ein kleiner, dicker Mann mit einem großen kahlen Kopf. „Viele Yogi spielen fast so gut *tabla* wie ich" sagte er. „Viele Yogi machen *kumbaka*. Aber niemand kann beides zugleich — nur ich. Ich spiele ein Dreißig-Minuten-Programm, fünfunddreißig Minuten, ich sehe meinen Gott, ich blinzle nicht mit Augen, ich bewege Körper nicht, ich hole nicht Luft, sehe nur Gott." Seine Stimme klang scharf und hell. „Ich habe Münze auf dem Kopf. Wenn ich atme, Münze fällt herunter."

Er sagte uns, daß er begeistert wäre, wenn wir das tragbare psychophysiologische Laboratorium zu ihm brächten und dazu Scheinwerfer und Kameras, um seinen Herzschlag, seine Atmung, seine Temperatur und seine Gehirnwellen zu testen, während er spielte, und alles aufzunehmen. „Ja, in der letzten Zeit haben mich schon viele Ärzte getestet." Er zeigte uns Fotografien, die bei diesen Gelegenheiten gemacht worden waren. Ein Bild zeigte ihn in einem luftdichten Glaskasten sitzend. Man hatte in dem Kasten eine Kerze angezündet, so erklärte er uns, und als die Kerze wegen Sauerstoffmangels ausgegangen sei, habe er zu spielen begonnen. „Ja, viele Ärzte interessieren sich dafür. Manchmal auch Ärzte aus anderen Ländern. Kein Swami-Musiker kann so etwas. Nur ich."

Das Konzert begann am nächsten Morgen um neun Uhr. Die drei schweren Koffer, die das psychophysiologische Labor enthielten, waren eine Leiter hinauf auf die Empore geschleppt worden, wo der Swami schlief; es blieb gerade genug Platz auf dem Boden für die Ausrüstung und die beiden Greens, die von oben auf den Swami herabblickten. Die langen Kabel, die mit Elektroden an den verschiedensten Körperteilen des Swami befestigt waren, schlängelten sich auf dem Boden entlang und die Leiter hinauf. Es war ein Gewirr von Schnüren, Drähten und Kabeln für die Kameras, Scheinwerfer und Aufnahmegeräte. Dennoch hatte der Raum nichts von seiner weihevollen Atmosphäre verloren. Jetzt füllten die Schüler und Bewunderer des Swami den Raum, kauerten oder standen, wo sie Platz fanden und folgten mit erwartungsvollen Blicken den Vorbereitungen.

„Fühlen Sie sich wohl, Swami?" fragte Alyce, als Swami Nadabrahmananda mit all den Elektroden am Körper und Thermistoren an den Füßen hinter seiner *tabla* saß, das Bild der von ihm verehrten Gottheit vor sich auf einem Holzkästchen. „Drückt Sie nichts? Wir möchten nicht, daß Sie sich durch die vielen Drähte behindert oder gestört fühlen."

„Es ist schon gut", antwortete er. „Ich spüre nichts, während ich spiele. Ich bewege nicht Körper, nur Hände. Wenn ich bewege, Münze fällt herunter." Die Münze wurde herumgereicht, damit wir sehen konnten, daß kein Trick dabei war, der die Münze daran hindern konnte, von seiner glatten, glänzenden Glatze zu rutschen, falls er sich doch bewegte.

Swami Nadabrahmananda setzte sich auf seinem Kissen zurecht, streckte seinen Rücken, legte sich die Münze auf den Kopf, ließ die Hände auf der *tabla* ruhen und fixierte mit seinen großen Augen sein Götterbildnis. Es klickte und der Raum war in gleißendes Scheinwerferlicht getaucht.

„Ton läuft", sagte Harvey.

„Kamera läuft", antwortete Elda.

Und dann begann der Swami zu spielen.

Das Konzert dauerte fünfunddreißig Minuten und war ungeheuer eindrucksvoll. Swami Nadabrahmananda war wirklich ein hervorragender Musiker. Er begann in einem langsamen, gleichmäßigen Rhythmus und ließ unter seinen Fingern eine komplexe Struktur von Tönen und Skalen entstehen. Dann wurde der Rhythmus schneller und schneller, ohne daß sich das Grundmotiv veränderte. Die Finger des Swami bewegten sich nun mit unglaublicher Behendigkeit, sein übriger Körper blieb jedoch völlig reglos und sein Blick starr. Wieder wurde der Rhythmus schneller — es war unglaublich. Dann hob er seine linke Hand von der Trommel auf und schlang den linken Daumen in den rechten, ohne aus dem Rhythmus zu fallen. Der Ton war nun heller, als acht Finger auf der gleichen *tabla* spielten. Die Hände des Swami flatterten wie die Flügel eines Vogels über dem Instrument. Dann legte er nach einer Weile eine Hand in den Schoß, während die andere das Spiel unauffällig ohne die leiseste Verzögerung fortsetzte.

Ich betrachtete fasziniert diese Hand, den reglosen Körper, die unbewegten Augen. Der Swami mochte wohl in einem Trancezustand sein. Tatsächlich zuckten seine Augenlider kein einziges Mal, und wenn er atmete, so völlig unsichtbar. Wieder fügte sich die linke Hand in den Rhythmus, der nun mit ungeheurer Präzision verlangsamt wurde: 128 Schläge, 64, 32, 16, 8, 4 — Schluß. Die beiden Hände legten sich zum Gruß an die Gottheit aneinander. Das halbe Jahrhundert Vorbereitung, Übung und Spiel war ein Opfer, das diesem Gott galt. „*Namaskar*" sagte Swami Nadabrahmananda und schloß die Augen.

Obwohl die Musik verklungen war, blieben wir alle still

sitzen. Mir wurde bewußt, daß auch ich eine halbe Stunde lang ganz reglos dagesessen hatte. Der Swami öffnete die Augen und sah zur Empore hinauf, als erwarte er lobende Worte. Doch Elmer und Judy beschäftigten sich mit Kameras und Aufnahmegeräten und machten Notizen, ohne etwas zu sagen. „Was ist Ergebnis?" fragte der Swami.

„Das Ergebnis?" antwortete Elmer. „Das Ergebnis erfahren wir erst, wenn wir in die Vereinigten Staaten zurückgekehrt sind und unsere Aufzeichnungen von Computern haben auswerten lassen."

„Aber ich habe nicht geatmet, Herr Doktor? Kein Atem, nicht wahr?"

„Wie ich sagte, wir können das nicht sicher wissen, bevor wir nicht wieder in unserem Labor waren, aber die Sache scheint auf jeden Fall sehr gut gegangen zu sein", war die diplomatische Antwort.

Später sagte mir Elmer: „Ich glaube, daß er früher das ganze Stück gespielt hat, ohne zu atmen. Wahrscheinlich erreichen viele *yogi* außergewöhnliche Fähigkeiten, die sie aber aus irgendwelchen Gründen nicht aufrechterhalten können. Swami Nadabrahmananda merkt wahrscheinlich in seinem veränderten Bewußtseinszustand gar nicht, ob er atmet oder nicht. Soweit ich es beurteilen kann, hat er aber normal geatmet, während frühere Tests ergaben, daß er während des Spiels ohne Atem auskam."

Als man die Aufzeichnungen Monate später prüfte, bestätigte der Polygraph, daß Swami Nadabrahmananda tatsächlich normal geatmet hatte. Es stellte sich aber auch heraus, daß sein Herzschlag sich verlangsamt hatte und nicht schneller geworden war, wie man hätte annehmen können. Und was, noch interessanter war: während seines aufsehenerregenden Spiels stellten sich seine Gehirnwellen vor allem auf alpha und theta ein — Gehirnwellen, die normalerweise nur mit Zuständen des Halbbewußtseins oder der Meditation einhergehen.

KAPITEL 13

IN DEN TAGEN, die wir noch in Rishikesh zubrachten in Erwartung des Fahrzeugs, das uns durch Indien führen würde, ging unsere Gruppe zuweilen eigene Wege. Manchmal machte sich jemand allein auf den Weg in die Stadt, auf die Bank oder zur Post; zuweilen fanden sich auch zwei oder mehr von uns zu einem Spaziergang zusammen, während die anderen zuhause blieben, lasen, sich ausruhten oder Reisepläne schmiedeten. Die Filmmannschaft, Elda, Harvey und Tom, gingen oft mit Kamera und Aufnahmegerät auf die Suche nach Objekten. „Wenn ich etwas Schönes und Photogenes sehe, möchte ich es auf den Film bannen", sagte Elda begeistert. „Und wenn ich unruhig werde, brauche ich bloß die Kamera in die Hand zu nehmen."

Eines Tages brachen sie morgens auf und kamen erst kurz vor dem Abendessen zurück. Sie hatten Tat Walla Baba gesehen.

„Ich glaube, das ist der erste echte *yogi*, den wir bisher kennengelernt haben", sagte Harvey zu mir.

„Und was ist mit Swami Rama und all den anderen Swamis, denen wir begegnet sind?" wollte Tom wissen. „Sie haben vielleicht genausoviel vollbracht wie er."

„Das bezweifle ich", meinte Harvey. „Jedenfalls scheint er mir der erste wirklich praktizierende *yogi* zu sein, der einfach er selbst ist, ohne eine Show daraus zu machen."

„Sicher zieht er auch seine Show ab", beharrte Tom, „oder vielleicht bist du nur so beeindruckt, weil er so verrückt auftritt."

„Was meinst du mit verrückt?" wollte ich wissen.

„Er ist nackt", antwortete Tom.

„Er trägt nichts als einen Lendenschurz", erklärte mir Harvey, „und seine Haare hängen bis auf den Boden herunter."

„Spielt er sich damit nicht auch in gewisser Weise auf?",
fragte Tom mißtrauisch.

Harvey ließ sich nicht irritieren. „Er lebt in einer Höhle
und tut seit Jahren nichts anderes als zu meditieren. Jeden
Tag kommt er eine Weile heraus und setzt sich unter einen
Banyan-Baum, damit die Leute ihn sehen können, wenn sie
wollen."

Nach dem Essen versammelten wir uns alle, wie wir es
schon oft getan hatten, im Zimmer Nr. 10, in dem Elda, Dolly und Judy wohnten, und das das größte war. Wir saßen im
Halbkreis um einen kleinen Tisch, auf dem Kekse aus Dehradun und Tee standen und betrachteten eine große Indien-
Landkarte, die Dolly an die Wand geheftet hatte. Wir mach-
machten Pläne für einen Tagesausflug, zu dem wir uns einen
Jeep des Mahant ausleihen durften.

„Ich glaube, ich komme nicht mit", sagte Harvey. „Ich
werde hier bleiben und einen Tag auf den Bergen jenseits des
Flusses verbringen."

„Du denkst immer noch an deinen Tat Walla Baba, Harvey?" fragte Elda.

Harvey wandte sich zu mir. „Möchtest du nicht auch lieber hier bleiben, als mit der ganzen Gruppe loszuziehen?"

Ich hatte einmal mit Harvey über die Nachteile von Grup-
penreisen und Ausflügen gesprochen. Wir hatten beschlossen,
so oft wie möglich allein oder zu zweit etwas zu unternehmen, um unsere Eindrücke zu vertiefen, um besser in Kontakt mit den Menschen hier im Land zu kommen und nicht
zu viel Zeit zu vertun, alle Interessen der Gruppe mühsam auf
einen gemeinsamen Nenner zu bringen.

„Wir könnten mit Sivanandapuri sprechen", sagte er. „Sicher wird er uns gerne zu Tat Walla Babas Höhle führen. Ich
würde sie bestimmt nicht alleine finden – und außerdem
brauchen wir ihn als Dolmetscher."

Als wir unseren Tee getrunken hatten, erschien Swami Sivanandapuri mit seinen Liederbüchern unterm Arm. So konnten wir ihn gleich fragen, ob er uns zu dem *yogi* in der Höhle
bringen würde.

„Oh, Harvey, was für ein wunderbarer Vorschlag!" rief
Swami Sivanandapuri. „Das tue ich sehr gerne."

Wir besprachen, daß wir um halb neun oder neun Uhr
morgens aufbrechen würden. So hätten wir eine Stunde Zeit,

um den Fluß zu überqueren und die Anhöhe bis zu seiner Höhle hinaufzusteigen. Genau um zehn Uhr vormittags und um vier Uhr nachmittags saß der *baba* nämlich unter seinem *banyan*-Baum, erklärte unser Führer.

Als wir am nächsten Morgen durch Rishikesh fuhren, verdrehten sich viele organge-gekleidete Gestalten die Hälse, um ihren Mitbruder erstaunt oder verächtlich zu betrachten, der da in einem Jeep mit einem Chauffeur und zwei Amerikanern durch die Stadt fuhr. Unser Chauffeur ließ uns in der Nähe eines Platzes aussteigen, auf dem viele der offenen, von einem Pferd gezogenen Wägen standen, die in Rishikesh, Muni Ki Reti und den anderen Orten in der Gegend das einzige öffentliche Transportmittel darstellten. Es war schon zehn Uhr vorbei. Harvey bat unseren Chauffeur, hier zwischen den Pferden auf uns zu warten oder spätestens um halb eins wieder hier zu sein, denn pünktlich um zwölf Uhr würde sich Tat Walla Baba wieder in seine Höhle zurückziehen.

Ich war überrascht, daß an der Landungsstelle eine solche Menschenmenge wartete. „Vielleicht waren sie noch nie am Morgen hier", erklärte unser Führer. „Um diese Zeit überqueren immer hunderte von Pilgern den Fluß, um zu den *ashrams* zu gelangen. Abends warten sie dann am anderen Ufer. Sehen Sie nur, jetzt sind sogar drei Fährboote in Betrieb."

Die Pilger standen in einer erstaunlich ordentlichen Schlange, in die wir uns einreihten. Wir mußten nicht lange warten, bis wir unter den ersten unser Boot besteigen konnten. Etwa dreißig oder vierzig Menschen drängten sich auf engstem Raum zusammen, halfen einander beim Einsteigen, hielten sich an den Armen und Beinen fest, umschlangen sich an den Taillen und Hälsen, stützten sich selbst auf den Köpfen der anderen auf, um in dem schwankenden kleinen Boot nicht den Halt zu verlieren. Es war ihnen natürlich, als seien sie, so nah zusammengedrängt und mit einem Ziel, ein einziger Körper, ein Wesen, das wir ja in Wirklichkeit auch sind. Im Westen, wo die Konvention herrscht, wäre so etwas nicht möglich, ging es mir durch den Sinn, unsere Künstlichkeit hat das instinktive natürliche Verhalten verdrängt.

Woher kamen all diese Pilger? Ich sah vielerlei Hautfarben und Gewänder — sie mochten aus ganz Indien hierhergeströmt sein. Wahrscheinlich waren sie aus Hardwar gekommen, um

Tempel und *ashrams* zu besuchen und sich an diesem heiligsten Ort in das Wasser des heiligen Flusses zu tauchen. Ich hatte bemerkt, daß in Hardwar die meisten Gebäude Gasthäuser waren, *dharmsala* genannt, wo die Gläubigen umsonst wohnen konnten.

Als das Boot abstieß, riefen alle zugleich wie verabredet: „Ho, Mutter Ganga!" und jeder versuchte, trotz der Enge seine Hand in den Fluß zu tauchen, sich mit Gangeswasser die Lippen oder die Stirn zu netzen. Man drängte die Kinder, das gleiche zu tun. Doch die Kinder, die bis zum Wasser reichen konnten, begnügten sich damit, ihre Hand gegen die Strömung zu pressen oder mit dem Wasser zu spielen. Münzen wurden in den Fluß geworfen wie in einen Opferkasten: der Ganges selbst war eine verehrte Gottheit.

Das Boot stieß gegen den mit Sandsäcken befestigten Anlegeplatz und wurde mit einem Seil an einer Holzstange befestigt. Harvey und ich stiegen aus und blieben eine Weile am Ufer stehen, um zuzusehen, wie viele Pilger sich nun bis zu den Schultern ins Wasser tauchten, gleichgültig, was sie am Leib trugen. Swami Sivanandapuri schlug mit einem sicheren Griff den bodenlangen Saum seines Gewandes nach oben und befestigte ihn mit einer geschickten Drehung, so daß es wie eine windelartige Hose aussah, und stieg dann mit raschen Schritten die langen Betonstufen zum Eingang des Gita Bavan empor.

Der Gita Bavan war einer von einer ganzen Reihe von *ashrams*, die diese Pilger besuchen wollten. Wir gingen an verschiedenen *ashrams* und einem Beton-Pavillon am Ende der Reihe entlang, in dessen Schatten immer einige *sadhus* saßen, und wandten uns dann den Bergen zu. Wir kreuzten den Weg, der nach Laxman Jhula führte und stiegen durch eine dichte Mangobaum-Pflanzung aufwärts. Dann folgten wir einem Pfad, der durch ein Tal in den Wald führte, überquerten Bergbäche und stiegen zuletzt an der Bergflanke hinauf. Wir hofften, daß Tat Walla Baba einige Fragen beantworten würde und hatten deshalb einen Casettenrecorder dabei; um nicht ohne Opfergabe zu sein, hatten wir einige Bananen und Zitronen mitgenommen.

Wir kamen an eine Stelle, an der der Pfad steiler als bisher wurde. Aus Felsbrocken waren Stufen den Berg hinauf gebaut worden. Ob Tat Walla Baba diese Treppe selbst gebaut hatte? Auf halbem Weg sahen wir unterhalb das rostige Dach einer Blechhütte, deren hölzerne Tür mit einem Vorhängeschloß verschlossen war.

„Dort unten schläft der *Baba*. Jetzt ist er nicht dort. Die Hütte ist nur der Eingang; die Höhle erstreckt sich tief in den Berg hinein." Der Swami schlang einen Arm um einen der Felsbrocken. „Wenn er hier ist, schläft er entweder, oder er ist in einem halbbewußten Zustand. Dann ist seine Tür offen, aber nur wenige gehen zu ihm hinein. Ich kann zu ihm gehen, weil ich ihn kenne, aber niemand darf mit ihm sprechen. Wenn er wieder zu dieser Welt erwacht, verschließt er seine Tür und geht hinaus."

Plötzlich waren die Felsstufen zu Ende und ein Staubpfad führte an einem halsbrecherisch steilen Abhang entlang. Wir tasteten uns mit den Händen an der steil neben uns aufragenden Bergwand entlang; links von uns gähnte der Abgrund, in der Tiefe des Tales unter uns glänzte das gewundene Band eines Flusses. Wenn wir ausrutschten, so waren wir verloren.

„Dort oben in der Felswand ist Tat Walla Babas Höhle", sagte der Swami und zeigte hinauf. Von hier aus sah man nur eine Wand aus Holzpfählen und Sackleinenfetzen, die im Wind flatterten. „Diesen Verschlag haben die Schüler des Baba gebaut. Dahinter liegt die Höhle."

Nach weiteren fünfzehn oder zwanzig Minuten öffnete der Pfad sich zu einem kleinen Plateau, auf dem die Hütte von Tat Walla Baba stand. Wir gingen daran vorbei und ich fragte mich, wie Tat Walla Baba von hier aus zu seiner Höhle hinaufklettern konnte.

„Sehen Sie diesen Baumwipfel? Das ist der Baum des Baba. Gleich werden Sie ihn sehen." Noch ein paar Schritte und der Baum ragte einige Meter von uns entfernt empor. Still und allein saß Tat Walla Baba in seinem Schatten. Er wirkte auf mich wie ein dickbäuchiger Buddha im Lotussitz. Wir näherten uns; obwohl seine Augen geöffnet waren, rührte er sich nicht.

Swami Sivanandapuri schlüpfte aus seinen Gummisandalen, ging auf dem Baum zu, warf sich auf den staubigen Boden und legte seine Hände auf Tat Walla Babas Füße. Der Baba blinzelte kaum merklich mit den Augenlidern und sah gleichzeitig auf den vor ihm liegenden Swami herab. Dann wandte er langsam den Kopf und sah auch mich an.

Seine Augen waren mir unheimlich: Sie waren nicht klar und durchdringend, sondern fast verschwommen. Sie hatten einen seltsamen tigerfarbenen Glanz und waren so groß und weit offen, daß ich das Gefühl hatte, ich könne ihm direkt in sein Innerstes schauen und er in meines. Unsere Blicke trafen sich für ein paar Sekunden; dann sah er rasch wieder zu Boden. Der Swami winkte uns näher.

„Du mußt hier deine Schuhe ausziehen", flüsterte Harvey. Wir breiteten die Zitronen und die Bananen zu Füßen des *Baba* aus und legten unsere Handflächen zum Gruß zusammen. Der *Baba* machte uns ein Zeichen, uns vor ihm auf den glattgefegten Erdboden zu setzen.

Nun betrachtete ich ihn mir genauer — sein wie ein Turban auf dem Kopf aufgetürmtes, verfilztes und mit Asche bestäubtes Haar, seine hohe Stirn, seine dunkelbraune Haut, seinen dicken Bauch und seine schwieligen Füße; er aber sah uns nie direkt in die Augen. Während der ganzen Stunde, die wir ihm gegenübersaßen, blickte er nie höher als bis zu meinem Kinn.

Harvey schaltete seinen Cassettenrecorder ein; wir warteten darauf, daß Tat Walla Baba zu sprechen begänne oder uns fragte, ob wir etwas wissen wollten — aber der *Baba* saß reglos wie ein Buddha, so wie er auch schon vorher dagesessen hatte. Er sah so natürlich aus, daß jede andere Haltung wie eine Pose gewirkt hätte. Seine Haltung wirkte so gelöst, daß es wohltuend war, in seiner Nähe zu sitzen. Harvey schaltete seinen Cassettenrecorder aus.

Das Rauschen des Flusses tief unten im Tal wurde nun deutlicher, während wir schweigend dasaßen und lauschten. Das einzige Geräusch, was wir außer diesem Rauschen hörten, war der Gesang der Vögel; hunderte von ihnen saßen in den Bergen über uns, im Tal unter uns und in dem *banyan*-Baum Tat Walla Babas und sangen. Wir saßen da, ohne uns zu bewegen.

Unsere Anwesenheit würde die Wirklichkeit dieses Mannes nicht verändern. Es war ein Gefühl, als wären wir schon immer hier gewesen. Mir kam der Gedanke, daß Tat Walla Baba uns vielleicht nicht einmal als getrennte Wesen wahrnahm.

Am liebsten wäre ich hier endlos lang still sitzen geblieben, in der ruhigen Gegenwart seines So-Seins. Aber Harvey brach das Schweigen. Er fragte Swami Sivanandapuri: „Dürfen wir ein paar Fragen stellen?"

„Ja, stellt Eure Fragen. Fragt was Ihr wollt, der *Baba* wird Euch antworten." Wieder stellte Harvey seinen Cassettenrecorder an.

„Ich möchte gerne wissen, zu welchem Weg Tat Walla Baba einem Menschen aus dem Westen raten würde. Es ist sehr unwahrscheinlich, daß jemand bei uns auch nur annähernd so leben könnte, wie man es hier kann. Welchen spirituellen Weg oder welche *yoga*--Disziplin ist für Menschen geeignet, die, sagen wir, in New York leben?"

Der Swami begann zu übersetzen; der Blick das *Baba* blieb auf den Boden geheftet. Harvey sah von einem zum anderen.

Als Tat Walla Baba zu sprechen begann, war ich wieder überrascht. Solch eine hohe Stimme hatte ich noch nie gehört. Seine natürliche, ruhige Art zu sprechen tat dem Ohr wohl, nachdem man sich daran gewöhnt hatte. Der Swami übersetzte ins Englische: „Der *Baba* sagt, daß alle Disziplinen, all die verschiedenen Wege wertvoll sind. Das Glück ist etwas Innerliches und hängt nicht von der Umgebung ab. In allem und jedem, das einem in dieser äußeren Welt widerfährt, sind Freude und Leid zugleich anwesend. Wir finden beides je nach unserer Haltung und unserem Bewußtsein. Aber die Freude ist etwas Inneres, sagt *Baba*, und das Bewußtsein des eigenen Körpers ist Schmerz. Das wahre Glück liegt im Ewigen. Wie gelangt man dorthin? Man ist schon dort. Deshalb sagt *Baba*, man soll seine Pflicht an dem Platz tun, an den man gestellt ist. Das ist der richtige Weg. Dieses Erfüllen ist *karma yoga*, der Weg des *nishkam karma yoga*. Tut Eure Pflicht, ohne Euch daran zu klammern, was es für Früchte bringt. Das ist der Weg des Glücks."

„Was ist die eigene spirituelle Disziplin des *Baba*? Was ist sein persönliches *sadhana*?"

Wir hörten Schritte auf dem Weg; Swami, Harvey und ich wandten uns um, um zu sehen, wer da kam, aber Tat Walla Baba bewegte sich nicht. Es war eine Frau mittleren Alters in einem hellblauen *sari*. Auf den ersten Blick hielt ich sie für eine Inderin, aber als sie näher kam, sah ich, daß sie aus dem Westen stammte. Der Swami begann zu übersetzen, und die Frau setzte sich ein Stück entfernt von uns auf die Erde.

Diesmal war die Antwort kurz. „Der Baba *ist den Weg des Raya yoga* und des *Bhakti yoga* gegangen; er hat einen Meister, der an der Grenze von Nepal wohnt. Der *Baba* meditiert seit fünfunddreißig Jahren in seiner Höhle. Bevor er seinen eigenen spirituellen Weg begann, war er an *samsaras* gebunden. Dann erlebte er durch die Wege der religiösen Hingabe, der *yoga*-Disziplin eine Verwandlung. Aber die reale Welt verändert sich nicht, sagt *Baba*. Die Wirklichkeit ist immer die gleiche. Nur die Verfassung des Geistes verändert sich."

Als die Übersetzung beendet war, machte der Swami der Frau ein Zeichen und deutete auf einen Platz neben sich. Sie schlüpfte aus ihren blauen Sandalen, trat in den geheiligten Zirkel und setzte sich wieder auf den Boden. Der Swami sah sie an, als erwarte er irgendeine Reaktion von ihr; Tat Walla Baba jedoch blickte keinen von uns an.

„Machen Sie ruhig weiter", sagte die Frau mit europäischem Akzent. „Ich möchte nur zuhören."

Harvey sah mich an. „Du hast ja gar nichts gesagt. Sicher gibt es doch etwas, was Du fragen möchtest."

„Nein, auch ich werde nur zuhören. Ich habe mir keine Fragen überlegt, – das hast Du schon sehr gut übernommen."

Also fuhr Harvey fort zu fragen. „Wie soll man sich den Leiden anderer Menschen gegenüber verhalten? In welchem Verhältnis steht das Mitleid und der Wunsch, anderen zu helfen, zur Bedeutung des Leidens?" Diesmal schaltete er seinen Cassettenrecorder aus, solange übersetzt wurde, und schaltete ihn erst wieder ein, als der Swami auf Englisch zu sprechen begann.

„Der *Baba* sagt, daß es gut ist, anderen zu helfen. Das Leiden wird durch das *karma* verursacht, aber es ist dennoch wichtig, anderen zu helfen. Das ist auch *karma*. Wenn Du einen *mango*-Baum pflanzt, dann bekommst Du *mango*-Früchte. Ebenso erntest Du die Früchte Deines Handelns. Wenn ein Mensch Salz ißt, muß er Wasser trinken. Wenn Du etwas Gutes getan hast, wirst Du gute Früchte ernten. Aber der *Baba* sagt, saß man nur durch gute Taten und durch gute Früchte, die man erntet, nicht frei wird vom Zyklus der Geburt und Wiedergeburt. Die einzige Waffe, mit der man dieses Band durchschneiden kann, ist die Loslösung von allen Bedürfnissen. Man muß sich hingeben. Der Erfolg kommt, wenn man sich auf den Weg der Hingabe und Andacht begibt. Man muß das Glück und den Frieden in sich selbst finden."

„In welcher Form soll diese Hingabe geschehen? Wie gibt

sich *Baba* seinem *sadhana* hin?"

„Der *Baba* sagt, daß es zwei Arten von *sanyasins* gibt: Jene, die versuchen, als Lehrer Ruhm zu ernten und jene, die wie er einfach versuchen, ihr eigenes Glück zu finden. Wenn man selbst glücklich ist, kann man anderen zum Glück verhelfen. Vor allem will der *Baba* an nichts mehr gebunden sein. Er möchte nichts anderes, als in seinem Glückszustand zu leben."

Wieder sprach Swami Sivanandapuri mit der Frau. „Fragen Sie den *Baba* etwas."

Sie sah den Swami an, dann Tat Walla Baba, und dann wieder den Swami. „Was soll man tun wenn der *guru* gestorben ist?"

„Darf ich *Babaji* fragen?"

„Wissen Sie, ich glaube ich haben Ihnen das schon einmal gesagt, Swami. Mein *guru* ist Yogananda. Ich lebe in Los Angeles, und mein *guru* ist gestorben. Und nun weiß ich nicht ob ich ... ich mag diesen *Baba*, aber ..." Sie schwieg einen Augenblick. „Bitte fragen Sie ihn, was ich tun soll, nun da mein *guru* gestorben ist. Ich möchte meinen *guru* behalten, aber ich möchte auch weiterkommen. Ich bin gern hier in Indien im Sivananda Ashram. Aber ich muß in ein paar Tagen zurückkehren. Ich habe versucht, etwas zu bekommen. Gott weiß, wie sehr ich gesucht habe. Meine Freundinnen machen sich darüber keine Gedanken. Sie halten all das für Unsinn. Ich weiß gar nicht, warum sie hierher gekommen sind. Wie kann ich als Frau, die noch dazu allein lebt, einen spirituellen Weg finden? Es ist so schwierig, Sie können sich das nicht vorstellen. Und dann erst Los Angeles! Swami, Sie haben keine Ahnung, was das bedeutet."

Der Swami erzählte Tat Walla Baba, was die Frau bekümmerte. „Der *Baba* sagt, sie können initiiert werden, bevor sie zurückgehen."

„Aber durch wen sollte das geschehen? Durch diesen *Baba*? Wäre das nicht falsch? Wäre ich ihm dann treu? Soll man nicht nur einen *guru* haben, selbst wenn er gestorben ist?"

„Der *Baba* sagt, daß Ihr *guru* nicht tot ist, und daß Sie sich darüber keine Sorgen zu machen brauchen. Er sagt, Sie sind nur sich selbst verpflichtet. Ihr Yogananda lebt in Ihnen."

Nach einem langen Schweigen sprach die Frau mit leiser

Stimme, wie zu sich selbst, weiter. „Ich habe darüber nachgedacht. Vielleicht sollte ich nach Indien gehen. Ich könnte es so einrichten. Hier herrscht viel mehr Spiritualität, nicht wahr? Swami, bitte fragen Sie das den *Baba*. Ist das Leben hier nicht viel spiritueller?"

Auf die Frage des Swami kam die rasche Antwort: „Der *Baba* sagt, daß Gott nicht das Eigentum Indiens ist."

Nach einem weiteren langen Schweigen ergriff Harvey wieder das Wort. „Können Sie den *Baba* fragen, was seine Mission ist?"

„*Samadhi* zu erlangen. Er hat keine Mission, keinen Wunsch auf der Welt, aber er möchte alles mitteilen, um jedem, der hierher kommt, zu helfen."

„Könnte er uns einen typischen Tag in seinem Leben beschreiben?"

„*Babaji* beginnt seinen Tag um fünf Uhr früh mit der Meditation. Um zehn Uhr tritt er aus seiner Höhle und setzt sich hier nieder; wenn ihn jemand sehen will, ist er für ihn da. Wenn jemand mit ihm sprechen möchte, spricht er mit ihm. Um zwölf Uhr ist er wieder allein. Am frühen Nachmittag nimmt er seine Nahrung zu sich. Dann hat er Zeit, um zu arbeiten oder um sich auszuruhen, bevor er sich um vier Uhr wieder unter diesem Baum niederläßt. Am Nachmittag bleibt er eine Stunde hier, und danach gibt er sich dem Andachtsritual hin, *budjen, puja*, der Meditation."

„Was empfiehlt der *Baba* zur Konzentration? Was sind die Techniken der Konzentration?"

Tat Walla Baba antwortete immer ohne Zögern und mit einem leisen Lächeln, das beim Sprechen seine Zähne ein wenig entblößte. Aus der Art, in der er antwortete, konnte man ablesen, daß er in den fündundreißig Jahren, in denen er alleine in seiner Höhe oder manchmal mit Suchenden unter seinem *banyan*-Baum gesessen hatte, alle Fragen, die einen Menschen bewegen können, gehört und überdacht hatte; wenn er sprach, klang es so, als habe er im Grunde kein Bedürfnis zu sprechen, als sähe er keine Notwendigkeit, einen bestimmten Punkt zu unterstreichen, so, als sei er bereit, bis ans Ende der Zeit Fragen zu hören und an Gedanken Anteil zu nehmen und die Fragen und Antworten dann wieder im Vergessen versinken zu lassen.

„Der *Baba* sagt, daß die Technik der Konzentration darin

162

besteht, seine Pflicht zu tun, unabhängig vom Ergebnis, und die Gedanken zu klären. Man sollte die Energie von den Sinnen abziehen, die an äußere Objekte gebunden sind. Wenn der Geist einen Anstoß von außen erhält, geht das nach innen. Man soll von allen Bindungen frei sein."

Swami Sivanandapuri legte die Fingerspitzen aneinander, neigte den Kopf und begann mit leiser Stimme hohe Töne zu singen. Er sang auf Hindi; ich verstand nichts. Ich hörte nur immer wieder *Shiva-hum, Shiva-hum*. War das Teil der Übersetzung? Ich sah zu Tat Walla Baba hinüber, der wie gewöhnlich nicht reagierte, sich nicht bewegte und nichts und niemanden ansah.

Ich, der ich bisher noch kein Wort gesagt hatte, bat den Swami nun: „Singen Sie das noch einmal."

Der Swami nahm wieder die rituelle Haltung ein, begann eine Zeile zu singen und übersetzte: „Ich bin der immer segnende Gott Shiva." Wieder sang er und übersetzte: „Ich bin frei von den vier Zuständen. Ich bin nicht Geist, ich bin nicht Intellekt, ich bin nicht Ego und ich bin auch nicht die Sinne. Ich bin der immer segnende Gott Shiva." Er beendete das Lied: „Ich begehre nichts, ich habe keine Form. Ich bin immer in vollkommenem Gleichgewicht. Keine Bindung, keine Befreiung. Ich bin der Gott Shiva. Ich bin Shiva, immer Glück und Segen spendend. Ich bin Shiva."

Ich sah Tat Walla Baba an. Zu meinem großen Erstaunen war er plötzlich sehr verändert. Sein Haarturban, den er um den Kopf geschlungen hatte, war verschwunden. Sein aschgraues Haar hing in dicken Strähnen über seine Stirn und den Rücken hinunter und lag geringelt zu seinen Füßen.

„Frei sein von allen Bindungen", wiederholte der Swami. „Man muß nicht auf das Leben verzichten, aber man muß frei von Bindungen sein. Der *Baba* hat es mit folgendem Bild beschrieben: Ein Tropfen Wasser fällt auf ein Lotusblatt. Es bleibt auf dem Blatt, aber es rollt frei herum, hält sich nirgends fest. So muß es sein, sagte der *Baba*."

Der Swami sah die Frau an und richtete seine folgende Übersetzung an sie: „Der Baba sagt, daß man den Frieden nur in seinem Innern findet. Kein *baba* oder *guru* kann ihn geben. Ich werde Ihnen etwas über die Initiation sagen; es heißt einen Schritt in etwas Neues zu wagen. Ich werde Ihnen das später erklären, denn der Baba möchte jetzt zu dem Bach dort oben gehen und will allein sein." Tat Walla Baba und der Swami standen gleichzeitig auf, und auch wir versuchten, wieder auf die Füße zu kommen. Der Swami legte seine Handflächen aneinander und berührte mit seinen Daumen die Stirne. Wir taten es ihm gleich. Auch wenn er stand, reichte das Haar des Baba noch bis zum Boden. Verwundert sah ich ihn an. Er sah so groß und kräftig aus und stand doch so anmutig mit leicht ausgebreiteten Armen da; sein Haar umhüllte ihn wie einen Mantel. Wieder trafen sich unsere Blicke, doch nur für wenige Sekunden. Tat Walla Baba wickelte sich seine Haarsträhnen mit jener Geschicklichkeit um den Kopf, die durch sehr lange Übung kommt. Er befestigte das Band um seine Taille, das den Lendenschurz hielt; mehr trug er nicht. Nun legte er den Kopf in den Nacken und sah zum Gipfel des Berges auf.

,,Sollen wir dort hinauf gehen, um den Amerikanischen Baba zu sehen?" fragte Swami Sivanandapuri, während wir unsere Schuhe anzogen. ,,Er spricht recht gut Englisch. Er lebt ein kleines Stück weiter dort oben."

,,Ist er wirklich Amerikaner?"

,,Nein, nein. Er hat rötliches Haar und Sommersprossen und sieht deshalb ein wenig amerikanisch aus. Wir nennen ihn nur Amerikanischer Baba. Das ist ein Spitzname", erklärte Swami Sivanandapuri.

Die Frau ging mit uns bis zu einem großen Felsen, hinter dem der Weg verschwand.

,,Kommen Sie, es sind nur noch ein paar Meter bis dorthin", sagte der Swami.

,,Sie gehen wieder den selben Weg zurück, nicht wahr? Ich werde hier auf Sie warten", schlug sie vor.

,,Nein, kommten Sie doch mit. Wir werden nur ein paar Minuten bei dem Baba dort oben bleiben. Es dauert wirklich nicht lange."

,,Lassen Sie mich hier warten. Ich habe ihn ja gesehen, als wir das letzte Mal hier waren, Swami."

Der Amerikanische Baba hatte keine Höhle wie die von Tat Walla Baba, sondern eine höhlenartige Einbuchtung im Berg, in der er sein Essen kochte. Dort saß ein langhaariger und bärtiger junger Mann aus dem Westen und bereitete *japatis* zu. Die Unterkunft dieses Baba bestand in einer Vertiefung im Boden, über die eine Plane gespannt war. Wir saßen außerhalb des Schattens auf dem Boden, während der Baba auf einer gut einen halben Meter hohen Plattform thronte, so daß wir zu ihm aufsehen und gegen das Sonnenlicht blinzeln mußten.

„Woher kommt ihr?" fragte der Baba.

„Aus den Vereinigten Staaten."

Ohne daß wir eine Frage gestellt hätten, begann er eine Rede zu halten; nach ein paar kurzen Sätzen Englisch jedoch ging er zu Hindi über. Er sprach so laut und schnell, daß es fast wütend klang. Im Vergleich zu Tat Walla Baba klang das Gesagte sehr dramatisch.

Swami Sivanandapuri sah uns an, als fürchtete er, wir könnten unwillig auf diesen Baba reagieren, der wild mit den Händen in der Luft gestikulierte und unaufhörlich weitersprach, während wir höflich dasaßen, in die Sonne blinzelten und nicht ein einziges Wort verstanden.

„Wir sollten vielleicht jetzt mit der Übersetzung beginnen", unterbrach der Swami den Erregten. „Der Baba sagt, daß es keinen Sinn hat, wenn die Leute herumreisen und suchen und suchen und Fragen stellen und Antworten suchen. All diese Sprachen und Übersetzungen sind nichts wert. Ihn gehen die Nationen nichts an, er kümmert sich nicht einmal um Krieg und Frieden. All diese Dinge sind unwirklich. All diese Dinge gehören nur der äußeren Welt an. Wir müssen auf all das verzichten. Wir müssen zur Wirklichkeit vordringen. Wir können nicht befreit werden, wenn wir fortfahren, Fragen über diese sinnlose Welt zu stellen. Es geht nicht darum, irgendwohin zu reisen. In Indien gibt es keine Wahrheit. Auch in den Vereinigten Staaten gibt es keine Wahrheit. Die Wahrheit findet man nur in seinem Inneren. In der äußeren Welt gibt es nichts zu suchen."

Der Swami hielt etwas unsicher inne, längst bevor er soviel auf Englisch gesagt hatte wie der Baba auf Hindi. Ohne sich um ihn zu kümmern, begann der rothaarige Baba wieder zu sprechen und mit den Fäusten zu drohen. Ich sah Swami Sivanandapuri an, und er lächelte mir zu. Wir hatten diesen armen Baba in Erregung versetzt, dachte ich, wo wir doch nur mit bloßen Füßen auf dem Boden saßen und den Mund hielten. Ich fragte mich, ob die Illusion unserer äußeren Gegenwart ihn so in Unruhe versetzte, weil sie ihn an all das erinnerte, was ihn angeblich nicht mehr kümmerte. Hoffentlich hatte er doch ein wenig uneingestandenes Vergnügen in der unwirklichen Anregung gefunden, die unser unwirklicher Besuch ihm bot.

„Finden Sie ihn interessant?" fragte die Frau, als wir wieder bei unserem Treffpunkt am Felsen angelangt waren. „Er ist schon interessant. Aber ich habe ihn schon einmal gesehen und weiß längst, was er sagt. Ich mag diesen Baba viel lieber, Sie nicht auch?" Sie deutete auf die Stelle unter dem *banyan*-Baum, auf der zuvor Tat Walla Baba gesessen hatte.

„Dieser Baba hat mich viel tiefer beeindruckt. Ich finde ihn wirklicher."

Wir mußten nicht lange auf das Fährboot warten und unser Jeep war auf der anderen Seite des Flusses schon zur Stelle. Unsere neue Freundin fuhr mit uns, denn sie wollte mit uns im Touristenbungalow zu Mittag essen.

Wir führten den Swami und die Frau ins Zimmer 11 und stellten unsere Klappstühle um einen Tisch auf, der mir Orangen, Bananen, Nüssen und Keksen beladen war. Der Swami sprach mit der Frau über Initiation und bot ihr an, sie einmal allein zu Tat Walla Baba zu bringen. „Er möchte Ihnen nur einen spirituellen Anstoß geben", versicherte er ihr.

Während des Essens sprachen wir über das Leben in Los Angeles, in New York, über die Heiligen und *yogi* in den Höhlen des Himalaya und über Mahatma Gandhi. Als ich auf Martin Luther King zu sprechen kam, erschrak die Frau.

„Aber er war doch Kommunist!" entfuhr es ihr.

„Nein, er war kein Kommunist."

„Oh doch, das war er, das ist ja das Schlimme. Ihr versteht das nicht. Ich habe in meinem Heimatland den Kommunismus erlebt. Die meisten Amerikaner sind sich nicht darüber im klaren ..."

„Ich achte Ihre Erfahrungen, aber sie haben nichts mit Martin Luther King zu tun. Ihre Erfahrungen haben überhaupt nichts mit Ideen oder Idealen zu tun. King war auch nicht mehr Kommunist als Gandhi oder als ihr Yogananda — und ich bin sicher, daß jeder Idealist von irgendjemandem schon einmal als Kommunist bezeichnet worden ist. Diese Menschen sind jenseits von Kommunismus und Kapitalismus oder irgendwelchen Ismen. Ich bin sicher, daß nichts, was sie gesagt oder geschrieben haben, wirklich dazu benutzt werden könnte, den Kommunismus oder irgendeine andere politische Machtstruktur zu stützen."

„Ich glaube, er war ein guter Mensch", sagte der Swami besänftigend, und Harvey wechselte diplomatisch das Thema.

Wir sprachen jetzt über Esel und Vögel und das wunderbare Novemberwetter, damit die Frau nicht die Freude am Essen verlöre. Trotz ihrer seltsamen Ideen mochte ich sie wegen ihrer warmen und herzlichen Ausstrahlung.

„Ich begegnete ihr vor ein paar Tagen", sagte der Swami uns später, „noch bevor ich euch kennengelernt habe. Ich brachte sie einmal zu Tat Walla Baba, und heute Morgen hat sie allein den Weg dorthin gefunden. Der Baba ist einverstanden, ihr die Initiation zu geben, und so will ich einen Zeitpunkt dafür arrangieren. Er wird sie ein paar Methoden lehren. Vielleicht zelebriert er auch für sie persönlich ein *puja*; morgen oder am Donnerstag werde ich sie allein dorthin begleiten, wenn es euch nichts ausmacht. Sie wird mich für die Übersetzung brauchen."

Ob die spirituelle Initiation durch Tat Walla Baba ihr helfen würde, ihre verworrenen soziopolitischen Ideen zu kären?

Am frühen Morgen des 16. November bekamen wir eine Nachricht von Manoharlal Dudeja: es stand für uns ein Fahrzeug mit Fahrer bereit, das in dieser Nacht Kanpur verlassen und uns in Rishikesh abholen würde.

„Spätestens in ein paar Tagen werden wir von hier aufbrechen", sagte ich zu Swami Sivanandapuri. „Wir waren ja nun vierzehn Tage hier, und das ist viel länger, als geplant war; trotzdem tut es mir leid, daß die Zeit jetzt schon vorüber ist."

„Sie haben eine schöne, große Reise geplant", sagte Swami, „und Sie werden sehr viel sehen."

„Aber wir werden vor allem im Auto unterwegs sein. Ich glaube nicht, daß wir lang genug an einem Platz bleiben werden, um jemanden kennenzulernen, wie ich Sie kennengelernt habe. Am liebsten bliebe ich ein oder zwei Monate hier, um mit Ihnen und Tat Walla Baba und einigen anderen mehr Zeit verbringen zu können."

„Kommen Sie zurück. Sie müssen unbedingt zurückkommen."

„Der Weg von meiner Heimat hierher ist sehr weit."

„Sie sollten zur Maha Kumbh Mela im Frühling nach

Hardwar zurückkommen. Dort könnten Sie soviele Weise und *swamis* sehen, wie sie es sich nie haben träumen lassen. Kommen Sie doch im Frühling zur Kumbh Mela."

Wir saßen auf meiner Schlafstelle in meinem Zimmer; Swami Sivanandapuri hatte das Harmonium neben sich, da wir dachten, es wäre vielleicht die letzte Gelegenheit, die Lieder des Swami auf Tonband aufzunehmen. Am Morgen dieses Tages, noch bevor wir von unserer Abreise erfahren hatten, hatte uns der Swami in ein Dorf unterhalb von Rishikesh mitgenommen, wo eine Gruppe von *sadhus*, die Shiva dienten, in einer Art Kommune zusammenlebten. Dort hatte Elda Hartley ihn gefilmt, wie er vor einer der Hütten auf dem Boden saß und das Gedicht von Shankaracharya ,,Ich bin der immer segnende Gott Shiva", gesungen hatte und dazu die Erklärungen wiederholte, die er Harvey unter Tat Walla Babas *banyan*-Baum gegeben hatte.

,,Wenn ich wirklich zurückkommen kann, werde ich Ihnen schreiben, Swami, und Sie benachrichtigen. Wenn ich Tat Walla Baba noch einmal im Leben besuche, dann gehen wir zusammen zu ihm."

Der Swami legte einen Finger an seine Schläfe und zeigte dann auf mich, als sei ihm plötzlich etwas eingefallen, das er mir unbedingt noch sagen wollte.

,,Sie hätten das Gespräch hören sollen, das zwischen dieser Frau und dem Baba stattfand, als ich sie noch einmal dorthinbrachte. Sie wollte über den spirituellen Fortschritt sprechen und fragte, ob die Chance, einen *guru* zu haben oder initiiert zu werden, bedeutete, daß manche Menschen sich schneller weiterentwickeln konnten als andere. Ihre Meinung war die, daß die ganze Welt in einem Fortschritt begriffen sei, und daß Evolution spirituelles Weiterkommen bedeutete. Sie sagte, sie glaube, daß wissenschaftlicher Fortschritt im Westen ein Zeichen spirituellen Fortschritts sein müsse, und der Baba räumte ein, daß das möglich sei. Er sagte, es könne ein Schritt auf dem Weg für einige Individuen oder auch Gesellschaften sein, aber es könne auch bei anderen Menschen zu Bindungen und Illusionen führen. Da erzählte sie dem Baba von der Mondlandung der Astronauten, als erwarte sie, daß solche Neuigkeiten ihn in Erstaunen setzen würden. Und wissen Sie, was der Baba gesagt hat? Der Baba sah zum Himmel auf und lachte schallend. Dann sagte er: Diese Mondfahrt ist ein Witz. So etwas Törichtes, Kindisches. Man braucht nur in einen Behälter einige Körper zu tun und den Behälter zum Mond schicken. Das ist wirklich komisch! Sie wollen zum Mond reisen? *Wir* waren schon viel weiter. Die Menschen könnten ihren Körper an alle möglichen Orte bewegen. Aber der Körper kann *uns* nicht bewegen. Wir sind nicht auf diesen Körper beschränkt. Nur naive Kinder mögen so etwas tun: einen Behälter zu bauen, der Feuer spuckt und explodiert, um damit ihre Körper in den Kosmos schleudern zu lassen!"

III
Indien-
tiefere Einblicke

KAPITEL 14

ES WAR AM 14. April. Seit über einer Stunde saß ich auf der obersten Stufe vor dem Eingang des Bahnhofs von Kanpur und wartete auf Bipan Dudeja, in dessen Familie wir letzten Oktober, zu Beginn unserer Indienreise, zu Gast gewesen waren. In den ersten zehn oder fünfzehn Minuten nach Ankunft des Zuges herrschte ein eifriges Kommen und Gehen; jetzt lag der Bahnhof verlassen da bis auf ein paar Schalterbeamte, ein Dutzend Rikschajungen, Bettler und Straßenkinder. Dieser Platz kam mir vertraut vor, obwohl ich hier nur einmal vor fünfeinhalb Monaten mit Dr. Green und seiner Gruppe die Treppe hinaufgerannt war, um den Abendzug nach Hardwar zu erreichen. Ich wußte, daß ich der einzige Ausländer war, der heute aus dem Zug stieg, ja sogar der einzige Ausländer, der seit Tagen oder Wochen diesen Bahnhof betreten hatte.

In Kanpur sieht man sehr selten Menschen aus dem Westen, und ich wußte, daß ich in den Augen der Rikschajungen und Bettler, die sich um mich drängten, seltsam und reich aussehen mußte. Erschreckend nah kamen sie in ihren zerfetzten Kleidern, mit ihrer staubbedeckten Haut. Aber ihre Augen waren dunkel, glänzend und schön.

Ich sah mich um. Bipan war nirgends zu sehen. Entweder war er nicht gekommen oder wir hatten uns verpaßt. Hier oben auf der Treppe, auf meinem Koffer sitzend, mußte er mich eigentlich sehen. Wenn es nötig war, konnte ich mir eine dieser Rikschas mieten und die zehn Minuten bis zum Hotel Valerios der Dudejas fahren. Aber das hatte noch Zeit.

Das Warten war für mich eine willkommene Gelegenheit, mit einer anderen Art von Menschen zusammen zu sein — Menschen, die einen sehr großen Prozentsatz der Weltbevölkerung repräsentierten und die deshalb für Indien und für die

Welt ebenso typisch waren wie alle anderen Menschen. In solch eine Situation würde ich nicht oft kommen, denn wenn irgendwer aus meinem Freundeskreis dabei gewesen wäre, so hätte man mich nicht mit diesen Bettlern und „Rikscha-wallas", sprechen lassen. Diese Freunde würden meinen Wunsch verstehen, mit *swamis* und *yogis* ja selbst mit Menschen, die als Eremiten in Berghöhlen lebten, zusammenzukommen. Aber sie würden nicht verstehen, daß ich gerne unter diesen Menschen hier war. Aber mit den Ärmsten wollte ich zusammensein, um etwas aus ihrer Gegenwart zu lernen. Alle Menschen sollten untereinander kommunizieren; die Entfernungen und Trennungen unter den Menschen sind quälend und gefährlich.

Sie ahnten wohl nicht, daß mir nicht ganz geheuer war, als sie sich so dicht um mich drängten und mich so unverwandt anstarrten. Aber ich sehnte mich zugleich danach, ihnen nah zu sein, weil sie in Wirklichkeit so weit von mir entfernt waren, so weit entfernt, daß es sich für mich nicht „schickte", hier unter ihnen zu sitzen. Ob sie es wußten oder nicht, auch sie hatten Sehnsucht. Deshalb drückten sie sich so an mich. Worunter sie litten, war der Mangel an Liebe. Es gibt keinen anderen Mangel.

Ich streckte einem Jungen von zehn oder zwölf Jahren meine Hand entgegen. Er wich so heftig zurück, daß er dabei zwei kleinere Kinder umstieß, die sich an seinem Hemd festgehalten hatten. Ich schüttelte meine linke Hand mit meiner rechten, damit sie verstanden, was ich wollte. Das hatte ich in letzter Zeit in Tirupati und anderswo schon gemacht. „Shake hands!" rief ein älterer Junge, drängte sich nach vorne und streckte seine Arme aus. Jetzt wollten sie mir alle die Hand geben. Ein anderer, etwa elfjähriger Junge drängte sich mit seinen krummen, verkrüppelten Beinen nach vorne und streckte seinen Arm aus, aber nicht, um meine Hand zu schütteln. Er hielt eine verrostete Blechbüchse in der Hand. „Geld", sagte er. Ein älterer Junge gab ihm einen Stoß, so daß er die Betonstufen hinunterfiel.

„Nicht!" schrie ich. Ein älterer Junge packte den Angreifer am Ohr und drehte es herum, wobei er mich beifallheischend ansah.

„Nicht!" wiederholte ich. Sie sahen mich alle schweigend an und blieben eine Weile reglos stehen. Da ich auf meinem

Koffer saß und sie standen, konnte ich ihnen gerade in die Gesichter sehen. Ein älterer Junge murmelte etwas auf Hindi, das herausfordernd klang und wollte den Jungen, der vor ihm stand, gegen mich stoßen. Der Junge behielt das Gleichgewicht und hielt sich an einem anderen Kind fest. Ich streckte meinen Arm nach einem der kleineren Kinder aus, das meine Hand noch nicht geschüttelt hatte und machte ihm ein Zeichen, sich niederzusetzen. Der Junge setzte sich auf die Stufen und nahm meine Hand; daraufhin setzten sich alle Kinder nieder, die vorher gestanden hatten. Wieder ging das Händeschütteln los.

,,Mein Name ist Douglas", sagte ich. Die meisten Kinder verstanden diesen Satz und begannen ihre Namen zu rufen oder auf andere zu deuten und deren Namen zu schreien. Der Lärm verstummte, als ein würdig aussehender Mann in strahlend weißer *kurta* die Stufen heraufkam, gefolgt von seinem Chauffeur. Beide riefen etwas und machten abwehrende Armbewegungen; sie waren sehr überrascht, als die Bettler und Rikscha-Jungen nur ein paar Schritte zurückgingen, aber sich nicht zerstreuten. Sie wußten nicht, daß wir inzwischen Freunde geworden waren.

,,Woher kommen Sie?" fragte der weißgekleidete Mann.

,,Ich komme gerade aus Delhi!" antwortete ich, um den Eindruck zu erwecken, als lebte ich schon seit Jahren hier. Ich wußte jedoch, daß er eine andere Antwort erwartet hatte.

,,Wo sind Sie geboren?" beharrte er.

,,Oh, in den USA."

,,Warum bleiben Sie hier? Diese Jungen stören Sie doch nur!"

,,Nein, sie stören mich nicht."

,,Wohin wollen Sie?"

,,Ins Hotel Valerios."

,,Ich wohne ganz in der Nähe, wenn Sie zwanzig Minuten warten können, nehme ich Sie mit dorthin."

,,Danke, aber ich kann eine Rikscha nehmen."

,,Aber mit mir können Sie viel bequemer fahren."

,,Ich habe es aber eigentlich schon versprochen."

,,Welchem haben Sie es denn versprochen? Sie sind doch alle hinter Ihnen her!"

,,Dem ersten, der mich gefragt hat."

Der weißgekleidete Mann rief über die Köpfe der Jungen

hinweg etwas auf Hindi. Er sah ihnen dabei nicht ins Gesicht. ,,Ich habe Sie angewiesen, Ihnen nicht lästig zu fallen. Es sind freche Kerle, die nur hinter Ihrem Geld her sind. Sie dürfen nicht mehr als zwei Rupien bezahlen."

,,Danke", sagte ich.

,,Ich komme in zwanzig Minuten hier vorbei und nehme Sie mit, wenn Sie noch da sind."

,,Ich danke Ihnen", wiederholte ich ernsthaft. Aber ich wußte, daß ich nicht da sein würde.

Sobald der Mann und sein Chauffeur außer Sichtweite waren, umdrängten mich die Jungen wieder. Doch unsere Annäherung war unterbrochen. Sie wußten jetzt, daß ich ein potentieller Fahrgast war und stritten sich nur noch darum, welche Rikscha ich mieten und wieviel ich zahlen würde.

,,Fahren wir!" sagte einer der Jungen energisch und packte mich am Arm.

,,Nein, der dort!" rief ein anderer und deutete auf den Jungen, der mich zuerst gefragt hatte.

,,Geld! Geld!" riefen die kleinsten Kinder.

,,Stimmt, der war es", sagte ich. Der Junge rannte zu seiner Rikscha, schob sie bis zur Treppe und hastete wieder die Stufen hinauf, um mein Gepäck zu holen. Ich stand auf. ,,Gut, auf Wiedersehen dann", sagte ich. Ich legte die Handflächen aneinander und hob die Hände ans Gesicht zum Gruß. Ich sah ihnen noch einmal in die Augen. ,,Namaskar!"

Wahrscheinlich hatten noch nicht viele Inder diese *parias* in solch einer Weise gegrüßt. Die Geste des Händeaneinanderlegens und das Sanskritwort wurden häufig als Ausdruck des Respektes zur Begrüßung oder zum Abschied verwendet. Was sie wirklich bedeuteten — und was ich damit meinte — war: Ich grüße die Gottheit in Euch!

Ich saß mit den Füßen auf meinen beiden Koffern und meiner Schultertasche im Schoß in der Rikscha. Der Junge fuhr am Bahnhof vorbei über die Gleise auf die verkehrsreiche Straße namens Mall Road. Als wir das Hotel erreichten, lud er meine Koffer ab und hielt mir meine Schultertasche. Auf dem Schild stand NEW VALERIOS HOTEL; das früher eher schäbige Hotel erstrahlte jetzt tatsächlich in neuem Glanz.

,,Bitte vier Rupien", forderte der Rikscha-Junge. Sein pathetischer Ausdruck war echt. Ich gab ihm vier Rupien.

Bipan Dudeja und sein Vater Manoharlal warteten im Inneren des Hotels. Ich trat in einen wohltuend kühlen Raum mit wunderschön geschnitzten Tischen und Stühlen, Sofas mit Samtpolstern, perlenverzierten Vorhängen und sanfter indirekter Beleuchtung.

„Ah, kommen Sie, setzen Sie sich, setzen Sie sich!" Manoharlal winkte mich zu einem Tisch in der Ecke.

„Wie sind Sie hierhergekommen?" fragte Bipan.

„Mit einer Rikscha."

„Ich wollte Sie am Zug abholen. Wie konnte es passieren, daß ich Sie verpaßt habe?"

„Das weiß ich nicht. Ich habe auf der Treppe vor dem Bahnhof gewartet."

„Oh, die Treppe ist nicht beim Haupteingang", sagte Bipan und erklärte mir, daß ich wohl am Hinterausgang des Bahnhofs gewartet hatte, der der einzige war, den ich kannte. Ich wußte, wozu es gut war, daß ich mich geirrt hatte.

„Nun, jedenfalls ist er jetzt da", sagte Manoharlal. „Jetzt sollten Sie erst einmal etwas essen." Er winkte den Kellner herbei.

Die Suppe aus Zuckermais und Honig und ein großes Glas frische Limonnellen mit Soda belebten mich wieder. Ich war wohlbehalten nach Indien, nach Kanpur, zu den Dudejas gekommen, die unsere ersten Gastgeber in diesem Land gewesen waren. Jetzt würde alles gut gehen. Es würde für eine Unterkunft in Hardwar, für einen Dolmetscher und einen Reisebegleiter für mich gesorgt werden. Inzwischen konnte ich in herrlich kühlen Gästezimmern im Privathaus der Dudejas wohnen.

Wie gewöhnlich ging alles sehr langsam in Indien, und so dauerte es zehn Tage, bevor wir den Nachtzug nach Hardwar bestiegen. Wäre nicht die erdrückende Hitze gewesen, hätte ich die Tage bei den Dudejas noch mehr genossen. Ich traf alte Freunde von meinem vorigen Besuch in Kanpur wieder, machte Besorgungen für die Reise und sah bei der Renovierung des Hotels zu.

An einem der Tage arrangierte Herr Dudeja für mich eine Begegnung mit einem älteren Swami, der Kanpur besuchte. Bipan fuhr mich mit einem Auto in das Haus wohlhabender Leute, wo der Swami zu Gast war. Er schickte seinen Chauffeur voraus. Wir erfuhren, daß der Swami gerade Gäste empfing und daß wir durch den Seiteneingang hinein- und die Treppe hinaufgehen sollten.

Die Treppe führte in einen kleinen Raum, in dem der Swami auf einer harten Holzbank saß, auf der er nachts auch schlief. Etwa ein halbes Dutzend Gäste aus der Stadt saßen auf dem Boden zu seinen Füßen und sahen zu ihm auf. Der Swami nickte uns beim Sprechen zu, als wir eintraten; wir ließen unsere Schuhe auf der obersten Stufe stehen und setzten uns auf den kahlen Boden hinter die anderen. Unsere Ankunft verursachte ein wenig Unruhe, da der Swami seine Gäste bat, aufzustehen, und die Decke, auf der sie saßen, für uns auszubreiten; dann unterbrach er seine Rede wieder und fragte mich, wo ich herstamme und warum ich gekommen sei.

,,Nun werde ich wieder zum Hindi zurückkehren, weil ich dieser alten Frau eine Unterweisung erteile; obwohl Sie nichts verstehen, sollten Sie geduldig warten, bis Sie an der Reihe sind.''

Er sprach etwa zehn oder fünfzehn Minuten lang auf Hindi, wobei er seine langen Arme mit den weiten Ärmeln elegant bewegte. Der Swami war ein großer, sehr schmaler Mann mit kurzem, weißem Haar und einem gestutzten Bart. Auf Gesicht, Hals und Händen zeichneten sich die Linien des Alters ab. Er war mit dem traditionellen, orangefarbenen Gewand bekleidet. Trotz seiner anmutigen Bewegungen war sein Gesichtsausdruck streng, wie es sich für einen Gelehrten des Ostens gehört. Auf mich wirkte er wie ein Universitätsprofessor im Ruhestand. Seine Hindi-Worte steigerten sich zu einem crescendo; dann sah er mich plötzlich ohne Atem zu holen an und fragte: ,,Woran denken Sie?''

An nichts, hätte ich beinahe gesagt, doch das hätte sicher nicht überzeugend geklungen. Offenbar sollte ich jetzt eine Frage stellen, aber ich hatte keine vorbereitet. Vielleicht erwartete er, daß ich ein Problem hatte, daß ich Hilfe brauchte oder daß ich erzählte, mein Leben sei sehr schwierig. Normalerweise sind es solche Menschen, mit denen Swamis es zu tun haben. Manoharlal hatte mir gesagt, daß dies ein Swami wäre, dem zu begegnen sich lohnte; er war ein früherer Gelehrter und Staatsmann, der nun den Weg der Entsagung ging. Ich war an jeder möglichen Begegnung mit einem Swami interessiert. Ich wollte alles hören, was für den Westen von Interesse war, um diese Worte mitzunehmen und anderen weiterzutragen. Ich glaube, das war es, an was ich gerade gedacht hatte.

„Ich habe gerade keine persönlichen Fragen, ich wollte Ihnen nur begegnen. Die Menschen in meinem Land interessieren sich immer mehr für die Gedanken und das Leben im Osten, ebenso wie die Menschen im Osten alles daran setzen, zu verwestlichen. Ich weiß nicht, was daraus entstehen wird, aber ich halte das für eine positive Beziehung und ich hoffe, daß dadurch neue Wege der Kommunikation geöffnet werden. Ich bin hierher — ich meine, nach Indien — gekommen, um zuzuhören und um Botschaften zu empfangen. . .“

„Die Botschaft des Ostens ist die Botschaft der Unvergänglichkeit. Ewiges Glück.“ Er schwieg eine Weile, um mir Zeit zu lassen, über die tiefe Bedeutung dieser wenigen Worte nachzudenken. Ich hatte über solche Gedanken schon viel nachgedacht, doch ich überdachte sie nun wieder neu.

„Die materiellen Dinge, die Ihr im Westen entwickelt, sind vergänglich und deshalb nicht wirklich. Ihr Menschen versucht immer, das Glück durch die unwirklichen Dinge zu finden, aber Ihr kennt das wahre Glück nicht. Die Menschen bei uns hier werden auch dazu verführt, und ihr Begriff der Wirklichkeit verwirrt sich. Sie versuchen, das Glück ebenfalls in diesen oberflächlichen Dingen zu finden. Früher waren die Menschen hier zufrieden, selbst die, die nichts hatten. Jetzt haben sie gelernt, sich zu fürchten, den Verlust zu fürchten, den Hunger zu fürchten, den Tod zu fürchten. Da sie nun nach äußerem Glück suchen, werden sie unglücklich. Das wirkliche Glück ist innerlich und unvergänglich. Verstehen Sie, was ich mit der Botschaft der Unvergänglichkeit meine?“

Wieder schwieg er eine Weile. Vielleicht dachte er, ich würde nun eine Frage stellen oder ihn herausfordern, mehr von seiner Weisheit zu geben. Aber ich hatte nichts zu sagen. Ich würde gerne eines Tages mit diesem Swami reden, aber nicht hier und jetzt. Ich glaubte an den Kern der Wahrheit, von der er gesprochen hatte, aber diese Wahrheit bedeutete für ihn offenbar etwas anderes als für mich. So wartete ich.

„Sie haben soviele Kilometer zurückgelegt und soviele Dollars ausgegeben auf der Suche nach dem Glück. Aber ich glaube nicht, daß Sie das Glück gefunden haben, das Sie suchen. Das Glück kann nicht mit Dollars erkauft werden. Man findet das Glück weder im Osten noch im Westen, noch hier, noch dort, noch sonstwo."

Er fuhr eine ganze Weile so fort, ohne daß ich etwas sagte. Er sprach immerzu. Seine Strenge erinnerte mich an den alten Mann in den Bergen am Ganges, den wir den Amerikanischen Baba genannt hatten. Einen Augenblick lang wünschte ich, ich hätte ein paar Fragen vorbereitet, aber dann wurde mir klar, daß, wie immer die Frage gelautet hätte, die Antwort die gleiche gewesen wäre. So lauschte ich geduldig seinen Worten und nickte hie und da. Als der Swami schließlich aufhörte zu sprechen, flüsterte mir Bipan rasch zu, daß wir gehen müßten. Der Chauffeur wartete, und er mußte den Wagen zurückbringen.

Wir dankten dem Swami und verließen das Haus. Wenige Minuten später saßen wir im kühlen Restaurant in Bipans Hotel und tranken kaltes, erfrischendes Sodawasser.

„Was er sagte, war das Übliche. Das sagen alle Swamis, vor allem zu Menschen aus dem Westen."

„Ich möchte nicht über das streiten, was er gesagt hat, ich möchte nur etwas anderes, etwas, was darüber hinausgeht."

„Das weiß ich. Aber es waren auch andere Leute da, und er meinte, er müsse eine Rede halten. Und das ist die einzige Rede, die er halten kann."

„Ich habe diese Rede so oft gehört, daß ich sie selbst halten könnte."

„Sind Sie denn mit dem einverstanden, was er sagte?"

„Ich bin damit einverstanden, aber ich würde am liebsten fragen: Ja und? Das ist die Frage, auf die es ankommt. Ja, und was soll jetzt geschehen? Was tun wir inzwischen? Was tun wir zwischen jetzt und dem Glück? Uns zurückziehen? Verzicht leisten? Fliehen? Wie können wir etwas tun für unsere Gesundheit, für unsere Erde, für unsere Kinder?" Das waren die Fragen, die mir wichtig erschienen.

„Ich weiß nicht, wie es in Ihrem Land ist, aber wir in Indien haben Probleme, die gelöst werden müssen. Es hat keinen Sinn, sie zu verleugnen, ihnen zu entfliehen oder sie wegmeditieren zu wollen."

„Ich denke es mir so: Diese ganze äußere Welt ist sehr real. Sie existiert eine gewisse Zeit lang als realer Aspekt der unvergänglichen Wirklichkeit, die hinter ihr steht. Ich glaube nicht, daß es so etwas gibt wie eine Flucht vor der äußerlichen Welt oder einen Rückzug aus ihr. Sie ist die Tür zu der übrigen Wirklichkeit. Die Freiheit von weltlichen Problemen entsteht erst als Ergebnis ihrer Lösung. Wenn ein Einzelner denkt, er könne sich von der Sinnenwelt zurückziehen, sich nach innen kehren und sich dann persönlich ewigen Glücks erfreuen, während die Probleme immer schlimmer werden, so vergrößert er nur die Illusion des Getrenntseins und vergrößert so auch alle Probleme. Es gibt eine neue Redensart in den Vereinigten Staaten: „Wenn du nicht zur Lösung beiträgst, mein Freund, dann trägst du zum Problem bei."

Ich lernte Hridaya Singh an dem Tag kennen, an dem ich Kanpur verließ, um nach Hardwar zu fahren. Herr Dudeja und Herr Shukla sagten, sie hätten sich mit Ram Panjwani in Hardwar in Verbindung gesetzt, hätten jedoch keine Antwort erhalten, und so überlegte Manoharlal Dudeja, wen er mir als Reisebegleiter mitgeben könne: „Er muß ausgezeichnet Englisch sprechen, muß gewissenhaft und vertrauenswürdig sein. . ." Dann fiel ihm Hridaya Singh ein, der Vertreter in einer pharmazeutischen Gesellschaft war, mit der Dudeja geschäftlich zu tun hatte. Er telefonierte und kurze Zeit darauf traf Hridaya Singh ein. Die beiden verhandelten eine Weile. Dann sah mich Manoharlal an, deutete auf Singh und fragte: "Meinen Sie, er wäre der richtige?"

„Natürlich". Ich nickte.

„Sie können ihn jederzeit zurückschicken, wenn Sie sich allein zurecht finden. Sie können ihn aber auch bei sich behalten, solange sie wollen."

„Wie lange haben Sie Zeit?" fragte ich ihn.

Singh sah erst seinen Chef an und dann mich. „Solange Sie wollen."

„Wann können Sie sich frei machen?"

„Jederzeit", sagte er.

„Wann möchten Sie reisen?"

„Jetzt gleich."

„Dann nehmen Sie meinen Wagen", sagte Manoharlal, „mein Fahrer wartet draußen. Fahren Sie zusammen los, packen Sie Ihre Sachen und gehen Sie dann ins Hotel. Ich werde Sie dort im Restaurant erwarten."

„Ich heiße Singh", sagte Hridaya, als wir nach dem Chauffeur Ausschau hielten.

„Und ich bin Doug."

Ich wartete im Wagen, während Singh hinging, um seine

sieben Sachen zu packen. Der ungeduldige Chauffeur wartete nicht länger als zwei Minuten und begann dann auf die Hupe zu drücken.

„Hupen Sie nicht. Lassen Sie ihm Zeit. Der arme Mann hat doch eben erst erfahren, daß er sofort für mindestens einen Monat mit irgendeinem Fremden eine Reise machen soll." Aber der Chauffeur verstand entweder nicht, was ich sagte oder es war ihm gleichgültig. Wieder und wieder drückte er auf die Hupe.

Singh kam kurz darauf mit einer riesigen Rolle Bettzeug unter dem Arm und mit einem winzigen Koffer in der anderen Hand aus dem Haus.

„Wirst du dieses dicke Bett bei der Hitze brauchen?"

Ich sah verwundert die riesige Rolle an, die aussah wie ein großer, weicher Schlafsack, der fest zusammengerollt und mit Schnüren zusammengebunden war. Bei unserer Winterreise hatten wir festgestellt, daß fast alle Inder mit ihrem zusammengerollten Bettzeug reisten. Sie waren auf den Dachständer jedes Autos oder Taxis geschnallt, das auf den Landstrassen fuhr. So erwarteten Hotels und *dharmshalas* und vielleicht auch private Gastgeber, daß ihre Gäste meistens ihr eigens Bettzeug mitbringen.

Ich konnte mir nicht vorstellen, daß man mit diesen dicken Steppdecken bei Temperaturen über vierzig Grad etwas anfangen konnte.

„Es ist mein einziges Reisegepäck. Ich habe ein paar Hemden und Hosen hineingepackt."

Es stellte sich heraus, daß dieses merkwürdige Gepäck seine Vorteile hatte. Keiner von uns mußte es je tragen, da es immer genug Leute gab, die sich als Gepäckträger anboten, und anstatt einer dicken Steppdecke waren Wolldecken für uns beide darin, die wir nicht zum Zudecken brauchte, aber für die harten Sitzbänke in den Zügen und zum Polstern unbequemer Nachtlager.

Als wir im Hotel angelangt waren, wartete Singh draußen vor dem Restaurant und wollte auch dann nicht hereinkommen, als sich herausstellte, daß ich über zwei Stunden mit Manoharlal sprach und ein köstliches Mittagessen einnahm. Ich ging zwischendurch hinaus, um ihn zu überreden.

„Es ist kühl und bequem da drinnen und es gibt etwas Gutes zu essen. Willst Du nicht etwas zu Dir nehmen? Sonst wirst du später hungrig sein." „Du solltest dir über mich keine Gedanken machen. Ich bin dazu da, mich um dich zu kümmern. Außerdem habe ich schon gegessen, bevor ich zu dir kam."

Sein Englisch war ausgezeichnet, und obwohl er es in der üblichen abgehackten und scharfen Weise aussprach, konnte ich ihn verstehen, wenn seine Stimme auch etwas leise war. Er lächelte oft. Er sah dem zwanzigjährigen Ghandi etwas ähnlich. Ich konnte mir nicht vorstellen, wie er zu dieser ihm plötzlich übertragenen Aufgabe stand, aber ich hatte den Eindruck, daß er ein angenehmer Reisegefährte sein würde.

Um drei Uhr nachmittags war es soweit. Wir hatte mit zwei erfolgreich aussehenden Geschäftsmännern verabredet, zusammen in einem Taxi für fünfzehn Rupien pro Person nach Lucknow zu fahren. Wir vereinbarten, daß ich alle Kosten übernehmen würde, und daß Singh dafür das Geld verwalten und mir ab und zu den Stand unserer Finanzen mitteilen würde.

Ich ließ Singh mit dem Gepäck im Warteraum des Bahnhofes zurück und folgte einem Gepäckträger durch die Menschenmenge zum Fahrkartenschalter erster Klasse. Ich dachte, daß ich als Ausländer vielleicht eher eine Chance haben würde, eine Fahrkarte zu bekommen, wenn die Plätze rar waren. Aber es half alles nichts: Die Fahrkarten waren mehr als rar. An diesem Bahnhof konnte man keine Karten nach Hardwar kaufen und auch nicht reservieren, nicht einmal zehn Tage im voraus. Die Menschen in der langen Schlange vor mir mußten andere Ziele haben, denn ich erfuhr das erst nach einer Stunde Warten. Ich machte mich auf die Suche nach dem Bahnhofsvorsteher. Ich hatte erfahren, daß die Bahnhofsvorsteher manchmal ein gewisses Kontingent an Karten für ausländische Touristen zur Verfügung hielten. Im Büro waren drei Leute. Ich erfuhr nie, wer der Bahnhofsvorsteher war. Sie sprachen alle zugleich. Es gab kein Kontingent. Keine Möglichkeit, Fahrkarten zu bekommen.

„Es ist wegen diesem Kumbh Mela-Quatsch, wissen Sie", sagte einer von ihnen, während er mich zur Tür begleitete. „Sie fallen wie Heuschrecken über die Züge her." „Ich dachte, daß jetzt die meisten Leute schon wieder zurückkommen." „Es ist genauso schlimm, wenn sie zurückkommen, wie wenn sie hinfahren. Vor zwei Wochen war es ganz entsetzlich. Die Leute kletterten zu den Fenstern hinein und klammerten sich auf den Dächern der Abteile fest. Sie waren nicht zu bewegen, wieder herunterzusteigen. Wir hatten hier jeden Tag viel Polizei. Aber Sie können folgendes machen: Sie bleiben ein paar Tage hier und kommen jeden Tag zu uns. Irgendwann können wir Sie vielleicht noch in der dritten Klasse unterbringen. So haben Sie vielleicht Glück."

„Dann muß ich nach Kanpur zurückgehen und es anders versuchen. Ich kann mir hier nicht tagelang ein teures Hotel leisten."

„Geld?"

„Ja."

„Ja, das ist natürlich etwas anderes. Sie sprechen von Geld. Natürlich kostet es viel, wenn Sie hier warten, aber nicht soviel Geld ausgeben wollen. Ein kleines Trinkgeld würde Wunder wirken. Das kostet Sie letzten Endes weniger."

Ich begriff, worauf er hinaus wollte. „Ja, das ist eine wunderbare Idee."

„Ja. Jetzt kommen wir zur Sache. Wieviel wollen Sie zahlen?"

„Zwanzig Rupien?" Ich wünschte, Singh wäre da.

Sein Gesicht erhellte sich. „Oh, wunderbar. Das wird alle Probleme lösen. Warten Sie hier, ich werde die Sache in die Hand nehmen." Kurz darauf kam er mit einem anderen Mann zurück und die beiden blätterten in irgendwelchen Papieren. „Ah ja, so ein Glück. Wir haben überraschenderweise plötzlich eine Anullierung. Sie sagen, daß Sie nicht allein sind? Nun gut. Wir haben hier genau zwei Plätze im Schlafwagen. Einen oben, einen unten. Erster Klasse."

„Wem schulde ich. . .?" Er nahm mich beiseite.

„Natürlich bekommt dieser andere Herr das Trinkgeld, ich helfe hier nur. Aber er ist zu vorsichtig, wissen Sie. Geben Sie es mir jetzt, denn ich mache mir nichts daraus. Ich helfe Ihnen ja nur, sehen Sie."

Es dunkelte schon, als unser Zug in den Bahnhof einfuhr. Singh und ich suchten unsere Plätze und warteten dann, ungeduldig Orangensoda nippend, auf das Abfahrtszeichen. Die anderen beiden Leute in unserem Vier-Personen-Abteil waren ältere Herren in weißen *kurtas* und *pajamas*, die uns gegenüber saßen. Der eine war dick und der andere mager;

der magere Mann sah mich durch seine dicken Brillengläser an. Da der Zug noch nicht angefahren war, gaben die Deckenlampen nur schwaches Licht; der Mann lehnte sich nach vorne, um mich genauer zu sehen und verharrte in dieser Stellung — reglos und ausdruckslos. Ich war es gewöhnt, angestarrt zu werden. Die Leute verstanden nicht, daß einen das stören konnte. So sah ich den Mann gegenüber an und lächelte ihm zu. Er erwiderte das Lächeln und sagte: „Wenn der Zug anfährt, wird das Licht heller und der Ventilator geht an. Woher kommen Sie?"

„USA."

„Und warum sind Sie hierhergekommen?"

„Nur um einen Besuch zu machen."

„Interessieren Sie sich vielleicht für unsere große Religion?"

„Ja, ich interessiere mich für die Philosophie des *yoga*."

„Sehen Sie, die ist auch sehr groß. Sie müssen einen Überblick gewinnen. Es gibt soviele Methoden, aber sie führen zum selben Ziel. Alle Rituale und alle Übungen führen zum selben Ziel, der Freiheit von all diesem . . . Unsinn."

Die Trillerpfeife erscholl und der Zug setzte sich langsam in Bewegung. Ich sah hinaus auf die Plattform. Ein paar jüngere Verkäufer rannten dem Zug nach, um sich noch leere Flaschen durch die Fenster reichen zu lassen oder um ein paar letzte Orangen oder Bananen loszuwerden. Manche von ihnen hatten ihren langen Arbeitstag beendet und kauerten schon auf Zeitungen und alten Decken, um im Bahnhof die Nacht zu verbringen.

Der Mann fuhr fort: „Sehen Sie, unser Ziel ist es, uns von dieser Welt zu befreien. Die Welt ist nur eine Illusion — sie verstehen das vielleicht nicht — aber sie ist nur schmerzvoll für uns und für jeden anderen. Ich bin kein Fachmann für *yoga*. Ich habe keine solchen Ansprüche, aber soweit ich die generelle Wahrheit des *yoga* verstehe, geht es darum, sich von dieser äußeren *maya* zurückzuziehen. Das einzig wahre Glück findet man in seinem Inneren, wenn man die göttliche Quelle erreicht, die man vergessen hat."

Wir fuhren an einem Tempel vorbei, der so nah an den Schienen lag, daß ich vom Fenster aus genau auf die Statue einer Gottheit heruntersehen konnte. Sie war hellgrün bemalt; ich wußte aber nicht, wen Sie darstellte. Die Kerzen flackerten, als der Zug vorbeifuhr. Ich fragte mich, wie jemand vor einem Altar beten konnte, der nur ein paar Schritte von einer Eisenbahnlinie entfernt errichtet war.

„Wer von uns kann behaupten, er sei glücklich?" fragte der magere Mann, immer noch nach vorne gelehnt, immer noch durch seine Brillengläser starrend. Niemand antwortete. Der dicke Mann nahm einen großen Schluck aus seiner Wasserflasche und rülpste laut.

„Niemand kann sagen, daß er glücklich ist. Wir alle behaupten es, aber natürlich ist es nicht wahr. Sehen Sie, wir sind alle Lügner. Niemand ist glücklich. Und wer kann schon behaupten, daß er die Wahrheit sagt? Niemand kann behaupten, er sage die Wahrheit, denn dann lügt er schon wieder. Die Mütter sagen uns immer: Sag` die Wahrheit! Fragen Sie sich einmal heute Abend oder an irgend einem anderen Abend: Habe ich heute die Wahrheit gesprochen? Nein, nicht?"

Ich lächelte wieder und warf ihm einen Blick zu, aber ich gab ihm kein Zeichen der Zustimmung. Draußen sah man die Lichter eines Dorfes. Die sanften Öllampen vor den Hütten und Bauernhäusern hatten mir schon immer gefallen. Singh sah, daß ich die Hände schützend an die Schläfen hielt, um besser zu sehen. Er schaltete die helle Beleuchtung aus, so daß nur noch die Nachtbirne brannte. Jetzt konnte ich dunkle Silhouetten in den Feldern sehen.

Der dicke Mann stand auf, klappte ungerührt das Bett knapp über dem Kopf des mageren Mannes herunter und begann sein Bettzeug auszubreiten.

„Alle sind wir in dieser Welt gefangen, fahren hier und dort hin, mit Zügen und Flugzeugen, als hätten wir etwas wichtiges zu tun — dabei ist alles sinnlos. In Wahrheit sind wir alle unglückliche Lügner, hilflose Seelen, gefangen in der Illusion und in Unwissenheit. Aber das *yoga* sagt, daß wir nicht hilflos sind. Ich glaube, das ist der Grundgedanke des *yoga*. Mit Disziplin und mit großer Anstrengung kann man dieser elenden Existenz entfliehen. Wir verbinden uns dann mit dem einen höchten Gott und werden frei vom Zyklus der Geburten und Tode. Das ist das einzig wahre Glück."

Singh rollte sein Bettzeug auf und reichte mir einige Decken. Der dicke Mann, der sein Bett nun fertig hatte, kletterte mühsam hinauf.

„Es ist Zeit, gute Nacht zu sagen." Der dünne Mann nahm

seine Brille ab und schloß die Fenster. "Damit kein Staub hereinkommt." Ich schaltete das Nachtlicht aus, legte mich mit unter dem Kopf gefalteten Armen auf den Rücken. Auf den beiden Sitzen, auf denen Singh und ich eben noch gesessen hatten, lag ich einigermaßen bequem. Der Ventilator fächelte mir kühle Luft zu, und der Zug ratterte beruhigend und schaukelte mich sanft hin und her. Ich merkte, daß ich schläfrig wurde. Am Morgen würde ich in Hardwar ankommen. Ich war glücklich. Ich glaubte nicht, daß ich ein Lügner war. Ich war glücklich, und das war die Wahrheit.

KAPITEL 15

RAM PANJWANI war ein großer Mann mit einem runden Bauch, einem runden Gesicht und mit einem runden Lächeln. Er war von ursprünglicher Herzlichkeit. Er warf nur einen Blick auf den Brief, den ich von Kanpur mitgebracht hatte. „Es ist alles vorbereitet", sagte er.

Der Brief war von Herrn Shukla, einem Freund von Manoharlal, und enthielt die Bitte, mich und meinen Begleiter aufzunehmen. Es waren auch Briefe und sogar ein Telegramm per Post geschickt worden. So erwartete Herr Panjwani uns schon und hielt das schönste Zimmer in seiner Sindh Panchwati Dharmashala bereit.

Auf dem Weg zur *dharmashala* kamen Singh und ich über einen großen leeren Platz, auf dem man annähernd ein Dutzend riesige Zelte errichtet hatte. Wir sahen an die fünfzig Männer mit langen Bärten und orangefarbenen Gewändern. "Sind all diese Menschen Swamis?"

„Nun, sie sind alle *sadhus*, alles Leute, die sich von der Welt zurückgezogen haben. Viele von ihnen nennen sich selbst Swamis oder werden von anderen so genannt. So können wir sie auch bezeichnen, wenn wir wollen."

Hardwar wimmelte von noch mehr Menschen als im letzten November, obwohl schon viele Pilger und *sadhus*, die zur Mela gekommen waren, nach dem 13. April die Stadt verlassen hatten. In der Menge der Pilger auf der Hauptstraße, hatten wir Dutzende von *sadhus* in ihren orangefarbenen Gewändern gesehen; manche von ihnen waren auch nur mit Hüfttüchern bekleidet, so daß man ihre dunklen, meist mit Asche bedeckten Körper sah. Zwei oder drei der *sadhus* waren sogar völlig unbekleidet.

Alle Zimmer in der dreistöckigen *dharmashala* wurden von Pilgern, manchmal in großen Gruppen, belagert. In unserem Zimmer standen zwei Betten, zwei Schränke, zwei Tische, zwei Stühle; es hatte sogar ein Badezimmer mit einer bei uns üblichen Toilette und einer Klimaanlage. Die meisten anderen Zimmer waren jedoch einfach leer. Singh sagte, daß es für die Pilger besser so sei, da sie so jeden Zentimeter des Bodens für ihre zehn oder zwölf Schlafdecken ausnutzen konnten. Wahrscheinlich war jedes Gasthaus, jeder Ashram, jede Pension und jedes Hotel zum Bersten voll.

„Wenn Sie schon im Choti Walla Restaurant waren", sagte Singh, als wir die Hauptstraße hinuntergingen, „dann lassen Sie uns diesmal den „Keller" ausprobieren. Wir sollten wenigstens einmal hineinsehen."

Bei meinem ersten Besuch in Hardwar hatte ich das Choti Walla kennengelernt, aber vom „Keller" hatte ich nie etwas gehört. Es war wirklich ein Keller, aber so dunkel, daß es nichts nützte, nur einen Blick hineinzuwerfen. Als wir die Treppe hinuntergingen, mußte ich mich an den Wänden entlangtasten. Im Inneren brannten nur wenige schwache Lampen; da wir aus dem hellen Sonnenlicht kamen, konnten wir kaum die Tische und Stühle unterscheiden. Aber wir fühlten die angenehm kühle Luft und sahen, daß sich über jedem Tisch ein Ventilator drehte.

Singh kannte sich mit der Speisekarte gut aus, und ich bat ihn, für uns beide je eine reichliche Portion von etwas Gutem zu bestellen.

„Du hast mich gebeten, dich Singh zu nennen. Ist das nicht dein Familienname?"

„Ja."

„Dann bist du ein Sikh?" Ich wußte, daß jeder Sikh Singh hieß oder daß Singh wenigstens ein Teil seines Familiennamens war, aber dieser Sikh trug keinen Turban.

„Nein, ich bin ein Singh von einer anderen Kaste."

„Wie nennen deine Freunde dich? Kann ich dich nicht anders nennen als mit deinem Familiennamen?"

„Mein Vorname ist Hridaya. Nenn' mich Hridaya."

Er sprach es „Hrii-dey" aus ud sagte, daß es auf Sanskrit Herz bedeute.

„Was sagte Ram Panjwani auf Hindi zu dir, als er dich in sein Büro bestellte?"

„Er fragte mich nur ein wenig über mich aus. Und er sagte mir, was du hier vorhättest und ob ich dir helfen könne."

Hridaya schwieg einen Augenblick und fügte dann hinzu: „Aber mir ist noch nicht ganz klar, was du hier vorhast."

„Was ich vorhabe? Zu schauen. Zu schauen und zu sprechen — und zuzuhören."

„Aber wenn du mir genauer sagst, was du damit meinst, kann ich besser versuchen, dir zu helfen."

„Ich weiß es nicht ganz genau, und deshalb muß ich Ausschau halten. Ich glaube, die beste Möglichkeit, wirklich etwas zu sehen, ist es, nicht zuviel zu planen. Ich weiß genau, was ich gerne sehe, und es ist nicht schwer, das zu finden, was ich gerne sehe. Aber jetzt halte ich nicht nach dem Ausschau, was ich gerne sehe. Jetzt halte ich nach *allem* Ausschau."

„Du möchtest sehen, was es mit den Swamis auf sich hat, nicht wahr? Das hast du mir doch gesagt."

„Ja."

„Warum?"

„Weil mein Land sich deinem Land annähert. Ich glaube, daß alle Länder jetzt große Veränderungen erleben werden. Eines Tages werden auch bei uns die *swamis* eine große Rolle spielen. Es wird wahrscheinlich ganz anders sein, aber es wird eurer vergangenen Kultur mehr ähneln als unserer. Das meine ich mit Veränderung. Unsere Zukunft wird eher sein wie eure Vergangenheit. . ."

„Das gleiche geschieht bei uns."

„Der Meinung bin ich auch. Die heutigen Generationen bei euch sind fasziniert von der Elektronik, von Verkaufstechniken, von Management und all diesen Dingen. Und sie haben das Gefühl, daß es weiterführt, daß die Menschen sich weiterentwickeln, erwachen. Ebenso ist unsere Jugend von *yoga* und Meditation und den Grundgedanken östlicher Philosophie wie *karma* und kosmisches Bewußtsein angezogen. Ein Beispiel dafür: Die meisten Amerikaner würden sich hier nicht wohlfühlen oder sogar ungehalten sein, nicht so sehr über die Hitze und die Unbequemlichkeiten, sondern über die Lebensauffassung. Sie könnten in Neu-Delhi oder Bombay im Hotel wohnen, aber nie würden sie es ertragen, hier einen Tag zu verbringen, wo es weder Fleisch, noch Fisch, noch Eier, noch alkoholische Getränke gibt, und sie würden diese Pilger und *sadhus* verachten, die sagen: All das ist unwichtig. Andererseits würden Tausende der neuen

Menschen, die in unseren intellektuellen und kulturellen Zentren in New York und Kalifornien leben, sich aus vielerlei Gründen hier mehr zuhause fühlen als dort. Schon allein deshalb, weil sie lieber vegetarisch essen, was hier viel einfacher ist als dort."

Der Kellner brachte uns zwei große Schalen heißer Suppe. „Auch bei uns sind Veränderungen im Gange", sagte Hridaya und griff nach seinem Löffel, „aber es ist genau umgekehrt. Die meisten modernen Leute bei uns haben gelernt, Eier, Fisch, Huhn, Hammel oder sogar Rindfleisch zu essen. Sie denken, es sei schick und progressiv."

„Natürlich sind diese Beispiele recht oberflächlich", gab ich zu. „Die wirklich bedeutsame Veränderung geht auf seelischer Ebene vor sich — die Menschen des Ostens und des Westens übernehmen voneinander grundlegende geistige und emotionale Orientierungen."

„Aber warum?"

„Meinst du aus welchem Grund oder mit welchem Ziel? Ich glaube, eine der Ursachen ist die neue weltweite Kommunikation; aber die Hauptursache ist wohl, daß die Menschen an neuen Schauplätzen leben. Ich glaube, daß die Grundintentionen der Menschen aus den Erfahrungen ihrer vergangenen Leben kommen und nicht nur aus einer Kombination aus genetischer Veranlagung und frühen Umwelteinflüssen. Sonst würde ja die Kluft zwischen den Generationen immer kleiner werden und die Kulturen müßten stagnieren. Es ist wohl so, daß Menschen des Ostens im Westen geboren werden und Menschen des Westens im Osten — ich meine, Menschen des Ostens und Westens in bezug auf ihre früheren Leben. Wozu? Ich weiß es nicht, aber ich glaube, daß es etwas mit der Erdentwicklung zu tun hat — etwas, das eine neue Möglichkeit oder ein neues Wachstum für die Erde schaffen soll. Manche mögen es für gut halten, manche für schlecht. Jedenfalls ist es eine unübersehbare Tatsache."

„Ja, aber was möchtest du hier tun? Hast du keine Pläne?"

„In jedem Fall möchte ich Swami Sivanandapuri treffen. Vielleicht ist er in Rishikesh, aber er könnte auch in Hardwar sein. Wir lernten ihn letztes Jahr kennen, als wir mit unserer Gruppe hier waren, in Rishikesh. Damals gab er mir eine Adresse in Hardwar. Dann schrieb er mir nach Kalifornien und sagte, daß er in einer Höhle in den Bergen bei Tat Walla Baba lebe."

"Tat Walla Baba?"

"Ja. Ich hoffe, daß wir ihm begegnen werden."

"Wo wohnt der Swami in Hardwar?"

"Im Sanyas-Ashram."

"Ram Panjwani schlug vor, daß wir Manasa Devi oben auf dem Berg besuchen sollten. Es ist der Tempel der Göttin des Verlangens. Es ist eine ganz berühmte Pilgerstätte."

"Ich weiß, er hat davon erzählt. Gut, besuchen wir den Tempel und den Sanyas-Ashram morgen. Heute laß uns einen Rundgang machen."

Wir machten einen Rundgang, und das nicht nur an diesem Tag, sondern auch den ganzen nächsten, denn ich wollte den Bazar, die *ghats* und alles, was ich das letzte Mal kennengelernt hatte, wiedersehen. Ich wollte mir Zeit nehmen, die Menschen zu sehen.

Ich zeigte Hridaya den überfüllten Bazar, in dessen etwa hundert Geschäften alles verkauft wurde, von Teppichen und Kleidern über Sandelholzschnitzereien bis zu Räucherstäbchen, und ich zeigte ihm die *ghats*, wo der Fluß von Betontreppen eingefaßt war und wo Dutzende von Männern, Frauen und Kindern sich auch jetzt wieder untertauchten. Hridaya wies mich auf Einzelheiten hin, die ich sonst gar nicht bemerkt oder verstanden hätte. Beispielsweise hatte ich geglaubt, daß alle Menschen, die sich in den Ganges tauchten, Pilger waren; aber der Fluß war auch voller anderer Badender und es war wohl besser, ihnen nicht zuzusehen.

"Siehst du? Manche von ihnen tauchen nach Geld. Sie verdienen sich so ihren Lebensunterhalt. Der dort hat etwas gefunden!" Hridaya zeigte auf einen jungen Mann im Fluß, der gerade dabei war, etwas in seinen Mund zu stecken, und dann wieder untertauchte.

"Jetzt schau!" Der Mann tauchte wieder auf und hielt zwei Hände voll Schwemmland hoch. Der gelbbraune Lehm floß ihm langsam durch die Finger zurück ins Wasser. "Diesmal hat er nichts gefunden." Wieder tauchte er unter, mit dem Kopf zuerst. Einen Augenblick lang waren noch seine Füße über Wasser zu sehen. "Wenn er eine Münze findet, steckt er sie in den Mund, und wenn sein Mund voll von Münzen ist, beeilt er sich wahrscheinlich, sie auszugeben. Vielleicht kauft er sich Essen oder *bidis*, aber mit ein paar so kleinen Münzen kann man keine großen Sprünge machen."

Und so führte ich Hridaya herum, an den Orten, an denen ich schon gewesen war, weil ich wußte, was mich interessierte; er war derjenige, der die Sprache verstand, der mit Speisekarten, mit Geld und mit den Sitten umgehen konnte, und so war er der Dolmetscher und Organisator. So hielten wir es während unseres Aufenthaltes dort in Rishikesh.

Ich zeigte Hridaya den Hari Kacharan, den berühmtesten *ghat* in dieser berühmten Pilgerstadt. Der *ghat* lag auf dem rechten Ufer des heiligen Ganges; von hier aus konnte man der aufgehenden Sonne entgegensehen. Gegenüber dem *ghat* in der Mitte des Flusses lag eine Insel, auf der ein hoher Glockenturm, der *birla*, zu Ehren Mahatma Gandhis errichtet worden war, nachdem man die Asche des großen Mannes in den Ganges gestreut hatte. Als ich diesen *ghat* letzten November besuchte, hatte ich schon eine große Menge von Pilgern getroffen; jetzt waren es noch viel mehr, ein nie abreißender Strom, der sich über die Brücke zur Insel zog. Manche warteten geduldig, andere aber kämpften sich ihren Weg zum Ufer frei, um unterzutauchen, die heiligen Fische zu füttern oder ihre metallenen *lotas* mit dem heiligen Wasser zu füllen. Einige provisorische Brücken waren für die Kumbh Mela gebaut worden, damit die Menschenmengen zur Insel oder zum gegenüberliegenden Ufer gelangen konnten. Aus Seilen geflochtene Netze hingen von den Brücken herab ins Wasser, damit keiner der Badenden flußabwärts getrieben werden konnte. Wir sahen etwa hundert Polizisten an den Ufern, auf den Brücken und auf der Insel stehen, die versuchten, die begeisterte Menge in Schach zu halten.

Jeden Tag wurden zum Sonnenaufgang und zum Sonnenuntergang Zeremonien abgehalten. Wir kehrten am Abend unseres zweiten Tages um sieben Uhr zum Fluß zurück, um an der Sonnenuntergangszeremonie teilzunehmen. Wir standen auf der Insel und sahen zurück über den Fluß zu dem Heiligtum am rechten Ufer, wo die Gläubigen Shiva ihr Loblied sangen. Dies war der schönste Gesang von allen, die ich in den *ashrams* und Tempeln gehört hatte. Es faszinierte mich, wie sich der Klang so vieler Stimmen mit dem Rauschen des Flusses vermischte. Etwa sechs Gläubige, die auf der untersten Stufe am rechten Ufer standen, hielten brennende Fackeln über das Wasser; der Widerschein der Flammen tanzte auf den Wellen des dahinströmenden Flusses. Der Gesang dauerte etwa eine halbe Stunde; als er verstummte, setzten viele der Pilger an beiden Ufern und am Strand der Inseln Dutzende von kleinen Booten aus Blättern auf das Wasser, die Blumen und winzige Öllämpchen trugen. Leuchtende Flämmchen und bunte Blüten zogen den Fluß hinunter, durch das Netz und die Brücke hindurch, bis man sie nicht mehr sah. Dann gingen die Pilger wieder die Treppen hinunter und begannen sich noch einmal unterzutauchen. Hridaya und ich fanden einen ruhigen Platz am rechten Ufer flußabwärts vom *ghat*, wo wir uns für eine ruhige Stunde niederließen, bevor wir dann wieder zurück durch den von Menschen überquellenden Bazar gingen.

Am Morgen des dritten Tages begaben wir uns mit einer Rikscha auf den Weg zum Manasa Devi Tempel. Am Fuß des Berges überquerten wir eine Straße und begannen in der sengenden Hitze nach oben zu steigen. Nach den ersten hundert Metern war der Weg durch Betonstufen erleichtert, auf denen man den steilen Aufstieg an den Häusern und an Dächern vorbei müheloser beginnen konnte. Dann aber kam wieder der vertraute Lehmweg, der einen manchmal tückisch zum Rutschen brachte und der dann und wann von Steinstufen durchbrochen war. Auf dem ganzen Weg sahen wir den weißen Tempel auf dem Berg vor uns in der Sonne glänzen.

Wir waren nicht die einzigen, die in der brütenden Mittagssonne hinaufstiegen. Wir begegneten Herunterkommenden und gingen an anderen vorbei, die hinaufstiegen, aber noch langsamer vorankamen als wir. Die meisten Pilger waren ältere Menschen; die wenigen jüngeren hatten meist ihre Familien dabei. Hridaya konnte an ihrer Kleidung und an ihrer Sprache erkennen, woher sie kamen.

„Ich weiß nicht, was sie gesagt haben", sagte er dann, „aber sie müssen aus Madras kommen. „Oder: „Hast du gesehen, was für Kleider sie trugen? Sie kommen aus einem Dorf aus Rajastan." Einmal blieb ein alter Mann stehen, der sehr langsam heruntergestiegen war und sprach Hridaya an. Er deutete auf mich und fragte etwas mit lauter Stimme, aber Hridaya wiegte nur seinen Kopf hin und her, eine typisch indische Geste, die bedeutet: „Sicher! Wer weiß? Na und? Warum nicht? Ich auch." Dann sah mich der alte Mann an und sagte: „Gut! Steig hinauf und schaue Gott!"

„Was hat er gesagt?" fragte ich Hridaya.

„Ich weiß nicht, ich habe nur das verstanden, was er zu dir gesagt hat." Die Skulptur der Göttin war hinter den Tempeln errichtet, wo der Pfad zum Gipfel des Berges führte. Wir mußten unsere Schuhe ausziehen und barfuß über den heißen Beton gehen. Sie stand inmitten einer Reihe anderer Gottheiten, die kleiner waren und im Halbkreis auf einer Mauer um sie herum aufgereiht waren. Die Menschen knieten sich vor ihr auf den Steinboden und verrichteten ihre Gebete. Hridaya und ich knieten uns ebenfalls nieder und betrachteten die Göttin der Erfüllung. Dann folgten wir den anderen im Halbkreis, um all die Gottheiten mit der indischen Geste der Andacht zu grüßen, und gingen dann zu einem Aussichtspunkt, an dem viele Bettler saßen, von denen manche hier heraufgetragen worden waren, und sahen auf Hardwar und den Ganges hinab. Als alle der Gottheit ihre Ehrerbietung erwiesen hatten, ging ich zurück und sagte ihr meinen Wunsch.

„Es gefällt mir hier", sagte ich zu Hridaya, als wir wieder im „Keller" saßen und unser Abendessen einnahmen.

„Du meinst in diesem Keller oder in diesem Land?"

„In dieser Welt. Sicher gibt es viele Probleme, aber in diesem Land liegt Kraft. Ich weiß, daß ich immer wieder hierher zurückkehren werde, und ich bin froh darüber. Ich möchte sehen, was geschieht. Ich glaube, es ist eine große spirituelle Entwicklung in der Welt im Gange und besonders hier. Das finde ich sehr aufregend."

„Warum sagst du so etwas?"

„Ich weiß nicht. Es geht mir einfach gut. Komm, gehen wir zum Sanyas Ashram."

Es war jetzt dunkel in den Straßen von Hardwar und auch etwas stiller, obwohl noch hunderte von Suchenden und *sanyasins* mit Bettlerschalen unterwegs waren; nur hie und da sah man eine Familie aus der Stadt, die sehr elegant gekleidet und fast touristisch aussah. Die Gesichter der Menschen waren sanft erleuchtet von den Lichtern in den Geschäften und den flackernden Öllampen auf den Marktkarren; ich sah in diese Gesichter, als wir vorbeigingen, und sie sahen mich an. Es geschah öfters, daß ich einen Menschen in der Menge sah, den ich gerne kennengelernt hätte. Oft waren sie alt und ehrwürdig, manchmal auch jung und frisch, voll wacher Sensibilität. Wenn ich in diese Gesichter sah, mußte ich wieder darüber nachdenken, was die Distanz zwischen Menschen verursachte, was die Sehnsucht nach Nähe verursachte.

Hridaya hatte sich nach dem Weg zum Sanyas Ashram erkundigt, und so fuhren wir mit einer Rikscha in einer Richtung, in die wir noch nie gekommen waren und überquerten eine niedrige, lange Brücke, die ein gutes Stück flußabwärts nach den *ghats* über den Fluß gespannt war. Hier war es dunkel und ruhig. Nur wenige Fußgänger überquerten die Brücke. Wir hörten das Rauschen des Flusses und sahen den gleichmäßigen Wellen nach, die darüber hinweggingen. Am Ende der Brücke wandten wir uns nach rechts und folgten einer Straße flußabwärts. Dann zweigten wir nach links ab und folgten einer dunklen, schmalen Straße, die leicht bergab ging. Jetzt war das einzige Geräusch, das wir hörten, das Knirschen der rollenden Räder auf dem ausgetrockneten Lehmboden und das einzige Licht, das wir sahen, die schwachen Strahlen, die hervordrangen zwischen den Lamellen großer Läden an den Fenstern hinter Balkonen im zweiten Stock der Häuser. In der Ferne sahen wir ein Gebäude, aus dem sanftes, gelbes Licht und der Klang von singenden Stimmen kamen.

Der Rikscha-Fahrer deutete in diese Richtung. „Das ist der Sanyas Ashram." Langsam brachte er den Karren zum Halten. Wir stiegen aus.

Wir standen am Eingang des Ashrams und sahen in einen großen Innenhof. Er war wie ein blühender Garten, in dessen Mitte unter einem zierlichen Baum ein Tisch und einige leere Stühle standen. An der Innenseite des Gebäudes entlang lief eine große Veranda, in etwa einem Meter Höhe über dem Boden; von hier aus führten viele Türen zu im Erdgeschoß liegenden Zimmern. Um das Obergeschoß lief ein Balkon, von dem aus noch mehr Türen ins Haus führten und der durch vier Treppen in den Ecken des Hofes erreichbar war.

Woher mochte das Singen kommen? Es erfüllte den ganzen Hof und hallte von den Wänden. Aber niemand war zu sehen.

„Warte einen Augenblick", sagte ich, als Hridaya hineingehen wollte. Es war so schön, in der stillen Nacht zu stehen und dem Auf und Ab der Stimmen zu lauschen. „Laß uns hier stehenbleiben und zuhören." Zwei kleine Jungen kamen um die Ecke an der Außenseite des Gebäudes. Dicht vor mir blieben sie stehen und starrten mich an. Beide rauchten *bidis*. Hridaya sprach sie auf Hindi an.

„Sie leben hier", sagte er zu mir.

„Sie sind aber noch ein bißchen jung zum Rauchen."

„Nein, nein. Sie sind nur zum Putzen hier. Es ist schon in Ordnung. Sie sagen, daß sie von Swami Sivanandapuri noch nichts gehört hätten, aber daß die *puja* bald zu Ende sein wird und wir dann nach ihm fragen können."

Die Jungen lächelten mich an und deuteten in den Innenhof.

„Sie sagen, daß da drinnen ein Altar steht. Wenn wir hineingehen, können wir der *puja* zusehen."

Als wir in den Innenhof traten, sahen wir die Sänger. Es waren fünfzehn oder zwanzig in lange Gewänder gehüllte Gestalten, die im Lotussitz auf einem Podest saßen. Die meisten hatten kahlgeschorene Köpfe und ihre Gewänder leuchteten golden im matten Licht, so daß sie eher buddhistischen Mönchen als hinduistischen *swamis* ähnelten. Hridaya wollte auf die Stühle in der Mitte des Hofes zugehen, aber ich setzte mich auf einen Stein am Eingangstor. Als Hridaya das sah, kam er rasch zu mir zurück.

„Sind diese Menschen alle Swamis?"

„Ich weiß nicht, ich nehme es an. Warum nicht?"

„Wahrscheinlich werden sie alle sagen, daß sie Swamis sind. Wir nennen sie aus Höflichkeit Swami."

Ich nahm an, daß diese Zeremonie jeden Abend um sieben Uhr abgehalten wurde wie am Hari Ka Charan, aber offenbar dauerte sie länger. Ich hätte gern stundenlang zugehört. Wahrscheinlich war Swami Sivanandapuri gar nicht hier; jedenfalls konnte ich ihn unter all den „*swamis*", die dort saßen, nicht ausmachen. Alle, die im *ashram* lebten, mußten wahrscheinlich an dieser Abendzeremonie teilnehmen. Aber warum sollten sie alle *swamis* sein? *Swamis* waren Eingeweihte, keine Schüler. Und wo waren die Schüler? Gab es hier keine? Denk nicht zu viel nach, sagte ich mir selbst. Hör einfach zu.

Der Gesang nahm kein Ende; Hridaya und ich saßen schweigend da und lehnten uns gegen die Wand. Ich schloß die Augen. In diesem gleichen Augenblick wurde beim Schein der Fackeln am Hari Ka Charan ein anderer Gesang angestimmt, der sich Kilometer um Kilometer, südwärs dem Lauf des heiligen Ganges folgend, fortsetzte. Im Norden hallten auf den Gipfeln des Himalaya die Lieder zahlloser Heiliger und Weiser in ihren Höhlen wider, und jenseits der großen Ozeane erschollen fromme Gesänge in katholischen Kathedralen. Chöre sangen in Kirchen, Synagogen und Tempeln. Der Gesang in allen Tönen und Zungen ging um den ganzen Erdball. So war es immer gewesen.

Dieses Tun ist nicht auf die Erde beschränkt, so spann ich meine Gedanken fort. Es ist etwas ewiges, an keinen Ort und keine Zeit gebunden. Diese Klänge sind ein Widerhall tieferer Klänge aus dem Universum. Man kann schweigend dasitzen und solange horchen, bis man den Bereich hört, in dem die Klänge so ewig und wirklich sind, daß man weiß, sie haben nie begonnen und werden nie enden. Aber auch diese Klänge spiegeln nur ein tieferes Sein wider. Was ich jetzt hörte, war eine Abend-*puja* in Nordindien. Das war keine Illusion, sondern Realität, und was es so schmerzhaft schön machte, war die Tatsache, daß es an die große, ewige Melodie erinnerte, aus der es geschöpft war, und nach der man in den kurzen Augenblicken, in denen man sich daran erinnerte, große Sehnsucht hat.

Ich öffnete die Augen, als der Gesang verstummte. Alle Swamis auf dem Podest erhoben sich. Sie begannen einander zum Gruß die Füße zu berühren. Jeder schien die Füße aller anderen berühren zu wollen, und manchmal beugten sich zwei oder drei zugleich nieder und stießen beinahe mit den Köpfen zusammen. Als der erste von ihnen von dem Podest stieg und den Hof überquerte, erhob sich Hridaya und ging zu ihm. Auch ich stand auf. Ich sah allen *swamis* ins Gesicht, als sie an mir vorbeigingen, keiner von ihnen blickte mich an. Hridaya sprach mit drei oder vier von ihnen, während sie durch den Hof gingen. Er mußte ihnen nachlaufen, denn sie blieben nicht stehen. Schließlich ging er zurück zu dem Podest und sprach zu dem letzten Mann im langen Gewand, der gerade in seine Sandalen schlüpfte. Dann kam er zu mir zurück.

„Keiner von ihnen hat je von Swami Sivanandapuri gehört. Einer von ihnen sagte mir, daß er sicher von ihm gehört hätte, wenn er je dagewesen wäre. Der letzte, mit dem ich sprach, sagte, daß zahllose Swamis kommen und gehen und manchmal nur für ein paar Stunden bleiben. Niemand weiß, ob sie nicht diesen Ashram als ihre Adresse angeben. Die meisten Swamis haben keinen bestimmten Wohnsitz."

„Nun, dann ist es gut, daß ich ihm an die Adresse von Tat Walla Baba schrieb, wie er mich in seinem Brief bat. Hätte ich ihm hierhergeschrieben, so wäre der Brief sicher untergegangen. Aber ich kann mir einfach nicht vorstellen, wie Post in Tat Walla Babas Höhle gelangen soll."

„Warum nicht? Er wird seine Post ebenso bekommen wie sein Essen. Einer muß hinuntergehen und Nahrungsmittel und Post holen."

In der Dunkelheit wanderten wir den stillen Weg wieder hinauf.

„Was willst du jetzt tun?"

Ich überlegte einen Augenblick lang. „Ich würde gern nach Rishikesh gehen."

„Wann?"

„Gleich morgen früh."

Die Reise von Hardwar nach Rishikesh traten wir in einem überfüllten Taxi an, das wir mit zwei älteren Ehepaaren teilten. Die Fahrt war an diesem frühen Aprilmorgen ebenso schön wie an jenem Herbstnachmittag, an dem ich sie das letzte Mal unternommen hatte. Der Unterschied bestand darin, daß mir jetzt alles vertrauter war, und daß ich wußte, was vor mir lag. Da wir am späten Abend nach Hardwar zurückkehren wollten, hatten Hridaya und ich nur unsere Wasserflasche, einige Halazontabletten und ein paar Rupien dabei. Wir beschlossen, unser Zimmer in der *dharmshala* zu behalten, bis wir in Rishikesh eine Unterkunft gefunden hatten — im Touristenbungalow, wie wir hofften. Ich hatte eine Vorahnung, daß alle Menschen, denen zu begegnen mir wirklich wichtig war, in Rishikesh sein würden. Wir waren in Hardwar nach dem letzten Tag des Kumbh Mela-Festes angekommen, was mir nicht sehr leid tat, und nun war die Stadt nur noch voller Pilger, die warteten, ihre Heimreise antreten zu können oder auf Sitzplätze in den Zügen harrten. Ich wußte, daß Hardwar eine wichtige heilige Stadt in der Geschichte und der Kultur Indiens war, aber sie wirkte viel hektischer als Rishikesh. Swami Sivanandapuri hätte vielleicht gesagt, sie sei nichts als ein großer Jahrmarkt. Vom „Koffee Korner" aus fuhren wir ein paar Kilometer mit einer *tonga* die Straße nach Muni Ki Reti hinauf und stiegen dann hügelan zum Touristenbungalow. Es war schön, vertraute Gesichter wiederzusehen. Wir reservierten für den ersten Mai, also für vier Tage später, ein sehr schönes Zimmer, und gingen dann zurück hinunter nach Rishikesh, wie ich es im vorigen Herbst so oft getan hatte.

Ich traf meinen Freund aus Sikh, Tirath Singh, den Harvey und ich den „Food-King" genannt hatten, in seinem Neelam-Restaurant. Dieser große, freundliche Sikh hatte sich um alle Mahlzeiten für die Gruppe von Dr. Green gekümmert, während wir damals im Touristenbungalow wohnten.

„Ihr Freund, Uma Dutt wird sich freuen, wenn er erfährt, daß Sie zurückgekommen sind", sagte Tirath Singh, als wir uns zum Frühstück niedersetzten. „Er hat nach Ihnen gefragt. Sie sollten ihn aufsuchen." Uma war ein junger Schüler, der seit seiner Kindheit im Ashram des Swami Rama gelebt hatte. Als wir hier in Rishikesh wohnten, hatte er mit unserer Gruppe einige Tage verbracht, uns die ersten Hindisätze beigebracht und uns Lieder vorgesungen. Alle aus unserer Gruppe mochten ihn, und ich nannte ihn meinen Bruder.

„Er wohnt mit Mahantji im Gästehaus in Bharat Mandir."

„Ich wollte Uma gleich nach dem Frühstück aufsuchen", sagte ich. „Aber ich dachte, er lebe noch im Ashram."

„Swami Rama ist jetzt in Indien, wie Sie wissen; Sie sollten sich mit ihm in Verbindung setzen, bevor er nach Amerika zurückkehrt. Er hat ein paar hundert Schüler aus Amerika zum Kumbh Mela Fest mitgebracht, aber viele von ihnen sind schon wieder nach Hause zurückgekehrt. Uma wohnt nicht mehr bei Swami Rama." Wie immer konnte man vom Food King die neuesten Nachrichten erfahren. Das einzige, was er nicht wußte, war, wo man Swami Sivanandapuri finden könne.

Hridaya und ich standen im Schatten des größten Baumes an der Einfahrt zu Mahantjis Gästehaus, als Uma durchs Tor gefahren kam. Ich stellte ihm Hridaya vor, und Uma führte uns durch die Schar der Pilger zur Rückseite des Gebäudes. Das ganze Areal um das Gästehaus war so gedrängt voll mit Pilgern, die nach der Kumbh Mela noch hier geblieben waren, daß man sich kaum von der Stelle bewegen konnte. Sie alle sahen armselig aus, wie sie so mit überkrezten Beinen im Staub saßen, über kleine Feuerchen gebeugt, auf denen sie Brot oder Reis zubereiteten, oder ausgestreckt in der heißen Sonne lagen, um auszuruhen. Als wir in seinem Zimmer saßen, sagte uns Uma: „Ich glaube, ihr solltet bald mit Swami Rama sprechen, denn er wird in den nächsten Tagen nach Amerika fahren. Ihr könnt ihn aus dem Büro des Mahantji anrufen und ihm sagen, daß ihr ihn sehen wollt. Aber sagt ihm nicht, daß ich hier bin. Ihr braucht auch nicht zu sagen, daß ich nicht hier bin. Am besten, ihr sprecht überhaupt nicht über mich."

Gegen vier Uhr fuhren Hridaya und ich in einer *tonga* von der Hauptstraße bis Ram Nagar und dann eine kleine Landstraße hinunter zu Swami Ramas Ashram. Ich hatte erwartet, daß auch hier sehr viele Menschen sein würden, aber der Ashram schien fast verlassen dazuliegen. Wir gingen die Auffahrt hinauf und durch den Hof hinunter zum Flußufer. Ich trank lauwarmes Halazonwasser aus der Thermosflasche, während das kühle blaue Wasser des heiligen Flusses meine Füße umspülte. Ich sah zum Ashram zurück. Dort war die Veranda oben auf dem Dach des Gebäudes, von wo ich vor Monaten auf den Fluß hinuntergesehen hatte, und dort auf der anderen Seite der Mauer saß Swami Rama wohl in seinem Privatzimmer in Meditation versunken. Ich erinnerte mich daran, wie der Swami am ersten Tag meines Aufenthaltes in Indien in der Halle des Lodhi-Hotels mir gesagt hatte: „Du bist mein Bruder und du bist in mein Land gekommen." Das Gebäude lag so still da; ich ahnte irgendwie, ich würde Swami Rama heute nicht mehr sehen. Doch das war nicht schlimm. Ich war hierhergekommen, und das genügte. Ich watete durch das Wasser zu einem großen, runden Stein, der in der Flußbiegung lag und benetzte meinen Kopf und mein Gesicht mit einigen Händen voll Wasser. Der Widerschein der Sonne blitzte in dem Wasser, das ich in den Händen sammelte. Ich setzte mich auf den Stein, ließ die Füße im Wasser baumeln und versuchte, meinen Geist und meinen Körper still werden zu lassen.

Um fünf Uhr gingen wir zu dem Gebäude hinauf und betrachteten die Kakteen, bis einer der Wächter aus dem Ashram kam und uns bat, uns in der Nähe der Türe zum Eßsaal hinzusetzen. Dann sagte er uns, daß der Swami noch meditiere. Normalerweise saß er bis sechs oder halb sieben Uhr. Um fünf Uhr fünfzehn schrieb ich einen kurzen Brief an Swami

Rama, den ich dem Wächter überreichte und machte mich mit Hridaya auf den Weg zum Ausgang, wo die *tonga* wartete.

„Wir sollten nicht gehen", protestierte Hridaya. „Laß uns zurückgehen. Swami Rama wird böse sein."

„Warum sollte er böse ein? Wir waren um fünf Uhr mit ihm verabredet und erfuhren dann, daß er noch eineinhalb Stunden lang beschäftigt sein würde. Deshalb habe ich ihm geschrieben, ich wolle ihn ein anderes Mal besuchen."

„Ich glaube, daß der Wächter sehr überrascht war, als du ihm diesen Brief gegeben hast. Der Swami erwartet von allen, daß sie auf ihn warten."

„Wenn er das erwartet, so hat er sich eben getäuscht."

„Aber diese Menschen betrachten ihn als Meister. Das hast du mir selbst gesagt."

„In ihm ist genauso ein Meister wie in dir und in mir, und wir sollten alle Achtung voreinander haben. Swami Rama ist nicht mein Guru. Er ist mein Freund, und er hat unsere Verabredung nicht eingehalten. Warum sollte er sich ärgern, wenn wir keine Zeit haben, endlos lange zu warten."

„Aber ich weiß, daß er das nicht verstehen wird. Er erwartet von allen, daß sie für ihn da sind. Das ist im Lauf der Zeit so Brauch geworden."

„Manchmal ist Warten ein Teil eines heiligen Rituals, und dann darf man sich über einen Wartenden nicht lustig machen. Ich werde jederzeit auf jeden Swami warten, wenn es Teil meiner Übung oder meiner religiösen Andacht ist. Aber wir dürfen diese Situation nicht imitieren, wenn sie gar nicht besteht. Dadurch wird das wirklich bedeutungsvolle Warten entwertet."

„Aber woher weißt du, wann es für dich bedeutungsvoll ist?"

„Zum Beispiel dann, wenn kein Pferd und kein Fahrer in der heißen Sonne warten und sich wundern. Unser *tonga*-Fahrer ist vielleicht ein Heiliger. Warum sollten wir *ihn* warten lassen?"

„Was möchtest du hier noch machen in den paar Tagen, bevor wir nach Rishikesh umziehen?" fragte mich Hridaya, als wir im „Keller" auf unser Frühstück warteten.

„Wir werden uns einfach umsehen. Ich möchte heute den Fotoapparat mitnehmen und ein bißchen in Hardwar fotografieren. Machen wir dieselbe Route wie vorgestern, nur diesmal mit der Kamera und dem Cassettenrecorder."

Es gab einen *ghat* in der Nähe der ständigen Brücke, der immer von jungen Leuten aus der Gegend bevölkert war. Sie schienen hier zu wohnen. Manche von ihnen verkauften Postkarten oder Bilder berühmter Götter und Göttinnen, und andere baten um milde Gaben für Ashrams, für Waisenkinder oder was ihnen sonst einfiel; einige bettelten einfach. Am Flußufer entlang stand eine Reihe von zehn oder zwölf mit Sackleinen bedeckten Buden, deren Besitzer meistens schlafend darauf warteten, daß Reisende bereit waren, einige Rupien zu zahlen, um sich die Zukunft wahrsagen zu lassen. Als wir die Stufen des *ghat* zum Wasser hinuntergingen, kamen wir an einer Gruppe von Halbwüchsigen vorbei.

„Guten Morgen!" rief einer von ihnen und sah mir in die Augen.

„Guten Nachmittag!" antwortete ich, und die anderen lachten.

Er folgte uns in einem geringen Abstand, und als wir uns auf den gemauerten Kai setzten und unsere Schuhe auszogen, um die Füße ins Wasser zu hängen, tat er das gleiche, nur daß er keine Schuhe hatte. Er schien vierzehn oder fünfzehn Jahre alt zu sein, vielleicht war er aber auch etwas älter. Er war dünn und dunkelhäutig und hatte große, strahlende Zähne, die sehr gesund und schön aussahen. Er lächelte viel, denn er wußte, daß ich seine Sprache nicht verstand. Hridaya sprach ihn zögernd an, vielleicht weil er Distanz zu ihm halten wollte, oder weil er nicht wußte, welchen Dialekt der Junge sprach. Doch der beherrschte das Hindi fließend und sprach auf eine so anziehende und sichere Art, daß Hridaya schon bald in eine lebhafte Diskussion mit ihm verwickelt war. Sie sprachen über die Kumbh Mela und über einige Leute, die hierhergekommen waren, über das neue Wasserkraftwerk, das man etwa einen Kilometer entfernt auf der anderen Seite des Flusses sehen konnte, und über ihn selbst. Gelegentlich wiederholte Hridaya auf Englisch, was sie gesprochen hatten, und unser Freund lächelte mich an und nickte, zufrieden, daß ich verstand. Er kam aus einem Dorf im Süden. Er war ganz alleine aufgewachsen und hatte es geschafft, sich von Tag zu Tag durchzubringen, vor allem in Bombay am indischen Tor in der Nähe des vornehmen Hotels Taj Mahal, und im letzten Jahr in Hardwar. Als er in der Stadt ankam, fand er einen Job in einem kleinen Hotel, aber nach ein paar Wochen stand er wieder auf der Straße.

„Wie heißt er?" fragte ich Hridaya.

„Raju", antwortete der Junge. Er wiederholte den Namen mehrere Male langsam, als habe er Sorge, ich könne ihn falsch verstehen.

Menschen wie er haben solch reine, offene Gesichter, dachte ich.

„Raju" wiederholte ich laut und deutlich.

Einer von Rajus Freunden kam zu uns herüber und sah uns einen Augenblick an. Er hatte ein sehr dünnes, verwachsenes Bein, das er auf einen Stock stützte, der wie ein zerbrochener Besenstil aussah. Beim Gehen hielt er den Stock in beiden Händen; wenn er stehenblieb, lehnte er das Kinn darauf. Sein Lächeln war ebenso einnehmend wie das seines Freundes. Als er eine Gelegenheit gekommen sah, unterbrach er Raju und bat ihn um eine *bidi*. Er zündete die Zigarette an und humpelte wieder davon.

Wir verbrachten einige Stunden mit Raju, und ich wäre auch gerne noch länger geblieben, aber Raju und ich erinnerten uns daran, daß wir vor der *puja* in Sanyas Ashram ankommen wollten, um Aufnahmen zu machen. Wir hatten keine Ahnung, wann die *puja* begann.

„Wir kommen wieder", sagte ich zu Raju, und Hridaya übersetzte es.

Die flachen, schweren, bemalten Betonwände des Sanyas Ashrams sahen im grellen Tageslicht von außen nicht mehr so schön aus. All die Swamis — wenn sie welche waren — schlurften in diagonalen Linien durch den Hof hin und zurück oder saßen träge, mit herausgestreckten Bäuchen auf den Veranden.

Hridaya sprach den ersten Mann an, der uns im Vorbeigehen bemerkte. Ich wollte wissen, ob wir am Abend den Gesang aufnehmen dürften. Hridaya zeigte auf meinen Cassettenrecorder. Der Mann betrachtete ihn mit einem Stirnrunzeln. Dann lächelte er. Ich erfuhr nicht, was Hridaya zu ihm gesagt hatte, aber er sah mich freundlich an und sagte zu Hridaya, er wolle sich auf die Veranda setzen und mit mir plaudern. Er meinte, der Tonbandaufnahme stehe nichts entgegen.

Der Swami führte uns zur Veranda und stellte drei Stühle im Dreieck auf. Er und Hridaya sprachen Hindi. ,,Er hat mich gefragt, woher du kommst, und ich habe es ihm bereits beantwortet", übersetzte Hridaya, ,,und jetzt möchte er wissen, ob du eine Frage an ihn hast, oder ob dich irgendetwas besonders interessiert."

,,Ich möchte etwas über den Gesang erfahren, den wir hier vor zwei Tagen bei der abendlichen *puja* gehört haben."

Während ich auf seine Antwort wartete, sah ich ihn an. Er sah jung aus und hatte einen runden, kahlen Kopf und ein breites, freundliches Gesicht, das mich ruhig und offen ansah. Da ertönte plötzlich eine scharfe Stimme aus der Ecke der Veranda:

,,Was wollt ihr hier?"

Hridaya und ich sahen in die Ecke, aus der die Stimme kam, aber der junge Swami schien ungerührt.

,,Was wollt ihr hier, warum seid ihr hierhergekommen?"

Der Swami in der Ecke sah nicht wie ein Mönch aus. Er war weder jung noch alt und ehrwürdig, wie die Mönche mit langen, weißen Haaren und fließenden Bärten. Er hatte kurzes, graues Haar und einen Stoppelbart und sah mich durch seine altmodische, randlose Brille scharf an. ,,Warum seid ihr hierhergekommen?"

Vielleicht wunderte es ihn, daß ich zögerte. Ich war nicht erstaunt oder verunsichert, denn ich war inzwischen an einen recht rüden Ton gewöhnt. Die kühle Reserviertheit und die rauhe Förmlichkeit der Inder, besonders im Norden, ist eine solch tief verwurzelte Gewohnheit, daß ich langsam vermutete, es müsse eine Art Humor darin liegen. Ich zögerte nur, weil ich mir eine neue Antwort auf eine alte Frage überlegte. Sie wurden dieser Frage nie müde. Hunderte hatten mich schon dasselbe gefragt, und ich war es langsam leid, immer die eine Antwort zu geben.

,,Meinen Sie, was ich hier möchte, oder warum ich überhaupt nach Indien gekommen bin?" Aber das hatte ich schon oft auf die alte Frage erwidert.

,,Ja, ja, ja!"

Vielleicht war er wirklich wütend. Wenn ja, dann war das

seine Schuld. „Was wollen Sie wissen?" fragte ich wieder, beruhigt, daß er sich etwas nach vorne beugen mußte, um mich zu verstehen. „Möchten Sie wissen, warum ich in diesen *ashram* gekommen bin oder warum ich dieses Land besuche?"

„Ich frage Sie, warum Sie gekommen sind! Warum gehen Sie hierhin und dorthin und suchen, suchen, suchen?"

Er sah mich über den Rand seiner Brillengläser an und ich schwieg. „Ihr rast mit Flugzeugen herum, gebt Geld aus und sucht, sucht, sucht. Sucht in eurem Inneren, sucht nicht in der Ferne."

Der jüngere Swami, der die ganze Zeit in seinen Schoß geblickt hatte, verzog ein wenig das Gesicht, stand auf und verließ die Veranda. Er ging durch den Hof, ohne den in Wut geratenen Swami eines Blickes zu würdigen.

„Das ist keine Suche. Ihr müßt in eurem Innern suchen. Ihr sucht draußen, das sind die Steine, das sind die Bäume, das sind die *ashrams*, das sind die *asanas*, das sind die Menschen. Sind Sie kein Mensch? Haben Sie kein Bewußtsein?"

Ich schwieg immer noch. Vielleicht regte es ihn auf, doch ich ließ mich nicht irritieren. Ich wußte nicht genau, was in ihm vorging. Aber ich wußte etwas über das Innen und das Außen und ich wußte etwas über die Suche, von der er sprach.

„Glauben Sie, sie haben alles gefunden?" Er schwieg einen Augenblick. „Glauben Sie immer noch, daß Sie etwas wollen?" Wieder schwieg er und schrie dann: „Immer noch kein innerer Friede!" Das Echo seiner Stimme wurde von der gegenüberliegenden Hauswand zurückgeworfen. Alle Köpfe wandten sich uns zu. Der verärgerte Swami wollte aus dem Lotussitz aufstehen, er bewegte sich in seinem Sessel hin und her und begann seine Füße mit den Händen zu reiben. „Sie werden nach Neuseeland gehen und nach Sibirien, sie werden nach Indien kommen und hier und dort hingehen und suchen und suchen ..."

Ich lächelte und nickte und sagte: „Hm, ja, ja."

„Ihr geht hier hin und dort hin, aber ihr findet nichts. Nur Materielles. Ihr seht einen Baum: Oh, seht einmal, was ist das? Oh, das ist ein Baum. Aber das ist nichts. Nur eine Besichtigungsreise. Dann wollte ihr Informationen von anderen bekommen. Das ist auch nichts wert. Sucht in euch selbst. Sucht nicht bei mir!"

„Vielleicht sind Sie Teil meines Inneren."

Er sah verwundert drein. „Was?"

„Vielleicht sind sie ein Teil meines Inneren", wiederholte ich.

„Nein, nein, nein, so ein Mensch bin ich nicht."

„Sind Sie sicher, daß Sie wissen, ob ich in meinem Inneren suche oder ob ich nicht in meinem Inneren suche?"

„Ich weiß es", sagte er. „Ich weiß es."

„Was wissen Sie?"

„Das ist keine Suche. Sie suchen in der äußeren Welt."

„Woher wissen Sie das?"

„Weil ich in der äußeren Welt gesucht habe." Er erzählte mit lauter Stimme eine lange Liste von Namen auf, vielleicht Orte, die er in seinem Leben bereist hatte. Ich kannte keinen einzigen von ihnen außer den letzten, den er nannte: Himalaya. Er runzelte die Stirn und schüttelte den Kopf. „Nichts! So ist es auch mit Ihnen. Sie reisen herum und suchen in der äußeren Welt. Was suchen Sie?"

„Sie wissen, daß ich hergekommen bin. Aber wissen Sie, ob ich in meinem Inneren suche?"

„Ich weiß es nicht. Das hängt von Ihnen ab. Sie haben die Augen, um zu sehen, die Nase, um zu riechen, die Zähne, um zu beißen — aber was nehmen Sie auf? Was geschieht in Ihnen? Haben Sie das herauszufinden versucht?"

„Das habe ich getan."

„Was?"

„Das habe ich getan."

„Oh, dann ist es gut. Suchen Sie und suchen Sie, suchen Sie, suchen Sie ..."

„Und wenn ich etwas von Ihnen haben möchte, von Ihrer Suche ...?" unterbrach ihn Hridaya.

„Nein, nein. Solch ein Mensch bin ich nicht. Ich habe nichts zu geben."

„Aber wenn ich das doch glaube, was ist dann?"

„Ich weiß es nicht", begann er, und dann fuhr er in einer solchen Geschwindigkeit zu reden fort, daß keiner von uns beiden ihn verstand.

Hridaya wollte dem ganzen ein Ende machen. „Wir hatten ein sehr interessantes Gespräch mit Ihnen." Er begann sich zu erheben.

Aber der Swami schnippte mit den Fingern. „Jetzt weiß ich, worum es geht!" Der jüngere Swami kehrte auf seinen

Platz zurück und flüsterte Hridaya etwas ins Ohr. Der ältere Swami wartete einen Augenblick, lehnte sich dann nach vorne, zeigte mit dem Finger auf uns uns sah aus, als hielte er den Atem an.

„Ich werde euch etwas sagen", fuhr er fort, „jetzt komme ich zum Wesentlichen." Er unterbrach sich, um mir Zeit zu lassen, vielleicht, damit ich ihn bitten könnte, weiterzusprechen. Dann fand er zu einem ruhigeren Ton, der seinen Worten angemessen war: „Ein Mensch, der in einer Höhle im Himalaya lebt, ist glücklicher als einer, der in einem Palast in den Vereinigten Staaten oder sonstwo lebt. Sind diese Menschen deshalb Narren? Sind sie wirklich Narren? Sie leisten mehr Arbeit in der Welt als alle frommen Prediger. Es liegt etwas Geheimnisvolles in dieser Atmosphäre. Wo es nicht aufgenommen wird, ist niemand da, es aufzunehmen. Wo ein Empfangender ist, wird es aufgenommen. Deshalb gehen Sie hin und suchen Sie voller Vertrauen."

Er streckte seine Beine aus und lehnte sich so weit nach vorne, daß seine Brillengläser beinahe seine Knie berührten. Dann hob er sein langes Gewand hoch, und wir sahen seine nackten Waden, während er in seine Sandalen schlüpfte. Langsam stand er auf und schlurfte davon, als seien seine Füße eingeschlafen.

Ich wollte nicht länger hierbleiben. Ich hatte die Erinnerung an die Gesänge der letzten *puja* und bekam nun all diese unerwarteten Ratschläge. Mehr wollte ich nicht von diesem Sanyas Ashram.

„Der andere Swami hat mir gerade etwas gesagt", berichtete mir Hridaya. „Er meinte, daß sich einige der Swamis gestört fühlen könnten, wenn sie sehen, daß wir Aufnahmen machen."

„Das habe ich mir auch schon gedacht. Vielleicht kommen wir eines Tages zu diesem Ashram zurück. Aber wahrscheinlich ist es gar nicht wichtig. Wie unser Swami-Freund sagen würde: „Es ist nur wieder einer dieser Orte der äußeren Welt."

Wir wanderten die Straße hinauf, überquerten die Brücke und gingen auf die Hauptstraße an unserer *dharmshala* vorbei durch den Bazar. Es war schon dunkel als wir den *ghat* erreichten, wo wir gestern den Nachmittag verbracht hatten. Wir freuten uns, Rajus strahlendes Lächeln in der Dunkelheit zu sehen, als er uns auf einer Betonbank an seinem *ghat* sitzen sah.

Wir setzten unser Gespräch über den seltsamen Swami fort, den wir zuerst den „Wütenden Swami" und dann den „Freimütigen Swami" nannten, da keiner von uns mit Bestimmtheit sagen konnte, ob er eigentlich wütend gewesen war oder nicht. Ich sagte, daß ich lieber mit dem jüngeren Swami gesprochen hätte, der wohl ein aufrichtiges Interesse daran hatte, sich mit mir auseinanderzusetzen.

„Weiß du, es ist schon komisch", sagte ich, als wir drei dasaßen und in den vorüberströmenden Fluß sahen. „Ich glaube, daß dieser Swami ein wenig verwirrt war. Offenbar hat er geglaubt, daß all seine Ratschläge an mich Wert und Bedeutung hätten, sonst hätte er sie nicht mit so viel Nachdruck erteilt, ohne daß ich überhaupt etwas gefragt habe. Aber er bestand ebenso darauf, daß es bei einer äußerlichen Suche nichts gab, was Wert oder Bedeutung hatte. Deshalb sprach ich die Vermutung aus, er sei ein Teil meines Inneren, was er rundweg ablehnte. Zweimal sagte er, daß er kein solcher Mensch sei und daß er nichts zu geben habe. Aber ich meine, daß er uns das nicht wirklich glauben machen wollte. Jedenfalls war es nicht nur komisch, sondern auch wichtig. Es war wichtig für meine innere Suche, ja es war ein Teil meiner inneren Suche. Und es war wichtig für meine Arbeit — für den eientlichen Grund meines Herumreisens."

„Warum war es dafür wichtig?"

„Weil es war, was es war. Und danach halte ich Ausschau. Nehmen wir einmal an, jemand geht zu einem großen und berühmten Heiligen in einer Höhle, um ihm Fragen zu stellen. Nehmen wir an, der Mann fragt und der Weise schweigt. Dann wartet der Mann geduldig stundenlang, aber der Weise schweigt immer noch. Schließlich gibt er auf. Er ist enttäuscht, weil er nur Schweigen empfangen hat und glaubt, daß er nun nichts zu erzählen habe. Aber die Wahrheit ist, daß er etwas sehr Interessantes zu erzählen hat. Man hat ihm Schweigen entgegengebracht, und darin liegt eine tiefe Bedeutung. Ich ging weder zur Besichtigung in den Sanyas Ashram, noch um Informationen zu erhalten; ich hatte nicht das geringste Verlangen, eine Frage zu stellen. Und ohne daß ich gefragt hätte, wurden mir eine Menge emotionale und sehr drastische Meinungen über mich, meine Motive und mein Land entgegengebracht, die im Grunde genommen nichts als gedankenlose Spekulationen waren. Darin liegt auch eine große Bedeutung. Erinnerst du dich, was ich dir am ersten Tag im „Keller" gesagt habe? Ich sagte, ich wisse, was ich erleben *wolle* und daß ich immer das finden könnte, was ich erleben will. Und ich sagte dir auch, daß ich hierher gekommen bin, um nun all das zu erleben, was hier *ist*.

„Das weiß ich. Du hast ein Auge auf diese *swamis*."

„Swami Rama sagte mir einmal, daß es sehr wenige wirkliche *swamis* gäbe — vielleicht eine Handvoll in der ganzen Welt. Mir wird langsam klar, daß das Wort *swami* zwei Bedeutungen hat. Eine Bedeutung ist Meister oder Meister des Selbst. Die andere Bedeutung ist — Aussteiger!"

„Was ist denn ein Aussteiger?"

„Ein Aussteiger ist jemand, der aufhört, an den ökonomischen und den politischen Systemen teilzuhaben, jemand, der aufhört, im üblichen Sinn zu arbeiten. Ich glaube jedoch nicht, daß das Aussteigen notwendigerweise Spiritualität oder spirituelles Wachstum mit sich bringt. Ein Brückenbauer kann ein Heiliger werden, während er weiterhin Brücken baut und ein Verrückter, der aussteigt, wird weiterhin ein Verrückter sein."

„Wir nennen sie Asketen."

„Aber das ist es ja gerade. Ein Asket ist etwas anderes. Asketen sind nicht von Ashrams abhängig. Asketen leben nicht von Almosen. Sie brauchen keine organgefarbenen Gewänder oder irgendein anderes Image. Asketen sind Arbeitende in der Welt, wo immer sie leben. Sie arbeiten in jedem Bereich. Sie arbeiten und arbeiten und verzichten auf die Früchte ihrer Arbeit. Wahre Asketen sind jene, die den Punkt erreicht haben, wo sie die Früchte ihrer Bemühungen nicht mehr brauchen, um ihren spirituellen Weg zu gehen. Aber kein Mensch kann so heilig sein, daß er nicht mehr zu arbeiten braucht und trotzdem von den Früchten der Arbeit anderer Menschen leben darf."

Raju saß still da; er verstand diese seltsam klingende Sprache nicht. Doch dann hielt er seinen Augenblick für gekommen; er zeigte auf die Blätter mit den kleinen Lichtern, die den Fluß hinunterzuschwimmen begannen und drückte seine Begeisterung über das schöne Bild auf Hindi aus.

Hridaya hörte ihm zu, doch dann sagte er zu mir: „Aber das Singen im Sanyas Ashram hat dir wirklich gefallen."

„Das Singen war eine Art von Arbeit, wichtig und bedeutungsvoll. Aber auf einer spirituellen Ebene hätte es genauso geklungen, wenn die Swamis keine Swamis gewesen wären. Es hätten Händler oder Bettler sein können. Sie hätten Krawatten und Manschettenknöpfe, Motorradjacken und Helme tragen können. Ihr Singen war etwas Spirituelles, das nichts zu tun hatte mit ihren orangefarbenen Gewändern oder ihren Titeln. Und ich habe noch etwas Bedeutsames heute erlebt — nach all dem, was der Swami sagte, war ihm das Wichtigste die Sache mit den Höhlen im Himalaya und den Heiligen, die dort für die Welt arbeiten. Aber wir sind weit entfernt von diesen Menschen im Himalaya, wir, du und ich und die Swamis, deshalb müssen wir einen anderen Weg finden, um unseren Beitrag zu leisten." Ich warf einen Blick zu Raju hinüber, der wieder aus dem Gespräch ausgeschlossen war.

„Es wäre gut, wenn wir sein könnten wie Swamis aus einem Ashram oder Mönche aus einem Tempel, wenn es Zeit ist zu singen, und wenn wir wie Herr Dudeja oder Herr Panjwani sein könnten, wenn es darum geht, zu organisieren und praktisch zu denken, wenn es für uns Zeit ist, als Menschen an menschlichen Angelegenheiten teilzunehmen. Und außerdem wäre es gut, wenn wir immer bescheiden und aufrichtig sein könnten, wie unser Freund Raju hier, und wenn wir immer ein Lächeln hätten wie er."

KAPITEL 16

EINE STUNDE NACHDEM wir uns in unserem Zimmer im Touristenbungalow in Muni Ki Reti eingerichtet hatten, trafen Hridaya und ich Swami Sivanandapuri auf dem Weg oberhalb der Bootsanlegestelle. Er stand gegenüber dem Swami-Institut in der Nähe des Gita-Tempels an den Zaun gelehnt, der die steinernen Götterbilder umgab, und sah den Weg hinunter in unsere Richtung. Als wir uns näherten, legte er die Hände zusammen und hob sie zum Gruß hoch über seinen Kopf empor. Zuerst erkannte ich ihn nicht, da er im Gesicht schmaler geworden war, eine dunkle Brille trug und seit neuestem einen Bart hatte. Aber als wir nah genug herangekommen waren, rief er meinen Namen.

,,Swami Sivanandapuri, wie schön, Sie zu sehen! Was für ein Glück, daß wir Ihnen jetzt gerade begegnen!" Ich erklärte ihm, daß Hridaya und ich auf dem Weg zu Tat Walla Baba waren, und daß ich gerade zu Hridaya gesagt hätte, daß ich nicht sicher sei, ob ich ohne die Hilfe des Swami den Weg fände.

,,Das ist wirklich ein Glück", sagte Swami Sivanandapuri. ,,Ich bin jetzt schon seit einigen Monaten in diesem Swami-Institut-Ashram, aber wenn ich nicht hier draußen gestanden hätte, dann wären wir uns nicht begegnet. Doch das war kein Zufall!" Er griff in seine Tasche. ,,Sehen Sie", sagte er, ,,hier ist Ihr Brief, den Sie mir vor vier Monaten geschrieben haben. Vor einem Monat habe ich erwartet, Sie zu sehen oder von Ihnen zu hören, aber da das nicht geschah, dachte ich, Sie hätten Ihren Plan zurückzukommen aufgegeben. Vor ein paar Augenblicken nun sah ich ihr Gesicht vor mir und mußte an Sie denken. Da nahm ich Ihren Brief heraus und las ihn noch einmal. Dann steckte ich ihn in die Tasche und ging auf die Straße hinaus, um die Vorübergehenden zu betrachten. Sehen

Sie, ich wußte es selbst nicht, aber ich habe wirklich auf Sie gewartet!"

Da viele Pilger unterwegs waren, war es unruhig hier draußen, und so gingen wir in den Innenhof des Ashrams und setzten uns auf eine Steinbank im Schatten eines großen Baumes. Die verschiedensten Blumen blühten im Steingarten, vielerlei Vögel sangen in den Bäumen, und die Morgensonne zeichnete scharfe Schatten auf den Boden.

,,Es ist wunderschön hier", sagte ich.

,,Jetzt im Augenblick ist es angenehm. Aber normalerweise nicht. Sonst ist es nämlich wie in einem Zirkus hier. Ganze Scharen von Pilgern, die drängen, schreien, predigen, Tag und Nacht Lärm machen und dann noch die Lautsprecher ..." Er schwieg und betrachtete mich einen Augenblick. ,,Es ist mir nicht gut gegangen." Dann schwieg er wieder.

,,Das ist Hridaya Singh, ein Freund aus Kanpur. Er reist mit mir."

Sie tauschten ein paar Worte in Englisch aus.

,,Es ging mir nicht gut, nachdem Sie weggefahren waren", sagte der Swami noch einmal. ,,Eine lange Zeit war ich in schlechter Verfassung. Ich zog zu Tat Walla Baba, wie ich Ihnen sagte. Ich versuchte im Winter in der Höhle zu leben, aber ich ertrug die Kälte nicht. Früher hätte mir das nichts ausgemacht. Ich glaube, in mir gehen innere Veränderungen vor. Mein Körper wurde schwach, ich bekam eine Lungenentzündung. Ich verließ meine Höhle. Man war so freundlich, mir in diesem Ashram ein Zimmer zu geben. Durch meine Mediationen und meine Atemübungen erholte ich mich wieder. Aber dann kam die Kumbh Mela. Das Fest war wie ein riesiger Jahrmarkt. Das ist es noch." Er schüttelte nachdenklich den Kopf. ,,Sind Sie zur Kumbh Mela hierhergekommen?" fragte er. ,,Haben Sie das Fest gesehen?"

,,Ich war in Hardwar, aber erst nach dem Höhepunkt der Mela."

,,Gut! Gott sei Dank dafür. Er behütet Sie immer. Wären Sie am Haupttag des Festes in Hardwar gewesen, so wären Sie nur im Gedränge untergegangen wie alle anderen. Es war chaotisch und grotesk. Ich war an diesem Tag dort. Irgendein Wettbewerb fand statt, bei dem sogar einige Menschen verletzt wurden. Die Menschen standen so dicht gedrängt, daß sie nicht einmal richtig atmen konnten. Sechs oder acht Stunden lang konnte sich niemand bewegen, um etwas zu trinken oder sich auch nur einen Augenblick lang niederzusetzen. Es ist ein Segen, daß Sie nicht da waren. Wo wohnen Sie jetzt? Wahrscheinlich im Bungalow? Ich möchte gerne bei Ihnen wohnen."

Ich hatte geahnt, daß er das sagen würde, aber ich wußte nicht, was ich antworten sollte. Es schien mir zwar angenehm, den Swami in meiner Nähe zu haben, damit er mich herumführen und dolmetschen konnte. Andererseits war es mir auch wichtig, mich allein in mein Privatquartier zurückziehen zu können.

Ich welchselte das Thema. „Wollen wir ins Choti Walla gehen und einen kalten Zitronensaft trinken?"

„Ah, sehr gut!" Er sah Hridaya an. „Er hat immer so gute Vorschläge. Ja, das ist eine wunderbare Idee."

War es Langeweile, die einen Menschen, der sonst auf irdische Freuden verzichtete, dazu brachte, sich derartig für einen kalten Zitronensaft zu begeistern? Doch dann erinnerte ich mich, wie liebenswürdig und unkompliziert der Swami war. Er ging einfach auf mich ein. Das war Teil seines *sadhana*, Teil seiner Vertrautheit mit Menschen aus dem Westen. Ich war vielen Swamis begegnet, seit ich Swami Sivanandapuri das letzte Mal gesehen hatte; unter ihnen waren viele ungewöhnliche und interessante Menschen gewesen. Swami Sivanandapuri war vielleicht weniger gelehrt, weniger autoritär als die meisten von ihnen, aber er war sicher gütiger und weltgewandter als all die Swamis, denen ich begegnet war; von diesem Standpunkt aus betrachtet waren all die anderen irgendwo zwischen ihm und Swami Rama einzuordnen, der das andere Ende des Spektrums darstellte. Deshalb — so wurde mir klar — war es kein Problem, wenn Swami Sivanandapuri bei uns im Bungalow wohnte. Ich beschloß, das Thema aufzugreifen, sobald wir an unserem Tisch im Choti Walla saßen.

„Ich wäre bereit, noch ein Zimmer im Touristenbungalow zu mieten", begann ich. „Und wir haben verabredet, daß uns das Essen vom Neelam heraufgebracht wird. Sie könnten mit uns zusammen essen. Aber das kostet viele Rupien, und ich habe ein begrenztes Budget. Vielleicht wäre es das Beste, wenn ich Ihnen einfach diesen Geldbetrag geben würde?"

„Wenn ich wählen kann, würde ich lieber das Zimmer haben als das Geld. Ich kann umsonst wohnen, wo ich jetzt bin.

Aber wenn es Ihnen nichts ausmacht, will ich lieber im Bungalow wohnen. Ich brauche das Geld nicht. Und wenn Sie hier weggehen, kann ich wieder in mein früheres Zimmer zurück."

„Ich muß mit dem zuständigen Beamten sprechen", sagte ich. „Es sind immer noch sehr viele Pilger unterwegs, und die meisten Zimmer sind reserviert." Das stimmte, aber es war auch eine gewisse Möglichkeit, meine Entscheidung, wie sie auch ausfiel, zu rechtfertigen.

„Soll ich heute Abend kommen, um mich zu erkundigen?"

„Nein, lassen Sie es uns morgen entscheiden. Wie wäre es, wenn wir uns morgen Früh treffen und zu Tat Walla Baba gehen?"

„Gut. Wir sollten uns um acht Uhr auf den Weg machen, damit wir rechtzeitig da sind. Ich komme um halb acht zu Ihnen."

„Es ist nicht nötig, daß Sie den ganzen Weg hin und zurück machen. Treffen wir uns doch dort, in Ihrer Nähe."

„Dann werde ich um acht Uhr an der Anlegestelle sein. Aber ich muß Ihnen sagen, daß es nicht Ihnen zuliebe, sondern mir zuliebe ist, daß ich dort drüben wohnen möchte. Ich muß irgendeine Zuflucht haben, und wenn es nur für ein paar Tage ist."

„Er will unbedingt bei uns wohnen", stellte Hridaya fest, als wir über den Fluß zurückfuhren. „Ich verstehe nicht, warum. Diese *swamis* können umsonst in den *ashrams* wohnen. Ich glaube, du solltest ihn einfach das Geld geben."

Ich erklärte Hridaya, daß der Swami meiner Ansicht nach einen Tapetenwechsel brauchte, und daß ihm die Ruhe, die er im Bungalow hätte, wahrscheinlich gut tun würde; dem Beamten im Büro des Touristenbungalows (der betonte, daß dieses „Entgegenkommen der Regierung" nicht für die ansässigen *swamis* gedacht sei und daß „sich *swamis* nicht als Fremdenführer betätigen sollten") erklärte ich, daß meine Arbeit in Rishikesh durch seine Verfügbarkeit sehr erleichtert werden würde. Schließlich erhielten wir die Erlaubnis, und so sollte Swami Sivanandapuri am nächsten Tag in Zimmer elf (mit einem eigenen Bad) einziehen.

Um acht Uhr am nächsten Morgen wartete der Swami am Ufer des Ganges, wie er es versprochen hatte.

„Oh, wunderbar. Sie sind pünktlich. Wir werden ohne

Schwierigkeiten um zehn Uhr bei der Höhle des Baba sein. Vielleicht möchten Sie einen kalten Zitronensaft trinken, bevor wir den Berg hinaufgehen."

Ich war einverstanden.

„Sehr schön!" Und wie er es ein paar Monate zuvor getan hatte, lüpfte er sein Gewand, steckte es an der Taille fest und rannte schwungvoll die Betonstufen hinauf..

„Ich habe ein Foto von Dr. Green gesehen, das vor etwa zwei Monaten in ihrem *Time* Magazin erschienen ist", berichtete der Swami zwischen zwei Schlucken Zitronensaft. „Er war mit dem Baba abgebildet, der auf dem Nagelbrett sitzt. Haben Sie es gesehen?"

Ich hatte es gesehen. Im November hatte Tom das Foto für Elda Hartley gemacht, während die Greens in Swami Ramas Ashram mit dem kleinen alten Mann ihre Tests machten. Er erschien im März 1974 in der *Time* als Bild zur Titelgeschichte über Psychologie.

„Ich werde Ihnen erzählen, wie ich dazu kam, es zu sehen", fuhr Swami Sivanandapuri fort. „Eine junge Frau aus Europa brachte es hierher mit. Wie Sie wissen, gibt es diese Zeitschrift überall in der Welt. Sie kaufte sich ein Exemplar, und als sie das Foto des kleinen alten *baba* sah, wurde sie eine Sucherin. Können Sie sich so etwas vorstellen? Ich weiß nicht, wie sie mich ausfindig gemacht hat, es ist jedenfalls erst ein paar Tage her. Sie erzählte mir, daß sie seit beinahe sechs Wochen in ganz Indien suchte. Sie wissen vielleicht, daß nicht dabeistand, wo der Schauplatz des Fotos war; man konnte höchstens ahnen, daß es in der Nähe des Ganges aufgenommen sein mußte. Als sie ein paar Tage in Rishikesh war, begegneten wir uns und sprachen miteinander. Sie zeigte mir das Foto des kleinen alten Mannes und sagte, daß sie im Innersten wußte, daß er ihr *guru* werden sollte. Sie war ein seltsames Mädchen. So voller irrationaler Zielstrebigkeit. Ich mußte sie zu ihm bringen. Erinnert ihr euch, wo er sitzt? Unter dem großen Baum dort oben am Weg." Er zeigte zur Rückseite des Choti Walla. Dann sagte er: „Wollen Sie ihn heute sehen? Wir können ohne weiteres dort vorbeigehen und ihm unsere Ehrerbietung erweisen, bevor wir uns bergan auf den Weg machen."

„Was geschah, als das Mädchen aus Europa ihn sah?" fragte ich.

Sein Lächeln verflog. „Es war traurig", sagte er. „Es war sehr traurig. Zuerst sah sie ihn nur an. Sie hat ihn wohl eine halbe Stunde lang immer nur angesehen. Ich brachte es nicht über mich, sie zu fragen, ob sie etwas von dem seltsamen Menschen wissen wollte. Und so stand ich einfach neben ihr und schwieg. Schließlich wandte sie sich mir zu und sagte: Ich bin nicht sehr beeindruckt. Gehen wir fort von hier. Ich bemerkte, daß ihr nach Weinen zumute war, daß sie aber zugleich bemüht war, ihre Enttäuschung vor mir zu verbergen. Sie sah aus, als seien all ihre *guru*-Träume zerronnen. Wir setzten uns auf eine der Bänke am Wegrand und ich tröstete sie. Ich sagte ihr, sie könne diese verrückte, sinnlose Jagd nach einem *guru* aufgeben, wenn ihr klar würde, daß ihre Beziehung zu ihrem *guru* schon bestand, so wie mit jedem anderen Menschen. Ich sagte ihr, daß es töricht sei, exotische Ansprüche an gewisse Menschen zu haben oder etwas von ihnen zu erwarten, obwohl sie solche Identifizierungen weder verdienen noch wünschen. Sollte man diesen Mann einen *guru* nennen, nur weil er seltsam ist und ungewöhnliche Dinge tut? Ich sagte ihr, daß es keinen Grund gab, enttäuscht zu sein. Sie hatte keinen *guru* verloren. Sie hatte nur ihre falsche Vorstellung von einem *guru* verloren. Aber da sie nun einmal in Indien sei, so sagte ich ihr, könne sie von praktischen spirituellen Lehrern zu praktischem spirituellen Wissen geführt werden."

Er sah uns an, als warte er auf eine Reaktion. Hridaya und ich wiegten unsere Köpfe zustimmend hin und her.

Ich dachte, daß wahrscheinlich noch viele andere, die der Swami gar nicht kannte, von dieser Fotografie inspiriert aus dem Westen die Reise angetreten hatten, um diesen „*guru*" auf seinem Nagelbett zu finden, der am Weg nach Laxman Jhula saß und bettelte. Für jene, die ihn nicht fanden, war die Enttäuschung ebenso unvermeidlich wie für jene, die ihn fanden.

Wir nahmen uns die Zeit, die paar Extrastufen den Weg hinaufzugehen, um den *baba* auf seinem Nagelbrett kurz zu begrüßen, bevor wir durch den Mangobaumgarten und dann den Berghang hinaufgehen würden. Der Baba hockte so auf dem Nagelbrett, daß nur seine Fußsohlen die Spitzen der Nägel berührten. Heute war eine Frau bei ihm. Sie hockte vor ihm auf dem Lehmboden und sah ihn an, als schaute sie in den Himmel. Sie war aufgemacht wie eine Zigeunerin. Ein kleiner Affe an einer Schnur, der an den Baum gebunden war, rannte zwischen den beiden hockenden Menschen hin und her. Er sprang öfters auf die Schultern des Baba und zupfte an seinem langen Haar, was den kleinen alten Mann aber scheinbar nicht störte. Ich fragte mich, ob er sich wohl immer in diesem halben Trancezustand befand.

„Ist das seine Frau?" fragte Hridaya den Swami.

„Das weiß ich nicht." Der Swami lachte. „Ich glaube nicht, daß er eine Frau hat. Vielleicht ist es seine Schwester."

Es war mir nicht wohl, daß wir hier standen und über diese beiden seltsamen Menschen sprachen. Vielleicht konnten sie uns sogar hören. Ich gab dem Baba ein paar Münzen und sagte zu Hridaya und dem Swami, daß ich gehen wolle. Während wir bald darauf im Schatten der Mangobäume dahingingen, fragte ich mich, ob man den kleinen alten Mann im Westen nicht bald als „Schwindler" entlarvt haben würde. Die indischen Pilger jedoch bewunderten ihn offenbar genug, um ihm immer wieder Geld zu geben, von dem er leben konnte. In den Augen dieser Menschen war er ein frommer Mann, wohl nicht so sehr wegen seines Nagelbrettes, sondern wegen der Heiligenbilder, der Kerzen, des Weihrauchs und der Asche, die sein Haar und seine Haut bedeckten, um ihn vor physischem Begehren zu schützen. War es sinnvoll, was er tat oder nicht? Ich wußte es nicht.

Der Gang durch den Obstgarten hindurch in den Wald über die Bäche, den steilen Bergpfad hinauf, war mir sehr vertraut. Jetzt merkte ich, daß ich den Weg auch alleine gefunden hätte. Doch ich war froh, daß unser Swami uns begleitete. Vieles wurde interessanter durch ihn, und zudem brauchte ich einen Dolmetscher, wenn ich mit Tat Walla Baba sprechen oder ihm zuhören wollte.

Swami Sivanandapuri ging für einige Augenblicke in die Höhle des schlafenden Baba hinein, deren verrostete Blechtür an diesem Tag offen stand, während Hridaya und ich am Weg oberhalb der Höhle warteten; als er wieder auftauchte, berichtete er, daß der Baba, wie erwartet, tief im Schlaf lag und wahrscheinlich noch eine lange Zeit schlafen würde.

Wir folgten dem Weg bis hinauf zu seinem Baum. Ich betrachtete die Stelle, an der er gesessen hatte, und erinnerte mich an Harvey, an die Frau aus Europa und an die Worte, die dort im letzten Winter gesprochen worden waren.

„Hier sitzt der Baba im Winter. Jeden Morgen und jeden Nachmittag sitzt er eine Stunde länger unter diesem Baum", erklärte der Swami Hridaya. „Aber jetzt ist es viel zu heiß dazu. Nicht für den Baba, aber für seine Besucher. Deshalb sitzt er dort unter der Höhle, wo es kühler ist. Kommen Sie. Wir sind ein wenig zu früh dran, aber wir warten lieber im Inneren der Höhle."

Ich war der Meinung gewesen, daß Besucher diese von den Schülern des Baba gebaute primitive Hütte unter den Stufen zu seiner Höhle nicht betreten durften und freute mich nun, einen Blick hineintun zu können. Wir zogen am Eingang unsere Sandalen aus und betraten den harten, glatten, reingefegten Erdboden. Welche Erleichterung! Schon die Morgensonne war grell und stark gewesen und viel zu heiß, um einen Berg zu besteigen; die Luft hier drinnen wehte uns kühl und erfrischend entgegen. Auf einem zusammengefalteten Teppich vor einem niedrigen, schweren Holztisch, der wie eine Bank aussah, saß ein alter Mann. Als wir eintraten, sprang er auf die Füße und begrüßte uns. Dann machte er uns ein Zeichen, daß wir uns auf dem Teppich niederlassen sollten. Während wir uns hinsetzten, ging er, um uns Wasser zu holen. Ich fühlte mich an die Szenerie eines Märchens erinnert. Meine Blicke folgten dem alten Mann, der im Hintergrund der dunklen Höhle verschwand; ganz in der Tiefe schien eine Art Steinaltar zu stehen. Der alte Mann brachte kaltes, schäumendes Wasser in glänzenden Metallschalen und Hridaya und der Swami begannen sofort zu trinken, indem sie die Schalen über ihren Kopf hielten und das Wasser in ihren offenen Mund gossen, um die Gefäße nicht mit den Lippen berühren zu müssen. Einen Augenblick lang dachte ich an meine Halazonpillen, doch dann beschloß ich, Tat Walla Babas Wasser ohne Zögern zu trinken. Ich versuchte genauso zu trinken, wie ich es eben gesehen hatte. Da traten ein junger Sikh, eine Frau und ihre kleine Tochter durch die Tür, und der alte Mann und der Swami baten uns aufzustehen. Wir entfalteten den Teppich und machten Platz für die Neuankömmlinge. Dann saßen wir alle schweigend auf dem Teppich und sahen zu der hölzernen, flachen Bank hin, auf der Tat Walla Baba sitzen würde.

Als er oberhalb der Höhle die Stufen herabkam und einen Augenblick am Eingang der Höhle erschien, sprangen wir auf. Doch er ging sofort zur Türe hinaus, nachdem er uns angelächelt und uns ein Zeichen gemacht hatte, daß wir uns wieder setzen sollten. Er hatte ein Handtuch und ein Stück Seife dabei.

„Nun wird er erst zum Fluß gehen und dann wird er hierherkommen und hier sitzen", erklärte der Swami auf Englisch.

Nach etwa fünfzehn oder zwanzig Minuten erschien der Baba wieder am Eingang. Alle sprangen auf. Der alte Mann rollte seine Matte auf dem hölzernen Podest aus und Tat Walla Baba nahm seinen Platz ein. Der Swami beugte sich tief vor ihm auf die Erde nieder und berührte seine Füße, der alte Mann und die anderen Besucher taten es ihm nach. Der junge Sikh bot dem Meister einen Korb mit Früchten dar.

„Geh' auch nach vorne und berühre seine Füße", flüsterte mir Hridaya zu. Aber ich tat es nicht. Dieser Baba schien ein offener und einfacher Mann zu sein, trotz seines ungewöhnlichen Äußeren, den unglaublich langen Haaren und den Tigeraugen. Er ließ diese Formalitäten so ruhig und selbstverständlich über sich ergehen, daß man meinen konnte, er nähme nicht einmal wahr, ob alle seine Füße berührten. Wenn ich die Füße irgendeines Menschen berühren konnte, so konnte ich auch die Füße dieses Baba berühren. Aber ich wollte es später tun. Das war etwas sehr Ernstes für mich, nicht etwas, was man nur um der anderen willen tat.

Nur der Sikh und der Baba sprachen nun miteinander, wahrscheinlich auf Punjabi, und so wurde kein Dolmetscher gebraucht. Man hatte mir gesagt, daß Tat Walla Baba eine eigene Mischung aus Hindi und Punjabi sprach, was vielleicht auch ein Grund dafür war, daß seine Stimme so seltsam klang. Ich saß einfach da und versuchte weder zuzuhören noch zu denken, sondern still zu werden und da zu sein. Ich hatte dem Swami auf dem Weg hierher gesagt, daß ich eines Tages gern ein Gespräch mit Tat Walla Baba führen und es auf Tonband aufnehmen würde, aber daß ich heute nur still an der morgendlichen Stunde teilnehmen wolle. Und so war ich zufrieden, daß alles war, wie es war.

Hinter dem Rücken des Baba, von einer Trennwand abgeteilt, lag die Küche. Ich merkte es, als ich Kochgeräusche und

Essensgerüche von dorther wahrnahm, während der Baba sprach. Wenige Minuten zuvor war ein großer, freundlich aussehender Mann erschienen, der die Früchte, die als Gabe mitgebracht worden waren, an alle verteilte. Tat Walla Baba war der einzige, der nicht aß. Wenn ich den großen kräftigen Körper und den runden Bauch des Baba betrachtete, so hoffte ich, daß der Koch ihm ein herzhaftes und köstliches Mahl bereiten würde. Doch es kam ganz anders. Als die Besuchszeit des Baba vorüber war, sagte er etwas zu Swami Sivanandapuri, der auf Englisch wiedergab, daß der Baba sein Essen als *prasad* geopfert hatte.

Wir übrigen saßen auf Sackleinen in der Höhle und aßen Reis und gekochtes Gemüse aus Schalen, während uns Tat Walla Baba zusah. Als wir alle fertig waren, machte er sein Haar auf und stieg die Stufen zu seiner Höhle hinauf. Seine verfilzten, langen Haarsträhnen schleiften auf dem Boden hinter ihm her.

Als Hridaya und ich in den Bungalow zurückkehrten, wartete im Büro ein Swami.

„Das ist Swami Kaivalyananda aus dem Sivananda Ashram", sagte der Touristenbeamte. „Er ist ein Swami, der wirklich etwas weiß. Er hat die *Upanishaden* und die *Gita* gründlich studiert und ist eine Kapazität für epische Literatur und alte Schriften. Außerdem spricht er sehr gut Englisch. Ich glaube, Sie werden sich über ein Gespräch mit ihm freuen."

Ich hatte diesen Mann schon einmal gesehen. Er war, als wir letzten November hier wohnten, mehrere Male gekommen, um jemanden zu besuchen, der im Touristenbungalow lebte; niemand von uns hatte jedoch mit ihm gesprochen. Er war ein großer Mann und trug einen hohen Turban auf dem Kopf, der ihn noch größer erscheinen ließ. Dieser Turban und sein langes Gewand waren so sauber gewaschen und so hell, daß sie eher rosa als organgefarben wirkten. Seitdem ich ihn zum ersten Mal gesehen hatte, nannte ich ihn für mich den Rosa Swami. Seine dunkle Haut stand in scharfem Kontrast zu seiner hellen Kleidung und seine großen Zähne schimmerten weiß. Offensichtlich stammte er aus dem Süden.

Sein Englisch war wirklich ausgezeichnet. Man konnte ihn sehr gut verstehen. Anstatt der üblichen scharfen und abgehackten Sprechweise hatte er sich einen amerikanisch angehauchten, britischen Akzent angewöhnt, der sehr fließend klang und der wahrscheinlich das Ergebnis langen fleißigen Übens war.

„So sind Sie also noch einmal nach Indien gekommen. Ich habe erst jetzt von Ihnen gehört. Sie waren Teilnehmer der Gruppe von Dr. Green, die letzten Winter hier war. Dr. Green habe ich sicher flüchtig gesehen — Sie möglicherweise auch. Von Dr. Green, seinen Forschungen und seinen Vorträgen in unserem Land wurde viel gesprochen und geschrieben. Es tut mir leid, daß ich ihn nicht näher kennengelernt habe. Wie ich hörte, sind Sie diesmal alleine hierhergekommen, um mit verschiedenen Lehrern zu sprechen, nicht wahr? Arbeiten Sie im Rahmen desselben Forschungsprogramms?"

„Ja, in gewisser Weise."

„Setzen Sie sich doch, machen Sie es sich bequem und erzählen Sie mir von diesen Forschungen und was Sie damit beabsichtigen. Es ist doch wohl eine Art Wissenschaft? Sie haben doch ein Laboratorium?"

Der Touristenbeamte, der neue Swami, Hridaya und ich setzten uns nieder. Ich versuchte in ein paar Sätzen zu umreißen, was es mit den Geräten auf sich hatte, mit denen wir Gehirnwellen, Herzschlag, Hauttemperatur, Atmung usw. messen konnten und wie wir psycho-physiologische Wechselwirkungen bei einer Anzahl von Personen beobachtet hatten, die für verschiedene Arten von Yoga und Meditation repräsentativ waren. Es war mir heiß und ich war müde. Ich hatte wenig Lust auf eine vom Zaun gebrochene Diskussion, die vielleicht Stunden dauern würde. Aber ich mußte Geduld haben, um das zu hören, was ich nur hier hören konnte.

„Natürlich ist all diese Wissenschaft gut und nützlich. All das ist Wissenschaft." Er fuhr mit dem Arm durch die Luft. „Die Erklärung des Universums und des Evolutionsprozesses kann natürlich als Wissenschaft behandelt werden. Aber das, wovon Sie sprechen, ist sehr begrenzt. All diese Instrumente, das ist nur Wissenschaft vom Körper. Sie studieren nicht Yoga und Meditation, Sie untersuchen den Körper."

„Nun, doch wohl Körper *und* Geist. Die Beziehung zwischen dem Kopf und dem Körper."

„Sehen Sie, Meditation ist nun einmal keine Funktion des Verstandes."

„Das mag sein, aber schließlich ist das Gehirn doch mit einbezogen, oder nicht? Wenn man davon spricht, die Gedanken zur Ruhe zu bringen ..."

„Und das nennen Sie eine Beteiligung des Gehirns? Ich würde es gerade eine Nichtbeteiligung des Gehirns nennen. Das ist meine Ansicht. Der Verstand ist nicht in die Meditation einbezogen."

„Aber könnte man nicht sagen, daß ein gutes Funktionieren des Verstandes für ein Erreichen des Meditationszustandes wichtig ist?"

„Für den Anfänger mag das vielleicht gelten. Es trifft auch für den Körper zu. Der Anfänger muß lernen, ruhig zu sitzen, sonst wird er nie zur nächsten Stufe fortschreiten. Aber das Ziel ist es, jenen höheren Zustand zu erreichen, der jenseits der Sinnes- und Verstandesfunktionen ist. Dann werden Körper und Kopf unwichtig. Also kann man die Meditation mit diesen Instrumenten nicht messen."

„Ich glaube, wir sind uns dessen durchaus bewußt. Wir versuchen nicht, Meditation zu messen."

„Aber Sie sagten, daß Sie diese Yogis und Meditierenden untersuchten."

„Aber nicht den Zustand der Meditation, sondern die psycho-physiologischen Wechselwirkungen und den Grad der Selbstregulierung von Verstand und Körper, den Sie im Verlauf ihrer Übung erreicht haben. Wir können beispielsweise den Grad der Gehirnaktivität messen ..."

Sehen Sie, Gehirn, Verstand und Geist sind nicht ein- und dasselbe."

„Würden Sie nicht zustimmen, daß die Aktivität des Gehirns die geistige Aktivität wiederspiegelt?" fragte ich.

„Ich behaupte, daß der Geist aktiver wird, wenn das Gehirn weniger aktiv ist. Die Aktivität des Denkens mag abnehmen, aber das ist nur die Oberfläche. Der Geist ist wie ein Eisberg. Wissen Sie, wie ein Eisberg aussieht? Nur ein kleiner Teil ist über der Wasseroberfläche sichtbar. Diesen Teil kann man mit dem kleinen Teil des Geistes vergleichen, der in der äußeren Welt funktioniert — der Intellekt, der Verstand, die sinnlichen Wahrnehmungen. Der unbewußte Geist, der innere Geist, ist viel größer. Aber selbst die tiefste Tiefe des Geistes ist nicht der wesentliche Teil des Menschen. Geist und Selbst sind nicht identisch. Um den Geist zu verstehen, muß man zuerst die Wesensnatur des Menschen verstehen. Dann können wir diese äußeren Funktionen klar einordnen."

„Ich glaube, daß die meisten westlichen Wissenschaftler der Ansicht sind, die äußeren Funktionen seien alles, was es gibt."

„Diese äußeren Funktionen sind ja auch durchaus real. Man kann sie nicht durch sich selbst verstehen. Man muß das göttliche Selbst im Menschen erkennen, dann kann man erst vestehen, daß diese äußeren Formen nichts als Wiederspiegelungen sind."

„Wenn Sie vom göttlichen Selbst sprechen, von dem man herkommt, dann sprechen Sie von Religion und nicht von Wissenschaft. Die Wissenschaft will sich auf die physikalische Substanz, auf die Eigenschaften der Materie beschränken, zumindest die amerikanische Wissenschaft. Was die Erforschung des Menschen anbelangt, so geht die Wissenschaft so weit, wie es die chemische Zusammensetzung von Körper und Gehirn erlaubt − weiter nicht. Alles andere ist nach Ansicht der westlichen Menschen Religion, ob es nun Geist, Seele, die wahre Natur des Menschen, die spirituelle Evolution oder was auch immer betrifft. Doch in beiden Bereichen kommt man nicht weiter, weil sie nie zusammengeführt werden, selbst nicht in ein und demselben Menschen. Intelligente Leute glauben, daß sie diese Bereiche trennen müssen, daß beides nichts miteinander zu tun habe. Und viele intelligente Menschen leben eine Doppelexistenz wie Mr. Jekyll und Mr. Hyde, als eine Art gespaltene Persönlichkeit. Wenn sie in der Kirche sind, denken sie über eine bestimmte Art über die Dinge, vielleicht in Kategorien von Himmel, Hölle, Teufel und so weiter. Und dann gehen Sie in ihre wissenschaftlichen Labors und nehmen sofort einen völlig anderen Standort ein, betrachten die Natur des Universums und die Bedeutung des Lebens von völlig anderen Gesichtspunkten."

„Diese Art von Dualismus ist ungesund und sinnlos", erwiderte der Swami. „Dieser Dualismus muß verurteilt werden, selbst wenn das bedeutet, die Religion zu verurteilen. Das ganze Wissen und die ganze Wahrheit über das Universum muß als Wissenschaft betrachtet werden. Vom physischen Standpunkt bis zum spirituellen Standpunkt ist alles Wissen

Wissenschaft und wird als Wissenschaft betrieben — als wissenschaftliche Bemühung."

„Der Ansicht bin ich auch", sagte ich. „Deshalb müssen wir die Dinge im Westen von der physikalischen Ebene her betrachten. Denn im Westen hat sich die Wissenschaft noch nicht weiter entwickelt. In Ihrem Sinn des Wortes Wissenschaft sind wir eine unterentwickelte Nation und müssen innerhalb unserer Begrenzungen die ersten Schritte machen. Wir müssen damit beginnen, die physischen Wiederspiegelungen mit physikalischen Instrumenten zu beobachten und zu messen."

„Dann ist es gut. Aber dieser Dualismus muß angeprangert werden. Er ist gefährlich. Wissen Sie, man sagt sogar, daß kein unbescholtener Mensch heute mehr in die Kirche gehen kann, weil er dort sofort beleidigt wird. Man wird ihn einen Sünder nennen. Aber niemand ist in Sünde geboren." (Hätte ich diese Gedanken selbst ausgesprochen, so hätten sie etwas anders geklungen; aber es war interessant für mich zu hören, wie ein Swami über den religiösen Begriff der Sünde sprach.) „Alle sind aus Gott geboren. Die großen Propheten haben gesagt, das Grundübel des Menschen sei die Unwissenheit. Alles Böse kommt nur von der Unwissenheit. In seiner Unwissenheit weiß der Mensch nicht, was er ist. In seiner Unwissenheit identifiziert er sich selbst mit der physischen Welt und dem physischen Körper. Denn all die Propheten und all die Götter, die er verehrt, sind nicht dazu in der Lage, ihn zu befreien. Der Mensch selbst muß den Weg zu seiner Erlösung gehen. Er muß aus sich selbst heraus zur Weisheit der Heiligen erwachen. Jeder, der die Wahrheit entdeckt hat, ist ein Menschenretter. Es gibt soviele Propheten in dieser Welt wie es Menschen gibt, denn jeder Mensch trägt in sich den Sohn Gottes. Er ist selbst Christus, also die Wahrheit, aber wir müssen dieses Christusbewußtsein für uns selbst entdecken.

Wir können all den Religionen eine Absage erteilen. Die Religionen sind vom Menschen geschaffen. Wenn sie uns von diesem Dualismus befreien, so können wir sie annehmen, aber wenn sie den Dualismus erst schaffen, sind sie genauso schlecht wie irgendetwas anderes Schlechtes auf der Welt. Ein Materialist kann ein sehr guter Mensch sein, ein besserer Mensch als ein Gläubiger. Ein Materialist kann sehr selbstlos sein, auch wenn er nicht an Gott glaubt. Ein religiöser Mensch kann sehr sektiererisch sein. Ein reiner Wissenschaftler kann einsehen, daß man das ganze Universum durch wissenschaftliches Denken verstehen kann. Aber ein durch seine Religion befangener Wissenschaftler hat Angst, gewisse Wahrheiten zu entdecken. Er hat Angst, daß irgendetwas nicht in das Schema seiner Religion paßt. Deshalb besteht er aus Angst darauf, seine Wissenschaft auf ein Gebiet zu begrenzen, das seine Religion nicht berührt. Könnte er sich von seiner Religion freimachen, so könnte seine Wissenschaft fortschreiten. Gelingt ihm das nicht, wird er immer dieses gespaltene Bewußtsein haben und so auch in die Lage kommen, andere zu hassen. Er kann andere Glaubensbekenntnisse und andere Ideen hassen, kann Menschen hassen, die anders denken als er. Dieser Haß wird zu einer Fessel.

In gewissem Sinn muß jeder Mensch in dieser Welt in einem bestimmten Maß Materialist werden, da die menschliche Psyche von so vielen abstrakten Begriffen verdorben ist und die Religionen oft nur dazu da sind, ihn in eine Falle zu locken und ihn einer Gehirnwäsche zu unterziehen. Diese einengenden religiösen Anschauungen müssen überwunden werden. Und um sie zu überwinden, muß jeder Mensch zunächst einmal sehr irdisch werden, also gewissermaßen reinen Tisch machen, und wird dann von diesem Punkt aus umso mehr Sehnsucht nach dem Geistigen bekommen. Das bedeutet nicht, daß er Gott abtun muß. Aber er sollte nicht an einen Gott glauben, den er nicht sehen kann, den er nicht begreifen kann. Denn seine Religion will wahrscheinlich von ihm, daß er an einen bestimmten Gott glaubt, einen bestimmten, in Begriffen gefaßten Gott. Das ist falsch. Wir müssen alles mit einer philosophischen Wissenschaft zu verstehen und zu glauben lernen. So viele in Ihrer westlichen Welt verbreitete Religionstheorien über den Prozess der Schöpfung und der Evolution sind von der Wissenschaft entkräftet worden. Deshalb sind diese Glaubensbekenntnisse nur hinderlich. Es gibt gewisse Gesetze im Universum. Physikalische und spirituelle Gesetze. Wenn eine Religion nicht mit diesen Gesetzen übereinstimmt, so irrt die Religion, und nicht die Gesetze sind falsch. Es ist besser, eine Weile die materielle Ebene wirklich zu akzeptieren und von da aus zum spirituellen Wissen fortzuschreiten, zum wahren Wissen. Dann wird man nicht meinen, das sei nur ein religiöses Bekenntnis. Spirituelles Wissen ist nicht Religion."

Während dieser letzten Worte kam Swami Sivanandapuri mit einem orangefarbenen kleinen Stoffbündel, das sicher all seine irdischen Habseligkeiten enthielt, den Weg herauf. Er blieb eine Weile am Tor stehen und sah zu uns herüber. Ich merkte, daß er uns nicht stören wollte, doch ich ließ ihn stehen. Es fesselte mich, was Swami Kaivalyananda sagte. Es schien mir von tiefer Einsicht zu zeugen. Dennoch merkte ich, daß ich sehr müde war und daß es spät wurde, und so wartete ich auf eine Gelegenheit, mich bei Swami Kaivalyananda zu entschuldigen, da Swami Sivanandapuri schon eine Weile in der heißen Sonne wartete und sicher gerne bald sein Zimmer beziehen wollte. Doch Hridaya hatte denselben Gedanken: Er stand leise auf und brachte Swami Sivanandapuri in das Zimmer Nummer elf, während Swami Kaivalyananda weiter zu mir sprach.

Hridaya ging ins Zimmer fünf, wo er alleine auf mich wartete, bis es fast zu spät zum Abendessen war. Ich hatte die Jungen aus dem Neelam-Restaurant mit großen Dosen Reis und Gemüse, mit Getränken und sogar Eis heraufkommen sehen. Wir saßen immer noch da und sprachen, als es schon dämmerte. Swami Kaivalyananda umkreiste sein Thema mit solcher Intensität, daß es für mich unmöglich war, einen Augenblick zu finden, in dem ich mich bedanken und dann verabschieden konnte. Ich hoffte, daß Hridaya käme, um mich zu holen, aber er tat es nicht.

Schließlich war er bei einem Thema angelangt, das mir geeignet schien, die heutige Lektion taktvoll zum Abschluß zu bringen. „Ich wollte Sie etwas fragen", sagte ich rasch zwischen zwei Sätzen des Swami. „Sie haben wiederholt das Wort *atman* benutzt; können Sie mir sagen, was dieses Wort bedeutet? Aber vielleicht sollte ich Sie nicht länger aufhalten mit solchen Fragen. Ich habe Ihre Zeit sehr lange in Anspruch genommen und ich glaube, daß man auf mich wartet. Doch wenn Sie mir dieses wichtige Wort vielleicht noch kurz erklären wollen . . ."

„*Atman* ist das Selbst in uns. *At* bedeutet das, was hält. Es gibt etwas, das den psycho-physiologischen Organismus erhält. Es gibt etwas, das diesen Körper stützt. Dieser Körper wird durch Ernährung aufgebaut und geht wieder in Ernährung über. Aber etwas größeres als Nahrung oder Materie ist die Energie darin. Ernährung und Substanz werden aus Energie gewonnen. Und das, was die Energie umfaßt, ist der Geist. Energie wird aus Geist verwandelt. Es gibt aber noch etwas anderes, was den Geist oder die Psyche selbst beinhaltet, diesen Kern der Psyche, und das nennt man *atman*. *Atman* bedeutet also das Unvergängliche, das alles erhält und enthält. Das ist das Innerste selbst in uns. Ohne dies können die äußeren Formen nicht erhalten werden, nicht existieren. Ein Beispiel: Wir bewegen uns in diesem Raum, und der Körper hat sein Dasein in diesem Raum. Der Raum ist das Medium, in dem alles physische Sein existiert. Aber wo existieren unsere Gedanken? In welchem Raum? Wo existieren unsere Gefühle und unsere geistigen Aktivitäten? Unser Intellekt? Unser Glaube? In welchem Raum? Es ist auch ein Raum, diesem irdischen Raum verwandt; wir nennen diesen Raum Bewußtsein. Und die spirituelle Realität, die spirituelle Ebene, die all dies transzendiert, können wir die reale Dimension nennen. Dies ist die Dimension, die das ganze Universum transzendiert. Es ist die Dimension, die Existenz, innerhalb der all die anderen Ebenen — das Physische und der Bewußtseinsraum — enthalten sind. Wir können es das Unendliche nennen. Wir nennen es das Unbekannte. Wir nennen es das Undenkbare. Aber es ist der ungedachte Gedanke in uns, der unsichtbare Seher in uns, der unhörbare Hörende in uns. Ohne dies können wir nicht denken. Ohne dies können wir nicht sehen. Es ist das, was in den Augen sieht, so sagt man.

Dieses innerste Selbst, diese Wurzel des Bewußtseins, ist, obwohl man es mit dem psycho-physiologischen Organismus identifiziert, obwohl es klein wie ein Atom ist, zugleich unendlich. Solange wir uns mit dem Körper, mit dem Geist, mit dem Intellekt, mit dem Ego identifizieren, haben wir ein Verständnis, das von den verschiedenen Weisheiten, vom Wissen der Welt, genährt und beherrscht wird, und solange sind wir nicht in der Lage, diese Ebene, diese Dimension, die unendlich ist, zu erkennen. Sobald wir aber aufhören, uns mit diesen Dingen zu identifizieren, sind wir für das spirituelle Wissen offen. Wir erkennen augenblicklich, daß wir winzig klein sind, und zugleich erkennen wir augenblicklich, daß wir unendlich sind. Das ist die Wurzel der Wahrheit. Dann erkennen wir die unfaßbare, die undenkbare Wahrheit. Dann werden wir vollkommen in jener Welt. Diese andere Welt ist nicht irgendwo hinter den Wolken oder hinter den Sternen verborgen. Sie ist in uns. Jeden Tag gehen wir in die andere Welt und kehren aus ihr zurück, ohne es zu wissen. Wir kehren aus ihr zurück, ohne sie zu kennen. Das ist die Wurzel allen Übels. Wie kann ein Mensch erkennen, was er ist? Wenn es einen Gott gibt, so muß er im Menschen sein. Er muß die Wurzel des Seins im Menschen sein. Gott ist nicht das, was wir uns unter ihm vorstellen. Ein vorgestellter Gott ist kein Gott. Ein Gott, von dem man sprechen kann, ist kein Gott. Ein Gott, an den man denken kann, ist kein Gott, weil wir ihn uns vorstellen, ihn denken. Gott muß vom Menschen undenkbar sein. Wenn wir Gott mit dem Verstand erkennen wollen, so bedeutet das, daß wir nur die verstandesmäßige Form Gottes verstehen. Wir müssen ihn begreifen, aber jenseits des endlichen Verstehens. Wir sind eins mit der Unendlichkeit und können uns nicht einmal selbst mit Hilfe des Verstandes erkennen. Jesus Christus selbst hat gesagt—„Sucht zuerst nach dem Reich Gottes, alles andere wird euch gegeben. — Das Königreich Gottes ist in uns. Der Mensch ist nach dem Ebenbild Gottes geschaffen." Gott selbst ist ins Universum gekommen. Gott selbst ist Mensch.

Hridaya und Swami Sivanandapuri hatten einen Tisch und drei Stühle aus dem Eßzimmer geholt und saßen auf dem Kiesboden im Hof unter dem Sternenhimmel. „Wo warst du" fragte Hridaya. „Das Essen ist schon lange fertig. Wir haben auf dich gewartet."

„Ich war hier im Universum", antwortete ich. „Man kann nirgendwo anders sein."

Swami Sivanandapuri lachte. „Ja, aber früher oder später muß man doch etwas essen!"

Die Jungen aus dem Neelam Restaurant brachten das Essen an unseren Tisch und Swami Sivanandapuri sang sein tägliches Dankgebet. Wir aßen schweigend. Die Worte des Swami Kaivalyananda gingen mir durch den Kopf. Ich hatte ähnliche Worte schon gehört und ich wußte, daß ich wieder solche Worte hören würde. Doch während ich hier mit den Freunden in der stillen, warmen Nachtluft saß, wurde mir klar, daß diese Worte allein schon meine Reise auf die andere Seite der Erdkugel wert gewesen waren. Meine Reise war ein weiterer Schritt auf meinem Weg nach innen.

KAPITEL 17

DER 6. MAI WAR der Tag von Buddhas Erleuchtung, und in derselben Nacht des Jahres 1974 würde der Vollmond erscheinen. Ich kannte einen Platz in den Bergen, den man in einer halben Tagesreise mit dem Taxi erreichen konnte, und beschloß dorthin zu fahren, um den Mond zu betrachten. Ein Tag der Ruhe und Erholung, fern von allen Swamis und ohne diese große Hitze würde mir gut tun. Abgesehen von den Kopfschmerzen, die ich schon seit ein paar Tagen hatte, war ich an die Hitze gewöhnt, ich hoffte jedoch, daß mir die kühlere Luft in den Bergen guttun würde.

Hridaya und ich brachen am frühen Morgen auf. Wir gingen nach Rishikesh und mieteten uns ein Taxi nach Dehra Dun, das zweiundvierzig Kilometer weiter nördlich lag. Dort teilten wir mit zwei reichen Geschäftsleuten ein Taxi und wurden für fünfundzwanzig Rupien pro Person die dreistündige, steile Bergstraße nach Mussoorie hinaufgefahren. Am frühen Nachmittag mieteten wir uns im Savoy-Hotel ein. Ich erinnerte mich an das Hotel, weil wir hier im vergangenen Winter mit Dr. Greens Gruppe gewohnt hatten. Damals war es recht kalt gewesen und die südlichen Gipfel des Himalaya lagen noch im Schnee. Nun war es angenehm kühl, und ich fühlte mich in meiner Baumwoll-*kurta* sehr wohl. Hridaya jedoch kam es kalt vor, etwa wie im Winter in Kanpur, und er schlüpfte in einen Pullover. Nach einem späten Mittagessen mieteten wir eine Vier-Mann-Riksha und fuhren ins Happy Valley. Es war eine tibetische Siedlung auf der anderen Seite des Tales am Fuß des Himalaya. Dort gab es auch ein Heim und eine Schule für Waisenkinder, von denen viele einen lebenslangen Übungsweg zu gehen bereit waren, um Lamas zu werden. Die Fahrt mit der Riksha brachte Hridaya zum Lachen. Auch ich wurde von dem

Lachen angesteckt. Die Rikschas waren wie kleine, hölzerne Anhänger mit zwei großen Rädern und einer T-förmigen Deichsel. Man saß auf breiten, schweren Sitzen, auf denen zwei oder drei Passagiere Platz gehabt hätten. Normalerweise wurden die Rikschas von zwei Männern gezogen, aber auf der steilen Bergstraße, die aus dem Tal führte, war es für vier Männer leichter, zwei Erwachsene zu fahren. An der Hauptstraße von Mussoorie standen immer eine ganze Reihe solcher Rikschas und warteten auf Kundschaft. Ich nahm an, daß selbst an einem der betriebsamsten Tage nie mehr als die Hälfte von ihnen zu tun hatten, und so war man offenbar übereingekommen, sich jede Fahrt zu viert zu teilen. Es war absurd, in einem bequemen Sessel, der wahrscheinlich früher einmal der Rücksitz eines alten britischen Luxusautos gewesen war, zu sitzen, und sich von vier alten Männern die Straße hinaufziehen zu lassen.

Hridaya lachte aus Verlegenheit. „In was für einem Land lebe ich! Es ist lächerlich. Menschen ziehen Menschen. Und was ist, wenn wir ziehen und sie fahren? Dann müßten sie zahlen, aber sie können es nicht, weil sie nichts haben. Sie haben nicht einmal genug zu essen. Sie ziehen uns, weil sie nichts haben, und sie haben nichts, weil sie uns ziehen".

„In meinem Land ist es genau das gleiche", sagte ich.

„Nein, solche Rikschas habt ihr doch nicht, das weiß ich."

„Nein, wir haben keine Rikschas, aber bei uns herrscht im Grunde die gleiche Situation. Es sind dieselben Bedingungen, nur auf einer viel breiteren Skala."

In dieser Nacht fuhren wir noch einmal mit einer Riksha. Als wir unser Abendessen im Savoyhotel beendet hatten, gingen wir hinaus in die helle Mondnacht. Wir stellten uns vor, daß es schön sein müßte, in einem stillen Wagen die Straße entlang zu fahren. Die Hauptstraße führte an einer Hügelkette entlang, an deren einer Seite die Berge zu einem weiten Tal abfielen. Hier oben, einen guten Kilometer oberhalb der Bus- und Taxistation, waren keine Motorfahrzeuge erlaubt, und so war es immer still in Mussoorie. Auf dieser ebenen Straße war es für unsere vier Rikschafahrer leicht, uns fortzubewegen; schließlich gelang es uns, ein wenig unsere Verlegenheit zu überwinden und wir ließen uns viele Male hin- und wieder zurückfahren. Der runde Vollmond war goldfarben und hing so tief über dem Tal, daß man meinte, ihn berühren zu können.

An einer Stelle der Straße war ein kleiner Aussichtspavillon am Rand der Straße über dem Tal, von Betonsäulen gestützt. Wir baten unsere Fahrer, einen Augenblick stehen zu bleiben. Dann nahmen wir auf den breiten Bänken Platz. Aber die vier wollten sich nicht zu uns setzen, sondern bestanden darauf, in ihrer Riksha Platz zu nehmen. Wir saßen mit dem Rücken zur Straße und sahen nur den Mond, die Sterne und in der Ferne die Bergkette, die sich jenseits des Tales erhob.

,,Schau", sagte ich, ,,dort drüben brennt ein Feuer. Siehst du es? Gehört es zu den Feierlichkeiten?"

Happy Valley war auf der anderen Bergseite in Richtung zum Himalaya, aber vielleicht lag auf den kleinen Hügeln ein buddhistischer Tempel oder ein Kloster.

,,Ich habe es schon gesehen", antwortete Hridaya. ,,Ich glaube, es ist ein Waldbrand, denn auf diesem Berg gibt es weder Straßen noch Ansiedlungen. Waldbrände beginnen manchmal so, vor allem im Hochsommer. Wenn man keinen Zugang über eine Straße hat, so gibt es keine Möglichkeit, so ein Feuer zu löschen und es brennt einfach weiter."

,,Laß uns eine Weile hier sitzenbleiben", sagte ich. ,,Ich muß an die Tausende von Menschen denken, die vielleicht in diesem Augenblick schweigend dasitzen, denn es gibt doch überall auf der Welt Meditationsgruppen, die in dieser Nacht ihre besondere Andacht halten, und dann die Hunderte von Tempeln und *ashrams*!"

Eine ganze Zeit saßen wir schweigend da. Von diesem Aussichtspunkt aus schien man unendlich weit sehen zu können. Hoch über unseren Köpfen hinter uns ragten die Gipfel des Himalaya empor; wir sahen über die niedrigeren Bergketten nach Süden. Tief unter uns schimmerten sogar in weiter Ferne die Lichter von Dhera Dun. Über dem goldfarbenen Mond, der vor unseren Augen seine Bahn zog, und über unseren Köpfen spannte sich der sternhelle Nachthimmel. Ich hatte das Gefühl als säßen wir auf dem Gipfel der Welt. Wir waren winzige Pünktchen auf einem riesigen Globus, der selbst nur ein Punkt in einem unendlich großen Universum war. Doch etwas aus diesem Universum sah durch unsere Augen hinaus oder vielleicht sah es auch hinein. Wir waren das Universum, das sich selbst ansah...

232

„Habe ich dir von Rolling Thunder erzählt?" brach ich das Schweigen.

„Ich erinnere mich daran. Wie nennst du diesen Menschen?"

„Wir nennen sie wie euch „Indians", weil Columbus. . ."

„Nein, nein, das weiß ich. Wir nennen Sie ja selbst auch „Indians", „American Indians" oder „Red Indians" (rote Inder) wie ihr auch. Aber wie hast du Rolling Thunder genannt? So etwas wie *swami*, sagtest du mir."

„Ach so, Medizinmann. Ich glaube, daß ich dir gesagt hatte, ein Medizinmann sei etwas ähnliches wie ein *swami*. Du oder jemand anders sagte mir, ein Swami sei jemand, der sich von der Welt zurückzieht. Rolling Thunder ist niemand, der sich von der Welt zurückzieht. Außer vielleicht, daß er auf das Geld verzichtet, das er für seine Heilungen bekommen könnte. Er steht mit beiden Beinen auf der Welt. Deshalb mußte ich wohl gerade jetzt an ihn denken. Eines Tages, als ich in seinem Haus in Nevada war, sprach er in einer Weise mit mir über die Erde, daß ich sie spüren konnte. Ich meine die Erde selbst. Ich spürte das Wesen, das die Erde selbst ist. Und jetzt habe ich es wieder gespürt, ich spüre es sogar noch etwas mehr, ich fühlte fast die Bewegung des Ganzen, das unter uns und um uns ist. Was es auch sein mag, es ist ein lebendes Wesen und hat ein Bewußtsein, ein Selbstbewußtsein. Das spüre ich. Manchmal kann ich beinahe daran teilnehmen. Hast du nie gespürt, wie dein eigenes Bewußtsein von dir weggeht, wie es sich vom Bewußtsein deiner Persönlichkeit löst und erweitert, als wolle es sich mit einem größeren Bewußtsein mischen?"

Hridaya saß still da und sah in den Himmel „Vielleicht", sagte er, „vielleicht manchmal schon. Ich glaube, das ist es, wovon die *swamis* dir erzählen, nicht wahr?"

„Ich bin nicht sicher", sagte ich, „das möchte ich herausfinden. Denn das, wovon ich spreche, ist nicht Rückzug. Es ist nicht die Suche im Inneren und es ist nicht die Losgelöstheit von allem Irdischen. Ich glaube zwar auch nicht, daß es mit diesen Dingen in Widerspruch ist, aber für mich bedeutet es etwas anderes. Wovon ich spreche, das ist das Nichtgetrenntsein, die Nichtindividualität. Das interessiert mich, das halte ich für wichtig. Selbstlosigkeit. Aber vielleicht hat Swami Kaivalyananda das gemeint, wenn er sagte: Wenn wir uns dem spirituellen Wissen öffnen, nehmen wir unsere Winzigkeit wahr und sehen, daß wir nur wie Atome sind. Doch zugleich merken wir, daß wir unendlich sind. Und er sagte: Das ist die Wurzel der Wahrheit. Ich glaube, es kommt auf das Gleiche heraus; das himmlische Reich in seinem Inneren zu erkennen, also das wahre Selbst zu erkennen, heißt, Selbstlosigkeit zu erlangen.

Man hat den Eindruck, als erschiene der Vollmond direkt am Horizont und stiege sehr schnell auf. Es ist aber gar nicht so schwer zu sehen, wie er sich um die Erde bewegt und wie die Erde sich selbst dreht. Wußtest du, daß es Menschen gibt, die sagen, daß der Mond der tote Körper, der abgelegte Körper dessen ist, was jetzt die Erde ist?''

,,Vielleicht habe ich schon davon gehört, aber ich erinnere mich nicht genau daran. Glaubst du das?''

,,Ich weiß es nicht. Mir scheint, daß ich weder daran glaube, noch daß ich nicht daran glaube. Jedenfalls habe ich, während wir hier so still saßen, an die Rikschajungen und an Raju und seine Freunde am *ghat* von Hardwar denken müssen und an die Menschen in Kanpur und Calcutta und in Kansas.''

,,Warum?''

,,Ich weiß es nicht. Vielleicht weil ich hier sitze. Aber ich habe nicht wirklich nachgedacht, ich meine, daß meine Gedanken nicht in Form fertiger Sätze entstanden. Es zog mir nur so durch den Geist. Alle Menschen sind eine Person oder Teil einer Person. Ich glaube, das ist das, was mit Selbsterkenntnis gemeint ist. Es bedeutet zu erkennen, was zum Teufel das Selbst vor allem ist, nämlich, daß das Selbst wir alle sind. Das ist das transpersonale Selbst, das ganze Selbst. Du erinnerst dich an die Geschichte von Buddha, der auf der Erde vor allem den Weg des Mitleids ging? Und erinnerst du dich daran, daß er eine Weile gefastet hat und dann erkannte, daß er versagen würde, wenn er nicht aß? Das bedeutet, daß dies eine falsche Art des Verzichtes war. Buddha verzichtete auf die Verleugnung. Er gab es auf, die Existenz der physischen Welt und alles Alltägliche, was damit verbunden ist, zu leugnen. Und als er das *nirvana* erlangte, hätte er da nicht einfach dahinschwinden können? Ich meine, sich physisch auflösen? Aber das tat er nicht. Er stand auf von seinem Platz unter dem Baum und begann zu gehen.

Warum? Weil er den Menschen begegnen wollte. Ich glaube, daß der Weg zur Erleuchtung durch das Bewußtsein der Welt geht — durch die Anteilnahme am Zustand der Welt. Mir scheint es, daß ein persönlicher Wunsch nach persönlicher Befreiung eine Erniedrigung des Bewußtseins auf eine eigennützige Ebene bedeutet. Der spirituelle Weg hebt das Bewußtsein auf eine transpersonale Ebene. Bewußtsein, Gruppenbewußtsein, Gemeinschaftsbewußtsein, soziales Bewußtsein, Menschheitsbewußtsein, planetarisches Bewußtsein, kosmisches Bewußtsein: Das scheinen mir die logischen Schritte zur Erleuchtung zu sein — nicht das Wachsen des Egoismus eines einzelnen Individuums. Buddha erreichte die Erleuchtung nicht dadurch, daß er unter seinem Baum saß. Er muß viele Leben damit verbracht haben, zu lehren, zu dienen, zu opfern und seinen achtfältigen Weg zu gehen, den Weg des Mitleids, des rechten Handelns und all dieser Dinge."

„Ja, man kann Abbildungen der vielen Inkarnationen des Buddha sehen," sagte Hridaya. „Aber ich bin mit all dem nicht so vertraut. Ich weiß nicht, was er eigentlich in all seinen Leben tat."

Wieder schwiegen wir und betrachteten den Himmel. Der Mond war etwas höher gestiegen, er sah kleiner und ferner aus. Da meinte Hridaya: „Wir sollten entweder zurückgehen oder die Rikschaleute zahlen und nach Hause fahren lassen."

„Laß uns gehen", sagte ich. „Ich möchte noch einmal bis zum Ende der Straße und zurück fahren. Es kann lange dauern, bis ich wieder bei Vollmond in klarer, stiller Nachtluft in den Bergen des Himalaya sein werde."

Die vier Fahrer lächelten. Sie waren froh, noch einmal die Straße am Bergkamm hinauf- und hinunterfahren zu können. Sie sahen gesund aus; wenigstens hatten sie den Vorzug, nicht in einer schmutzigen, überfüllten Stadt leben zu müssen. Ich sagte zu Hridaya, daß ich gerne hier leben würde.

„Ich dachte, du bist hier heraufgekommen, um deine Kopfschmerzen loszuwerden", sagte er, als wir in die Riksha kletterten.

„Das ist wahr", antwortete ich, „und ich glaube, es hat geholfen. Es geht mir wieder viel besser."

„Aber nun bist du hier gewesen, um über Buddha nachzudenken. An den Ufern des Ganges stehen Hindutempel. Die *pujas* sind Krishna, Rama, Shiva geweiht. Und die *swamis* und *sadhus* sprechen von den *Veden*. Das ist der Tag der Erleuchtung Buddhas, und nun bist du hierhergekommen, um Tibetern zu begegnen und deine Gedanken Buddha zu weihen?"

„Das ist interessant. Es ist ein Zufall. Es hat sich einfach so ergeben. Wenn Happy Valley nicht hier wäre, so hätte ich die Reise hier in die Berge wegen der Hitze gemacht und um den Vollmond von hier oben aus zu sehen."

„Du hast im Stillen zu Buddha gebetet und hast dann mit ihm gesprochen."

„Nein, so war es nicht. Ich habe nicht einmal an Buddhas Erleuchtung gedacht. Ich benutzte Buddha nur als Beispiel."

„Als Beispiel wofür?"

„Für das, wovon ich sprach. Für das Bewußtsein von der Erde, für die Anteilnahme am Schicksal der Welt. Was die *swami* über das spirituelle Potential oder über Gott im Menschen sagen, gibt mir Hoffnung, selbst für die Lebensbedingungen auf der Erde."

„Deshalb bist du nach Indien gekommen, oder? Du hast mir doch vor einiger Zeit gesagt, daß du dir vorstellst, daß die Welt etwas tun würde."

„Ich will helfen, Kommunikation herzustellen, weil ich glaube, daß die Welt das versucht. Ich glaube, daß die Menschheit mit sich selbst zu kommunizieren versucht. Ich bin überzeugt davon, daß dies das spirituelle Wachstum ist, das die Zukunft prägt. Aber die einzige Art, in der das meiner Ansicht nach geschehen kann, ist ein ganz massiver, internationaler, humanitärer Impuls. Unsere spirituelle Arbeit muß hier auf diesem Planeten geschehen, auf dem wir nun einmal leben. Wenn *swamis* oder *yogis* sagen: Sucht im Inneren! und: Arbeitet an euch selbst! dann möchte ich wissen, was sie eigentlich meinen. Das sind Worte, die man leicht mißverstehen und als Ausrede für Tatenlosigkeit verwenden kann. Meinen sie, man soll eine angenehme Persönlichkeit entwickeln, meinen sie, man soll *ansanas* üben und am Körper arbeiten, meinen sie, man soll jede Arbeit meiden, die nicht einem selbst dient? Meinen sie, man soll jeden Tag ein paar Stunden in der Ecke sitzen, *mantren* sprechen und Räucherstäbchen abbrennen? Meinen sie, man soll sich in Meditation versenken, sich zurückziehen und die, die nicht auf der Suche sind, dürfen dafür sorgen, daß man etwas zu essen hat? Ich glaube nicht, daß *persönliches* Selbstbewußtsein und *persönliches* Wachstum sehr viel bedeutet. Das Selbst, das bist nicht nur du und ich, das ist die Menschheit. Die Menschheit muß sich ihrer selbst bewußt werden; auf einer ganz erdverbundenen, weltumspannenden Ebene. Vor ein paar Tagen sagte Swami Kaivalyananda: Die andere Welt ist nicht irgendwo hinter den Wolken verborgen. Wir sind die andere Welt, der Mensch ist als Abbild Gottes geschaffen, Gott selbst ist ins Universum gekommen. Gott selbst ist Mensch. Und Swami Rama hat genau das gleiche gesagt. Ich glaube, das hat eine sehr tiefe Bedeutung. Das sind sehr wichtige Worte. Wir gehören zum Leben der Welt und die Welt gehört zum himmlischen Reich. Schau auf das Licht, das auf uns und auf die Bäume und auf alles andere herniederscheint. Es kommt von der Sonne und wird vom Mond reflektiert. Wir sollen Monde sein. Wir sollen Widerschein des Lichtes sein."

Es fiel mir schwer, Mussoorie zu verlassen, vor allem, da ich mich in den Bergen so viel wohler gefühlt hatte. Wir blieben einen Tag länger, aber ich wäre am liebsten einen ganzen Monat oder sogar zwei geblieben. Am Nachmittag des 8. Mai reisten wir mit Bussen, *jitneys, tongas* und zu Fuß zurück nach Dhera Dun, Rishikesh und in unser Zimmer in Muni Ki Reti.

Swami Sivanandapuri wartete auf der Treppe vor dem Speisesaal. „Ah, da seid ihr ja wieder. Habt ihr eure wunderschönen Ferien genossen?"

„Es war herrlich. Ich wäre gerne länger geblieben."

„Und wo ist unser Herr Hridaya? Das Abendessen wird gerade zubereitet."

„Er kommt jeden Augenblick."

„Ich habe auch noch nicht zu Abend gegessen. Ich sah, daß ihr zurückgekommen wart und habe auf euch gewartet."

„Ich hoffe, Sie haben zu Essen bekommen, während wir weg waren."

„Ja, natürlich, es ging mir in jeder Beziehung gut. Ich habe seit Monaten keine so friedliche Zeit mehr erlebt. Das war sehr wichtig für mich. Sie ahnen es gar nicht. In letzter Zeit ging es mir nicht gut. Ich habe es Ihnen nicht gesagt, aber diese religiösen Dinge stören mich immer mehr. Vor allem die Kumbh Mela hat mich sehr irritiert."

Ich setzte mich auf die Stufe neben ihn. „Warum denn?"

„Wissen Sie, ich glaube, daß es falsch ist. . ." Er schwieg eine Weile, als wäge er seine Worte sorgfältig ab. „Haben Sie nicht das Gefühl, daß das Ausbeutung ist?"

„Sie meinen die Kumbh Mela?"

„Die dahinterstehenden Ideen und Philosophien sind gut, aber sie werden benutzt, um die Menschen auszubeuten. Nicht nur bei der Kumbh Mela, sondern bei all diesen Festen und an den sogenannten heiligen Stätten. In diesem Land hier lassen sich die Menschen leicht durch solche Aktionen anlocken. Sie kommen von nah und fern, sie kommen zu Tausenden, zu Millionen zur Kumbh Mela. Große Menschenmengen bringen viel Geld, und all diese Tempel und *ashrams* kommen in Versuchung, miteinander zu wetteifern. Haben Sie nicht die bösen Lautsprecher gehört, die überall an den Ufern des heiligen Ganges plärren? Es ist eine Schande. Auf diese Weise wetteifern sie miteinander. Und sie werden immer lauter, bis es unerträglich ist. An dem Platz, an dem ich stand, war ein Lautsprecherkrieg mit der in der Nähe liegenden Geeta Bhawan. Sie machten immer weiter und versuchten sich gegenseitig zu übertreffen. Das Ergebnis ist eine schreckliche Verzerrung dessen, worum es eigentlich geht. Ich hatte vorher in meiner Höhle in der Nähe von Tat Walla Baba gelebt und kam nur herunter, weil ich krank war. Ich suchte immer noch Frieden, aber ich fand nicht den geringsten Frieden. Und all diese Menschen finden keinen Frieden. Es ist nicht richtig von uns, solche Menschenmassen anzuziehen. Entweder sollten sich die *swamis* völlig von den Menschen zurückziehen oder sie sollten etwas Hilfreiches für die Menschen tun."

„Was glauben all diese Massen?" fragte ich. „Erwarten Sie sich, daß sie während ihres Lebens *moksha* erlangen, Erlösung finden?"

„Das ist es ja gerade. Man will ihnen glauben machen, daß sie nur kommen müssen und beten und opfern, was sie können, und daß sie dadurch *moksha* erlangen. Heutzutage machen viele das mit Geld, vor allem die Reichen. Sie glauben, daß sie der Gottheit nur etwas zu geben brauchen, vielleicht den Betrag noch verdoppeln oder verdreifachen, und daß ihnen das in der Zukunft zugute kommt. Es mag ja nicht ganz falsch sein, aber wir betrügen die Menschen trotzdem.

Das macht mir das Herz schwer. Ich habe den Eindruck, daß wir sie im Namen der Religion irreführen und ausbeuten. Ich sah diese Menschenmengen, die sich am Ufer des Ganges schoben und stießen und drängten, um sich untertauchen zu können. Und dieser reiche Mann, der vorgibt sieben oder acht Jahre jünger zu sein als er wirklich ist — in eurem Land nennt er sich Meister — seine Nachfolger sind feindselig, vor allem die aus dem Westen kommenden. Sie haben an der Mela teilgenommen und waren den anderen gegenüber aggressiv. Man mußte sogar die Polizei rufen. Das kann man nicht mehr spirituellen Weg nennen." Der Swami nannte ihn bei seinem indischen Namen, aber ich wußte, daß er von dem „Sat-Guru" Mahraj Ji sprach und Hridaya bestätigte es.

Hridaya kam und der Tisch wurde gedeckt. An diesem Abend gingen wir hinein, um im grellen Neonlicht zu essen, während der Ventilator sich an der Decke drehte. An einem anderen Tisch saßen beim Tee drei Leute aus dem Westen, die uns grüßten, als wir hereinkamen. Es waren zwei junge Frauen aus Kanada auf einer Besichtigungsreise und ein amerikanischer Student, der allein nach Indien gereist war, um die transzendentale Meditation zu studieren. Sie waren alle ein paar Tage vor unserer Reise nach Mussoorie im Touristenbungalow eingetroffen und hatten sich während unserer Abwesenheit mit Swami Sivanandapuri angefreundet. „Habt ihr schon zu Abend gegessen?" fragte der Swami.

„Ja", antwortete eines der Mädchen. „Leider ohne Sie. Sie wollten heute nicht mit uns essen."

„Weil ich auf meine Freunde gewartet habe."

„Swami! Soll das heißen, daß wir nicht Ihre Freunde sind?"

„Ihr seid alle meine Freunde!" Er lachte.

Sie lauschten schweigend, als der Swami das Gebet sang und folgten unserem Gespräch, während wir aßen. Ich wollte bei unserem Thema bleiben, denn es interessierte mich, was *moksha* bedeutete. Ich wußte, wie man das Wort definierte oder ich nahm zumindest an, daß ich es wisse. *Moksha* war Befreiung. Befreiung vom Rad der Geburten und der Tode und deshalb Erleuchtung. In der hinduistischen Philosophie sind die Meister jene, die diese Erleuchtung erlangt haben, auch wenn sie noch freiwillig in physischer Gestalt auf der Erde erschienen. Ich dachte, es bedeute, ein Buddha oder

Meister zu werden, wenn man *moksha* erlangte. Aber ich fragte mich, was es für all die Massen von Menschen bedeutete, von denen die Swamis und andere mir sagten, daß sie ihre gesamten Ersparnisse ausgeben und weite Pilgerreisen unternehmen, auf der Suche nach *moksha*. Glaubten diese Millionen indischer Pilger und Gläubigen, daß ihr jetziges Leben ihr letztes sein könne? Erwarteten sie es? Glaubten sie, daß man *moksha* durch eine Pilgerreise oder durch eine aufrichtige Opfergabe erreiche?"

„Worüber sie wirklich sprechen", unterbrach uns der Amerikaner, „ist Selbsterkenntnis."

„Ja, das scheint mir auch so", sagte ich. „Ich glaube, das ist ein anderes Wort für die gleiche Sache."

„Ja, eben", sagte er, „und darum geht es bei TM auch."

„Ist das Ziel der transzendentalen Meditation die Selbsterkenntnis? Wird das behauptet? Ich glaube, daß es Ziel all dieser Wege ist."

Ich hatte mit dem jungen Mann noch nicht mehr als drei Sätze gewechselt. Es schien mir interessant, daß ich einen Amerikaner in Indien über transzendentale Meditation befragte, wo es doch im Westen so viele Anhänger dieser Meditationsform gab.

„Das sagen sie uns. Ich glaube, daß TM das bisher wirksamste System zur Erlangung von Selbsterkenntnis ist — wenigstens das beste System für moderne Menschen."

„Ich dachte bei der TM würde mehr Wert auf weltliche Dinge wie die Entwicklung eines scharfen Verstandes, die Fähigkeit zu entspannen und mit anderen gut auszukommen, gelegt?"

„Ja, aber das ist nur der Anfang. Man sagt, daß es fünf oder zehn Jahre dauert, bis man zur Selbsterkenntnis kommt."

„Fünf oder zehn Jahre? Dann haben Sie aber andere Ansichten darüber als ich."

„Sie meinen über transzendentale Meditation?"

„Nein, über Selbsterkenntnis", sagte ich. „Wenn Selbsterkenntnis im gleichen Sinn gebraucht wird wie *moksha*, wie kann es dann gleichzeitig etwas anderes bedeuten? Ich dachte, *moksha* hieße Erleuchtung, *nirvana*, Buddhaschaft."

„Ja, das meinen sie auch", antwortete der Amerikaner. „Oder sie nennen es Kosmisches Bewußtsein. Das ist doch das gleiche, nicht wahr?" „Ich glaube nicht, daß nur eine

Ahnung oder flüchtiger Eindruck von kosmischem Bewußtsein gemeint ist, sondern ein dauernder Seinszustand."

„Ja, aber dorthin kann man nur dann irgendwann einmal gelangen, wenn man immer wieder dieselbe Methode wiederholt. Wenn man die Übungen macht, die wir lernen, so kann man das kosmische Bewußtsein in — ich glaube, sie sagen etwa sechs oder acht Jahren bei den meisten Leuten — erreichen. Natürlich bleiben viele Leute nicht solange dabei. Oder selbst wenn sie dabeibleiben, tun sie es nicht kontinuierlich. Man soll jeden Tag wenigstens zwanzig Minuten sein *mantra* wiederholen. Ich glaube, die ganze Wirkung geht verloren, wenn man das immer wieder unterbricht."

„Was tun all diese Menschen nach sechs oder acht oder zehn Jahren? Machen sie als Erleuchtete weiter und sagen jeden Tag mindestens zwanzig Minuten ihr *mantra* auf?"

„Das weiß ich nicht. Ich glaube, ich habe noch nie so jemanden kennengelernt. Sie müssen wissen, daß ich überhaupt noch nicht sehr lange mit TM zu tun habe."

„Auch ich weiß es nicht", sagte ich. „Ich glaube, ich habe noch nie mit jemandem, der TM machte, über das kosmische Bewußtsein gesprochen — Sie sind der Erste. Ich glaube, daß all diese Worte für verschiedene Menschen verschiedene Bedeutung haben, und wahrscheinlich versteht überhaupt niemand von uns die Bedeutung von Selbsterkenntnis. Man kann sie erst verstehen, wenn man sie erlangt hat. Für mich bedeuten Selbsterkenntnis, *moksha*, Befreiung, *nirvana*, Erleuchtung, kosmisches Bewußtsein, Buddhaschaft oder Christusbewußtsein den gleichen Seinszustand, wie man ihn auch immer nennen mag. Aber ich glaube nicht, daß ich diesen Zustand in zehn, zwanzig oder dreißig Jahren erreichen könnte, was auch immer ich tue. Vielleicht gibt es auf diesem Planeten eine Handvoll Menschen, die beinahe die Meisterschaft erreicht haben; aber ich glaube, daß jeder von uns endlos viele Jahre des Daseins und endlos viele Jahre des Tuns braucht, um das kosmische Bewußtsein oder *moksha* oder wie immer wir es nennen wollen, vielleicht irgendwann zu erreichen. Andererseits ist es für jeden eine Möglichkeit. So interessiere ich mich mehr für die täglichen Aufgaben als für das ferne Ziel, und ich glaube, dazu gehören nicht nur Meditation und *mantren*, sondern noch sehr viel mehr." "Ich bin genau der gleichen Meinung", bemerkte Swami Sivanandapuri und putzte seinen Teller mit dem letzten *japati*-Stückchen. "Wie wäre es mit einer Tasse Tee?"

Eines Abends gingen Hridaya und ich den Weg zum Shivananda-Ashram hinauf, um Swami Kaivalyananda aufzusuchen. Wir hatten ihn einige Tage lang nicht gesehen. Zweimal war er zum Touristenbungalow gekommen, seit wir aus Mussoorie zurück waren. Aber das erste Mal holten wir gerade Geld auf der Bank in Rishikesh, und das zweite Mal schlief ich unter dem Ventilator in meinem Zimmer, in das ich vor der brennenden Nachmittagssonne geflohen war. Wir hatten beschlossen, sehr früh aufzustehen und spät zu Bett zu gehen, um an den heißen Nachmittagen möglichst lange ausruhen zu können. Hridaya hatte ihn an diesem Nachmittag an der Rezeption getroffen und ihm versprochen, daß wir ihn im Ashram besuchen würden.

Als wir die Stufen zum Eingang des Ashram hinaufstiegen, hörten wir schon das Singen. Beinahe fünfzig Mitglieder und Gäste des Ashrams feierten eine abendliche *puja* im Garten. Um auf den Weg zu den Zimmern am darüberliegenden Hügel zu gelangen, mußten wir nahe an ihnen vorbeigehen. Wir versuchten so unauffällig wie möglich zu sein und trotzdem im Dunkel erkennen zu können, ob Swami Kaivalyanandas dunkles Gesicht mit dem Turban unter ihnen auszumachen war. Aber wir fanden ihn weder unter den Betenden, noch sonstwo auf dem Gelände; als wir an seine Tür klopften, antwortete er nicht.

"Ich dachte, er wohne in Zimmer zwölf", sagte Hridaya, "aber vielleicht wohnt er in einem anderen Zimmer?"

"Ich weiß nicht, jedenfalls möchte ich nicht einen der anderen Swami stören."

"Warum nicht? Das wäre eine gute Gelegenheit, jemanden kennenzulernen."

Eine in lange Gewänder gehüllte Gestalt erschien oben an der Treppe, während wir die Veranda entlanggingen. "Kann ich Ihnen helfen?"

"In welchem Zimmer wohnt Swami Kaivalyananda?" fragte Hridaya. Nicht im Zimmer zwölf?"

"Doch."

"Aber er macht nicht auf."

"Versuchen Sie es noch einmal."

„Ich möchte ihn nicht stören, wenn er gerade meditiert", sagte ich. „Nein, nein, er meditiert immer. Sie sollten es noch einmal versuchen. Es macht nichts."

Wir klopften noch ein paar Mal, und schließlich öffnete Swami Kaivalyananda seine Tür. „Oh, Sie sind es. Es tut mir leid", sagte er und zog an einer Schnur, um die nackte Glühbirne an der Decke einzuschalten. „Bitte, kommen Sie herein."

„Wir möchten Sie nicht stören."

„Nein, das tun Sie nicht. kommen Sie nur herein."

Wir zogen unsere Schuhe aus und setzten uns auf den harten Zementboden. In einer Ecke des Zimmers stand ein kleiner Tischventilator, den der Swami so drehte, daß er in unsere Richtung blies. „Darf ich Ihnen etwas Zitronensaft anbieten?" Wir sahen zu, wie er aus einem zugedeckten Eimer auf dem Boden Wasser ausgoß, ein paar Zitronen halbierte und den Saft ins Wasser goß. Aus einer braunen Papiertüte schüttete er etwas Zucker dazu und mischte das Getränk, indem er es von einem Gefäß in das andere goß. Sein Raum wirkte wie eine Gefängniszelle aus Beton. Die Wände sahen trostlos aus im kahlen Licht der Glühbirne. Es stand nicht ein einziges Möbelstück in dem Zimmer, nicht einmal eine Matte oder ein Kissen lag auf dem Boden.

„Ich habe ein Feldbett", sagte der Swami, der meinen Blicken gefolgt war, „aber ich lasse es manchmal draußen stehen. Ich schlafe gerne im Freien."

Wir tranken unseren lauwarmen Zitronensaft aus Metallbechern und sprachen dabei über das Wetter, über den Shivananda-Ashram und über unsere Reise nach Mussoorie. Offenbar dachte ich immer noch intensiv über die Bedeutung der Selbsterkenntnis nach, denn ohne daß ich wußte, wie das gekommen war kreiste unser Gespräch plötzlich um *moksha*, Selbsterkenntnis und kosmisches Bewußtsein.

Ich sagte dem Swami, daß ich mir über die Bedetung dieser Worte Gedanken gemacht hätte. Ich war sicher, daß die Menschen verschiedene Vorstellungen davon hatten, was sie damit meinten. Aber ich war nicht sicher, was es für mich bedeutete. Besonders aber fragte ich mich, wie der Prozeß vonstatten ging. Es schien mir, daß jeder auf dem Weg zum höchsten Bewußtsein war. Welchen anderen Weg oder welches andere Ziel sollte es sonst geben? Aber offensichtlich taten sehr viele Leute sehr spezialisierte Dinge, um den Prozeß für sich selbst zu beschleunigen. Ich sagte ihm, daß ich glaubte, dies könne kein persönlicher Weg sein, daß ich glaubte, der einzige Weg dorthin sei das Teilen und das Geben. Ich konnte nicht glauben, daß es möglich war, auf diesem Weg im Eiltempo voranzukommen, oder daß es überhaupt von Bedeutung war, das Ziel in einer bestimmten Anzahl von Jahren zu erreichen. Ich konnte nicht an ein Streben nach kosmischem Bewußtsein glauben, das nur eine spirituellere Form des persönlichen Ehrgeizes war.

„Diese höchste Wahrheit, dieser höchste Seinszustand ist nicht etwas, nach dem man streben kann", antwortete der Swami. „Darauf kann man nicht seinen Ehrgeiz richten. Wir können ihn nicht durch irgendwelche Anstrengungen erreichen und ihn veräußerlichen. Alles, was wir in Form von *sadhana* tun können ist, das Unwissen zu überwinden. Es gibt kein fertiges Instrument, mit dem man die höchste Wahrheit erkennen kann. Wenn es ein solches Instrument gäbe, dann könnte es jeder für sich in Anspruch nehmen, und die Sache wäre beendet. Was wir in Form von *sadhana* tun können, ist, die Unwissenheit übend zu beseitigen, die uns davon abhält, das zu erkennen."

„Ich habe mir über all die Menschenmassen Gedanken gemacht, die sich in den Ganges stürzten", sagte ich. „Sie waren tagelang ohne Essen und Schlaf. Sie wurden krank vom Wasser des Flusses. Viele von ihnen starben und alle riskierten ihr Leben. Welcher Teil von ihnen hatte etwas von diesem Untertauchen ins heilige Wasser? Kamen sie der Erlösung wirklich einen Schritt näher, indem sie sich gegenseitig in diesem spirituellen Wettbewerb niedertrampelten? Wären sie nicht besser zuhause geblieben und hätten ihre Kraft verwendet für ihre Nachbarn oder die Gemeinschaft, in der sie lebten? Heutzutage gibt es in Amerika eine ganze Reihe neuer Systeme, alle Arten von Yoga und Meditation. Bald werden es Millionen sein, die sich damit befassen. Genauso wie hier. Vielleicht geht es manchen dieser Menschen um Selbsterkenntnis; aber ich glaube, daß die meisten von ihnen nur an ihren Körper oder an die Entwicklung ihrer Persönlichkeit denken. Jedenfalls scheinen sie nicht an der Verbesserung des Lebens, am Zustand der Welt interessiert zu sein. Viele dieser Wege scheinen sogar das natürliche Gemeinschaftsgefühl dieser Menschen, ihre Fähigkeit, sich um andere zu kümmern, zu vermindern, weil sie die Illusion der Individualität vergrößern."

Swami Kaivalyananda nahm unsere leeren Becher, stellte sie neben den Wassereimer und öffnete seine Tür weit, um die Nachtluft hereinströmen zu lassen. Dann setzte er sich wieder mit gekreuzten Beinen auf den Boden. „Manchen geht es um physische Schönheit, manchen um ein langes Leben, manchen um materielle Dinge, Reichtum, um Erfolg usw. Für all das ist Yoga nicht geschaffen. Es gibt viele Arten von Yoga, sagen die Menschen. Aber all das, zum Beispiel was wir *asanas* nennen, ist nicht Yoga. Man kann die körperliche Schönheit und die Persönlichkeit und eine gewisse Ausgeglichenheit entwickeln. Dafür üben sie Yoga. Aber das hat mit Spiritualität nicht das geringste zu tun. Und dann gibt es noch Menschen, denen es um Hellsichtigkeit und ähnliches geht. Auch das hat nichts mit Spiritualität zu tun. Wenn sie einen Sinn entwickeln, der ihnen im normalen Leben nichts nützt und den sie nicht völlig unter Kontrolle haben, laufen sie sogar Gefahr, nach einiger Zeit verrückt zu werden. Sie sind dann nicht mehr in der Lage, ein normales soziales Leben zu führen. Wenn man hellsichtig ist und Dinge sieht, die mit der anderen Welt zu tun haben, so ist dieses Wissen nutzlos für einen. Wenn man nicht hohe Tugenden und große Erkenntnisfähigkeit hat, ist es nicht sinnvoll, diese Dinge zu sehen, und es ist auch gar nicht wünschenswert. Wir richten eher Schaden an, wenn wir diese Fähigkeiten entwickeln. Es hindert einen wirklich. Kennt man aber die höchste Wirklichkeit und die höchste Wahrheit, dann hat man ohnehin diese niedrigeren Aspekte und Visionen und kann sie in sinnvollerer Weise benutzen. In einem Zustand völliger Bewußtheit erlebt man sie ohnehin. Das höchste spirituelle Wissen ist jedoch sehr selten. Nur einmal in tausend Jahren erreicht jemand die völlige Erkenntnis — einmal in tausend Jahren unter Heiligen. In der Bhagavad Gita heißt es, daß unter tausend Menschen sogar nur einer nach Vollkommenheit strebt."

„Aber es gibt, so scheint mir, viele Menschen, die glauben, sie können die völlige Erkenntnis, das kosmische Bewußtsein oder wie immer man es nennen mag, erreichen, indem sie ein paar Jahre ihre Übungen machen. Ich hörte beispielsweise, daß die TM-Leute meinen, sie könnten in sechs oder acht ren zur Erkenntnis gelangen."

„Kein *mantra* kann uns zu so etwas bringen!" sagte der Swami bedächtig und schüttelte den Kopf. „Das *mantra* beruht auf dem Klangelement. Es gehört zur niedrigeren Energie. Diese *mantren* und Meditationen sind nur ein verstandesmäßiger Vorgang. Dort hat man es nur mit niedriger Energie zu tun. Selbst der Philosoph Shankaracharya, der große Lehrer, hat das gesagt. Und Maharishi Mahesh Yogi hatte ihn zum Lehrer, das kann er nicht leugnen. Shankaracharya hat gesagt, daß diese Dinge nur mit der Verstandesebene zu tun haben. Entweder hat man äußerlich einen Begriff von einem Objekt oder im Inneren eine Idee, die unwirklich ist; darauf konzentriert man sich und gerät in eine Art von Geisteszustand, der einer Trance ähnelt. Ein Trancezustand, den Shankaracharya mit dem Schlaf verglichen hat. Und das ist nicht wirklich. Jedes existierende *mantra* existiert in der unteren Welt, der Welt der Energie. Dadurch kann man nicht zur höchsten Wahrheit geführt werden. Es kann einem die Welt der Energie enthüllen. Einer der größten *rishis*, der die Inkarnation der drei Gotteshäupter war, hat uns diese Worte gegeben."

Der Swami sah einen Augenblick lang nachdenklich zur Zimmerdecke hinauf. Aus einer Tasche seines Gewandes zog er ein kleines Päckchen zerknitterter *bidis* heraus. Er nahm sich eine der Zigaretten, glättete sie mit den Fingern und zündete sie mit einem hölzernen Zündholz an, das er am Betonboden rieb. Dann sprach er auf Sanskrit weiter. „Das bedeutet, daß keines der *mantren* zur Wahrheit führen kann. Auch *tantra* kann die Wahrheit nicht enthüllen. Meditation über *mantren* ist nur ein Geisteszustand, eine Modifikation des Geistes. Diese Aktivität kann nützlich sein, um bestimmte Kräfte zu erlangen, aber sie kann uns ebenso zerstören. Wenn jemand nicht wirklich gereinigt ist, wenn er nicht eine gewisse Reinheit des Geistes hat, und dennoch das *mantra* wiederholt, wird es zu einer zerstörerischen Kraft. Diese *mantren* können unter bestimmten Bedingungen ein Schritt zu einer höhere Stufe sein, aber für sich genommen führen sie uns nie zu einer höheren Erkenntnis." Er zündete seine *bidi* an und blies das Zündholz aus. „*Mantren* nützen für sich genommen gar nichts, wenn man nicht eine spirituelle Anleitung bekommt und eine große Reinheit des Geistes erreicht hat. Man braucht auch viele vorbereitende Übungen, um zu wissen, wie man mit der durch das *mantra* ausgelösten Energie umgehen kann. Sonst ist es gefährlich. Völlig Erkenntnis zu erreichen, ist ein ganz anderer Prozeß, der von den *rishis* entwickelt und vorgelebt wurde und der im Wissen der Upanishaden besteht. Hier geht es um folgenden Prozeß: Ein Aspirant entwickelt bestimmte Fähigkeiten, wie Leidenschaftslosigkeit, Unterscheidungsgabe und -vermögen und die sechsfältigen Tugenden. Hat er diese Fähigkeiten erlangt und ist von einem brennenden Streben nach Wirklichkeit erfüllt, muß er in Gegenwart eines *gurus* sitzen, der selbst in der Wahrheit fest verwurzelt und in den Schriften der Weisheit bewandert ist. Der Prozeß besteht im Zuhören. Er muß von diesen Schriften hören, muß darüber nachdenken, muß seinen Verstand gebrauchen und über das, was er gehört hat, kontemplieren. Er muß seine Verstandeskräfte sehr hoch entwickelt haben. Der Prozeß besteht im Zuhören, Überdenken, Erwägen. Dieser Weg führt uns über das Wissen hinaus zu einem Punkt, wo Wissen überflüssig ist. Dann werden auch die Upanishaden nicht mehr gebraucht. Sie sind nur dazu nützlich, das falsche Wissen zu eliminieren. Der Prozeß besteht also darin, falsches Wissen zu eliminieren. Und wenn das geschehen ist, geht er weiter."

„Ich möchte irgendwann einmal mit Ihnen über die Bedeutung des Wortes *guru* sprechen", sagte ich. „Dieses Wort ist in Amerika sehr populär, aber mir scheint, daß seine wirkliche Bedeutung nicht einmal ahnungsweise verstanden wird."

„Ja, sehen Sie, da gibt es eine Verwirrung der Begriffe. Weil ihr all diese Pseudo-*gurus* habt, die die Menschen bei euch irreführen. Ich werde morgen zu Ihnen kommen, um darüber zu sprechen."

„Morgen werden wir den ganzen Tag auf der anderen Seite verbringen", erklärte ihm Hridaya.

„Jenseits des *Ganga*?"

„Ja, wir werden den Vormittag und den Nachmittag mit Tat Walla Baba verbringen. Kennen Sie ihn?" fragte Hridaya.

„Ich kenne diesen *baba*. Er lebt mit den Bäumen."

„Ja, er lebt in einer Höhle dort oben", sagte ich.

„Er hat immer mit den Bäumen gelebt und ist unter ihnen umhergegangen, sagen sie. Er ist ein Freund der Bäume. Manche sagen auch, daß er manchmal Bäume aus der Erde zieht. Er hat sie einfach mit den bloßen Händen aus der Erde gezogen, mitsamt den Wurzeln, weil die Bäume einverstanden waren. Man sagt, sie seien alle seine Freunde."

Hridaya sah mich an. „Sollen wir nun gehen?"

„Wir werden uns nun auf den Weg machen, Swami, wir haben Ihre Zeit sehr in Anspruch genommen."

„Nein, nein, das macht nichts", sagte der Swami und trat auf die Veranda hinaus. „Ich wollte, daß Sie kommen! Sehen Sie! Sehen Sie sich das Feuer an!"

Wir hatten es schon vorher bemerkt. Hoch auf einem Berg, weit flußaufwärts, sah man den goldenen Schein eines Waldbrandes, genauso wie wir es vom Aussichtspunkt in Mussoorie aus gesehen hatten.

„Wir haben schon mehrere solcher Brände gesehen", sagte Hridaya. „Werden sie nicht durch die große Hitze verursacht?"

„Ja, durch die Hitze und die Trockenheit. Das geschieht oft. Aber man wird etwas dagegen unternehmen. Man läßt es sicher nicht so weitergehen, sonst brennt der ganze Berg ab."

„Was kann man deiner Meinung nach gegen das Feuer machen?" fragte ich Hridaya, als wir die vielen Stufen vom Eingangstor des Ashrams zur Straße hinunterstiegen.

„Ich weiß es nicht", antwortete er. „Ich glaube, daß es dort keine Straßen gibt. Außerdem gibt es keine Geräte und kein Wasser, um solch ein Feuer zu bekämpfen."

Swami Sivanandapuri hatte seinen Blick auch auf diese fernen Berge gerichtet. Als wir beim Touristenbungalow ankamen, stand er vor dem Büro auf der Straße. „In der Dunkelheit sieht man dieses Feuer auf dem Berg sehr deutlich. Es scheint nähergekommen zu sein seit gestern Nacht. Habt ihr das bemerkt?"

„Gerade haben wir darüber gesprochen", sagte Hridaya. „Sind dort oben in der Nähe des Feuers Höhlen? Leben dort Menschen?" fragte ich.

„Nicht genau dort", sagte der Swami. „Aber das Feuer könnte allmählich in die Nähe des Deutschen Baba gelangen und sich weiter nach unten ausbreiten, vielleicht in unsere Richtung. Aber zuvor muß das Feuer gelöscht werden, denke ich."

„Dann laß diese alten babas mit übernatürlichen Mitteln Regen machen", sagte Hridaya und lachte.

„Kein übernatürlicher Regen", sagte der Swami ernst. „Er muß ganz natürlich sein. Das ist die einzige Möglichkeit."

KAPITEL 18

SWAMI SIVANANDAPURI, HRIDAYA und ich begannen am frühen Morgen unsere Expedition zur anderen Seite des Ganges. Ich packte Fotoapparat und Cassettenrecorder ein und wir füllten die Thermosflasche mit Eiswasser aus dem Speisesaal.

„Es wäre schön, wenn die Temperatur den ganzen Tag so bliebe", bemerkte ich, als wir den Hügel hinunterstiegen. „Für mich ist das heiß genug." Als wir die Hauptstraße am Fuße des Hügels erreicht hatten, blieb ich stehen und hielt nach einer leeren *tonga* Ausschau.

„Heute ist unser Wandertag", sagte der Swami. „Beginnen wir ihn nicht damit, daß wir auf einen Wagen warten."

Doch dann schien ihm einzufallen, daß es nicht an ihm war, Vorschläge zu machen, und er fügte hinzu: „Finden Sie nicht auch?" Und so gingen wir zu Fuß zur Bootsanlegestelle.

Dort wartete, wie immer, eine große Menschenmenge. „Sehen Sie!" sagte der Swami, „heute haben wir wirklich Glück! Heute stehen die Leute in einer Schlange an der Anlegestelle. Es scheint, daß sie sich ganz spontan entschlossen haben, etwas Ordnung in die Sache zu bringen, anstatt einander auf dem Weg zu den Tempeln zu treten und zu stoßen." Wir kamen so viel schneller in unser Boot, da wir uns sonst im Gedränge als Ausländer seltsam vorgekommen wären, unsere Ellenbogen zu gebrauchen.

Jede Überfahrt mit dem Boot glich der anderen so sehr, daß ich das Gefühl eines deja-vu-Erlebnisses hatte. Wieder erscholl der gleiche Ruf wie aus einem Munde, als das Boot abstieß. Wieder wurden Münzen in den Fluß geworfen, wurden Gefäße gefüllt, trank man Wasser aus den Händen und benetzte sich das Gesicht. Als ich die Menschen diesmal betrachtete, dachte ich, wie gut es wäre, wenn sie alle in ihre

Gebete einschließen würden, wenigstens alle, die im gleichen Boot saßen. Warum benetzten sie sich nicht gegenseitig ihre Stirnen und gaben sich gegenseitig von dem Wasser zu trinken?

Hridaya unterbrach mich in meinen Gedanken: „Vergiß nicht, was ich dir gesagt habe und springe hinaus, sobald das Boot am anderen Ufer ankommt."

Wir drei standen auf und sprangen ans Ufer, sobald das Boot an den Anlegeplatz stieß.

Heute würden wir den Berg zu Tat Walla Babas Höhle zweimal hinaufsteigen. Wir wollten am Morgen wie am Nachmittag bei Tat Walla Baba sein und die Zwischenzeit im Maharishi Mahesh Yogi Ashram verbringen, der am selben Ufer lag. Der Ashram war nahezu verlassen, so hatte uns unser Swami gesagt, aber die Anlage war dennoch sehenswert. „Es ist ein wunderschöner Ashram in einer herrlichen Umgebung", hatte er uns gesagt. „Ihr werdet beeindruckt sein."

Wir erreichten Tat Walla Babas Höhle genau im richtigen Augenblick. Er kam gerade die Stufen herunter, als wir unsere Sandalen auszogen und durch die Tür in die Dunkelheit seiner Hütte traten. „Wollen Sie heute morgen Fragen stellen?" flüsterte mir der Swami ins Ohr, nachdem ich meine Opfergabe dargebracht und er die Füße des Baba berührt hatte. „Nein, später", flüsterte ich zurück. „Heute nachmittag."

Ich wollte die Stille und konzentrierte Atmosphäre, die in Tat Walla Babas Behausung herrschte, nicht durch Sprechen stören. Jedenfalls nicht heute vormittag. Hridaya und ich waren heute die einzigen Besucher, und so würde wohl niemand Fragen stellen. Tat Walla Baba erschien uns heute alles andere als förmlich. Er verhielt sich zwar nicht anders als das letzte Mal. Er saß da wie immer, aber er übermittelte diese Empfindung. Er tauschte einige Sätze mit dem Mann aus, der das letzte Mal in der Küche gearbeitet hatte; offensichtlich waren beide amüsiert. Zweifellos war dieser Mann ein sehr enger Schüler das Baba. Obwohl die seltsame Mischung aus Hindi und Punjabi seltsam klang, hatte der Baba eine angenehm klingende, melodische Stimme und ein natürliches, offenes Lachen, bei dem einem wohl war. Besonders herzlich lachte er, als ein alter, in Sackleinen gehüllter Mann, der eher wie ein Freund des Baba wirkte, kurz hereinkam und ihm ein paar Schnappschüsse zeigte. Der alte Mann verließ den Raum ebenso schnell, wie er ihn betreten hatte; ich hörte ihn noch lange auf dem Weg draußen vor sich hin lachen. Ich hätte gerne gewußt, was für komische Fotografien ein alter Heiliger wie er mit sich herumtragen mochte. Niemand anders hatte einen Blick auf die Bilder werfen können.

Tat Walla Baba sah mich an und sprach dann ein paar Worte zu seinem Schüler. „Es waren Schnappschüsse der Babas", sagte der Schüler auf Englisch zu mir, „die eine amerikanische Dame vor ein paar Monaten gemacht hat, genauso wie Sie es heute vorhaben. Sie wurden diesem Herrn heute per Post aus Ihrem Land geschickt." Es war das erste Mal, daß ich den Mann Englisch sprechen hörte, was mich sehr überraschte. Mit einem Nicken dankte ich ihm dafür, daß er mir diese unausgesprochene Frage beantwortet hatte.

Eine ganze Weile sprach niemand etwas. Wir saßen einfach da. Ich hatte mich noch nie in meinem Leben so entspannt gefühlt. Wir versuchten nicht zu schweigen, zu meditieren, eine Haltung einzunehmen oder etwas Bestimmtes zu denken, wir versuchten nicht einmal *nicht* zu denken oder auch nur auszuruhen. Wir saßen einfach da. Tat Walla Baba thronte mit einem Fuß auf seiner Bank und stützte den Unterarm auf sein Knie. Als sich unsere Blicke trafen, spürte ich wieder, wie durchdringend er einen ansah, selbst wenn er einen gar nicht bewußt zu betrachten schien. Tat Walla Baba hatte wirklich eine starke Ausstrahlung. Ich wußte, daß sie nicht gewollt war, daß sie nicht aus einer bestimmten Haltung oder von etwas, was er sagte oder tat, herrührte; seine eindrucksvolle Erscheinung und die ungewöhnliche Umgebung trugen sicher dazu bei. Er saß mit seinem langen, zu einem Turban aufgerollten Haar vor uns und wirkte mit seinem kräftigen Körper und seinem großen, runden Bauch unglaublich stark und unerschütterlich.

Zu seiner Linken war der ausgehöhlte Felsen, zu seiner Rechten sah man, wenn die Leinwand am Eingang hinaufgerollt war, den Himmel, riesige Wälder und in der Ferne sogar ein kleines Stück des Flusses. Und immerzu sangen die Vögel. Man konnte mindestens ein Dutzend verschiedener Stimmen und Melodien unterscheiden. Die Natur strahlte die gleiche Stille und Heiterkeit aus wie er. Vielleicht hatte er nicht das vollkommene Wissen, aber ich war fast sicher, daß er das vollkommene innere Gleichgewicht erlangt hatte.

Ich erinnerte mich daran, wie ich ihn im letzten Herbst das erste Mal gesehen hatte, als Swami Sivanandapuri Harvey und mich hier auf diesen Berg geführt hatte und wir mit ihm unter seinem Baum saßen. Es war der Tag, an dem wir der Frau aus Europa begegneten, die Mitglied der Self-Realization-Fellowship in Los Angeles war. Ich war ihr nicht mehr begegnet, seit sie von Tat Walla Baba die Initiation empfangen hatte und fragte mich, ob sie sich dadurch in irgendeiner Weise verändert haben mochte. Ich mußte an das seltsame, unangenehme Gespräch denken, in das mich diese Frau verwickelt hatte, nachdem ich Martin Luther King erwähnt hatte. Welchen Sinn hat eine spirituelle Suche in der Ferne, so fragte ich mich, bevor wir nicht unsere Unwissenheit über die nächstliegenden Dinge beseitigt haben?

Tat Walla Baba beugte sich zu seinem Schüler hinüber, der, offenbar aus tiefer Konzentration aufgeschreckt, mich ansah und sich räusperte. „Der Baba sagt, daß Ihr Martin Luther King ein wahrer Heiliger ist."

Völlig überrascht fragte ich: „Was?"

„Der Baba sagt, Ihr Martin Luther King ist ein wahrer Heiliger."

„Das glaube ich auch", antwortete ich. „Ich habe gerade daran gedacht."

Nachdem ich diese Worte gesagt hatte, hörte mein Denken, mein Erinnern, mein In-Worte-fassen plötzlich auf. Ich glaube, daß ich den Gesang der Vögel weiter hörte, aber eine ganze Weile lang nicht mehr wußte, daß ich da saß. Der Schüler zerteilte die Frucht und gab jedem ein paar Stücke davon; das war wohl das Zeichen, daß die Besuchszeit allmählich zu Ende ging. Ich hatte keine Armbanduhr an; unser Besuch, der mir so endlos erschienen war, mochte wohl eine Stunde gedauert haben. In dieser Zeit hatte mich eine neue und wunderbare Ruhe erfüllt, deren Nachklang mich den ganzen Tag über begleitete.

Ohne irgendwelche Höflichkeitsbezeugungen abzuwarten, stand der Baba plötzlich auf und trat aus der Türe in das helle Sonnenlicht hinaus. Während wir unsere Sandalen anzogen, sagte der Swami zu dem Schüler des Baba, daß wir am Nachmittag wieder kommen würden.

Während wir den Gebirgspfad hinunterwanderten, dachte ich über das schweigende Sitzen nach. Die Gegenwart Tat

Walla Babas, die Ruhe, die er ausstrahlte, war eine Realität, und es hatte eine reale Wirkung, sich in seiner Gegenwart aufzuhalten. Ich hätte mich irgendwo hier auf dem Weg niederlassen und ohne Mühe diesen Zustand vollkommenen Friedens wieder empfinden können, in dem ich noch Minuten zuvor gewesen war. Ich hätte dasselbe in irgendeinem Boot, in einer wackeligen *tonga* oder selbst auf einer lärmenden Straße in Rishikesh erleben können, wenn ich es nur jetzt gleich tat, bevor die Erinnerung verblaßte. Doch diese starke Empfindung würde bald vorübergehen, ich würde jemanden wie Tat Walla Baba brauchen, um diese friedliche Heiterkeit wieder zu erlangen. Jetzt wußte ich auch, warum die Gegenwart eines Meisters notwendig war, dachte ich, als ich dem Swami und Hridaya auf dem steilen Weg hinunter folgte, während die beiden sich auf Hindi unterhielten. Das war ein Grund dafür, warum die Pilger reisten, warum die Suchenden in der Gegenwart ihrer Meister sitzen, warum die Gläubigen *darshana* suchen. Diese innere Stille, an die ich mich jetzt nur noch erinnerte, ist ein Zustand, nach dem man sich sehnen kann, da man nur im reinen Frieden dieses Zustandes seiner wahren Natur nahekommt. Doch im Laufe des Tages würden die Ablenkungen von außen uns wieder bestürmen, und diese immer gegenwärtige Stille würde durch all die Geräusche an der Oberfläche unseres Seins zugedeckt werden. Ich wußte, daß man sogar die Sehnsucht danach verlieren konnte, aber ich wollte sie nicht verlieren. Tausende und Abertausende hatten ihre Suche verloren, vor allem in meinem Land und in der übrigen, geschäftigen modernen Welt; dennoch gab es immer noch Tausende und Abertausende von Pilgern, Suchern und Aspiranten, die sich ihrer selbst so bewußt waren, daß sie diese Sehnsucht nicht vergaßen. Tat Walla Baba war ein gutes Beispiel der spirituellen Führung, da er in seiner Stille beständig genug war, um in ihr immer gegenwärtig zu sein. Der Friede in ihm war so wirklich und so greifbar, daß er mich an den vergessenen Frieden in meinem eigenen Selbst erinnerte. Aber es war noch mehr als eine Erinnerung an Vergessenes: Es war auch eine unmittelbare Ursache da. Die Menschen schwingen auf allen Ebenen ihres Seins ebenso wie eine Violinsaite oder eine Stimmgabel. Ein Grund, aus dem man in der Gegenwart eines verehrten Menschen sitzt, ist es, Sympathieschwingungen zu entdecken.

Als wir zu der Straße kamen, die zur Laxman-Jhula-Brücke führte, sah ich auf einem Hügel jenseits des Flusses das Dach des Touristenbungalows. Soweit flußabwärts war ich auf dieser Seite des Ganges noch nie gekommen.

„Jetzt kommen wir zur Straße", kündigte der Swami an, „zu der gleichen Straße, auf der wir zur Laxman-Jhula-Brükke gegangen sind. Sehen Sie, es ist gar nicht so weit hierher. So oft habe ich Ihnen geraten, dieses Ashram-Gelände zu besuchen. Von der Bootsanlegestelle ist es gar nicht so weit. Maharishi Mahesh fährt diese Straße mit dem Jeep. Ich glaube, ich habe Ihnen das erzählt. Er ist der einzige, der so etwas fertigbringt. Es ist nämlich nicht erlaubt. Das hängt mit seinem Reichtum zusammen, nachdem die Beatles da waren, und all das. Aber inzwischen kommt er nicht mehr hierher. Wir sind schon beinahe angekommen. Von hier aus ist es nicht mehr weit."

Wir folgten der Straße und gingen etwa eine Viertelstunde lang in der glühend heißen Sonne dahin. Es war einer der heißesten Tage, die ich bisher erlebt hatte; das einzige, was es etwas erträglicher machte, war die trockene Luft. An einer Stelle, wo die Straße über ein Flüßchen führte und sich dann über einen Hügel zog, war ein kleiner Schattenfleck unter einer Baumgruppe. Wir rasteten dort und tranken etwas Eiswasser aus der Thermosflasche. „Der Eingang ist dort oben auf dem Hügel", sagte der Swami. „Sie werden ihn bald sehen. Wissen Sie, daß noch vor einiger Zeit an dieser Stelle hier ein Fernsehgerät stand?"

„Ein Fernsehgerät? Wie meinen Sie das?"

„Der Fernsehempfänger war dort unten", sagte er und zeigte mit dem Finger auf die Stelle. „Hier oben an der Straße stand die Kamera. Sie hatten eine spezielle Fernsehkamera, vor der hier oben ein paar Mädchen tanzten. Jeder konnte sich hier oben vor die Kamera stellen und dann simultan unten auf dem Apparat gesehen werden."

„Aber was sollte das Ganze?" Ich hatte in diesem Land noch überhaupt keine Fernsehgeräte gesehen, außer in den besten Hotels in den größten Städten.

„Anscheinend sollte das eine Art Reklame sein. Es erregte natürlich Aufsehen. Damals versuchten sie, hier die Weltzentrale für transzendentale Meditation zu errichten. Sie wollten den Ort populär machen, es sollte Mode sein, hierherzukommen. Sie hatten Film- und Fernsehgeräte, damit man sehen konnte, wie Maharishi Mahesh Yogi hie und da im Fernsehen aufgetreten war. Sie probierten es mit allerlei Tricks, die Massen anzuziehen, aber sie hatten nicht den gewünschten Erfolg. Danach konzentrierten sie sich auf andere Länder. Hier gibt es soviele wirklich weise und hochentwickelte *yogi*, viele, neben denen Maharishi Mahesh etwas verblaßt. Es war nicht einfach, hier eine so mächtige Bewegung entstehen zu lassen, wie sie es sich erträumt hatten."

Der Ashram sah verlassen aus. Die Gebäude, die wohl sehr eindrucksvoll geplant waren, zerfielen schon wieder, obwohl sie erst halb fertig waren, und der Swami erzählte mir, daß man damals noch andere Bauten geplant, aber noch nicht einmal begonnen hatte. Manchmal fragte ich mich, woher unser Swami all diese Auskünfte hatte, wenn sie überhaupt stimmten; doch ich nahm an, daß er in seiner Eigenschaft als Fremdenführer seit längerer Zeit viel herumkam.

,,Es sieht aus, als sei niemand hier", sagte ich.

,,Wie ich schon sagte, ich glaube, daß dieser Ort inzwischen fast völlig in Vergessenheit geraten ist."

,,Ich hätte wenigstens einige Menschen erwartet. Ich dachte, es seien ein paar Leute aus dem Westen hier. Unser Freund aus dem Touristenbungalow ist extra von Amerika hierhergekommen, um TM zu studieren."

,,Er ist der erste solche Fall, der mir begegnet ist. Ich wollte Ihnen diese wunderbare Anlage und all die schönen Gärten zeigen; aber wenn Sie Menschen treffen wollen, sollten wir vielleicht im Büro nachsehen."

,,Nein, nein, das muß nicht sein. Ich war nur überrascht."

Dennoch gingen wir auf ein Gebäude zu, das ein Schild mit der Aufschrift ,,Büro" trug und der Swami meinte, wir sollten dort vielleicht Guten Tag sagen, bevor wir uns alles ansahen, wenn überhaupt jemand da war, dem wir Guten Tag sagen konnten. Wir gingen an einer Reihe offenbar leerstehender Hütten vorbei, die, wie der Swami uns sagte, als Unkünfte für dauernd hier lebende Studenten und Lehrer gedacht waren. Da kam ein junger Mann in unsere Richtung gerannt; er erreichte die Eingangstür zugleich mit uns. Er lächelte uns freundlich an. ,,Treten Sie ein. Herzlich willkommen."

Er schloß die Tür auf und ließ uns eintreten. Mit einer Zeitung oder einer Werbeschrift fegte er den Staub von der Holzbank vor dem Schreibtisch. Wir setzten uns auf die Bank, er auf den Stuhl hinter dem Schreibtisch.

„Mein amerikanischer Freund möchte ein paar Fragen über transzendentale Meditation stellen", sagte der Swami zu ihm.

„Das kann er tun", sagte der junge Mann. „Ich bin als Lehrer ausgebildet." Er stand auf und drehte an den Knöpfen und Schaltern einer elektrischen Klimaanlage im Fenster; als nichts geschah, klopfte er mit aller Kraft dagegen. Staub wirbelte auf, er hustete, hörte aber nicht auf, an den Knöpfen herumzudrehen. „Wir haben hier eine Klimaanlage aus den Vereinigten Staaten, aber im Augenblick funktioniert sie nicht richtig."

„Das macht nichts", sagte ich, obwohl ich schon gehofft hatte, sie würde funktionieren. Was für ein traumhafter Platz wäre das hier, wenn sich die TM-Träume in Indien erfüllt hätten.

„Wir haben leider auch gerade nichts da, um einen Tee zuzubereiten, aber ich könnte etwas besorgen." Er sah den Swami fragend an. „Haben Sie etwas Zeit?"

Der Swami sah mich an. „Wir sind eigentlich nur gekommen, um einen Rundgang zu machen", sagte ich. Es gab nicht mehr viel, über das wir sprechen konnten, da wir uns die Gärten ansehen wollten und ich nicht wirklich Lust darauf hatte, Tee zu trinken und Fragen über die transzendentale Meditation zu stellen. Er sah enttäuscht aus, als hätte er gehofft, ich sei nur wegen der TM gekommen. Hatte er mich schon als Mitglied, als Schüler betrachtet? Menschen, die in solchen Vereinigungen leben, brauchen die Verstärkung durch andere Mitglieder sehr.

„Ich habe gesehen, daß Sie hier einige Schriften haben", sagte ich. „Kann ich davon etwas mitnehmen?"

Er wählte ein paar Hefte für mich aus und erklärte mir, daß dies eine wichtige Zeit für die TM-Bewegung sei, da gerade im Augenblick in Großbritannien ein Treffen stattfand, an dem Maharishi Mahesh Yogi selbst teilnahm; Ziel dieses Treffens war der Beginn einer großen, weltweiten Kampagne. Der ehrgeizige Plan bestand darin, in die ganze Welt für je eine gewisse Anzahl von Menschen einen Lehrer zu entsenden. Wie dieser junge Inder mir erklärte, hatte man mit Hilfe einer Weltkarte entsprechend der Bevölkerungsdichte errechnet, wieviele Lehrer gebraucht würden; die erforderlichen Lehrer sollten zuerst ausgebildet und dann in die entsprechenden Länder geschickt werden, so daß, wenn möglich, die ganze Menschheit initiiert werden konnte.

Nachdem er das gesagt hatte, hätte ich ihm natürlich einige Fragen über TM stellen können. Ich hätte ihn fragen können, warum man TM-Studenten sagte, dies sei der einzige Weg zur Selbsterkenntnis. Was bedeutete es, ein Initiierter zu sein? Mußte man initiiert sein, um anderen die Initiation geben zu können? Wie wollte man sie überzeugen? Was wollte die TM-Bewegung eigentlich verbreiten? Oder mußte man erst Mitglied sein, um das zu erfahren? Ich hätte ihn auch einfach fragen können: „Wie kamen Sie zur transzendentalen Meditation?" Aber ich wollte keine Fragen stellen, ich wollte nur einen Rundgang machen. Ich würde die Schriften lesen, die er mir gegeben hatte. In Amerika gab es Tausende von TM-Anhängern, die ich irgendwann später einmal fragen konnte. Wir dankten ihm für die freundliche Aufnahme und die Erlaubnis, uns das Gelände anzusehen und gingen in den Garten hinaus.

Alles, was hier lebte und wuchs, war sehr gepflegt. Es gab gesunde Bäume, Blumen und eine Vielzahl verschiedener Pflanzen, die schön gruppiert waren; es gab Bewässerungsanlagen, Brunnen und sogar Fischteiche.

„Sehen Sie, ich sagte Ihnen, daß Sie beeindruckt sein würden", sagte der Swami mehrere Male. Einmal meinte er: „Ich hoffe, Sie kaufen dieses Gelände", was ich für einen Scherz hielt. Aber er wiederholte auch diesen Satz, und mir wurde langsam klar, daß er es ernst meinte. „Ich bin sicher, daß er den Plan aufgegeben hat, hier sein Hauptquartier zu errichten. Sein Interesse geht jetzt mehr ins Ausland, deshalb bin ich überzeugt davon, daß er verkaufen wird. Wenn sie vorhaben, ihre Bewegung über die ganze Welt zu verbreiten, werden sie sich in den großen Städten festsetzen. Das ist ihr augenblicklicher Plan. Urspürnglich hofften sie, die Menschen hierher ziehen zu können. Jetzt gehen sie direkt zu den Leuten. Jedenfalls sollten Sie ihn fragen. Ich bin sicher, daß er verkaufen wird."

„Ich habe kein Geld, um etwas derartiges zu kaufen", sagte ich. „Hridaya, warum kaufst du es nicht?" Hridaya meinte, er habe sich überlegt, ob er nicht den ganzen Ganges käuflich erwerben wollte. „Nein, nein", der Swami lachte, „es ist wirklich mein Ernst, daß ich Sie zum Kauf bewegen will. Deshalb wollte ich, daß Sie sich dieses Gelände ansehen."

„Aber es ist wirklich unmöglich. Glauben Sie mir. Ausserdem sollten diese Häuser und Gärten, wenn sie überhaupt verkauft werden, an ein Institut oder einen Ashram gehen und nicht an irgendeinen Ausländer."

Wir hatten fast das ganze Gelände durchquert und standen jetzt vor dem Haupthaus, das hoch über dem Ufer des Ganges thronte. Von hier aus hatte man einen herrlichen Blick über ein großes Stück des Flusses und das gegenüberliegende Ufer. Hier hatte Maharishi Mahesh Yogi sicher öfters gewohnt. Warum sollte er nicht schon morgen hierher zurückkehren?

„Ich meinte nicht, daß Sie es für sich als persönliches Eigentum nutzen sollten. Natürlich würde es ein Institut oder ein Ashram sein, das sehen Sie ganz richtig. Aber Sie könnten das Geld doch leicht in Ihrem Land bekommen, wo es soviele reiche Menschen gibt. In Ihrem Land gibt es doch soviel Interesse für diese Art von Yoga und Philosophie. Ich fürchte nämlich, daß dieser Platz sonst völlig verwahrlost, und dann ist es irgendwann zu spät. Diese wunderbare Anlage wäre dann verschwendet."

„Glauben Sie das wirklich?" fragte ich. „Es ist ein so schöner Ort. Ich glaube nicht, daß er verschwendet wäre, wie immer er auch genutzt wird. Vielleicht muß hier gar nichts bestimmtes sein."

„Und wenn hier ein Kraftwerk oder eine Fabrik entsteht?" fragte mich Hridaya. „Was dann?"

„Das wäre allerdings etwas anderes; ich glaube aber nicht, daß das passiert."

Wir gingen zum Eingangstor. „Ich bin der Ansicht," fügte der Swami hinzu, „daß dies hier eine Chance ist, die man nutzen sollte. Die Inder gehen in den Westen, und die Menschen aus dem Westen sind so versessen darauf, ihnen zu begegnen. Wie wir hörten, halten sie große Versammlungen ab. Warum sollten die Menschen aus dem Westen nicht nach Indien kommen? Nicht um eine persönliche Reise zu machen, sondern um mit unseren Menschen zusammenzuabbeiten. Die Menschen hier können von ihnen genauso lernen. Diese Freundschaft ist so wichtig. Wie Sie wissen, denke ich viel darüber nach. Was für ein wunderbarer Ort wäre das hier für eine Begegnung von Ost und West!"

Als wir wieder die Straße zur Laxman-Jhula-Brücke zurückgingen und die Sonne auf uns herniederbrannte, schwiegen wir, bis wir wieder im Schatten der Mangobäume angelangt waren. Ich nahm an, daß die Temperatur selbst im Schatten über vierzig Grad war; im Schatten der Bäume jedoch erschien sie einem vergleichsweise kühl. Ich begann die Melodie eines der Lieder aus Swami Sivanandapuris Repertoire zu summen und erinnerte mich an die Tage im letzten Herbst. als er uns im Touristenbungalow auf dem Harmonium vorspielte.

„Diese Wege hier sind Ihnen so vertraut", rief der Swami aus. „Sie sind wie einer von uns. Wie oft sind Sie wohl schon im früheren Leben hier gewesen? Ich habe es nicht ausgesprochen, aber es schien mir heute mehrmals, als seien wir drei schon einmal zusammengewesen. Vielleicht wiederholen wir etwas, was wir schon einmal erlebt haben?"

„Das ist ein interessanter Gedanke", sagte ich. „Ich habe gehört, daß so etwas manchmal geschieht. Wenn ich vor hundert Jahren oder früher schon einmal hier war, so wüßte ich gerne, ob ich mich daran erinnern kann."

„Bestimmt können Sie sich daran erinnern, wenn Sie es wollen und wenn Sie es versuchen. Aber Sie müssen Ihren Körper und Ihre äußere Natur vollständig vergessen, denn im früheren Leben hatten Sie weder diesen Körper, noch dieselben Gewohnheiten und Vorlieben. Das unterbewußte Gedächtnis bleibt; man kann sich den Inhalt in Erinnerung rufen, wenn man will."

„Sie sprachen gerade von der Vereinigung von Ost und West", sagte ich. „Wie soll sie Ihrer Meinung nach vor sich gehen?"

„Sehen Sie, wir beide haben doch genau das gleiche Interesse. Wäre es nicht für viele Menschen sehr schön, wenn sie reisen könnten, wie Sie es tun, oder wenn Menschen aus unserem Land in Ihres fahren könnten? Sie sollten nicht versuchen, Lehrer zu sein, Geld zu machen, große Bewegungen zu gründen, sondern einfach suchen. Sie sollten einander suchen, sollten teilen, sollten aus zwei Teilen ein Ganzes machen. Glauben Sie, das könnte geschehen?" „Ich glaube das muß geschehen", antwortete ich. „Ich halte es für unvermeidlich. Ich glaube, daß östliche Menschen im Westen wiedergeboren werden und westliche Menschen im Osten. Ich bin in ganz Asien jungen Menschen begegnet, die nichts östliches an sich haben außer ihre Hautfarbe.

Und dann gibt es eine ganze Reihe von neuen Amerikanern, die unmöglich westliche Menschen sein können. Man kann das nicht nur auf die Nonkonformität der jüngeren Generation oder auf den Einfluß der Medien zurückführen, auch wenn beides mitspielt. In der gleichen Gesellschaft wachsen Menschen mit völlig gegensätzlichen sozialen Orientierungen auf. Und das geschieht überall, im Osten wie im Westen. Diese unterschiedlichen Auffassungen stoßen immer zusammen, ob es nun auf weltweiter Ebene geschieht, innerhalb eines Landes oder zwischen den Generationen. Aber die Gegensätze müssen einmal verschmelzen. Es ist genau, wie Sie sagten. Es muß aus zwei Teilen ein Ganzes werden. Und das wird geschehen."

,,Das hat er schon oft gesagt", berichtete Hridaya.

,,Ich bin sehr glücklich, diese Worte zu hören", sagte der Swami.

Hungrig und durstig kamen wir im Choti Walla-Restaurant an, genau zur geplanten Zeit. Nun konnten wir in Ruhe essen, danach gemächlich den Berg hinaufwandern und rechtzeitig bei Tat Walla Babas Höhle ankommen, bevor er seine nachmittägliche Audienz gab.

,,Heute hast Du Deinen Fotoapparat dabei", sagte Hridaya. ,,Du solltest unbedingt ein paar Schnappschüsse des Choti Walla machen."

Der Swami lachte. ,,Und dann können Sie Ihren Freunden zeigen, daß Sie zwei ehrenwerte Walla in diesen Bergen besucht haben. Tat Walla und Choti Walla." Während wir unser Mittagessen einnahmen, erklärten mir Hridaya und der Swami, was die beiden Namen bedeuteten. Choti Walla war ein religiöses Symbol. Er hieß so wegen des kleinen Haarbüschels am Hinterkopf, dem *choti*. Dieser kleine Haarschwanz am Hinterkopf rührte von einem alten Hindubrauch her. Ich erfuhr, daß der dicke Junge mit der rosa gefärbten Haut, der den ganzen Tag im Restaurant saß, das nicht tat, um Geld zu verdienen, sondern dieses Amt von seinem Vater geerbt hatte und es an seinen ersten Sohn weitergeben würde. Er war eine Art geschütztes Markenzeichen des Lokals. Choti

Walla hieß Choti-Mann. Ich hatte schon den Bananen-Walla, den Tee-Walla, den Riksha-Walla kennengelernt. Was, so fragte ich mich, bedeutete aber Tat Walla Baba. Tat, so erfuhr ich, hieß Sackleinen oder genauer die Jute, aus der er gemacht wird, und da man Tat Walla Baba in seiner Jugend in Jute gekleidet durch die verschneiten Wälder hatte gehen sehen, nannte man ihn Tat Walla, Jute-Junge. Später wurde er Tat Walla Baba, der verehrte, alte Jute-Mann.

Jetzt, da er auf Wunsch seiner Schüler hin weiter südlich am Ganges lebte, brauchte er keine Jutegewänder mehr und trug Sommer wie Winter sein Hüfttuch.

„Vergiß nicht, den Choti Walla zu fotografieren", erinnerte mich Hridaya, als wir vom Tisch aufstanden. Und der Choti Walla, dem es gelang, immer aufrichtig zu lächeln, stellte sich bereitwillig zur Verfügung. Und wieder machten wir uns auf den Weg über die Laxman-Jhula-Straße durch den Mangowald den Berg zu Tat Walla Baba hinauf. Es war die heißeste Stunde des Tages.

„Ach, heute scheint Damentag zu sein", bemerkte der Swami, als er einen Blick durch die Tür von Tat Walla Babas Hütte warf. Wir zogen unsere Sandalen aus und traten erleichtert in die Kühle. Der Baba saß schon auf seiner Bank, neben sich den Englisch sprechenden Schüler. Auch der alte Mann, der uns vor einigen Tagen Wasser zu trinken gegeben hatte, war anwesend und dazu noch etwa ein Dutzend Besucher. Die meisten von ihnen waren ältere Damen. Vielleicht waren sie mit einer Art Pauschalpilgerreise hierhergekommen, wie es viele vor allem während der Kumbha Mela taten. Die Damen schienen völlig erschöpft zu sein. Sie seufzten und ächzten und riefen die Namen von Göttern und Göttinnen an. Immer wieder berührten sie die Füße des Baba, als erhielten sie von ihm Stärkung; aber er saß reglos mit gleichmütigem Ausdruck da und sah hinaus zu seiner Tür in die sonnenbeschienene Landschaft.

„Sie möchten jetzt die Stimme des Baba aufnehmen, nicht wahr?" fragte der Schüler. „Heute Morgen sagten Sie, Sie hätten den Fotoapparat und den Cassettenrecorder dabei." Der Schüler wechsele ein paar Worte mit dem Baba und sagte mir dann, daß ich Aufnahmen machen dürfe.

„Wollen Sie auch die Fotos jetzt machen?"

„Es ist mir jederzeit recht", antwortete ich.

„Der Baba möchte, daß Sie jetzt fotografieren, bevor er beginnt."

Hridaya gab mir die Schultertasche und ich nahm den Fotoapparat heraus. Als Tat Walla Baba den Apparat sah, stand er auf, ging rasch hinaus, löste sein Haar und ließ es zu Boden fallen. Ich machte ein paar Aufnahmen und dann gingen wir wieder hinein. Die alten Damen liefen unruhig auf und ab, fächelten sich Luft zu und sagten immer wieder: „Ram, Ram, Sita, Ram!" Als wir uns niedersetzten, warfen sie sich wieder vor Tat Walla Baba auf den Boden, eine nach der anderen, und berührten erst seine Füße und dann ihre Stirnen. Der Baba erschien immer gleich ungerührt. Ob man ihn etwas fragte, ob man Fotos von ihm machte, ob man seine Füße berührte: Es schien ihn weder sonderlich zu erfreuen noch zu stören.

„Bitte warten Sie ein paar Minuten, bevor Sie Ihr Tonband einschalten", sagte der Schüler, „lassen Sie den Baba zuerst mit diesen Menschen sprechen."

Und so sprach der Baba, und seine Besucher lauschten ihm. Ich wußte nicht, wieviel sie verstanden – der Swami hatte mir erklärt, daß man an seine Sprechweise gewöhnt sein mußte, um ihn zu verstehen – aber sie beruhigten sich und hörten ihm höflich zu. Seine Stimme und seine Ausstrahlung wirkten offenbar sehr beruhigend auf seine Gäste.

Nach einem kurzen Schweigen sah Tat Walla Baba mich an und sagte ein paar Worte in seiner Sprache. „Sie können jetzt aufnehmen", sagte der Schüler. Ich hatte aufmerksam zugehört, wie die anderen, obwohl ich nicht ein Wort verstand und hatte deshalb weder den Cassettenrecorder aufgestellt, noch überlegt, was ich fragen wollte. Ich hatte absichtlich keine bestimmten Fragen vorbereitet. Tat Walla Baba sah mir zu, während ich das Gerät einschaltete. Ich nahm an, daß er schon viele Fotoapparate und Cassettenrecorder gesehen hatte. Was mochte er wohl von diesen Dingen halten? Das war meine erste Frage. Es interessierte mich, was er über diese modernen Geräte dachte und darüber, wie man sie – vor allem im Westen – benutzte, und was er von den heute verfügbaren Mitteln, die die weltweite Kommunikation erleichterten, hielt.

„Jetzt werden Sie Ihre ersten Fragen stellen, nicht wahr?"
„Ja."

„Dann wird er antworten und Sie nehmen es auf. Er spricht nicht gerne als jemand, der predigt oder einen Vortrag hält. Er ist darin nicht geübt. Aber wenn Sie irgendwelche Fragen über spirituelle Dinge haben, fragen Sie nur, er wird antworten. Sie können alles fragen, was Sie wollen."

So stellte ich meine erste Frage. Ich sprach auf Englisch zu dem Schüler und ließ meinen Cassettenrecorder während der vier verschiedenen Phasen von der Frage bis zur Antwort mitlaufen. Ich nahm meine Frage auf, die Übersetzung ins Hindi, Tat Walla Babas Antwort und die Rückübersetzung ins Englische. Der Baba antwortete ausführlich auf meine erste Frage, und der Schüler, der wohl sein Bestes tat, um sich an alles zu erinnern, was der Baba gesagt hatte, gab eine beinahe ebensolange Übersetzung. Später erfuhr ich allerdings, daß er meine Frage nicht genau in dem Sinn interpretiert hatte, wie sie von mir gemeint war. Ich hatte erfahren wollen, was Tat Walla Baba über die internationale Kommunikation, vor allem die Kommunikation von Ost und West, dachte. Ich hatte beabsichtigt oder zumindest gehofft, schließlich zu Fragen der Brüderlichkeit unter allen Menschen und eines weltweiten Bewußtseins zu kommen, vor allem weil dieser Baba Martin Luther King einen Heiligen genannt hatte, und, wie mir schien, selbst ein Repräsentant des Friedens war. Aber der Dolmetscher hatte Tat Walla Baba gefragt, was er darüber dächte, daß die Menschen im Westen so großen materiellen Luxus zur Verfügung haben. Offenbar hatte er meine Frage so verstanden.

Was Tat Walla Baba, den Worten des Dolmetschers zufolge, geantwortet hatte, war, daß das Leben der Menschen im Westen tatsächlich stark vom materiellen Luxus beeinflußt ist, daß aber all dieser Luxus einschließlich des Fotoapparates und des Cassettenrecorders, von dem ich gesprochen hatte, nicht dauerhaft, sondern vergänglich ist, was die Menschen, die an materiellen Dingen hängen, dazu verleitet, immer mehr haben zu wollen. „Heute haben Sie solch ein Tonband, und bald schon wollen Sie ein noch besseres haben. Und selbst wenn Sie eine Million Dollar hätten, so denken Sie vielleicht eines Tages, daß Gott sie doch zu einem Multimillionär machen könnte."

Diese Philosophie war nicht neu für mich; ich akzeptierte die Wahrheit und die Bedeutung dieser Worte. Aber ich akzeptierte sie nicht als Antwort auf meine Frage, ganz einfach, weil ich etwas ganz anderes hatte wissen wollen. Ich hatte die Worte Luxus oder materielle Werte gar nicht benutzt; wahrscheinlich hatte der Schüler sie ins Gespräch gebracht. Aber ich hatte meine erste Frage wohl auch nicht klar genug gestellt. Der als Dolmetscher fungierende Schüler übersetzte, so gut er konnte, ich mochte seine Art, sich zu geben und zu sprechen.

,,Ich glaube, daß ich viele Punkte vergessen habe", schloß er nach seiner langen Übersetzung, ,,weil die Antwort so lang war. Aber die wichtigsten Punkte sind diese: Man sollte nicht hinter Luxus herjagen, sondern seinen Geist offenhalten. Man soll sich selbst erkennen. Darum geht es vor allem."

,,Es ist vielleicht nicht nötig, aber ich möchte gerne sagen, daß das weder mein Cassettenrecorder noch mein Fotoapparat ist. Ich besitze weder das eine noch das andere. Ich habe auch keine Armbanduhr, kein Auto, keinen Radioapparat, keinen Plattenspieler. Wahrscheinlich werde ich auch nie etwas derartiges besitzen oder Verlangen danach haben. Dennoch benutze ich diese Dinge manchmal. Ich kann ein Automobil fahren und ich kann mit einem Cassettenrecorder umgehen; ich habe mir zeigen lassen, wie man mit diesem geliehenen Fotoapparat umgeht und hoffe, daß es mir gelungen ist, ein paar gute Bilder zu machen — weil solche Dinge nützlich sein können. Ich benutze diese Apparate nicht aus einer Abhängigkeit heraus, sondern aus. . .''

,,Vielleicht könnte man sagen, aus der Freiheit von allen Bindungen und Abhängigkeiten?'' Vielleicht war das so, aber ich wollte die hohe Tugend der völligen Unabhängigkeit nicht für mich in Anspruch nehmen. ,,Ich möchte meine Frage von dieser Frage trennen'', sagte ich. ,,Was ich wissen wollte, war: Ob diese oder andere materielle Dinge als Werkzeuge nützlich sein können. Das heißt, als Werkzeuge für ein bestimmtes Ziel — ungeachtet der Freiheit von allen Bindungen oder der Unfreiheit. Ist irgendetwas in der physischen Welt oder die Welt selbst von Nutzen? Kann irgend etwas Irdisches für die Menschheit nützlich sein?''

In den neunzig Minuten, in denen ich Aufnahmen machte, gelang es uns nicht, uns von dem Thema des großen Reichtums im Westen und der Abhängigkeit von materiellem Luxus zu lösen. Entweder wollte der Dolmetscher unbedingt darüber sprechen, oder Tat Walla Baba, oder vielleicht war es auch das Thema, um das ohnehin alles kreist.

Der Schüler und der Baba sprachen wieder einige Minuten lang miteinander. Dann übersetzte der Schüler: „Der Baba sagt, er sei nicht der Meinung, daß die Menschen im Westen mit all diesem Luxus leben und trotzdem innerlich frei davon sein können. Ich will Ihnen ein Beispiel geben: Nehmen wir an, Sie leben mit der Elektrizität. Sie werden sich erinnern, daß es in den Vereinigten Staaten einmal einen Stromausfall gab. . ."

„In New York, ja."

„In New York, zwölf Stunden lang. Man kann zwar behaupten, man sei frei von diesen Dingen und der Geist wäre davon nicht gefangen genommen, aber wenn etwas einmal nicht wie gewohnt funktioniert, verliert man gleich das innere Gleichgewicht."

Obwohl wir nicht begonnen hatten, über die Fragen zu sprechen, die mir wesentlich erschienen waren, hatte wir uns ihnen doch inzwischen genähert. Hätte ich Tat Walla Baba einfach gebeten, über Brüderlichkeit und Frieden zu sprechen, so hätte er von jenem Frieden erzählt, der auf spiritueller Ebene unvergänglich ist. Wäre ich einmal befreit, so hätte man mir gesagt, würde ich diesen unvergänglichen Frieden erlangen. Ich aber war an Frieden auf der Erde interessiert, dem Frieden, von dem die Engel sangen. Ich träumte nicht von einer irdischen Utopie und glaubte nicht daran, daß nur in diesem irdischen Leben auch das Ziel einer geistigen Entwicklung des Menschen lag. Mein unmittelbares Interesse und meine Sorge galten dem Planeten selbst und dem physischen Leben auf diesem Planeten, vom Standpunkt der Erde als einem Wesen, und vom Standpunkt der Erde als dem physischen Schauplatz zur Inkarnierung der geistigen Wesenheit des Menschen. Ich hatte Martin Luther King nur einmal im Jahre 1960 gesehen, als ich für kurze Zeit aus Korea zurückkehrte, und hatte von dieser Begegnung vor allem die Worte lebhaft in Erinnerung, daß der Mensch im Dialog und nicht im Monolog zu leben lernen müsse. Einige Jahre später hatte ich in einem Büchlein einer sehr verbreiteten Gruppe mit dem Namen „Meditation Group for a New Age" die Worte gelesen: „Dies ist das Zeitalter der Gemeinsamkeit." Diese Dinge beschäftigten mich, darüber wollte ich sprechen. Vielleicht hätte ich meine erste Frage so stellen müssen: Gab es etwas anderes, was man auf der physischen Ebene tun konnte, als den Versuch, von ihr frei zu werden, gab es überhaupt in irgendeinem Sinne Weltprobleme oder waren sie nur Illusionen? Ich wollte nicht glauben, daß das einzig wirkliche Problem die Bindung an das Irdische war. Wenn dieses Problem real war, mußten auch die anderen Probleme ebenso real sein und ebenso nach einer Lösung verlangen.

Mir schien es, daß der Weg zur Befreiung nur durch die Lösung der Probleme auf allen Ebenen ging.

Neunzig Minuten waren mir für ein Gespräch mit Tat Walla Baba nicht genug, ja, ich hätte am liebsten neunzig Tage mit ihm verbracht. Aber für heute war die Zeit, die er den Besuchern gewährte, zu Ende. Er würde uns verlassen, und wir würden wieder den Bergpfad hinuntergehen. Wahrscheinlich sah ich ihn nie wieder. Wenn es mir vergönnt gewesen wäre, neunzig Tage mit Tat Walla Baba zu verbringen, so hätte ich wohl am liebsten überhaupt nichts gesprochen. Ich war hier heraufgekommen, um seine Worte zu hören, aber was ich am meisten an ihm schätzte und was mir immer in Erinnerung bleiben würde, das war die Stille um ihn. Diesmal berührte ich seine Füße zum Gruß, bevor wir gingen.

„Das war schön", bemerkte Hridaya, als wir hinuntergingen. „Der Baba hat für deine Aufnahme sehr viel gesprochen. Ich habe aber nicht alles verstanden."

„Ich konnte ihm folgen", sagte Swami Sivanandapuri, „da ich an seine Art zu sprechen gewöhnt bin. Sind Sie zufrieden? Ich glaube, daß es ein wenig an dem, was Sie fragten, vorbeiging."

Ich sagte vorsichtig, daß meinem Empfinden nach die Antworten nur indirekt mit den Fragen, wie ich sie gemeint hatte, in Beziehung standen.

„Nein, nein, ich weiß doch", sagte der Swami. „Sie haben ja über diese Dinge oft gesprochen, und ich weiß, was in Ihnen vorgeht. Es tut mir leid, daß ich nicht übersetzen konnte. Ich hätte am liebsten etwas gesagt, aber dieser Mann ist sein ständiger Schüler, und es war seine Aufgabe zu dolmetschen. Wäre die Übersetzung richtig gewesen, so hätten Sie Ihre eigenen Fragen an den Baba stellen können.

Andererseits konnte ich mich nicht gut einmischen. . ."

„Nein, natürlich, das verstehe ich", sagte ich. „Ich ahnte schon, daß die Schwierigkeiten zum Teil an der Übersetzung lagen. Hat der Baba eigentlich diese Beispiele über die Menschen des Westens und den Materialismus, wie den Stromausfall in New York, selbst gegeben?"

„Nein, nein, der Baba hat keineswegs von solchen Dingen gesprochen. Der Übersetzer fügte die Beispiele selbst hinzu. Er hielt in der Übersetzung mit seinen eigenen Ansichten nicht zurück und legte den Fragen seinen eigenen Standpunkt unter. Dadurch hat er den Sinn verändert."

„Ich nehme an, daß Askese und ein Verzicht auf die weltlichen Dinge eines von Tat Walla Babas Lieblingsthemen ist. Das Thema interessiert mich ja auch durchaus. Aber ich wollte noch darüber hinaus gehen."

„Der Baba hätte verstanden, worum es Ihnen ging", sagte der Swami, „und er ist bereit, über alles zu sprechen. Askese ist für den Baba etwas Natürliches. Aber ich glaube, daß dieser Schüler sich noch selbst mit diesem Problem herumschlägt. Vielleicht kommt er aus einer modernen Großstadt und kämpft noch damit, sich völlig von der äußeren Welt zurückzuziehen."

„Ich glaube, daß das bei all diesen *swamis* und *sadhus* so ist", erklärte Hridaya. „Nicht bei Ihnen, Swami, aber bei den meisten. Doug und ich haben öfters darüber gesprochen. Sie denken nur an sich und ihre Befreiung und sonst an nichts. Und wenn man sie fragt, sagen sie: ‚Es ist uns nicht wichtig. Es soll einem nicht wichtig sein. Diese Dinge muß man überwinden!' Sie haben sich deshalb auch gar nicht tiefergehend mit den Dingen beschäftigt, denn sie sind ihnen ja unwichtig. Sie sind der Frage ausgewichen. Wenn man sich vorstellt, daß alle Menschen auf der Welt beschließen, sich sofort selbst zu ‚befreien' und alles andere vernachlässigen — was dann?"

„Da haben Sie genau den Kern der Sache getroffen", antwortete der Swami.

„Richtig", sagte ich. „Der Kern der Sache ist der: Wenn die Menschheit sich in dieser Weise befreit, dann gäbe es keine irdischen Probleme mehr — aber es gäbe auch die Erde selbst nicht mehr. Da das aber nicht der Fall ist, ist die Frage einer sinnvollen menschlichen Bemühung um das konkrete irdische Leben so wichtig." „Oh, sehen Sie, wem wir da in die Arme laufen", rief der Swami aus, als wir in der Talsenke angelangt waren. Ich erkannte die Gestlt nicht, die da auf uns zukam. „Choti Walla! Komm her, wir wollen mit dir sprechen!"

Der Choti Walla war auf dem Heimweg. Er sah aus wie ein Schuljunge, der gerade von einer Theateraufführung kam. Seine Haut wirkte, als hätte er sie hellrosa geschminkt und sein geöltes Haar hing ihm in den Nacken hinab. Dazu trug er Jeans und ein kurzärmliges Hemd.

„Warum hast du deine Pflichten verlassen?" fragte der Swami ihn. „Wir sind auf dem Heimweg. Eigentlich wollten wir gerade ein paar Fragen stellen. Die Sprechstunde ist zu Ende, aber wir brauchen Rat."

Der Junge sah den Swami verwundert an, ohne jedoch sein konstantes Lächeln aufzugeben. Der Swami schien sich zugleich über den Jungen und Tat Walla Baba lustig zu machen. Zum Glück, so dachte ich, verstand der Junge sein Englisch wahrscheinlich nicht, und glaubte, daß der Swami ihn einfach besonders herzlich begrüßte.

„Dieser Mann ist auf der Suche nach Antworten", sagte der Swami und deutete auf mich. „Er ist weit gereist. Bitte antworte auf diese Fragen der Fragen. Wozu leben wir auf der Welt, wodurch können wir der Menschheit helfen?"

Er trat einen Schritt beiseite und wies mit einer pathetischen Geste auf mich.

Der Junge lächelte mich an und ich lächelte zurück. Dann sagte er mit lauter, fröhlicher Stimme: „Werbung!"

„Ha, ha!" Der Swami lachte. „Das ist eine vielsagende Antwort!" Der Junge winkte uns zu und ging weiter. Swami Sivanandapuri atmete auf. „Jetzt sind wir zufrieden und trinken einen eisgekühlten Zitronensaft. Meint ihr nicht auch?"

KAPITEL 19

AM TAG NACH unserem Besuch bei Tat Walla Baba und im Maharishi Mahesh Yogi Ashram verbrachten wir den Nachmittag wieder, geschützt vor der heißen Sonne, im ventilatorgekühlten Haus. Kurz vor Sonnenuntergang kam Swami Sivanandapuri in unser Zimmer und verkündete, es sei nun kühl genug draußen, um ins Freie zu gehen. „Ich glaube sogar", sagte er, „daß es draußen weniger heiß als hier im Haus ist. Es wäre sicher angenehm, im Hof zu sitzen. Warum bringen Sie nicht Ihre Stühle und kommen mit hinaus?" Im Zimmer des Swami waren außer seinem Bett keine Möbel, aber wir hatten drei bequeme Rattansessel und unser Zimmer ging direkt auf den Kieshof hinter dem Bungalow hinaus. Es war schön, draußen zu sitzen. Die Bäume am Zaun bewegten sich sanft im Wind.

Wir saßen noch nicht lange im Hof, da erschien Swami Kaivalyananda. „Ah, da sind Sie ja, meine Freunde, guten Abend! Ich habe im Büro gewartet, aber das wußten Sie nicht. Man hat mir gesagt, daß Sie Nachmittagsruhe halten und ich wollte Sie nicht stören. Ich bin an diese Hitze gewöhnt. Mir macht sie nichts aus."

Hridaya stand auf, um ihm seinen Stuhl zu überlassen. „Nein, nein, das ist nicht nötig. Wo wollen Sie denn sitzen? Ich möchte nicht, daß Menschen meinethalben aufstehen — so bin ich nicht, wissen Sie."

Aber Hridaya entschuldigte sich und sagte, er hätte mit dem Mann am Empfang etwas zu besprechen. Er hatte sich mit diesem Mann angefreundet. Sie hatten den gleichen Familiennamen, Hridaya nahm an, daß der Mann aus derselben Kaste stammte, wollte ihn jedoch nicht danach fragen. Ich wußte, daß es Hridaya lieber war, im Büro zu sitzen und zu plaudern, als sich die Philosophie der Swamis anzuhören. Wir hatten vereinbart, so spät wie möglich zu Abend zu essen, und so würde ich nun zwei Stunden Zeit haben, mit den beiden Swamis zu sprechen. Es gab da etwas, über das ich unbedingt reden wollte — es war mir nicht mehr aus dem Kopf gegangen, seitdem ich am Abend zuvor bis auf die Knochen durchnäßt den Hügel heraufgerannt war.

Ein plötzlicher, heftiger Regen war letzte Nacht herniedergegangen, der Swami Sivanandapuri, Hridaya und mich auf dem Rückweg zum Touristenbungalow überraschte. Alle drei wurden wir durch und durch naß. Wir hatten uns zu lange beim Zitronensaft aufgehalten, und da das letzte Boot schon den Fluß überquert hatte und wir lange brauchten, um einen Bootsfahrer zu finden, der uns für eine Handvoll Rupien übersetzte, kamen wir viel später nach Hause, als wir geplant hatten. Wir mußten uns in einer kleinen Hütte an der Straße dicht gedrängt mit einem halben Dutzend anderer unterstellen. Alle waren sehr überrascht, außer Swami Sivanandapuri, der sagte: ,,Das ist gut. Ich hätte es wissen müssen!" Ein junger Mann legte sogar die Hände zusammen und murmelte ein Gebet vor sich hin. Ich fand den Regen eher aufregend als überraschend. Ich liebte das Geräusch und den Geruch des Regens und ich wußte, daß er zur rechten Zeit und nicht zufällig kam. Den ganzen Tag über hatten sich die Feuer im Wald, die wir nachts auf den Bergen gesehen hatten, die aber untertags unsichtbar waren, in gefährliche Nähe von Tat Walla Babas Behausung gefressen. Ich wußte, daß Tat Walla Baba diesen Regen gewollt hatte. Er hatte still dagesessen, anstatt, was die Vernunft geboten hätte, mit seinen Schülern und ein paar wichtigen Gegenständen unterm Arm vom Berg zu fliehen, um wenigstens das nackte Leben zu retten. Letzte Nacht, während wir uns aus unseren nassen Kleidern schälten, hatte ich Hridaya gefragt, ob er glaubte, daß Tat Walla Baba selbst den Regen verursacht habe. Hridaya meinte, daß es nicht Tat Walla Baba allein war, sondern all seine Gefährten zusammen. Hridaya hatte es ,,das kooperative Werk einer Gruppe" genannt.

Heute war der Himmel klar wie immer. Die Flüsse führten viel Wasser, die Erde war unter der Oberfläche feucht. Auf den Bergen brannten keine Feuer mehr.

,,Wodurch kam der Regen gestern Nacht?" fragte ich.

,,Es war das Wetter", antwortete Swami Kaivalyananda

mit der größten Selbstverständlichkeit. „Es hat durch die Kraft der Natur geregnet. Das ist alles. Und es war ein Glück."

„Ja, es war wirklich ein Wunder", fügte Swami Sivanandapuri hinzu. „Ich dachte, er sei vielleicht absichtlich herbeigeführt worden". Seit einiger Zeit hielt ich solche Dinge für möglich. Fast jeder, der sich mit den traditionellen amerikanischen Indianern befaßt hatte, konnte von Fällen berichten, wo Regen wirklich bewußt herbeigeführt worden war. Die Shintoisten in Korea glaubten ebenso an solche Möglichkeiten wie Swami Rama. Und ich hatte so oft erlebt, wie der Medizinmann namens Rolling Thunder das Wetter unter verschiedenen Umständen beeinflußt hatte, daß es unlogisch gewesen wäre, diese Möglichkeit zu leugnen. „Es scheint mir, daß solche Dinge wirklich möglich sind", sagte ich.

„Möglich!" rief Swami Kaivalyananda aus. „Natürlich sind sie möglich. Es ist die einzige Art, in der die Dinge geschehen. Alles ist absichtlich herbeigeführt. Das wissen Sie doch schon. Nur ein Verrückter glaubt, daß die Dinge zufällig geschehen."

„Richtig!" bekräftigte der andere Swami gutgelaunt.

„Die Natur tut nichts durch Zufall", fuhr Swami Kaivalyananda fort. „Was wäre denn der Sinn solcher Zufälle? Es muß eine Kraft dahinterstehen, und diese Kraft kann sich nicht von selbst in Bewegung setzen. Materielle Dinge sind zwecklos. Physikalische Materie und Energie, all die Elemente sind nur potentielle Möglichkeiten ohne Ziel und Zweck. Sie können gar nicht aus sich selbst heraus wirken. Welche Kraft hat all die Vorgänge in der Natur unter Kontrolle? Es gibt eine Kraft, die vielleicht unsichtbar ist, aber die hinter jedem Augenblick und hinter jedem scheinbaren Zufall steht. Es muß eine Kraft geben, die Geist, Energie und Materie bewegt. Es muß ein intelligentes Prinzip geben. Da alles absichtsvoll hervorgerufen wird, kann gar keine Zufälligkeit entstehen. Nichts geschieht durch die zufällige Bewegung von Materie und Energie. Diese äußeren Bewegungen, die wir sehen, diese natürlichen Geschehnisse, sind nur die Ausflüsse eines intelligenten Willens. Kein Phänomen kann aus einem unintelligenten Prinzip entspringen. Es ist der intelligente Impuls einer dem Absoluten innewohnenden

Kraft, die dieses Phänomen zutage treten läßt.",,Sehr gut",
stimmte Swami Sivanandapuri zu, lehnte sich in seinen
Sessel zurück und sah zum Himmel auf. ,,Sehr gut." Ich
staunte über die Worte Swami Kaivalyanandas und bewunder-
te ihre Prägnanz. Auch Rolling Thunder, Swami Rama und
andere hatten fast das gleiche gesagt; ich hoffte es noch von
vielen Menschen an den verschiedensten Orten der Welt und
innerhalb der verschiedensten Kulturen zu hören. Es waren
die Schlüsselworte. Es war die Wahrheit über die Natur des
Universums in einer Nußschale.

Ich erinnerte mich an etwas, das Swami Rama vor beinahe vier Jahren in Topeka gesagt hatte. Von Anfang an hatte
er immer wieder über die Möglichkeit einer Reise nach
Indien gesprochen. Einmal machte er mich besonders neugierig auf die Aussicht, die großen Weisen zu sehen, die in der
Einsamkeit in den Bergen des Himalaya lebten. ,,Wenn du
je eine Höhle eines dieser großen Heiligen betrittst", hatte
er gesagt, ,,dann kannst du die Frage stellen: Warum leben
Sie hier in der Isolation? Warum kommen Sie nicht heraus
in die Welt, da Sie soviel Wissen und Macht haben, und tun
etwas Nützliches dort, wo es gebraucht wird?" Swami Rama
hatte geschwiegen und mich angelächelt. Er wußte, daß mir
diese Frage sehr wichtig erschien. Und dann hatte er sich
nach vorne gebeugt und mir fast die Worte entgegenge-
schrien: ,,Die Flüsse würden nicht fließen, der Mond würde
nicht seine Bahn ziehen, wenn nicht diese Großen wären,
deren starker Wille auf Erden die Pläne der Meister des Universums ausführte! Ist dir nicht klar, daß alle Funktionen
der Welten in praktischer Weise verteilt und ausgeführt
werden?"

Aber es blieben noch Fragen dazu, auch nach vier Jahren.
Da war die nie endende Frage des Leidens. Wie waren Na-
turkatastrophen, Seuchen, Hungersnöte und Krieg zu verstehen? Wenn alles, was geschah, einem absichtsvollen,
intelligenten Willen entsprang oder von ihm ausgeführt wurde
man ihn nun Gott, die spirituelle Hierarchie, den Herr der
Welt, die Vorsehung oder die heiligen Bevollmächtigten in
ihren Himalayahöhlen nannte — warum war dann das Leiden da? Warum die Tragödien und Hindernisse? Welche
höhere Kraft schuf das menschliche Elend und warum wurde
es überhaupt zugelassen? Ich hätte gerne meine beiden

Swamis gefragt, die schweigend dasaßen und in den Himmel sahen, aber ich brachte es nicht fertig, diese Fragen zu stellen. Es waren so große Fragen, daß man sie nicht hier an einem Abend beantworten konnte.

Zur Beantwortung dieser Fragen gehörte die ganze Geschichte der Evolution, des offenbar schmerzvollen Kampfes um das Erwachen. Es ging um das Gesetz des Karma, das Gesetz der entgegengesetzten Kräfte. Es ging um *maya*, die Illusion, und den Kampf gegen die Unwissenheit. Es wurde gesagt, daß unsere Tragödien und alles Unglück den Heiligen und Weisen anders erschiene. Und es gab die Vorstellung, daß alle Qualen und Erschütterungen unseres irdischen Lebens sich uns nur durch unsere Betrachtungsweise so darstellten. Und über all das sollten wir nun hier, noch vor dem Abendessen, sprechen? Aber man mußte diese Fragen auch nicht ganz umgehen. Vielleicht war es möglich, das größe Phänomen an dem einen Punkt des Wetters zu fassen zu kriegen.

,,Warum hat es nicht vorher schon geregnet?'' fragte ich. ,,Wenn all diese Geschehnisse von einer bewußten Intelligenz, wie Sie es nannten, hervorgebracht werden, warum konnte es dann nicht schon Tage oder Wochen zuvor regnen, bevor die Waldbrände überhaupt begonnen hatten?''

,,Das ist ein interessanter Gedanke'', gab Swami Sivanandapuri zu.

,,Sie haben sich Ihre Frage schon selbst beantwortet'', sagte Swami Kaivalyananda. ,,Sie sprachen selbst davon, daß der Regen zur richtigen Zeit kam. Wenn es geregnet hätte, ohne daß zuvor Waldbrände entstanden waren, wo wäre da die Notwendigkeit gewesen? Aber Sie haben ja gesehen, wie sich die Dinge entwickelten. So trat die Notwendigkeit ein und wurde beantwortet. Die Kraft wurde im Verhältnis zur Notwendigkeit eingesetzt.''

,,Ich glaube, ich verstehe'', sagte ich. ,,Zumindest beginne ich zu verstehen. Ich kenne einen indianischen Medizinmann aus Nevada. Ich habe miterlebt, wie er Regen gemacht hat — oder zumindest glaube ich es erlebt zu haben. Er hat mir viele Male gesagt, daß es für alles die rechte Zeit und den rechten Ort gibt. Er sagt, daß zur rechten Zeit auch gehört, daß es für alles einen Grund gibt. Es muß eine Notwendigkeit da sein. Und soviel ich verstehe, ist das der Schlüssel zur Kraft — ein Sinn für die Gründe, ein Bewußtsein für die Erfüllung einer Notwendigkeit. Dennoch scheint mir, daß der Regen schon dann notwendig wurde, als die Luft längere Zeit trocken war, oder zumindest, als die Bäume begannen zu verdorren."

„Die Notwendigkeit bestand, als die Tatsachen zu bestimmten Konsequenzen führten. Hätte es schon früher geregnet, so hätte keine Notwendigkeit für den Regen gestern Nacht bestanden. Bald werden Sie essen, weil Sie hungrig sind. Aber was wäre, wenn Sie schon gegessen hätten? Dann wäre es nicht notwendig, daß Sie noch essen. Wie anders soll man das sonst erklären. Jene, die von der rechten Zeit und vom rechten Ort sprechen, haben ein Bewußtsein für diese zeitliche Abfolge. Sie haben ein Bewußtsein der Notwendigkeit für die Notwendigkeit. Sie sprechen davon, daß eine Notwendigkeit ausgeschlossen wird, und wir sprechen davon, daß eine Notwendigkeit auftritt."

„Das stimmt", sagte ich. „Jetzt verstehe ich ganz. Zumindest, wenn ich nicht zu viel daran herumdeutle."

„Nein, nein, ich weiß, was Sie jetzt denken. Sie denken daran, daß Tragödien verhindert werden sollten oder könnten. Sie meinen, daß es sonst zu spät sei. Diese Medizinmänner und *yogi* kontrollieren nicht die Reihenfolge all dieser Kräfte und Gegenkräfte. Warum? Weil es, wie Sie schon sagten, für alles die rechte Zeit und einen Grund gibt. Es gibt hier auf Erden keine Vollkommenheit. Vollkommenheit gibt es nur in der höchsten Wirklichkeit. Dort gibt es einen einzigen einheitlichen Willen, eine Bewegung in eine Richtung. Aber hier gibt es alle Richtungen, und die Kräfte und Gegenkräfte bewegen sich in all diese verschiedenen Richtungen."

„Ah!" kommentierte Swami Sivanandapuri und schlug die Beine übereinander.

Swami Kaivalyananda fuhr fort: „Jene, die die geistige Macht richtig anwenden, achten immer auf den richtigen Zeitpunkt und den richtigen Ort. Sie diskutieren keine Entscheidungen, sondern haben an ihnen teil. Sie bestimmen nicht die Ordnung der Dinge, sondern nehmen an dieser Ordnung teil, fügen sich in das Gegebene ein. Viele Menschen empfinden sich jedoch als hilflos, da sie sehen, daß alles schon vorbestimmt ist, da sich alles nach einem bestimmten Plan abwickelt. Sie erkennen nicht, daß sie daran teilhaben. Da liegt das Mißverständnis. Dennoch betrachten sich die Menschen als hilflos, weil scheinbar alles schon festliegt. Sie folgen passiv dem Schein des Unabänderlichen. Andere sind allerdings passiv, weil sie glauben, daß die Dinge zufällig geschehen, und sie hilflose Opfer des Zufalls seien. Das ist absurd, nicht wahr? Und dann gibt es Menschen, die Kräfte entwickeln, ohne sie wirklich zu verstehen und sie nur mißbrauchen. Deshalb ist die Einsicht etwas sehr wichtiges. Man muß das intelligente Prinzip, nach dem alles geschieht, verstehen und mit ihm Hand in Hand arbeiten. Man muß in Harmonie mit ihm leben.

Und es gibt noch einen anderen Weg, eine andere Ebene der Kraft, eine andere Ebene der Teilnahme. Es ist das, was Sie Gebet nennen. In meinem Land, in der Provinz im Süden, aus der ich komme, gibt es ein Ritual zu Regenmachen. Es ist unter den Leuten auf den Dörfern ein wohlbekannter Brauch, der immer nur angewendet werden kann, wenn man die richtige Methode kennt. Es handelt sich um ein kompliziertes Ritual, das ich nicht in allen Einzelheiten beschreiben will. Aber ich will soviel sagen, daß viele einzelne Schritte genau vorgeschrieben sind, zu denen zwölf Jungfrauen, also *gopis*, gehören. Sie müssen wirklich gläubige Mädchen sein. Und dann gibt es zwölf Milchgefäße, mit denen verschiedene Rituale vollführt werden. Es ist ein sehr genau vorgeschriebener Vorgang. Dieses Ritual muß von Frömmigkeit erfüllt sein. Damit können die Menschen ein Ergebnis hervorbringen. Sie können Regen erzeugen. Das ist gut für die Landwirtschaft. Es ist keine Notlage da, es ist kein Brand zu löschen, aber sie haben sich zu dieser Bitte vereinigt. Das ist es, was Sie Anrufung, was Sie Gebet nennen. Solche Rituale gibt es.

Und dann gibt es auch schlechte Rituale, sehr schlechte und sehr schädliche. Rituale, die aus egoistischen Gründen vollführt werden, bringen nur Schaden hervor. Die Rituale selbst sind grausam und schädlich. Ich will Ihnen ein Beispiel sagen; es handelt sich um ein unter bestimmten Leuten sehr verbreitetes Vorgehen. Es ist ein grausames Ritual, das Hellsichtigkeit hervorbringen soll. Dazu braucht man die Augen einiger bestimmter Tiere, die man in einer ganz bestimmten Weise herausnehmen muß. Derjenige, der das so gewonnene Mittel anwendet, erlangt tatsächlich Hellsichtigkeit. Aber wie grausam ist das — den Tieren werden die Augen herausgerissen, ohne daß man sie vorher tötet: Vögeln, Schlangen, Eseln, Katzen..."

„Er spricht es aus!" Swami Sivanandapuri fuhr plötzlich hoch. „Er spricht von..." und er fügte mit leiser Stimme das Wort auf Hindi hinzu, als sei es verboten, es in den Mund zu nehmen.

„Und aus diesen Augen wird nach einer ganz bestimmten Methode ein Präparat bereitet. Es wird eine Flüssigkeit, wie eine Art Öl, die man auf ein bestimmtes Blatt gibt."

Swami Sivanandapuri schüttelte den Kopf. Ihm war sichtlich unbehaglich zumute.

„Ja, das ist sehr grausem", fuhr Swami Kaivalyananda fort. „Es ging mir nur darum zu zeigen, um welchen hohen Preis solch übernatürliche Kräfte erlangt werden. Es ist eine unaussprechliche Grausamkeit. Und der Täter hat all die Konsequenzen selbst zu tragen. Er erlebt unbeschreibliche Zustände des Wahnsinns und der Angst. Und so sind Rituale, die zu einem eigennützigen Zweck vollführt werden, schon an sich schädlich. Viele Mittel, durch die die Menschen psychische Kräfte erlangen und psychische Erfahrungen machen, sind gefährlich. Sie können ungewollte Nebenwirkungen haben, dem Körper schaden. Das kommt nicht nur von der Anwendung unvorteilhafter Methoden. Es kommt daher, daß diese Methoden ungeeigneten Zielen und einem Mißbrauch menschlicher Bestrebungen dienen. Es gibt keinen absolut keinen Weg, auf dem man Hellsichtigkeit oder irgendeine andere dieser psychischen Fähigkeiten erlangen kann, der nicht schlecht und schädlich ist, wenn diese Fähigkeiten nicht ganz von selbst kommen. Es gibt keinen guten oder sicheren Weg außer dem einer spirituellen Entwicklung und eines spirituellen Erwachens bis zu einem Grad, wo diese psychischen Wahrnehmungen ein natürlicher Bestandteil der völligen Bewußtheit sind."

Wie oft nach solchen Gesprächen schwiegen wir lange. Swami Sivanandapuri lehnte sich wieder zurück und Swami Kaivalyananda zündete sich eine *bidi* an, die er aus einer Falte seines Gewandes hervorholte. Ich verschränkte die Arme hinter dem Kopf, sah zum Himmel auf und dachte über alles nach, was Swami Kaivalyananda gesagt hatte.

Der Himmel wurde nun dunkler, die ersten Sterne leuchteten auf. Die Swamis und ich saßen immer noch schweigend da, als Hridaya aus dem Büro zurückkam. Er brachte Uma mit. Wir hatten Uma einige Tage lang nicht gesehen, weil er weggefahren war, um für den Mahant etwas zu erledigen.

„Meditieren Sie?" fragte Uma leichthin, „oder sind Sie so schwach vor Hunger, daß Sie nicht mehr ..." Er unterbrach sich selbst und legte die Hände zum Gruß aneinander: „*Namaskara*, Swami, *Namaskara*, Swami, entschuldigen Sie mich. Warum kommen Sie nicht zum Essen? Es ist alles bereit."

Swami Kaivalyananda stand auf. „Oh, ich halte Sie vom Abendessen ab."

„Bitte kommen Sie doch mit uns, Swami", bat Hridaya. „Es wäre schön, wenn wir alle zusammen essen könnten."

„Danke, aber ich muß zurück. Für mich ist das Essen bereitet und ich habe mich schon verspätet. Morgen werde ich wiederkommen. Am späten Nachmittag, wie gewöhnlich."

„Ich möchte dann gerne noch mit Ihnen über die *gurus* sprechen. Wir begannen neulich schon davon zu reden", sagte ich, „und auch über etwas anderes, was Sie heute streiften — Drogen."

„Gut. Ich gehe jetzt. *Namaskara*."

„Ich werde Ihnen jede Frage beantworten", sagte Uma, der immer noch in übermütiger Laune war, als wir zum Eßraum gingen. „Stellen Sie nur Ihre Fragen. Fragen Sie, was Sie wollen. Sie werden überrascht sein, was für Antworten Sie bekommen!"

„Gut." Swami Sivanandapuri lachte. „Mach' dich auf etwas gefaßt, du wirst überrascht sein, was für Fragen wir dir stellen werden!"

Uma hatte schon gegessen, und so trank er nur die kleine Schale *curd*, um mit uns am Tisch sitzen zu können. Als er ausgetrunken hatte, saß er einige Minuten still da uns sah uns beim Essen zu. Dann begann er zu singen. Uma kam aus Rishikesh. Er kannte fast alle Swamis aus dieser Gegend, und sie kannten ihn. Sie wußten, daß er einige Jahre im Ashram von Swami Rama gelebt hatte und sie wußten, daß er für den Mahantji Sharma arbeitete. Manche von ihnen wußten auch, daß er ein vollendeter Interpret religiöser Gesänge war. Er hatte ganze Epen, wie das Ramayana und das Mahabharata, gelernt, und sang die Lieder, eines nach dem anderen, aus dem Gedächtnis mit seiner klaren und schönen Stimme. Als er jetzt an unserem Tisch zu singen begann, war Swami Sivanandapuri so bewegt, daß er kaum weiteressen konnte. Hridaya, der *tabla* spielen gelernt hatte, benutzte seine Fingerspitzen und Handballen, um auf dem Tisch das Geräusch der *tabla* nachzuahmen. Der Swami schoß seine Augen und wiegte sich in seinem Stuhl vor und zurück; jedes Mal, wenn Uma aufhörte zu singen, drängte ihn der Swami weiterzumachen. „Oh, wie wunderschön ist das!" sagte er. „Ich bin ... wie nennt ihr das? Im siebten Himmel!" Über eine Stunde lang saßen wir im Eßraum und lauschten Umas Gesängen, bis die Jungen, die uns das Essen serviert hatten, baten, wir sollten draußen weitermachen, damit sie zuschließen konnten.

Swami Sivanandapuri verabschiedete sich, als wir den Eßraum verließen. „Ich möchte gerne noch mehr hören", sagte er, „aber nicht heute. Ich werde jetzt schlafen gehen und morgen sehr früh aufstehen. Und dann möchte ich Ihnen noch etwas sagen. Ich muß Ihnen für all Ihre Gastfreundschaft danken. Ich kann gar nicht sagen, wie hoch ich sie schätze. Wahrscheinlich werde ich in ein oder zwei Tagen ausziehen, und wollte das nicht tun, ohne ihnen gedankt zu haben."

„Wohin wollen Sie gehen? Wissen Sie schon, wo Sie wohnen werden?"

„Ich kann einfach irgendwohin auf der anderen Seite gehen. Es wird jetzt ruhiger sein. Ich werde gern dort sein. Diese Tage hier waren gut für mich. Ich glaube, ich habe mich sehr erholt."

„Aber ich werde Sie auf jeden Fall noch sehen, bevor Sie ausziehen?"

„Vorher und nachher und noch viele Jahre lang werden wir uns immer wieder begegnen."

Am nächsten Nachmittag fuhren wir mit einer *tonga* in die Stadt und aßen am Abend im Neelam-Restaurant. An einem der Tische saß der Empfangssekretär aus dem Touristenbungalow beim Essen. „Während Sie weg waren, ist Swami Sivanandapuri aus seinem Zimmer im Bungalow ausgezogen", informierte er uns. „Er hat eine Nachricht für Sie hinterlassen. Sie sollten ihn besuchen, wenn Sie Zeit haben. Wissen Sie, wo er wohnt?"

„Ungefähr", antwortete ich. „Er hat ein Zimmer im Institut dort drüben. Wissen Sie, welches es ist?"

„Ich weiß nicht mehr als Sie", sagte der Empfangssekretär. „Aber ich kann morgen mit Ihnen hinüberfahren, wenn Sie wollen und Ihnen helfen, ihn ausfindig zu machen."

Als wir zu Abend gegessen hatten und das Restaurant verließen, schlug ich den anderen vor, daß wir zusammen eine *tonga* nehmen und damit zum Touristenbungalow zurückfahren sollten. Aber wie erwartet gingen wir zu Fuß, entgegen meinem Wunsch. Ich ging so schnell wie möglich, um die Strecke hinter mich zu bringen; die anderen hatten Mühe, mit mir Schritt zu halten. Ich ging eigentlich gern zu Fuß. Das wußten auch alle. Aber sie hätten auch wissen müssen, daß ich die Straße von Rishikesh nach Muni Ki Reti nicht mochte. Es war eine laute, schmutzige, stinkende Straße, die von Taxis, Lastwägen, *tongas*, Bussen, Pferden, Kühen und Menschen zugleich benutzt wurde und auf der sogar sterbende Hunde lagen. Fuhr man in einer *tonga*, so saß man erhöht und spürte einen sanften Windhauch. Man konnte die Augen schließen oder zum Himmel aufschauen. Aber immer, wenn ich auf dieser Straße zu Fuß ging, mußte ich darüber nachdenken — nicht, daß die Verhältnisse hier so unangenehm, sondern daß sie unnötig waren. Hier konnte man etwas begreifen. Jeder litt unter dem Schmutz und Gestank, ob er nun die Situation hinnahm oder nicht. Wenn das Chaos blieb, so deshalb, weil die meisten Menschen, die hier lebten, zu heilig waren, um etwas dagegen zu tun. Nicht über den Schmutz dachte ich nach, sondern darüber, was es bedeutete, sich von den irdischen Angelegenheiten zurückzuziehen. War das nicht nur eine Flucht? War es nicht nur ein Ausweichen vor der Anstrengung und Mühe? Alles Ekelhafte hier war auf einer niedrigen astralen Ebene. Hatte niemand das Bedürfnis, diese Straße zu reinigen oder gar schön zu gestalten? Oder war das unmöglich, da alles doch nur *maya* ist?

Jedes Mal, wenn wir von Rishikesh nach Muni Ki Reti gingen, kamen wir an der großen Halle der *sadhus* vorbei, zu der die Asketen zu Hunderten strömten, um Nahrung zu erhalten. Allem Anschein nach hatten sie die weltlichen Dinge doch noch nicht ganz überwunden. Die meisten Menschen, die sich auf dieser Straße bewegten, dachten nur daran, die Bedürfnisses ihres Bauches zu befriedigen. Wenn die ganze

Welt für diese Menschen nur *maya* war, warum verbrachten sie dann soviele Stunden des Tages damit, den Weg zur Speisehalle zu gehen und sich in einer Schlange aufzustellen, um auf das Essen zu warten? Warum baten sie Touristen auf der Straße um Geld? Warum husteten sie in all dem Staub und Rauch und bedeckten ihre Nasen und Münder mit ihren Händen?

Vielleicht, so dachte ich, wurden diese Zustände bewußt belassen, um den Rückzug zu erleichtern. Ob es nun Absicht war oder nicht, so mußte es wohl vor sich gehen. Es war, als sagten die Leute: „Laßt uns den Zustand, in dem unser Körper lebt, ignorieren, damit wir auf jenen Ort warten können, in dem unsere Seelen leben." Es schien mir, daß diese Menschen aber zwangsläufig ganz außerordentlich mit irdischen Dingen beschäftigt waren. War es möglich, daß sie sich dieser irdischen Verhältnisse kaum bewußt waren, daß sie in dieser chaotischen Straße ein Bewußtsein höheren Glücks in sich trugen? Ich konnte es nicht glauben. Ich glaubte, daß diese Menschen von ihrer physischen Umgebung ebenso abgelenkt waren wie alle anderen Menschen, die ich kannte. Ich war der Überzeugung, daß die physische Umgebung Teil des spirituellen Bereiches war, daß man beides nicht trennen konnte. Ich glaubte, daß dort, wo inkarnierte Wesen ihre Körper hatten, auch ihre Seele lebte – nicht daß der Körper die Seele *war*, sondern daß der Körper ein Teil der Seele sein mußte.

Swami Rama hatte in Topeka oft von *maya* gesprochen. Einmal berichtete er eine Anekdote über ein Gespräch mit seinem Lehrer, der ihm in den Wäldern des Himalaya erklärte, was die Bedeutung von *maya* war. „Du glaubst, daß das *maya* ist?" sagte er. „Das ist nicht *maya*. All das ist Gott. Zu glauben, es sei nicht Gott, *das* ist *maya*."

Nun, so dachte ich, als wir von der Hauptstraße abbogen und den Hügel zum Bungalow hinaufgingen, wenn das Gott ist, dann ist Gott eben so. Und dennoch können wir mit unseren Straßen tun, was wir wollen, was das Beste für uns ist. An der Straße zu arbeiten, ist ebenso spirituell, wie nicht an der Straße zu arbeiten.

Als der Empfangssekretär des Touristenbungalows am nächsten Tag die Arbeit beendet hatte, ging er mit Hridaya und mir wie besprochen zum Swami-Institut, um Swami Sivanandapuri zu suchen. Er war sicher, dessen Zimmer finden zu können, obwohl er viele Swamis fragen mußte. Von allen, die er fragte, bekam der die beinahe gleiche Antwort: Dieser Sivanandapuri-Typ hatte nirgends ein Zimmer, so sagte man uns in arrogantem Ton. Er hinge nur herum und betätige sich als Fremdenführer. Ein dicker, kahlköpfiger Swami betonte, daß Swami Sivanandapuri mit diesem Institut nichts zu tun habe und bestimmt nie hier gewesen sei. Wir gingen noch eine Weile herum, um ihm vielleicht zufällig über den Weg zu laufen, aber schließlich gaben wir doch auf.

Zur Abendessenszeit trafen wir die Frauen aus Kanada im Eßraum. Sie berichteten, daß sie den ganzen Tag mit unserem Freund Swami Sivanandapuri verbracht hätten, woraufhin wir erzählten, daß wir ihn den ganzen Tag gesucht hatten.

„Sie konnten ihn nicht finden", sagten sie, „weil er die ganze Zeit bei uns war."

„Vielleicht haben wir ihn deshalb nicht getroffen", sagte Hridaya, „aber wir dachten, daß er wieder im Institut am anderen Ufer des Flusses wohne. Er sagte uns, daß er dort ein Zimmer habe und daß er jederzeit zurückkehren könne. Aber alle Swamis behaupteten, er hätte nie dort gelebt."

Die Kanadierinnen waren nicht überrascht. „Er hat ein Zimmer dort. Das ist ganz sicher. Aber niemand möchte einem sagen, wo jemand wohnt. Uns ist das immer wieder passiert. Wenn man einen Swami über einen anderen Swami ausfragt, bekommt man nie eine klare Antwort. Aber er hat ein Zimmer ganz in der Nähe der Eingangshalle. Jeder dort, der ihn kennt, weiß, wo sein Zimmer ist. Sie wollten es Ihnen nur nicht sagen. Sie mögen ihn dort nicht."

„Das wird es sein!" rief Hridaya aus. „Das ist die einzige Erklärung. Sie kennen ihn alle, aber sie tun so, als wüßten sie nichts von ihm, weil sie ihn nicht mögen. Sie sind nicht mit seiner Popularität einverstanden." Hridaya mochte Swami Sivanandapuri von allen Swamis am liebsten, weil er immer so freundlich und zugänglich war. „Er ist der einzige, der nichts gegen die anderen hat", fügte Hridaya hinzu und zeigte mit dem Finger auf mich. „Und du solltest unbedingt davon berichten, wenn du über all diese Swamis schreibst. Du möchtest doch darüber schreiben, nicht wahr? Deshalb darfst du nichts auslassen. Du mußt ganz offen sagen, wie sie sich gegenseitig kritisieren und wie jeder von ihnen sich in den Vordergrund drängt. Sie mögen viel Wissen von ihren Lehrern übernommen haben, aber dafür haben sie ihre Menschlichkeit geopfert. Es gibt keine Zusammenarbeit unter ihnen. Sie werden sagen, daß sie diese guten Eigenschaften auf einer höheren, für uns nicht sichtbaren Ebene entwickelt haben, aber das werden sie nur von sich selbst behaupten und an den anderen weiterhin kein gutes Haar lassen!"

Hridaya hatte wirklich beinahe recht. Manche der heiligen Männer, mit denen wir gesprochen hatten, waren einigen anderen gegenüber recht kritisch. Und seit Jahren war es mir immer wieder begegnet, daß *swamis* und *yogis* voneinander behaupteten, der eine oder der andere wisse wirklich nicht sehr viel. Diese spirituelle Suche, wenn es eine war, schien zu einer Art von Wettstreit zu führen — einem Wettlauf gegen die Zeit oder gegen jemand oder etwas anderes, bestimmt aber zu einem Gefühl der Abgetrenntheit, der Isolation.

Swami Kaivalyananda und ich verabredeten, einen ganzen Tag zusammen im Touristenbungalow zu verbringen. Ich wußte, daß es die letzte Gelegenheit sein würde, mit ihm zu sprechen, da wir noch vorhatten, Swami Premvarni Balyogi zu treffen, einen Freund von Uma, der in der Nähe der Laxman-Jhula-Hängebrücke einen kleinen Ashram hatte, und dann noch einen oder zwei Tage zum Packen und Zahlen unserer Rechnung freizulassen, bevor wir nach Kanpur aufbrachen. Als ich aufstand und zum Zähneputzen ging, sah ich, wie der Swami ungeduldig im Hof vor meiner Tür auf und ab ging.

„Ah, da sind Sie ja!" sagte er. „Warum beeilen Sie sich nicht? Sie vergeuden den schönsten Teil des Tages. Sie haben noch nicht gefrühstückt, nicht wahr? Ich werde in die Küche gehen und sagen, daß man sich mit dem Zubereiten des Frühstückes beeilen soll."

Nach dem Frühstück saßen wir draußen im Hof in der zu dieser Stunde gerade noch angenehmen Luft, und Swami Kaivalyananda kam ohne große Umschweife auf das Wesentliche zu sprechen, auf die Wirklichkeit. Nach ein paar Worten über das Wetter, den Himmel, die Sonne, sprach er von den Vögeln, den Bäumen, den Felsen unter unseren Füßen und die spirituelle Bedeutung hinter all diesen Leben und hinter der Existenz.

„Wozu ist diese Illusion da?" fragte er, ohne auf eine Antwort zu warten. „Welchen Sinn hat sie? Wenn sie kein Ziel hat, so ist sie sinnlos. Wenn hinter dem Fortschreiten der Evolution kein spiritueller Plan steht, so ist die Evolution ohne Sinn. Und was entwickelt sich? Nur das Vergängliche kann sich entwickeln. Der physische Körper, der Verstand, die Sinne — das sind vergängliche Dinge." Er beugte sich in seinem Sessel nach vorne, um einen Stein vom Boden aufzuheben. „In den Mineralen ist eine Art von Bewußtsein", sagte er. „Es ist Leben in ihnen. Dieser Stein bewegt sich der sinnlichen Empfindung entgegen. Er versucht, das Leben zu spüren. Das Wesentliche ist in ihm. Er vibriert von Energie und versucht zum Leben durchzudringen. Vom Leben möchte er zur Empfindung fortschrieten. Bakterien haben Empfindungen. Bakterien spüren eine Berührung. Bäume und Gras spüren Berührungen. Sie haben gewisse Empfindungen, also Leben und Empfindungen. Von da aus schreitet man fort zur bewußten Seele. Es folgt die bewußtere Stufe der Tiere. Danach erst kommt das menschliche Selbstbewußtsein. Sehen Sie? Aber selbst im Zustand des Minerals ist die absolute Wahrheit die gleiche. In Gras, Bäumen, Vögeln und Tieren ist die absolute Wahrheit die gleiche. Wenn in all diesen Leben keine absolute Wahrheit läge, was wäre dann der Grund dafür? Was ist die Quelle all dieses Lebens?"

Und so sprachen wir über Evolution und Nicht-Evolution, über die Bewegung des Vergänglichen dem Unvergänglichen entgegen, das Erwachen des Nichtbewußtseins in ein vollständiges Bewußtsein. Als die Sonne zu heiß herniederbrannte, trugen wir unsere Sessel hinein.

„Was bedeutet das Wort *guru*?" fragte ich. „Was ist die Bedeutung und die Aufgabe des *guru*?"

Er begann mit den Worten, die zu hören ich gehofft hatte. Er sagte: „Der *guru* ist das Innere Selbst." Ich hatte diese Worte von Swami Rama gehört, und ich hatte sie gehört, bevor ich Swami Rama kennenlernte. Das war der Begriff des *guru*, den ich entwickelt hatte, bevor das Wort im Westen fester Bestandteil des Vokabulars wurde. Ich hoffte, daß die ursprüngliche Bedeutung des Wortes, die alte Bedeutung, die bei der Entstehung des Wortes gemeint war, in Indien immer noch Geltung hatte, trotz der Bemühungen so vieler geschäftsmäßiger *gurus* aus Indien, die das Wort im Westen mißbrauchten. Solche Berühmtheiten, die die Amerikaner als *gurus* zu bezeichnen pflegten, waren von einem wirklichen *guru* so weit entfernt wie es nur möglich ist, zumindest nach der ursprünglichen Definition des Wortes, davon war ich überzeugt. Ich hielt die Wirkung, die diese Menschen ausübten, für sehr gefährlich. Nicht nur weil sie andere finanziell ausbeuteten, sondern auch weil sie zur Verdunkelung der wahren Bedeutung des Wortes *guru* und der Selbsterkenntnis beigetragen hatten. Wenn Menschen in Indien, vor allem junge Menschen, mich fragten, ob ich wußte, warum Krishnamurti und andere im Westen verächtlich über die Beziehung zwischen *guru* und *chela* gesprochen hatten, so schien mir der Grund dafür nicht schwer zu erraten. Das Wort *guru* ist wohl im Westen kaputtgemacht worden. Aber ich hoffte, daß es auch in meinem Land wieder gebraucht und verstanden werden konnte. Das Interesse an östlicher Philosophie war mehr als eine vorübergehende Laune, dessen war ich sicher, und ich wußte, daß die Menschen die wirkliche Bedeutung der Begriffe verstehen müßten, damit sie die geistige Welt, die dahinterstand, überhaupt erkennen konnten.

Swami Kaivalyananda fuhr fort: „Den *guru* und seinen Schüler gibt es seit Urzeiten. Der *guru* ist die Personifizierung der Wahrheit für den Schüler und deshalb jemand, der einem wahren Schüler diese Erkenntnis weitergeben kann. Der wahre Schüler ist jemand, der wirkliche Disziplin erlangt und der seine ganz besondere Beziehung zu seinem *guru* entwickelt hat. Nur sehr selten kann ein Mensch als *guru* bezeichnet werden; nur seine persönlichen Schüler, nur wenige besondere Menschen, mit denen er diese enge, traditionelle Verbindung hat, können ihn so nennen. Niemand ist im allgemeinen *guru* für andere Menschen. Auch ein wahrer *guru* kann nur für seine engsten Schüler Lehrer sein, nicht für jemand anderen. Im wahren Sinn heißt *guru*, jenseits der äußeren Erscheinung, das Selbst. *Guru* ist das höhere Selbst des Menschen, das sich in einem bestimmten Körper manifestiert." Swami Kaivalyananda zeigte mit dem Finger auf mich und sagte ganz langsam: „*Er ist Sie.*"

Er lehnte sich in seinen Sessel zurück und faltete die Hände in seinem Schoß. Während er schwieg, dachte ich über eine weitere Frage nach. Ich hätte gerne etwas über jene wenigen populären Gestalten aus Indien gewußt, die von Tausenden von Amerikanern *guru* oder *sat-guru* genannt wurden. Als ich gerade zum Fragen ansetzte, richtete er sich auf und sprach rasch weiter, so als wolle er verhindern, daß ich das Thema wechsle. Er wollte mir ein klares und vollständiges Bild der Bedeutung des Wortes *guru* geben.

„Ein *guru* kennt einen persönlich und ganz intim. Er kennt die Persönlichkeit und die Art zu denken bis in die Tiefe. Deshalb kann nur er die Irrtümer seines Schülers kennen und austreiben. Der *guru* ist mit dem Schüler enger vertraut als die Mutter mit dem Kind, der Mann mit der Frau, der Bruder mit der Schwester. Die Beziehung zwischen ihnen ist mehr als all diese anderen Beziehungen, selbst im weltlichen Sinn. Deshalb kann es gar keinen öffentlichen *guru* geben. Ein *guru* kann nicht für jeden, der auf ihn zukommt, verfügbar sein. Es kann nicht geschehen, daß ein Schüler seinen *guru* sucht und findet, so groß der *guru* auch sein mag und so heftig sich der Schüler danach sehnen mag. Der *guru* wendet sich immer seinem Schüler zu. Sonst kann man ihn nicht *guru* nennen. Der *guru* wendet sich dem Schüler zu, denn der Schüler ist blind. Obwohl der *guru* den Schüler kennt, weiß der Schüler nicht, wer der *guru* ist. Aber sie wählen einander nicht. Es ist alles vorbestimmt. Der *guru* weiß das, da er in der Wahrheit lebt. Er ist derjenige, in dem der Schüler sich selbst erkennen wird, und er hat keine anderen Motive. Es geht ihm nicht darum, zu lehren oder Schüler zu haben. Er hat diesen wunderbaren Ozean des *samsara* durchquert. Er kann den Schüler hinübergeleiten, weil er die Durchquerung selbst vollbracht hat. Er führt den Schüler als den Teil seines eigenen Seins, der den Weg noch vor sich hat, denn *guru* und Schüler sind eins." Wieder lehnte er sich in seinem Sessel zurück.

In den Vereinigten Staaten haben wir die Situation", sagte ich, „daß manche Menschen, vor allem manche Menschen aus Indien, vorgeben, für alle und jeden *guru* zu sein. Sie sprachen einmal von Menschen, die sich im Westen als *gurus* aufspielen ..."

„Sehen Sie", unterbrach er mich, „das ist nicht die Bedeutung des Wortes *guru*. Diese Menschen müssen keine *gurus* sein. Es gibt keine Publikums-*gurus* und es gibt keine *gurus* die solche Motive und Methoden haben. Wenn sie sich selbst so nennen, so sind sie Pseudo-*gurus*. Es gibt nur wenige spirituelle Lehrer, die in Ihrem Land bekannt wurden und die auf ehrliche Weise Geldsammlungen zur Einrichtung von *ashrams* veranstalteten. Einer von ihnen war Swami Vivekananda. Es mag auch heute einige wirkliche spirituelle Lehrer geben, die wahrscheinlich nicht sehr bekannt sind, aber sie sind keine Publikums-*gurus*. Die Beziehung zwischen *guru* und Schüler hat nichts mit einer Institution zu tun. Keine dieser Institutionen oder Organisationen entsteht aus dieser Beziehung.

Diese Leute im Westen nennen sich nicht nur selbst *gurus*, sondern sie sagen auch: Ich bin der *einzige guru*. Ich bin *der guru*, es gibt keinen *guru* außer mir. Alle sollen zu mir kommen." Swami Kaivalyananda lachte und schüttelte den Kopf. „Das kann nicht sein. Kein *guru* kann sagen: Kommt zu mir. Kein *guru* kann sagen: Ich bin der *guru*. Die *guru*-Schüler-Beziehung ist auf dieser Welt etwas sehr seltenes. Im spirituellen Sinn haben wir alle unsere *gurus*, aber die Begegnung eines *gurus* mit einem Schüler auf der physischen Ebene ist außerordentlich selten. In dieser Beziehung lehrt der *guru* nicht als Lehrer, sondern durch Erfahrung und Beispiel. Sein Leben selbst ist ein Beispiel. Das ist eine historische Tatsache. Jesus Christus hatte seine Schüler — und wie lebten sie zusammen? Sie lebten wie Brüder, sie lebten wie die engsten Freunde, wie eine Familie. Liebe verband sie — menschliche und spirituelle Liebe. Aber diese heutigen Pseudo-*gurus* leben in der Chefetage ihrer Häuser, und wenn ein sogenannter Schüler kommt, muß er wie ein Untergebener warten. Es gibt vielleicht sogar eine Schlange, in der man sich anstellen muß. Man muß einen Termin bei ihm haben. Er kennt einen nicht, er weiß nicht einmal, wer man ist. Diese Menschen, die Reklame machen und die Massen anziehen, können sich Dozenten oder Prediger oder Gründer oder Leiter von Organisationen nennen, nicht *gurus*. *Gurus* und Schüler stehen in direkter persönlicher Verbindung wie die engsten Freund. Der *guru* kennt seinen Schüler, wie er sich selbst kennt."

„Hier liegt das Problem", sagte ich. „Ich glaube, daß es im Westen wirkliche Aspiranten gibt, die brennendes Verlangen in sich tragen. Sie haben ein spirituelles Ziel und sind sehr anders als die Generationen vor ihnen. Diese Menschen sehnen sich nach *gurus*, nach geistigen Führern, sie suchen ganz aktiv nach ihnen. Wo sind die *gurus* für diese Menschen?" "Jeder Mensch bekommt genau den *guru*, den er verdient hat. Jeder bekommt den *guru*, der seinem Verständnis angemessen ist. All die Götter und Propheten, die wir verehren, können uns keine Befreiung geben, wenn wir uns nicht selbst den Lebensaufgaben zuwenden. Der Mensch ist sein eigener Schöpfer. Er gehört sich selbst, er erlöst sich selbst. Es liegt alles in ihm. Jeder, der die Wahrheit erkannt hat, ist ein Prophet, ist ein Retter. Er kann einem anderen helfen. Die höchste Wahrheit wird zwar durch einen Akt der Gnade einem weisen Menschen geschenkt, aber das bedeutet nicht, daß er der einzige Prophet ist. Es gibt soviele Propheten wie es Menschen gibt, denn jeder Mensch trägt in sich den Sohn Gottes und also auch den Menschensohn. Jeder ist im Grunde seines Wesens der Christus, die Wahrheit, wenn wir das Wort Christusbewußtsein richtig verstehen. Aber wir müssen erkennen, daß der Christus in uns ist. Sie können nicht sagen, daß ein Prophet der Retter dieser Welt ist. Sie können nicht behaupten, daß nur eine bestimmte einzelne Person uns alle zur Wahrheit führen kann. Die Erkenntnis ist keine von Zeit und Raum oder einer anderen, bestimmten Ebene abhängige Seinsweise. Propheten werden im Laufe der Geschichte immer wieder auftreten. Und wer sind diese Propheten? Es sind nur Menschen. Der Mensch selbst ist der Prophet. Die Menschen im Westen müssen zunächst diese Pseudo-*gurus* aufgeben. Dann müssen sie lernen, was *guru* wirklich bedeutet. Wenn sie das begriffen haben, können sie ihre *gurus* finden. Wenn man seinem wirklichen *guru* gegenüber wahr sein kann, so wird der *guru* einen finden. Die meisten Menschen im Westen suchen vielleicht nicht die höchste spirituelle Wahrheit. Die meisten von ihnen suchen wohl nur Erfahrungen."

Wieder staunte ich darüber, wie gut Swami Kaivalyananda die abstraktesten philosophischen Begriffe in einer fremden Sprache auszudrücken vermochte. Ich hatte gehört, daß dieser Swami beinahe den ganzen Tag allein zubrachte, sich seinen Studien widmete und schrieb. Und doch klang das, was er sagte, immer so, als hätte er sein ganzes Leben nichts anderes getan, als diese Dinge Menschen aus dem Westen wie mir zu erklären. An diesem Tag staunte er selbst. Nachdenklich sagte er: „Manchmal spreche ich so frei und fließend wie der Wind weht oder wie der Fluß fließt." Während ich mich an diesem Nachmittag im Zimmer ausruhte, ging Hridaya mit Uma zum Ganges, um ein Bad zu nehmen; als ich in Schweiß gebadet, erwachte, wünschte ich, ich wäre mit ihnen gegangen. Zu dieser Stunde gab es kein fließendes Wasser, die Pumpe funktionierte nicht. Aber wir hatten zwei Eimer voll Wasser als Vorrat in der Dusche stehen. Ich schüttete mir einen halben Eimer Wasser über und machte mich dann daran, die verbliebenen Dollars und Rupien zu zählen, bis Hridaya und Uma zurückkamen.

„Hat Swami Kaivalyananda dir nicht gesagt, daß er da ist?"

„Nein. Er ist da?"

„Er sitzt im Sessel draußen, dort vor der Tür."

Ich zog meine *kurta* über und ging zu ihm hinaus. „Es tut mir leid, ich wußte nicht, daß Sie da sind."

„Heute morgen, während wir miteinander sprachen, hat meine Regierung einen Atomversuch gemacht."

Ich wußte nicht, was ich auf diese Worte sagen sollte. Sie überraschten mich und trafen mich unvorbereitet. Ich wußte nicht genau, was sie bedeuteten, oder ob ich sie vielleicht falsch verstanden hatte.

„Es ist wahr. Ich erfuhr durch die Nachrichten davon. Sie haben es als Experiment gemacht. Es war nur ein Test, aber damit haben sie die Möglichkeit demonstriert, daß Indien eine Atombombe produzieren kann. Sie sagen, daß das, was sie getestet haben, keine Bombe war. Unsere Regierung hat eine Erklärung abgegeben, daß der Versuch nicht zu militärischen Zwecken stattgefunden habe. Trotzdem waren alle Menschen in unserem Land und viele anderen Menschen davon erschüttert."

„Ich bin sehr überrascht", sagte ich. „Es ist erschreckend. Aber für die Menschen in Indien könnte es sogar in gewisser Weise beruhigend erscheinen, weil andere Länder längst Atommächte sind."

„Ja, vielleicht ist es in gewisser Weise auch gut. Jene, die diese Macht alleine für sich beanspruchten, sind vielleicht dagegen und die anderen, die sie nicht haben können, sind vielleicht ebenso dagegen. Aber für unser Volk könnte das eine Hoffnung und Ermutigung bedeuten. Im Grunde ist es weder gut noch schlecht. Es ist wie mit den anderen Dingen, über die wir sprachen. All diese Möglichkeiten existieren und können als Kraft, als Macht benutzt werden. Alles kann man mißbrauchen. All diese Dinge: Geld, Elektrizität, Atomkraft, seelische Kraft, *mantren, tantra* sind an sich weder gut noch gefährlich. Die Gefahren sind immer gegenwärtig, und jede Entwicklung auf irgendeiner Ebene kann die Gefahren erhöhen, wenn ihr nicht eine höhere Entwicklung des Bewußtseins zugrunde liegt. Die einzige Sicherheit liegt in der höchsten Disziplin und in der am weitesten entwickelten Erkenntnisfähigkeit. Lassen Sie uns hineigehen, bis die Sonne untergegangen ist."

Swami Kaivalyananda wollte Hridaya und Uma die Neuigkeiten über die Atomexplosion berichten. Auch sie waren überrascht und sie schienen nicht zu wissen, ob sie es für etwas Gutes oder für etwas Schlechtes halten sollten. Ich vergaß für eine Weile meine anderen Fragen an den Swami, während wir vier über die Bedeutung und die möglichen Folgen des Geschehenen sprachen. Wir diskutierten schließlich über Indien, über wirtschaftliche Fragen und internationale Probleme.

Einer der Jungen aus der Küche brachte vier Tassen, vier Teekannen und etwas heiße Milch auf einem Tablett, das er auf den Tisch zwischen die Swami und mich stellte. Obgleich ich ihre Worte nicht verstand, wußte ich, daß Hridaya und Uma ihm auf Hindi die erschreckenden Neuigkeiten erzählten.

„Lassen Sie uns über das sprechen, was Ihnen auf dem Herzen lag", schlug der Swami vor. „Sie wollten mir Fragen über Drogen oder etwas ähnliches stellen."

„Ja", antwortete ich. „Wenn Sie wollen. Ich möchte Sie fragen, ob die durch Drogen möglichen Erfahrungen irgendeine spirituelle Bedeutung haben können. Hat die Anwendung von Drogen, wie psychodelischen Mitteln, irgendeine gute Wirkung?"

Swami Kaivalyananda war immer bereit, auf all meine Fragen zu antworten. Er holte tief Luft, und wieder floß seine Rede dahin, wie heute morgen.

„Auch in alten Zeiten wurden Drogen verwendet. Das ist kein modernes Phänomen. Sie haben einen gewissen Wert, aber es ist nur ein seelischer Wert. Sie können seelische Kraft und seelische Einsicht geben und so kommt ihnen eine gewisse Bedeutung zu. Aber wir können die Drogen nicht dazu benutzen, uns spirituelle Wahrheiten zu enthüllen. Die Methode dafür ist die Disziplin, die Übung. Und das sind sehr verschiedene Prozesse. All die durch Drogen jeder Art hervorgebrachten Phänome stehen mit der Wirkung chemischer Energie in Verbindung. Diese Energie produziert eine Aktivierung des Unbewußten; das Unbewußte wird an die Oberfläche gehoben. Wir treten dadurch in unmittelbare Verbindung mit der Sicht, die das Unbewußte vom Kosmos hat. Name und Gestalt, die wir normalerweise mit unseren physischen Augen wahrnehmen, sind keine wirkliche Einsicht in die Natur des Universums. Mit diesen Drogen können wir eine andere, unwirkliche Wahrnehmung von Name und Gestalt gewinnen. Wir erhalten einen Einblick in die Welt der Energie. Das wird uns spirituell nicht weiterbringen, und wir sollten wissen, daß das, was wir sehen, nicht wirklich ist. Aber der Wert dieser Drogen besteht darin, daß wir erkennen können: Unsere bisherige Sicht war nur auf einen sehr partiellen Bereich beschränkt. Drogen können jenen Menschen helfen, die der Meinung sind, Sinnesorgane seien die einzigen Instrumente der Erfahrung und des Wissens. Wenigstens wird man so gewahr, daß es auch psychische Wahrnehmungen gibt, nicht nur die materielle Welt und die sinnliche Welt. LSD könnte den Menschen in Rußland helfen. Wenn man in Rußland LSD irgendwie anwenden könnte, würden die Menschen zur Einsicht gelangen, daß die von Karl Marx entwickelte Philosophie nicht die Wahrheit ist, sondern sich nur auf die äußeren Erscheinungen, auf die Wahrnehmungen seiner physischen Sinne gründet. LSD könnte auch für die Amerikaner nützlich sein, die materiellen Annehmlichkeiten verfallen sind. Diese Menschen könnten das Leben mit neuen Augen sehen lernen. Drogen können jenen Türen öffnen, die sehr begrenzte Wahrnehmungen haben.

Andererseits sind aber Drogen weder hilfreich noch interessant für die Menschen, die ein Verständnis der wahren Werte der wirklichen Welt haben. Für solche Menschen sind Drogen ganz unnötig, sie sind nur mechanische Methoden. Solche Menschen können die gleichen Erfahrungen ohne den Gebrauch von Drogen haben, und so auch ohne den Schaden, den die Drogen anrichten. Menschen, die Drogen, welcher Art auch immer, regelmäßig konsumieren, sind in ihren Gedanken nicht beständig. Sie werden Opfer ihrer Stimmungen. Drogen stören das Gleichgewicht der Natur in ihnen. Zudem sind diese Menschen doppelt gebunden: Sie sind an die physische Welt und ebenso an die psychische Welt gebunden. Frieden erlangt man nicht durch Drogen — nur eine vorübergehende, alternative Einsicht. Durch Drogen kann man nicht zur Freiheit gelangen, aber ich glaube, daß viele Menschen in Ihrem Land Drogen benutzen, um von der Langeweile frei zu werden. Man kann durch Drogen keine spirituellen Erfahrungen machen. Spirituelle Erfahrung ist keine Wirkung, sie ist schon da. Um die spirituelle Wirklichkeit zu erfahren, müssen wir uns von all diesen Wirkungen, all diesen Phänomenen und verschiedenen Arten der Wahrnehmung befreien. Wir können keine spirituelle Erfahrung produzieren — weder durch irgendeine Art von Medizin, noch durch Konzentration oder *mantren*. Wir können nur bestimmte Wirkungen hervorbringen — sie mögen angenehm, subtil und sehr beglückend sein: es sind nur äußere Wirkungen."

„Sie haben das Wort Disziplin mehrmals gebraucht. Auch jetzt, als Sie über Drogen sprachen, gebrauchten Sie es. Was ist mit Disziplin gemeint?"

„Hier bedeutet Disziplin nicht Übung, wie es zum Beispiel *asanas* oder *pranayama* wären, oder das Befolgen irgendwelcher Regeln. Disziplin bedeutete zunächst Gelassenheit, dann Unterscheidungsvermögen, dann Selbstkontrolle. Ihre Haltung der Welt gegenüber ist die: Der Körper und die Welt sind zwei Realitäten und die äußeren Dinge haben großen Wert. In diesem Glauben und in dieser Haltung werden Sie geboren und erzogen. Und diese Haltung, die Sie in äußeren Phänomenen verstrickt, muß aufgegeben werden. Man muß eine ganz entschieden leidenschaftslose Haltung den materiellen Dingen gegenüber entwickeln. Es schadet nicht, wenn man in der Welt lebt und sich an ihr erfreut, aber wir sollten leben wie freie Menschen. Wir sollten uns der Dinge in Unabhängigkeit erfreuen und nicht wie Sklaven in der Welt leben.

Die Bindungen, die wir in dieser Welt haben, sind nicht auf Realität gegründet. Das sollten wir wissen, und wir sollten unsere Haltung diesem Leben gegenüber verändern und eine gelassene, leidenschaftslose Haltung entwickeln.

Das ist der erste Schritt der Disziplin. Dann folgt das Unterscheidungsvermögen. Man muß zwischen dem Unwirklichen und dem Wirklichen unterscheiden. Hinter dieser veränderlichen Welt ist eine unveränderliche Wahrheit. Durch das Unterscheidungsvermögen wissen wir, was Wert hat und was nicht. Wir wissen, was wir hinter uns lassen müssen, um uns der Wahrheit nähern zu können. Wahre Freiheit von Bindungen wird aus der Fähigkeit zur Unterscheidung geboren. Danach kommt die Selbstkontrolle: die Kontrolle des Geistes und die Kontrolle der Sinne. Das bedeutet, die Kraft zu haben, eine gewisse Ruhe und Gelassenheit des Geistes zu erreichen. Wir bekommen die Kraft zur Ausdauer, die Kraft zum Vertrauen und zum Mut, und die Kraft, unsere Wünsche unter Kontrolle zu bekommen. Wenn wir die Disziplin völlig erreicht haben, sind uns auch diese Kräfte zu eigen. Wenn ein Aspirant völlig in Einklang ist mit dieser Disziplin und dieser Gedankenkontrolle, wird er ein wahrer Schüler. Dann kann ihn ein wahrer Lehrer, ein wirklicher *guru* sehr leicht, ja innerhalb eines Augenblickes, in die höhere Erkenntnis zurückführen. Die notwendigen Voraussetzungen sind diese Disziplinen. Mach dich selbst leer, dann kann ich dich erfüllen, heißt es. Disziplin ist eine Art des Sich-leer-machens, also des Freiwerdens. In dem Augenblick, in dem man sich leer gemacht hat, enthüllt sich das wahre Selbst in einem – der Meister in einem selbst kann hervortreten. Ich habe Ihnen diese Gedanken in einer Nußschale gegeben.''

,,Was Sie über Drogen, Disziplin und all diese Dinge sagen, gibt mir das Gefühl, daß Sie glauben, die Menschen sollten sich immerzu auf ihre Bewußtseinskräfte stützen.''

,,Das ist außerordentlich wichtig. . .Trinken wir den Tee, bevor er ganz kalt ist.''

Hridaya, der still auf dem Bettrand gesessen hatte, stand auf und goß Tee in vier Schalen. Der Swami hob sofort seine Schale hoch und nahm einen langen, geräuschvollen Schluck.

,,In meinem Land'', fuhr er fort, ,,sagen die Menschen heute, daß die rationale Vernunft keine wirklich wichtige Funktion habe, daß sie einem nur im Weg ist. Sie sagen, daß der Intellekt nicht fähig ist, sich mit Dingen zu befassen, die jenseits des Intellektes liegen, und daß wir deshalb diesen Intellekt ausschalten sollten. Das versuchen viele Menschen mit Hilfe von Drogen. Sie wollen ihren rationalen Verstand aus dem Weg räumen." „Vernunft ist eines der Kriterien der Vedanta. Es gibt drei Kriterien: Autorität, Vernunft und Intuition. Es geht nicht darum, gegen die Vernunft zu sein, sondern darum, zu wissen, daß sie ihre Grenzen hat. Man darf sich nicht nur auf seinen Verstand verlassen. Verstand und Vernunft sind wesentliche Instrumente und obwohl die Intuition höher sein kann, muß man die Vernunft nicht aufgeben, um der Intuition teilhaftig zu werden. Sie müssen beide zugleich wirken können. Man muß die Verstandeskräfte so weit wie möglich entwickeln und benutzen. Man muß die rationale Vernunft soweit wie möglich einsetzen. Das ist Teil der Disziplin. Der Verstand, wenn er richtig gebraucht wird, ist eine scharfe Waffe. Er kämpft gegen die Unwissenheit, er ist wie ein Schwert, das den verworrenen Dschungel der Unwissenheit lichtet. Wenn die Unwissenheit besiegt ist, so wird auch die Waffe besiegt, denn dann, aber nur dann, braucht man diese Waffe nicht mehr. Stellen Sie sich vor, Sie halbieren eine Melone. Sobald die Melone in zwei Hälften geteilt ist, ist auch der Akt des Durchschneidens beendet. Wir sollten die Vernunft nicht mit Drogen oder mit irgendwelchen anderen Mitteln beseitigen oder schwächen wollen. Um den Verstand überflüssig zu machen, muß man die Unwissenheit beseitigen. Der Verstand führt uns zum Tor der Wahrheit; wenn wir dort eintreten, lassen wir ihn an der Schwelle zurück. In der Morgendämmerung spiritueller Erleuchtung verblaßt der Verstand ganz von selbst."

Inzwischen war die Sonne hinter den Hügeln versunken. Hridaya und Uma hatten bemerkt, daß es draußen kühler geworden war als im Haus und schlugen vor, daß wir die Sessel wieder zurück in den Hof tragen sollten. Der Swami, Uma und ich saßen in den drei Sesseln, Hridaya nahm auf der Türschwelle Platz und begann auf seiner hölzernen Flöte zu spielen. „Er sieht aus wie Krishna", sagte Uma.

Wir lauschten dem Flötenspiel, das sich mit den vielen Liedern der Vögel vermischte. Ganz Indien war von Vögeln belebt. Sie sangen in den Bäumen, hüpften auf der Erde herum, schwirrten über den Himmel, leuchteten in allen Regenbogenfarben. Ihre Lieder erklangen in großer Vielfalt; ich wußte, daß ich viele Lieder hörte, deren Sänger ich nie gesehen hatte. An diesem Abend, fragte ich mich, während ich den Vögeln zusah und ihren Stimmen lauschte, warum die Menschen so seltsam und unnatürlich auf diesem Planeten lebten. Der Gedanke war nicht sehr weit hergeholt, daß die Menschen gefährlich nahe an dem Punkt angelangt waren, an den sie diesen Planeten und alles, was auf ihm zu leben versuchte, zerstören konnten. Bei den Gesprächen über *gurus*, *mantren*, Meditation, *sadhana* und *samadhi* gab es etwas, das ungesagt blieb − etwas sehr ernstes und wichtiges: Die spirituelle Verantwortung des Menschen auf der Welt, den Lebensbedingungen der Menschheit gegenüber.

„Es gibt eine Frage, die mir wichtig und aktuell zu sein scheint", sagte ich zu Swami Kaivalyananda, „es ist die Frage nach der Beziehung des Menschen zur Erde, nach der spirituellen Verantwortung des Menschen für die menschlichen Lebensbedingungen." Ich hielt einen Augenblick inne und versuchte eine präzise Frage zu formulieren.

Aber Swami Kaivalyananda hatte genug von mir gehört, um etwas dazu sagen zu können. „Wenn wir Elend, Unglück, Schmerz sehen, dann leiden wir. Was geschieht? Wir haben Mitleid. Doch nicht jedem Menschen geht das so. Nicht jeder Mensch leidet mit. Es gibt sehr grausame Menschen, es gibt Menschen, die Freude daran haben, wenn andere leiden. Nero steckte seine ganze Stadt in Brand und erbaute sich daran. Aber es gibt Menschen, die im Herzen gut sind; wenn sie andere leiden sehen, so leiden sie auch. In der Gita heißt es: ,Wie kannst du mir Verehrung erweisen. . .' Sehen Sie, so verehrt man. Die Menschen verwechseln diese Dinge. Sie halten Krishna für eine Gottheit aus Stein. Aber Krishna ist nicht aus Stein. Krishna ist die absolute Wahrheit. Und wie kann man die absolute Wahrheit finden? Indem man die Freuden und Schmerzen der anderen als die eigenen Freuden und Schmerzen empfindet. ,Dann', so sagt Krishna, ,erreichst du das universale Bewußtsein und erfährst meine wahre Liebe. Du liebst mich, weil du die Menschheit liebst, weil du den Kosmos liebst. Du liebst mich, weil ich all das bin'."

„Ich glaube, das ist eine Antwort auf die Frage, die ich Ihnen stellen wollte", sagte ich. „Ich habe eine sehr klare Vorstellung über die Verpflichtungen jedes einzelnen Menschen gegenüber der Erde. Ich glaube, daß diese Verpflichtung in all ihren Aspekten wahrgenommen werden muß, in allen Beziehungen zur Natur, zu Menschen und anderen Nationen, die man in dieser Welt haben kann. Ich bin überzeugt davon, daß jeder spirituelle Weg, den ein Mensch gehen kann, mitten durch die Welt hindurch geht — nicht nur der Weg des *karma-yoga*, sondern jeder Weg. Wenn ein Mensch in seiner physischen Hülle in Erscheinung tritt, so finden seine spirituellen Bemühungen, so glaube ich, im Rahmen seiner geistigen Bedingtheit statt, die sich auf der Erde manifestiert hat. Er ist nun einmal ein Teil dieser Welt. Ich glaube deshalb, daß jedes *sadhana* des physischen Menschen unmittelbar mit dem Zustand der Welt verbunden ist — mit den sozialen wie mit den internationalen Lebensbedingungen."

Wieder kam die Antwort ohne Umschweife. „Solange wir in diesem physischen Leib leben, nicht nur in diesem materiellen Körper, sondern in den Bedingungen der materiellen Welt, wird das ganze Universum zu einem Ausdruck des höchsten Bewußtseins, das wir sind. Wir sprechen von der Einen Welt. Aber wenn man kein Bewußtsein für die Welt hat, kein Bewußtsein für die Einheit der Welt, wie kann man sie dann wahrnehmen? Obwohl die Menschen gern von der Einen Welt reden, von der Weltregierung, von der Brüderlichkeit, von dem gemeinsamen Leben auf der Welt, züchten sie untereinander soviele Unvereinbarkeiten und Unterschiede. Sie dulden Kastensysteme, Rassendiskriminierung, Ausbeutung und internationale Profitsucht. Sie sind beherrscht von Opportunismus und nationalistischen Gefühlen. Sie erkennen ihr eigenes Bewußtsein nicht, ihr eigenes Gemeinschaftsbewußtsein. Aber wenn wir zur absoluten Erkenntnis, zur wahren Schau gelangen, werden all diese Unvereinbarkeiten und Unterschiede aufgehoben. Wir werden dann als universelle Wesen erkannt. Diese Wahrheit, das Erreichen dieser Wahrheit ist kein Ergebnis der Evolution. Es ist eine schon bestehende Wahrheit. Wir müssen sie nur entdecken, aufdecken. Wir müssen dieses Bewußtsein für die Einheit der Welt erkennen und können dann in dieser Wirklichkeit leben."

„Dann ist es doch wahr, daß ein Bereich unserer spirituellen Bemühungen, solange ein Teil von uns auf der Welt ist, von der Welt und für die Welt sein soll?"

„Ja."

„Können wir nicht sagen, daß unsere Arbeit in der Welt darin bestehen soll, das Bewußtsein für die Zusammengehörigkeit aller Menschen zu entwickeln?"

„Nein. Es besteht schon, während wir hier sprechen. Es ist nicht etwas, was man entwickeln muß. Es ist etwas, was man entdecken muß."

KAPITEL 20

AM FOLGENDEN TAG mußten wir in der Nachmittagshitze den Fluß überqueren, da Swami Premvarni Balyogi uns um vier Uhr treffen wollte. Die Fahrt über den Fluß dauerte ungefähr eine Stunde und verlief entlang der Straße zur Laxman-Jhula-Hängebrücke. Dann pilgerten wir den langen Weg zum *ashram* hinauf, der erst zu sehen war, als wir den Gipfel des Hügels erreicht hatten. Er bestand aus wenigen kleinen, einfachen Häusern; auf dem Dach des Hauptgebäudes standen die Worte:

Führe mich von der Dunkelheit zum Licht,
Führe mich vom Unwirklichen zum Wirklichen,
Führe mich vom Tod zur Unsterblichkeit.

Der Ort strahlte Ruhe aus. Wir sahen keine Menschen und hörten keine Geräusche, während wir durch den Garten auf den Haupteingang zugingen. Ein junger Mann aus dem Westen trat heraus, begrüßte uns und bat uns einzutreten. Im *ashram* waren an diesem Tag nur drei Menschen: Swami Premvarni und seine zwei Schüler, ein junger Mann aus England und eine junge Frau aus Neuseeland.

„Swami Premvarni Balyogi ist ein Freund von mir", hatte Uma uns vor ein paar Tagen gesagt. „Ich möchte, daß ihr ihn kennenlernt. Seine Studenten und Schüler kommen meistens aus dem Westen; er bittet mich immer, im *ashram* zu bleiben. Er weiß, daß mir der Umgang mit Menschen aus dem Westen vertraut ist und daß sie von meinen religiösen Gesängen begeistert sind." Er heißt Swami Premvarni und wurde Balyogi genannt; wie uns Uma erklärte, bedeutete das, daß er schon als Kind *yogi* gewesen war, also jemand, der in das gegenwärtige Leben schon im Besitz der *yogi*-Eigenschaften getreten war. Ich begann mit der Frage nach der Bedeutung des Wortes „*swami*". „Es steht Ihnen frei, wie Sie es verwenden", antwortete er. „Sie können sagen, daß das Wort Meister bedeutet, dann verwenden Sie es für Meister. Sie können es für jemanden verwenden, der Bewußtsein hat. Sie können es für Gott verwenden, für das Bewußtsein des Universums. Sie können auch „So am I" (ich auch) daraus machen. – Also SOAMI, so bin ich auch jemand, der dieses Bewußtsein hat, der Meister in mir selbst. Wenn Sie ein Diener sind und einem Meister dienen, so können Sie ihn *swami* nennen. Swami Soundso."

Uma zählte die Namen einiger *swamis* auf, die wir kannten.

„Das ist ein anderes Wort", sagte der Swami zu Uma. „Hier bedeutet *swami* etwas anderes. Es bedeutet ‚etwas Abgetrenntes.' Es bedeutet *sanyasin*."

Ich wollte vor dem Swami einige der Fragen wiederholen, die ich auch gestern, an meinem letzten Tag mit ihm, an Swami Kaivalyananda gerichtet hatte. Die Art, in der er geantwortet hatte, war so präzise gewesen, daß es mir wichtig schien, die Worte des Swami Premvarni zum selben Thema zu hören. Ich war nicht darauf aus, Diskrepanzen zu finden, sondern ich hoffte, daß die Antworten übereinstimmen würden. Auch wenn sie die gleichen waren, so würde eine unterschiedliche Formulierung mir helfen, besser zu verstehen. Swami Premvarni war so wortkarg, daß es vielleicht möglich war, in kürzerer Zeit auf die gleichen weitreichenden Themenkreise einzugehen. Ich fragte ihn zunächst nach der Bedeutung des Wortes *guru*.

„Sie nennen mich Swami", sagte er, „aber Sie können mich nicht *guru* nennen. Ein *guru* ist jemand sehr Nahestehendes. Es gibt verschiedene Arten von Beziehungen. Sprechende und Suchende. Spirituelle Lehrer und Aspiranten. *Gurus* und *chelas*. Das sind verschiedene Arten von Beziehungen."

Ich sagte ihm, wie das Wort „*guru*" im Westen so populär geworden war, und daß es für alle Arten von Menschen gebraucht wurde, die *ashrams* gründeten, Systeme aufstellten, Stunden gaben und die Massen anzogen. Swami Premvarni ging nicht auf das Thema ein und sagte einfach: „Es ist ein Sanskrit-Wort, das nicht in Ihren Wörterbüchern steht.

Manche Menschen haben die Bedeutung in ihrem eigenen Interesse verändert. Jetzt ist es ein anderes Wort, das genauso klingt."

Das war alles, was er über das Wort *guru* sagte. Auch zu dem Thema Drogen äußerte er sich nur kurz; er beantwortete meine Frage mit kaum mehr Worten, als ich sie an ihn gerichtet hatte. Ich hatte eine komplizierte Frage über die Vorteile und Nachteile der Drogen gestellt und darüber, ob der Gebrauch bewußtseinsverändernder Drogen für verschiedene Menschen verschiedene Auswirkungen haben konnte.

„Drogen sind auf dem spirituellen Weg niemals von Nutzen. Der spirituelle Weg ist der Weg der Reinigung. Drogen sind Gift. Es geht um ein klares Bewußtsein; die Drogen verunreinigen das Bewußtsein. Es ist ein schwieriger Prozeß, zu mehr Klarheit zu kommen; wenn man Drogen nimmt, verwirrt einen das eher noch mehr. Dennoch kann man den Eindruck haben, eine neue und interessante Erfahrung zu machen."

Meine nächste Frage formulierte ich in knappen Worten. „Was ist die Bedeutung der spirituellen Disziplin?'

„Die spirituelle Disziplin ist die Grundlage für alles. Sie steht am Anfang. Erst muß diese Grundlage geschaffen werden, die sehr wichtig ist, denn die Wirklichkeit beginnt am Boden. Man kann nur *samadhi* erlangen, wenn man ganz auf dem Boden steht. Sonst kann man nicht richtig damit umgehen. Man kann es erlangen. Man kann ein Zauberer sein. Man kann jede Kraft, jede psychische Kraft oder Energie erlangen, ohne auf dem Boden zu stehen, aber das ist nicht gut und zu riskant. Dann wird man vielleicht nur zerstörerische Kräfte freisetzen."

„Aber im Westen", sagte ich, „zumindest in Amerika, unterscheidet man kaum zwischen psychischen Phänomenen und spirituellen Errungenschaften. Vielleicht neunzig Prozent aller Leute, die über Konzentration reden, über Meditation, *yogi*-Bewußtsein oder was sie veränderte Bewußtseinszustände nennen, halten das für psychische Erfahrungen. Ich glaube nicht, daß sie einen Unterschied machen zwischen psychischen Phänomenen und Spiritualität."

„Astral-Trip", sagte er. „Im Westen nennt man das so. Aber für diesen Astral-Trip braucht man keine Voraussetzungen. Weder Verständnis noch Konzentration sind dafür notwendig. Auch Reinheit ist dafür nicht notwendig. Das ist eine mechanische Entwicklung, die man leicht erreichen, leicht erfahren kann. Aber ohne Reinheit wird man nur zum Zerstörer, wird gespalten. Das ist die ursprüngliche Bedeutung von Teufel."

Ich versuchte, Swami Kaivalyanandas Ansicht über Drogen wiederzugeben, seine Meinung, daß sie zumindest materialistisch orientierten und engstirnigen Menschen vielleicht eine erste Einsicht vermitteln können. Aber Swami Premvarni war der Überzeugung, daß all diese Astral-Trips und Ego-Erfahrungen, all die psychischen Kräfte, die „moderne westliche Wissenschaftler" so faszinierten, allzu leicht erreichbar seien. Die Phänomene, die wir Menschen im Westen in unseren Laboratorien studieren und in Versammlungen diskutieren, waren seiner Meinung nach einfache chemische Vorgänge, die weder Bedeutung hatten noch gebraucht wurden. Aber ich sah das anders. Es gibt Dinge, die man nicht braucht und die trotzdem nicht schädlich sind. Drogen waren seiner Ansicht nach sowohl nutzlos als auch schädlich. Er schien an eine ganze Reihe von Mitteln, die er nicht näher beschrieb und durch die man sehr leicht zu Astralerfahrungen und psychischen Fähigkeiten gelangte, zu denken, und er war sicher, daß diese Phänomene in den Vereinigten Staaten durch die „Wissenschaft" der „Gehirnmechanismen" und der „Gehirnelektrizität" große Verbreitung erlangten.

„Dann sind all diese Dinge etwas ganz anderes als eine spirituelle Reise? Wollten Sie das sagen?"

„Ganz und gar nicht. Es ist absolut keine andere Reise. Es ist alles das gleiche. Alles liegt auf demselben Weg."

Es ging ihm, wie er sagte, vor allem um die Bedeutung der spirituellen Disziplin am Anfang, um die Grundlagen. Von Anfang an die Weichen richtig zu stellen, das bedeutet, einen klaren Weg vor sich zu sehen, eine kraftvolle und eine direkte Verbindung zum Ursprung zu haben. Wenn man in einem Zug auf den Schienen fährt, dann wird die Reise sicher und überschaubar, so formulierte er es. Man bewegt sich genau auf das Ziel zu. Entweder bewegt man sich oder man bleibt stehen. Man kann an bestimmten Plätzen aussteigen oder man kann auch nur im Vorüberfahren aus dem Fenster sehen. Oder man schaut nicht rechts und links. Wenn man von Natur aus Wissenschaftler ist, kann man von der Astralebene ausgehen, da dort die Quelle der Schöpfung liegt, für die sich der Wissenschaftler interessiert. Aber wenn man sich mit der Wahrnehmung der Schöpfung beschäftigt, die man auf dieser Ebene hat, kann man Tausende von Leben damit verbringen, die zahllosen und komplizierten wissenschaftlichen Details der Planetenkräfte, Strukturen, Energien und Formen zu studieren. Befaßt man sich jedoch auf natürlichem Weg, ohne den Gebrauch von Drogen, damit, so bedient man sich seines Verstandes und findet einen Sinn in dem, was man sieht. Swami Premvarni betonte, daß er es für schädlich hielt, wenn man eine Erfahrung machte, die über die Verstandeskräfte hinausgehe. Er glaubte, daß erfahrene Menschen Unrecht taten, wenn sie andere zu Erlebnissen führten, die sie dann für sie erst interpretieren mußten.

,,Die physische und die Astral-Ebene", so sagte er, sind die grob strukturierteren Ebenen, und unsere Beschäftigung mit den Phänomenen dieser Ebenen müssen im Grunde als gröbere Begierden bezeichnet werden."

So kamen wir zur Frage des Verzichtes und der *moksha*. Ich stellte mehrere Fragen, die alle das eine Thema umkreisten: Ob man durch die richtige Verbindung von Verzicht auf das Weltliche und Hingabe an das Jenseitige innerhalb eines Lebens zur absoluten Wahrheit gelangen konnte. Es war die Frage, die mich immer bewegte: Ob man von dem Punkt aus, an dem man war, zu diesem Ziel gelangen konnte, ohne die Schritte zu tun, die dazwischen nötig waren, und ob man, wenn es möglich war, so etwas zu tun, es auch sollte.

,,Die Tatsache, daß wir diesen Körper haben, bedeutet, daß wir niedere Begierden haben. Sie werden vom Körper hervorgebracht; wenn wir sie während dieses physischen Lebens überwinden, wird dieser Körper nicht bleiben. Er kann sich innerhalb von zwanzig Tagen auflösen. Wenn die irdischen Begierden völlig befriedigt oder überwunden sind, verliert man diesen Körper innerhalb von zwanzig Tagen. Die Energie, die den Körper zusammenhält, schwindet, und die physische Materie löst sich auf."

Ich hatte so etwas noch nie gesehen. Ich konnte nicht sagen, daß es nie geschehen würde, aber ich ahnte, daß es sehr selten geschah. Jedenfalls war es, wenn es geschah, eine spektakuläre Illustration dessen, was mit *moksha* gemeint ist. Ich befragte ihn nach den Hunderten von organgegekleideten *san-*

yasins, die in Hardwar und Rishikesh die Straßen und Fluß-ufer bevölkerten und über die buchstäblich Millionen von Pil-gern, die zu den *ghats* und den Tempeln strömten. Ich fragte mich, ob diese Menschen mit ihrem Verzicht auf Irdisches und ihrer gläubigen Hingabe nach *moksha* strebten und ob sie glaubten, daß sie die Erlösung mit ihren Methoden innerhalb dieses gegenwärtigen Erdenlebens erreichen konnten.

„Das ist keine Propaganda", antwortete er, „das hat nichts mit Propaganda zu tun."

Ich mußte einen Augenblick nachdenken, bis ich glaubte, seine Antwort zu verstehen. Wahrscheinlich meinte er, daß das, was diese Menschen praktizieren, nicht das Ergebnis ir-gendwelcher schlagkräftiger Parolen waren. Hier war es nicht wie bei der kommerzialisierten Spiritualität im Westen; es gab keine Plakate, keinen werbekräftigen Anreiz, sich zu einem bestimmten *ashram* oder *guru* zu begeben, keine Versprechen von Glück, Erfolg oder Erlösung. Diese Millionen von Men-schen, so sagte er, glaubten einfach an eine höhere Existenz, einen höheren Seinszustand, und strebten auf den verschie-densten Wegen danach, so gut sie konnten. Dennoch hatte Swami Sivanandapuri von den einander übertönenden Laut-sprechern an den *ghats* gesprochen und von der „Ausbeutung der Menschen im Namen der Religion". Dies war wohl eine ganz neue Entwicklung hier, die zum Teil von der Vorstel-lung der indischen Menschen über westliche Methoden beein-flußt war.

„Kann man *moksha* in einem Leben erlangen?"

„Es braucht viele, viele Leben."

Als das Gespräch beendet war, wollten wir hinausgehen, um einige Fotografien zu machen. Swami Premvarni Balyogi mußte sich dazu erheben. Es war ein Vergnügen, ihm dabei zuzusehen. Er stand scheinbar ohne jede Anstrengung aus dem Lotussitz auf, hielt die Hände weiterhin gefaltet und schritt leichtfüßig aus der Tür.

Am Abend versuchte ich in meinem Zimmer so aufzuste-hen wie er. Nach einer Weile gelang es mir einigermaßen, aber meine Knöchel schlugen gegen den Boden, wenn ich versuch-te, ohne die Hilfe meiner Hände die Füße aus der Lotusstel-lung zu befreien, und meine Ellbogen standen in die Luft, wenn ich die Hände beim Aufstehen gefaltet hielt.

„Vielleicht ist es gar nicht so schwierig", sagte ich zu Hridaya. „Ich glaube, mit genügend Übung würde ich es wohl auch fertigbringen. Ich habe es eben nie zuvor versucht."

Aber eines machte mich doch nachdenklich. Die meisten berühmten Menschen im Westen mit irgendeiner Form von Körperschulung konnten dem Yoga hinsichtlich der physischen Schönheit und der Entwicklung der körperlichen Fähigkeiten nicht das Wasser reichen. In weniger als sechs Monaten, in denen ich in Indien *yogis* kennenlernte, hatte ich so viel körperliche Kraft, Anmut, Präzision und Kontrolle gesehen, wie nie zuvor in meinem ganzen Leben. Und doch sagte Swami Kaivalyananda: Die körperlichen Fähigkeiten sind nur die allerunterste Stufe des *yoga*.

KAPITEL 21

HRIDAYA UND ICH fuhren in einer Fahrrad-Riksha vor dem New Valerios Hotel in Kanpur vor. Herr Dudeja und sein Freund, Herr Shukla, warteten vor dem Eingang. Hridaya würde von hier aus nach Hause gehen, und ich wollte für wenigstens ein oder zwei Tage noch bei den Dudejas wohnen. Herr Dudeja ließ uns sofort von einem der Hotelangestellten in ein Zimmer geleiten, damit wir uns waschen und umziehen konnten. Wir waren schmutzig und verschwitzt von der langen Zugfahrt und hatten Staub im Haar und im Mund. Bipan brachte uns zwei große Gläser mit kühlen Getränken und Eis ins Zimmer und schaltete die Klimaanlage ein. Die Großstadt hatte uns wieder.

Ich blieb vier Tage in Kanpur und genoß das kühle Gästezimmer der Dudejas, köstliche Mahlzeiten in ihrer Privatwohnung und in ihrem neuen Restaurant und anderen Komfort der materiellen Welt. Sie wollten, daß ich ihnen über all die *swamis*, mit denen ich gesprochen hatte, erzählte, über all die *sadhus* in ihren Höhlen auf den Bergen und in ihren Hütten am Flußufer. Es interessierte sie jedoch weniger das, was diese Weisen gesagt hatten, als das, was ich davon hielt.

Hridaya kam am nächsten Morgen zu mir, um mir bei der Abrechnung zu helfen. Er hatte während unserer Expedition die Rupien verwaltet und erklärte mir, daß viele Preise, Gebühren und Trinkgelder sinnlos hoch gewesen wären, hätte ich sie selbst bezahlt. Ich hatte versucht, die Ausgaben jeden Tag zu notieren; die Zahlen der letzten zwei anstrengenden Reisetage jedoch hatte er im Kopf. Hridaya überprüfte meine Aufzeichnungen und sah alle Quittungen durch, die in Hindi geschrieben waren.

„Wir haben so viele Tage in Hardwar und Rishikesh gelebt", sagte er. „Jetzt laß uns einen ganzen Tag in meiner Heimatstadt verbringen."

Er wollte mir Kanpur zeigen und mich mit all seinen Freunden und Bekannten zusammenführen, von denen er mir schon erzählt hatte. Seine Freunde und Nachbarn hatten sich Sorgen um ihn gemacht, da er so plötzlich aufgebrochen war, ohne jemandem Bescheid zu sagen. Eines Tages rief jemand in dem Büro an, in dem er arbeitete, und schließlich hatte es sich unter seinen Freunden herumgesprochen, daß er auf einer Abenteuerreise mit einem amerikanischen Sucher war. Jetzt wollten alle, die ihn kannten, mich zu Gesicht bekommen.

„Aber Sie haben noch keinen Heiligen getroffen", sagte einer von Hridayas Nachbarn, als wir in seinem Wohnzimmer saßen und Tee tranken. „Das nächste Mal, wenn Sie nach Indien kommen, werde ich Sie selbst auf der Suche nach einem Heiligen begleiten." Er warf Hridaya einen Blick zu. „Natürlich kommt Hirdaya auch mit."

„Danke", antwortete ich.

„Nein, nein, dafür müssen Sie mir nicht danken. Sie werden einen wahren Heiligen finden. Und wenn Sie ihn gesehen haben, dann müssen Sie auch nichts sagen. Denn das, was man sagt, ist sowieso ungenügend. Man kann nicht sagen: 'O, ich habe heute einen Heiligen gesehen.' Und wenn zufällig ein Heiliger unter zehn Leuten ist, die hier in diesem Raum Tee trinken, so müssen wir es merken. Er wird nicht sagen: 'Zu ihrer Information, ich bin übrigens ein Heiliger.' Er wird nicht einmal sagen: 'Ich bin ein *swami*, ich bin ein *yogi*, ich habe auf all diese Dinge verzichtet, an denen Sie noch hängen.' Es kann sein, daß er eine Krawatte trägt, Tee trinkt und Kekse ißt. Aber wenn er ein Heiliger ist, werden wir es in unseren Herzen spüren."

Hridaya kannte eine besonders nette Familie, die nicht weit von seiner Wohnung entfernt lebte. Es waren zwei Brüder und eine Schwester im Collegealter, die strahlend und kraftvoll wirkten und warmherzige, freundliche Eltern hatten. Hridaya und ich verbrachten ein paar Stunden am Abend mit ihnen. Wir sprachen miteinander, lachten, sangen Lieder, hörten uns Platten an, und der Vater erzählte uns *swami*-Geschichten, die er selbst erlebt hatte.

„Mein Vater", so begann er, „der Großvater dieser drei Freunde hier, hatte einen Kollegen, mit dem er jahrelang sehr eng befreundet war. Ich glaube, sie waren beide sehr gute Menschen, tüchtig und geschickt in ihrer Arbeit. Dann trennten sich ihre Wege unter irgendwelchen Umständen. Mein Vater hörte von Zeit zu Zeit von seinem früheren Kollegen, dem es gut zu gehen schien und der recht erfolgreich war. Dann erfuhr er nichts mehr, machte sich aber keine Gedanken, da er meinte, der Freund sei wohl ebenso beschäftigt wie er. Eines Tages machte mein Vater auf einer Reise Halt in Meerut und sah dort einen Heiligen an einer Straßenecke. Es war nicht die dort versammelte Menschenmenge, die meinen Vater anzog. So etwas begegnet einem hier in Indien auf Schritt und Tritt. Es war etwas an der Stimme des alten *sadhu*, das ihn eigentümlich berührte. In dem Augenblick, als mein Vater sich unter die Menschenmenge begab, wandte sich der *sadhu* ab und schritt davon. Einige Leute folgten ihm. Mein Vater tat desgleichen, da diese Stimme, die Art zu gehen, ihm sehr vertraut vorkam. Er merkte sehr bald, daß sich unter den Gewändern dieses *sadhu*, dem langen Haar und dem Bart sein früherer Kollege verbarg. War er glücklich ihn zu sehen? Er war einfach ungläubig! Wie sehr hatte sich sein Freund verändert, und doch war er noch ein- und dieselbe Person. Er mußte ihn sehen, mußte mit ihm sprechen. Mein Vater lief, um ihn einzuholen, aber der alte *sadhu* in seinem langen Gewand ging sehr schnell; seine treuen Nachfolger blieben ihm dicht auf den Fersen. Sie verschwanden in einem überfüllten Restaurant und verteilten sich an einigen Tischen. Mein Vater drängte sich hinter ihnen hinein, nach Atem ringend, und sah auch sofort das Gesicht seines Freundes. Überrascht rief er laut seinen Namen und sagte: „Was tust du hier, als *sanyasin* verkleidet?"

Sein Freund erschrak furchtbar und verlor fast seine heilige Fassung. „Halt den Mund!" rief er. Als er sich wieder in der Gewalt hatte, sagte er: „Komm, setz' dich hier neben mich. Siehst du nicht, daß ich auf alle weltlichen Dinge verzichtet habe." Mein Vater setzte sich neben ihn an den Tisch, und sein früherer Kollege flüsterte ihm zu, daß ich seinen Namen nicht mehr aussprechen und die Vergangenheit nicht erwähnen dürfe. Und mein Vater erfuhr, wie alles gekommen war. Inzwischen hatte sein Freund ein wunderbares Haus für sich allein mit Gärten und Brunnen und Bediensteten. Um Geld mußte er sich keine Sorgen machen. All das war ihm in so kurzer Zeit zuteil geworden, daß es schien, der alte Kollege habe für diese besondere Rolle eine wirkliche Berufung gefunden.

Da sagte mein Vater zu ihm: 'Es darf also niemand erfahren, daß wir früher einmal zusammen gearbeitet haben?' Und dieser alte Freund sagte: 'Ja, du mußt vergessen, wie wir uns kennengelernt haben.' Mein Vater fragte: 'Verbirgst du deine Vergangenheit vor diesen Menschen?' Und er antwortete: 'Nein. Du mußt wissen, daß ich sie selbst schon ganz vergessen habe. Ich habe auf alles verzichtet.' Und es stimmte. Er war *sanyasin* geworden und hatte auf seine ganze Vergangenheit verzichtet. Aber jetzt als 'Verzichtler' hatte er viel, viel mehr, als er je als erfolgreicher Geschäfsmann besessen hatte.''

Einer der Söhne nahm ein paar Flaschen und einige Eiswürfel aus dem Kühlschrank auf der anderen Seite des Wohnzimmers und füllte unsere Gläser.

,,Sie könnten es ganz genauso machen'', sagte der Vater zu mir. ,,Ich sage Ihnen: Sie bräuchten nur Ihre Haare und Ihren Bart wachsen zu lassen und ein paar passende *swami*-Gewänder anzuziehen. Aber keine alten Fetzen, keine Asche, denn dann bringen Sie es nicht weit! Und so laufen Sie einfach herum, erzählen ein paar Geschichten und können in ein paar Jahren zu Ruhm und Vermögen kommen. Es wäre sicher gar nicht schwierig!''

Seine andere Geschichte handelte von einem Heiligen und einer Löwin, und obwohl ich sie noch nie gehört hatte, kam sie mir bekannt vor. Sie klang wie eine dieser Legenden, die wahrscheinlich tausende Male in ganz Indien erzählt wurden.

,,Irgendwo im Süden lebte ein alter Weiser, ich weiß jetzt nicht genau, wo es war, aber das ist ja egal ... Er pflegte an einem belebten Weg zu sitzen.'' Er unterbrach seine Erzählung und sah zu seiner Frau hinüber. ,,Wo war das? Irgendwo im Süden?''

,,Ich weiß es nicht.''

,,Aber *du* mußt es doch wissen. Wo war dieser alte Heilige, der eine Löwin zur Frau hatte?'' Wieder wandte er sich mir zu. ,,Nun ja, ich habe es Ihnen ja gerade erzählt. Er hatte eine Löwin zur Frau. Es ist ja egal, wo es war. Lange Zeit lebte er wie ein ganz gewöhnlicher Heiliger mit einer ganz gewöhnlichen Frau. Und dann, so sagt man, hatte er eines Tages eine Löwin zur Frau, und das hob ihn unter den anderen Heiligen hervor. Es erregte natürlich Aufsehen. Tatsache war, so nimmt man jedenfalls an, daß sie ein und dieselbe Frau war, manchmal in menschlicher Gestalt und manchmal in Löwengestalt. Jeden Tag saß er mit ihr am Wegrand. Sie lag als Löwin zu seinen Füßen, er wurde mit Rupien und Geschenken aller Art nur so überschüttet. Besonders aufregend fanden es die Leute, was sich bald herumsprach: daß sie sich zu gewissen Gelegenheiten, aber nur nachts, wieder in eine menschliche Gestalt verwandelte. Und nun denken Sie, wie er verehrt wurde, nur dafür, daß er am Weg saß und die Löwin zu seinen Füßen liegen hatte! Das ist nämlich das Entscheidende an dieser Geschichte. Es gab Leute, die ihn als wahren Asketen verehrten, weil er seine geliebte Frau aufgegeben hatte und trotzdem noch für sie sorgte. Andere Leute verehrten ihn als vollendeten Liebenden, weil er bewies, daß ihm die Seele und die Gegenwart seiner Frau wichtiger waren als ihre physische Gestalt. Und es gab Leute, die ihn verehrten als einen Mann, der die Macht hatte, seine Frau in eine Löwin zu verwandeln. Und dann gab es natürlich solche, die die Löwin verehrten und ihr Geschenke machten, weil sie auf ihre Schönheit und ihre Eitelkeit verzichtet hatte und demütig als stummes Tier zu Füßen ihres Mannes lag. Und wieder andere beschenkten sie, weil sie fürchteten, sie könne wirklich ein wildes Tier sein. Und nun stelle man sich vor, daß der alte Heilige vielleicht nur ein Scharlatan mit einem zahmen Löwen war. Die Leute, die das glaubten, besänftigten ihn mit ihren Gaben, denn sie hielten ihn für einen gefährlichen Mann. Denn entweder hatte er ein gefährliches Tier gezähmt oder er hatte ein wildes Tier als Gefährten. Und dann blieb immer noch die Frage: wenn dieses Geschöpf nicht seine Frau war — was mochte er dann mit ihr angestellt haben?

Als er sah, daß mein Glas leer war, unterbrach er seine Erzählung wieder.

,,Reichen Sie mir Ihr leeres Glas, es wird bald wieder gefüllt sein." Ich reichte ihm mein Glas, und sein Sohn füllte es wieder mit einem erfrischenden Getränk aus dem Kühlschrank.

Der Vater fuhr fort: „Aber all die Gründe, die ich angeführt habe, galten nur für die Hälfte der Leute, die den Heiligen und die Löwin entweder verehrten oder bestaunten oder sie mit ihren Gaben besänftigten. Die andere Hälfte verehrte sie nur aus dem einen Grund: weil alle anderen es auch taten. Sehen Sie, jemand, der verehrt wird, wird verehrt, weil er verehrt wird."

Als ich diesmal Kanpur verließ, wußte ich nicht, wann ich zurückkehren würde oder ob ich überhaupt wiederkäme. Während meiner beiden Indienreisen war ich fünfmal in Kanpur und in der Umgebung gewesen und hatte insgesamt mehrere Wochen in dieser Stadt verbracht. Jetzt, wo ich mich hier so zuhause fühlte und so viele Freunde gewonnen hatte, konnte ich nicht glauben, daß es das letzte Mal gewesen sein sollte. „Ich komme wieder", sagte ich zu allen.

Hridaya sagte im Büro, daß er noch zwei oder drei Tage freinehmen werde, jetzt, nachdem er schon so viele Wochen nicht dagewesen war, um mich mit dem Zug nach Neu-Delhi zu begleiten. Er würde bei meinem Abflug nicht dabeisein, da ich noch etwa eine Woche in Neu-Delhi zu bleiben beabsichtigte; aber er konnte so jedenfalls sicher sein, daß ich gut in mein Hotel gelangte und meine Fahrkarte für die Rückreise wirklich bekam. Ich hätte all das allein tun können, aber mit Hridayas Hilfe war alles viel einfacher und auch erfreulicher. Ich reise zwar gerne allein, aber ich reise noch zehnmal lieber mit jemand anderem zusammen.

Hridaya und die Dudejas brachten mich im Auto zum Bahnhof. Alle Mitlieder der Familie Dudeja kamen mit auf den Bahnsteig, um sich von mir zu verabschieden. Wir winkten ihnen aus dem Fenster zu. „Ich komme zurück", sagte ich zu ihnen.

In Neu-Delhi wollte ich mich von Hridaya verabschieden. Wir gingen eine Weile spazieren, schlenderten über einen Markt und nahmen zusammen ein spätes Mittagessen ein. Da es für Hridaya nichts mehr zu tun gab, dachte er, er könne nun auch zum Bahnhof gehen und nach Hause nach Kanpur fahren. In meinem Zimmer wollte er endgültig Abschied nehmen.

„Warte einen Moment", sagte ich, „ich begleite dich noch ein paar Schritte." Als wir auf der Straße standen, schlug ich vor, daß wir noch irgendwo zusammen einen Kaffee trinken sollten. Wir gingen in einen Coffeeshop in der Nähe.

„Vielleicht werde ich dich nie wiedersehen", sagte ich, als wir uns auf der Straße die Hände schüttelten.

„Ich weiß es nicht", antwortete er in seiner ernsten, aufrichtigen Art. „Ich weiß es wirklich nicht."

„Doch, ich werde wiederkommen."

„Gut, dann sehen wir uns wieder."

Es war anders hier, ohne Hridaya an meiner Seite, das merkte ich schon, bevor er meinen Blicken entschwunden war.

Ich stand im Herzen von Neu-Delhi, am Connaught-Circus, der innersten der konzentrischen, ringförmigen Straßen der Stadt. Mein neues Hotelzimmer war im York-Hotel im K-Block am Connaught-Circus. Da ich so viele Wochen in einem ganz anderen Teil Indiens verbracht hatte, hielt ich es für vernünftig, nun noch meine letzten Tage in diesem Land mitten in der Großstadt zu wohnen. Ich wollte einfach in den Straßen herumlaufen und die Menschen betrachten. „In Neu-Delhi kann man sich nicht verlaufen", hatte mir Hridaya erklärt. „Weil die Straßen ringförmig angelegt sind, kommt man immer an sein Ziel, auch wenn man in die falsche Richtung geht."

Auf meinem Rückweg ins York-Hotel bekam ich sehr rasch einen Eindruck davon, was das Leben für mich hier im Zentrum von Neu-Delhi bedeuten würde. Es hatte nur ein paar Minuten gedauert, mit Hridaya zum Circle zu gehen. Um zum Hotel zurück zu gelangen, brauchte ich viel länger – die vielen Menschen, die mich um Geld bettelten, verstellten mir den Weg und versuchten mich aufzuhalten. Hätte ich nicht nachgegeben und versucht, mein Geld zu behalten, so wäre ich erst nach einer quälenden halben Stunde am Eingang meines Hotels angelangt. Ich hielt es grundsätzlich für gut, Bettlern Geld zu geben. Ich fand es richtig, meine Anteilnahme und mein Zusammengehörigkeitsgefühl so auszudrücken. Außerdem brauchten die Bettler das Geld wirklich. Dennoch wußte ich, daß es gefährlich sein konnte, einigen wenigen unter einer ganzen Schar von ihnen Geld zu geben. Hier waren es ungefähr zehn oder mehr Menschen verschiedenen Alters und verschiedenster Größe, die vor mir hergingen, die sich an meinen Armen und Beinen festhielten, die an meinen Kleidern herumnestelten, die sich zugleich gegen mich verbündet hatten und miteinander um den Löwenanteil streiten würden. Der Versuch, ihnen überhaupt nichts zu geben, wäre ein aussichtsloser Kampf gewesen. Ich beschloß, zu einer Strategie überzugehen, die ich für die beste hielt. Ich mußte ihnen alles geben, und sie mußten es sich selbst nehmen, so daß sie wußten, wann nichts mehr da war. Ich blieb auf dem Gehsteig stehen und ließ sie wissen, daß sie in meine Taschen greifen und sich nehmen durften, was sie dort fanden. Ich hatte eine größere Summe Geldes in kleinen Scheinen dabei und hoffte, daß sie es wenigstens gleichmäßig untereinander verteilten.

Soviel Geld schenkte ich an den übrigen Tagen in Neu-Delhi nicht mehr her, weil ich nicht mehr soviel einsteckte. Aber es war nie möglich, ungeschoren durch die Straßen zu gehen, wie ich gehofft hatte. Jedes Mal, wenn ich mein Hotelzimmer verließ, hatte ich Rupien im Wert von ein oder zwei Dollars in Münzen oder kleinen Scheinen bei mir, und ich gab immer alles her. Die Schwierigkeit begann jedoch, wenn das Geld fort war und die Leute mir nicht glaubten, daß ich nichts mehr bei mir hatte. Wenn ich versuchte, mich gegen einen besonders aggressiven Bettler zu wehren, brachen er oder sie in künstliches Wehgeschrei aus. Aber ich gab es nicht auf, hinauszugehen auf die Straßen. Vielleicht dachte ich, daß ich das Bettlerproblem bewältigen könne oder die arrogante und ungewöhnliche Haltung der Inder Ausländern gegenüber in dieser Stadt durchbrechen könne, vielleicht hoffte ich auch, mit irgendjemandem Freundschaft schließen zu können. Nie zuvor in meinem Leben erwies sich diese Hoffnung als so trügerisch. Nach vier Tagen auf den Straßen im Herzen von Neu-Delhi verließ ich das York-Hotel und mietete mich wieder im Lodhi ein. Es war nicht, weil ich fliehen wollte, sondern weil ich mich hier einsamer fühlte als je zuvor in meinem Leben. P. Shuresh war im Woodland Restaurant im Lodhi-Hotel; ich freute mich darauf, ihn zu sehen.

Es blieben mir noch zwei Tage und zwei Nächte vor meinem Abflug nach New York; den größten Teil dieser Zeit verbrachte ich mit P. Suresh. Er widmete mir fast seine ganze freie Zeit, und manchmal, wenn er arbeitete, saß ich im Woodland Restaurant und wartete. P. Suresh meinte wie ich, daß meine Erlebnisse mit den Bettlern nicht unbedingt typisch waren für das, was Ausländer hier erleben konnten. Einerseits gingen Ausländer dort, wo ich mich aufgehalten hatte, sonst nicht allein spazieren. Sie bewegten sich in Gruppen oder wenigstens zu zweit. Andererseits kaufen die meisten Ausländer hier in der Stadt Souvenirs und Kunstgegenstände. Sie interessieren sich kaum für die Menschen auf der Straße; ihre emotionale Distanz zu ihnen macht sie unnahbar. Die Sehenswürdigkeiten und die indischen Waren interessierten mich nur zum geringen Teil — ich war hier, um Menschen zu begegnen. Und so war ich eine gute Zielscheibe.

Es war mir wichtig, offen über meine Erlebnisse mit den Bettlern und über andere Gedanken und Eindrücke zu sprechen; ich hatte nicht den Eindruck, daß das herablassend war. Ich fand auch nicht, daß ich mich damit in Dinge mischte, die mich nichts angingen. Immerhin trieb eine Verflechtung internationaler ökonomischer Einflüsse eine unvorstellbar große Masse von Menschen in Indien in tiefste Armut und äußerste Not. Das war auch *mein* Problem, und ich empfand es als ganz natürlich, darüber nachzudenken. Aus der Geschichte wußte ich, daß Indien nicht allein schuld an der augenblicklichen Situation des Landes war. Aber es ging auch gar nicht um Schuld. Entscheidend war, daß wir alle nun Verantwortung für uns alle übernehmen mußten — denn wir alle *sind* verantwortlich, weil wir alle Teil der gesamten Verkettung von Ursache und Wirkung sind.

An meinem letzten Tag in Neu-Delhi verbrachte ich den Nachmittag damit, über all das gründlich nachzudenken. Eine Aufgabe, die ich mir für die letzte Woche in Indien gestellt hatte, war es, abgesehen von den menschlichen Begegnungen, die ich suchte, mir die Ereignisse und Gespräche der letzten Wochen wieder ins Gedächtnis zu rufen und Notizen zu machen. Das hatte ich noch nicht getan. Obwohl ich bei manchen Gelegenheiten meinen Cassettenrecorder benutzt hatte, machte ich nie Notizen, während ich Menschen zuhörte. Das hätte mich vom intensiven Zuhören abgelenkt — ich wollte ganz aufmerksam und offen sein. Und in all den Tagen in Hardwar und Rishikesh war nie Zeit gewesen, irgendetwas niederzuschreiben. Und selbst wenn ich Zeit gehabt hätte, so wäre es mir störend erschienen, den Fluß der Eindrücke zu unterbrechen, indem ich bereits Zusammenfassungen und Fixierungen versuchte. Ich hatte mir vorgenommen, das in Neu-Delhi zu tun, bevor ich Indien verließ. Dieser letzte Nachmittag im Lodhi-Hotel war endlich eine Möglichkeit dazu. Ich schrieb nichts nieder, aber ich rief mir alles wieder ins Gedächtnis zurück. Ich saß am Schreibtisch, ging im Zimmer auf und ab, legte mich aufs Bett und sah dem Ventilator zu, wie er sich drehte, ich ging auf dem Balkon auf und ab und führte ein Selbstgespräch:

Überall auf den Bergen leben sadhus und sanyasins, sogar Heilige und Weise, ohne daß die meisten von uns wissen, wieviele oder wie wenige es sind (obwohl Hridayas Freund gesagt hatte, ein wahrer Heiliger könne irgendwo im Wohnzimmer sitzen und Tee trinken). Wahrscheinlich gibt es wirklich große Weise und Heilige, die in völliger Zurückgezogenheit unter den fast unzugänglichen Gipfeln des Himalaya leben. In jeder Großstadt, in jeder Kleinstadt, in jedem Dorf gibt es swamis aller Arten.

All die sadhus, sanyasins, swamis, Seher, Heiligen und Weisen leben in der Welt und sind Teil der Welt. Sie haben ihre eigene Arbeit und ihren eigenen Willen wie alle anderen Menschen. Und wie bei allen anderen Menschen waren auch ihre Gedanken und Taten ein Teil dessen, was die Lebensverhältnisse auf der Welt ausmacht. Swami Rama hatte gesagt: ,,Die Flüsse würden nicht fließen und der Mond würde nicht seine Bahn ziehen, wären nicht diese Großen, deren mächtiger Wille auf Erden die Pläne der Meister des Universums ausführte! All die Funktionen der Welten werden im praktischen Leben delegiert und ausgeführt."

Wenn das stimmte, arbeiteten die höchstentwickelten Wesen auf diesem Planeten in der Welt und bemühten sich gerade um das, was manche Illusion zu nennen beliebten. Wir sind alle verantwortlich für die Umstände, in denen wir leben, und diese Umstände sind keine Illusion. Unsere spirituelle Arbeit geschieht auf unserer Erde. Unsere spirituelle Arbeit muß sich auf Not und Hunger, Krieg und Frieden konzentrieren. Unsere spirituelle Arbeit besteht darin, die Unwissenheit zu bekämpfen, die das Licht von der Welt abhält, die Unwissenheit, die bewirkt, daß man im Monolog lebt und nicht im Dialog, die Unwissenheit, die Trennungen bewirkt, persönli-

che und nationale Trennungen. Unsere spirituelle Arbeit muß darin bestehen, das Bewußtsein für die Einheit der Welt zu entdecken.

Von all dem, was die spirituellen Lehrer und swamis in der heutigen Welt sagen, ist das Wichtigste das, was sie über die Lebensbedingungen der Menschheit auf der Erde sagen, darüber, was die Erde als ein Wesen ist, und über die reale Verantwortung jedes sogenannten Individuums für die gesamte Menschheit.

Vielleicht ist es vom Standpunkt des Absoluten aus möglich zu glauben, daß das Leben auf der Welt unwirklich ist. Aber vom Standpunkt des Absoluten aus ist dann auch der spirituelle Weg selbst unwirklich. In dem Maß jedoch, in dem wir von einem spirituellen Weg sprechen, können wir auch von den Lebensbedingungen und von der menschlichen Entwicklung sprechen — von der Bewegung der Menschheit auf dem spirituellen Weg vom Unwirklichen zum Wirklichen. Der geistige Weg führt mitten durch das Irdische hindurch, und jene, die hier zusammen Antworten finden, während sie als Menschen zusammenleben, können sich nur gemeinsam weiterentwickeln; wenn sie über den gegenwärtigen Zustand hinauskommen wollen, so ist das nur durch gemeinsame Arbeit auf internationaler Ebene möglich.

Ich ging wieder vom Balkon ins Zimmer, setzte mich auf einen Stuhl am Schreibtisch und wandte mich naheliegenden Notwendigkeiten zu. So versuchte ich mir zu überlegen, wie ich am besten packen würde, um es dann zu gegebener Zeit so schnell und planvoll wie möglich tun zu können. Das, was ich im Flugzeug mitnehmen wollte, mußte ich extra verpakken. Ich sah nach meinem Flugticket, meinem Impfschein, zählte die verbliebenen Rupien und meine Reiseschecks. Unter meinen Papieren fand ich einen Zeitungsausschnitt, den der Mahant mir gegeben hatte, bevor ich Rishikesh verließ. An meinem letzten Tag in dieser Stadt war ich mit Uma zum Gästehaus in Bharat Mandir gegangen, um dem Mahantji Auf Wiedersehen zu sagen. Er hatte mir seine Meinung über all die sadhus und sanyasins gesagt, die in der Gegen wirkten, auf den Straßen herumgingen und in den von ihm eingerichteten Speisehallen aßen; und er hatte mir von den Zeiten erzählt, in denen die menschliche Atmosphäre noch ruhiger und reiner war und viele wahre Heilige und rishis sich unbefangen unter das Volk mischen konnten. Vor meiner Abreise hatte er mir amüsiert einen Artikel aus einer Zeitung gezeigt, den für mich auszuschneiden er Uma bat, damit ich ihn mitnehmen konnte. Als ich jetzt meine Papiere durchsah, fiel der Zeitungsausschnitt aus einem kleinen Notizbuch heraus. Die Überschrift lautete: „Mantren verursachen Brand". Der Artikel berichtete, daß ein Brahmin an diesem Tag „geheimnisvolle Mantrakräfte" entwickelt hätte, um ohne jedes Hilfsmittel Feuer zu produzieren. Er hatte, wie der Artikel beschrieb, ein Holzfeuer entzündet, indem er ein *navarnava-mantra* sprach, und er hatte seine Künste in der Gegenwart eines „erlesenen Publikums" vorgeführt. Der Artikel sprach tatsächlich von einer „Vorführung". Im letzten Absatz hieß es: „Der Vorführung gingen drei Stunden eines Gesangs zu Ehren der astra bhuga-Gottheit voran."

Es ist interessant, so dachte ich, während ich den Artikel noch einmal durchlas, und an Swami Rama, Rolling Thunder und meine Erfahrungen in der Menninger Foundation dachte, wie wenig die meisten amerikanischen Wissenschaftler bereit waren, Rituale und Glauben als wichtige Faktoren in Kausalketten zu akzeptieren. Es waren offenbar indische Wissenschaftler bei der „Vorführung des Brahmin" zugegen gewesen, da der Artikel davon sprach, daß Thermoelemente zur Messung von Temperaturschwankungen verwendet worden seien, daß es aber keine Anzeichen für einen Temperaturanstieg gegeben habe, während das Holz tatsächlich Feuer fing. Sehr wahrscheinlich nahmen die anwesenden indischen Wissenschaftler am Singen der Hymnen zu Ehren der Gottheit als einem wichtigen Bestandteil des Ereignisses teil. Die Wissenschaftler des Ostens sind oft in der Lage, solche Dinge ohne jede Verlegenheit zu akzeptieren. Manche Menschen des Westens wären wahrscheinlich der Ansicht, daß dies keine wahren Wissenschaftler sein können, aber das wäre ein Irrtum. Die Tatsache bleibt bestehen, daß östliche Wissenschaftler ebenso gut über physikalische Fakten Bescheid wissen, sich aber zusätzlich höherer Wahrheiten bewußt sind.

Als ich diesen Zeitungsausschnitt wieder las, erinnerte ich mich an eine Anekdote, die mir Swami Rama in Topeka erzählt hatte:

Es lebte einmal ein Mann mit einem unauslöschlichen, brennenden Verlangen nach dem *darsan* eines bestimmten

Weisen und mächtigen Heiligen. In seiner Jugend machte er eine große Reise, um diesem Heiligen zu begegnen; als er nicht empfangen wurde, kehrte er in sein Heimatdorf zurück und brachte dreißig Jahre seines Lebens damit zu, sich auf eine neue Begegnung vorzubereiten. Dreißig Jahre lang arbeitete er unermüdlich daran, seinen Glauben und seine Konzentrationskraft zu verbessern, und er wiederholte sein *mantra* so oft, daß er eine unglaubliche Konzentrationsfähigkeit entwickelte, durch die er nach Belieben Feuer aus seinem Mund hervortreten lassen konnte. Voll übergroßer Freude machte er sich auf die Reise zu dem Heiligen, um ihn anzuflehen, sein spiritueller Lehrer zu werden und ihn zur Weisheit zu führen. Da der Mann dreißig Jahre lang an diesen Heiligen gedacht hatte, wurde ihm nur eine Audienz gewährt.

Als der Mann den Heiligen sah, warf er sich ihm zu Füßen. Und nun brach es aus ihm hervor: „Dreißig Jahre lang habe ich davon geträumt, Sie zu sehen. Dreißig Jahre habe ich in unermüdlicher Arbeit und Hingabe zugebracht!"

Der Heilige sagte: „So?"

„Ich habe großen Glauben entwickelt", erklärte der Mann, „und große Konzentrationskräfte."

Wieder sagte der Heilige nur: „So?"

„Ich kann Feuer aus meinem Mund treten lassen."

„Geh und versuche etwas Nützliches zu tun", sagte der Heilige ruhig. „Warum hast du deine Zeit damit vergeudet? Es gibt doch überall Streichhölzer."

Ich ließ das Planen und Packen sein und kehrte wieder zu meinen Gedanken zurück. Wieder ging ich auf und ab und versuchte für mich in Worte zu fassen, was mich bewegte:

Arbeite an dir selbst, sagen die Leute. Jeder muß an sich selbst arbeiten. Man kann überhaupt nur an sich selbst arbeiten. Das ist alles, was man tun kann. Die Heiligen und die swamis, *die* tonga-*Fahrer arbeiten alle an sich selbst. Ob jemand meditiert, ob er Feuer aus dem Mund treten läßt oder die Straßen von Rishikesh fegt, er arbeitet an sich selbst.*

Arbeite an dir selbst — das ist so oft gesagt und so selten verstanden worden. Diesen Worten wurde oft eine völlig verkehrte Bedeutung gegeben. Sie wurden als spirituelle Berechtigung dafür verwendet, das zu vermeiden, was Buddha das richtige Handeln genannt hat. Es wurde als Entschuldigung dafür verwendet, daß man sich zurückzieht und sich nur noch mit seinem persönlichen Selbst befaßt. Es wurde von Menschen verwendet, die sich ihres Mitleids mit anderen schämen.

Alles, was man tun kann, ist, an sich selbst zu arbeiten, haben die Leute immer wieder gesagt, als hieße das: Jeder für sich. Das bedeutet dieser Satz nicht.

In Wirklichkeit bedeutet er: Alles, was man tut, tut man sich selbst. Er bedeutet: Selbstlos zu sein, selbstlos zu arbeiten und das wahre Selbst zu entdecken.

Es mag in den indischen Bergen Heilige geben, aber die wahren Heiligen, die das Volk kennt, sind Mahatma Gandhi aus Indien und Martin Luther King aus den Vereinigten Staaten. Sie waren die wahren spirituellen Lehrer der gegenwärtigen Geschichte. Sie arbeiteten im wirklichen Sinn an sich selbst. Vielleicht haben sie nicht viel über Übungen und asanas gesagt, vielleicht haben sie nicht viel über mantren, Macht und Meditation gesagt, obwohl sie diese Werkzeuge zu gebrauchen verstanden. Wovon sie sprachen und was sie lebten, ging weit über diese Grenzen hinaus. Sie lehrten Selbstlosigkeit. Sie lehrten Kommunikation und soziales Tun. Harmonie. Sie lehrten die spirituelle Arbeit, trennende Mauern einzureißen zwischen Menschenkasten, Rassen und Nationen. So waren sie lebende Beispiele der spirituellen Arbeit der Menschen auf diesem Planeten, lebende Beispiele für die Bedeutung der Worte: „Arbeite an dir selbst."

Ich sah auf die Uhr. Ich hatte noch Zeit. Ich mußte das Hotel erst um ein Uhr verlassen und konnte in dreißig Minuten meine Sachen zusammenpacken. Aber heute würde ich wohl keine Notizen mehr machen. Ich konnte mich hinsetzen und üben, wie man Feuer spuckt. Aber ich konnte auch hinuntergehen und eine Zeitung kaufen. Ich wählte die Zeitung.

Ein amerikanisches Magazin hilft mir vielleicht, mich wieder auf New York einzustimmen, dachte ich. Außerdem mußte ich wissen, was in der Welt vor sich ging. Ich ging durch die Halle und an den verschiedenen Souvenirshops vorbei zum Zeitungsstand, wo ich der Verkäuferin siebeneinhalb Rupien für die dritte Juninummer des Newsweek Magazine bezahlte. Ich blättere die Seiten durch, als ich wieder durch die Halle ging und sah nur ab und zu auf. Auf der Titelseite des Newsweek war das ernste Gesicht der Premierministerin Indira Gandhi zu sehen. Darüber stand mit großen Buchstaben: Indien wird Atommacht.

P. Suresh wartete mit mir im Garten des Hotels, bis ich zum Flughafen aufbrechen mußte. Ich erzählte ihm von Hardwar und Rishikesh und von den Menschen, die mir begegnet waren. Wir saßen in Sesseln auf dem Rasen, und der Kellner brachte uns Eiscreme und Kaffee. Der Rasen war gerade gesprengt worden, ein sanfter Wind strich über den Garten, und so war die Abendluft frisch und kühl. Um uns war Ruhe und Stille, die wie immer und überall vom Gesang der Vögel erfüllt war. Ich dachte an meine *swami*-Freunde. Wahrscheinlich schliefen sie jetzt — Swami Kaivalyananda im Zimmer zwölf im Sivananda-Ashram, Swami Premvarni in seinem eigenen kleinen Ashram auf dem Hügel, der Freimütige Swami und all die anderen im Sanyas-Ashram in Hardwar und Swami Sivanandapuri im Institut oder hoffentlich unter irgendeinem anderen Dach. Ich wußte nicht, wann ich sie wiedersehen würde, aber ihre Stimmen und ihre Gesichter blieben mir bestimmt noch lange, lange Zeit lebhaft in Erinnerung. Das Leben dieser *swamis* war ganz anders als das Leben all der Menschen, die ich in New York und San Francisco wiedersehen würden. Abgesehen von den verschiedenen Beschränkungen, die sie sich auferlegten, abgesehen von ihren kulturellen Gebräuchen, ihren orangefarbenen Gewändern und ihrer dunklen Hautfarbe waren sie jedoch nicht wirklich anders als alle anderen Menschen. Mir schien, daß viele meiner amerikanischen Freunde jetzt auf dem Weg waren, sich ihnen etwas anzunähern. Ich war dankbar für die Worte, die ich von Swami Kaivalyananda gehört hatte — es waren Worte, die die Menschen in meinem Land jetzt hören mußten. Einen tiefen Eindruck hatte mir auch gemacht, was Swami Premvarni über die Grundlagen gesagt hatte. Es war wichtig für viele meiner Freunde, die sich jetzt so intensiv mit psychischen und psychedelischen Aktivitäten und Phänomenen beschäftigten und die vielleicht zu sehr das Gefühl hatten, daß die Zeit drängte. Swami Sivanandapuri hatte ich einfach gern — und was die Begegnung mit ihm so wichtig machte, war nicht das, was er gesagt, sondern was er getan hatte. Sicher streifte er weiterhin durch die heiligen Städte an den Ufern des Ganges, um Menschen aus dem Westen zu begegnen. Und es war vielleicht schon genug, daß er ihnen begegnete, ihr Interesse wachrief und sie zu Menschen wie Tat Walla Baba brachte. Jetzt war es schon Mitternacht; der Baba würde wohl früh aufstehen, vielleicht gerade zu der Stunde, wo mein Flugzeug sich in die Luft erhob, und dann würde er in seinem stillen klaren Gebirgsfluß baden und seine Morgen-*puja* feiern.

Es gab eine Zeit, in der weise Männer wie Tat Walla Baba in ihren Wäldern und Höhlen in den Bergen ungestört, weitab von der übrigen Welt leben konnten. Als Entsagende waren sie nicht nur frei von Angst, Stolz, Habgier und Haß, sondern auch geschützt vor anderen Menschen, von denen diese zerstörerischen Kräfte Besitz ergriffen hatten. Heute gibt es eine solche Zurückgezogenheit auf diesem Planeten nicht mehr. Heute ist die Sicherheit der Erde in Frage gestellt. Jetzt ist die Frage, ob die Energiereserven und die Natur die ausbeuterischen Machenschaften der zeitgenössischen Menschheit überstehen können, ob die Erde das Leben weiterhin ertragen kann, ob die Erde selbst überleben kann. Die Frage ist jetzt, ob wir die physische Welt als Basis spiritueller Tätigkeit und spiritueller Entwicklung erhalten wollen, oder ob wir zulassen, daß sie untergeht. Es ist möglich, daß der spirituelle Weg nicht mehr weiter über diese Erde führt und daß dieser Lebensraum als Medium für eine spirituelle Entwicklung zerstört wird, daß die Erde sterben wird. Aber wenn es anders sein soll, so muß ein einmütiger Entschluß und eine gemeinsame Bemühung dafür sorgen — eine gemeinsame Bemühung von swamis *und Wissenschaftlern, von* babas *und Bettlern. Es ist vielleicht ein Glücksfall, ein Segen, daß das Überleben nun Kommunikation und Kooperative über alle Grenzen der Kulturen, der Sitten, der Rassen und der Nationen hinweg erfordert. Weder durch Reichtum noch durch Verzicht kann man mehr entfliehen, weil es in der Zukunft nicht mehr die Wahl zwischen Reichtum und Verzicht gibt.*

Es gibt keinen ashram, *in den Menschen sich vor den Verpflichtungen gegenüber der Welt zurückziehen können. Es gibt keinen Tempel, wo Menschen in einer Art heiliger Isolation leben können. Der einzig wirkliche* ashram, *in dem Menschen leben und arbeiten können, ist die Welt selbst. Die Welt ist unser Tempel, in dem wir durch Arbeit, Demut und Hingabe die Erkenntnis erwerben, daß man nicht mehr im Rück-*

zug leben darf, sondern in Einklang kommen muß mit der Ganzheit des Lebens.

„Jetzt sollten Sie dem Hausdiener Ihren Schlüssel geben", sagte mir P. Suresh um viertel vor Eins. „Er wird Ihr Gepäck holen und er sollte auch gleich ein Taxi bestellen."

Vorhin noch war es mir erschienen, als hätte ich sehr viel Zeit und müsse nichts tun als zu warten. Nun war es mir, als seien meine letzten Stunden in Indien viel zu schnell vergangen.

P. Suresh stand in der Einfahrt, als ich in das Taxi stieg. „Es war schön mit Ihnen zu sprechen", sagte ich. „Ich werde Sie wieder besuchen, wenn ich zurückkomme."

Die Taxifahrt zum Flughafen dauerte eine Stunde, und dann vergingen nochmal drei Stunden, bis ich Geld gewechselt, Impfung und Paßkontrolle, Zoll- und Gepäckkontrolle hinter mich gebracht hatte. Es dauerte alles so lange, weil man überall Schlange stehen mußte. Als ich an Bord des wartenden Flugzeuges saß und durch das kleine Fenster in die Dunkelheit hinausspähte, versuchte ich ein letztes Bild von Indien einzufangen. Wo kamen all diese Menschen her? Wo waren all diese Leute aus dem Westen herumgereist? Was hatten sie getan? Auf meinen Reisen durch Indien war ich nur wenigen Amerikanern und Europäern begegnet. Wahrscheinlich hatten die meisten von ihnen in einem der großen internationalen Touristenhotels gewohnt und sich nicht sehr viel auf die Straßen begeben. Ich erinnerte mich daran, was Swami Sivanandapuri gesagt hatte, als ich ihn das erste Mal traf: „Das einzige, was uns retten wird, ist es, wenn Inder und Amerikaner Freunde werden." Es schien mir, als sei das der nächste notwendige Schritt. Ich hoffte, es würde nun endlich auf allen Ebenen der Beziehungen zwischen Amerika und Indien getan.

Es gibt wohl trotz all der „*gurus*" und „*ashrams*" und *sitar*-Musik wenige Amerikaner, die wirklich wissen, was zwischen Indien und Amerika vor sich geht, und wenige, denen es überhaupt wichtig ist. Tausende von Amerikanern tragen indische Kleider, verwenden indische Gewürze, hören indische Musik, Tausende wiederholen Sanskrit-Worte und -Sätze. Aber ich konnte mich nicht erinnern, von einem dieser

Menschen gehört zu haben, daß er von einer tieferen Beziehung zu Indien sprach — von einer Beziehung zu den Menschen in Indien.

„Das ist das Zeitalter der gemeinsamen Bemühungen" hieß es. Es gab wohl zu viele, die darunter verstanden, dies sei das Zeitalter der gemeinsamen Meditation. Vielleicht sollten wir sagen: dies ist das Zeitalter der internationalen Bemühungen und des Bewußtseins für die Einheit der Welt.

Im Zeitalter dieser gemeinsamen Bemühungen sollten wir endlich fähig sein, unser wirkliches sadhana anzustreben, unsere wirkliche spirituelle Arbeit in Angriff zu nehmen. Wir sollten endlich das karma erkennen, das unsere Rassen und Nationen verbindet. Was wir auf dem Weg des spirituellen sadhana tun können, sollte über äußere Formen hinausgehen, sollte mehr sein, als Räucherstäbchen abzubrennen und nicht verstandene Sanskrit-Sätze zu wiederholen. Was wir auf dem Weg des spirituellen sadhana tun können, ist, auf das Prinzip der richtigen Beziehungen zu achten und darauf, daß wir uns Indien gegenüber aufrichtig und gerecht verhalten.

Ich merkte, daß sich unser Flugzeug in Bewegung setzte und daß wir auf die Startbahn zurollten. Dann stiegen wir langsam in die Luft. Ich wunderte mich immer, daß sich diese riesigen Vögel vom Boden erheben konnten. Nun, ich würde schon sicher nach Hause kommen.

Ich wollte einen letzten Blick auf Indien werfen, aber unten war es zu dunkel und oben zu hell. Der Tag brach an, während wir immer höher stiegen, und das Land verschwand schnell unter meinen Blicken. Auf dem Weg von Indien nach New York würden wir der Sonne nacheilen. Mit allen Unterbrechungen dauerte die Reise sechsundzwanzig Stunden. Sechsundzwanzig Stunden vom Sonnenaufgang über Neu-Delhi zum Sonnenuntergang über Manhattan, sechsundzwanzig Stunden im hellen Tageslicht. Sonnenuntergang in New York, wenn sich mein Körper auf einen Sonnenaufgang gefaßt machen würde. Ich konnte mich um Mitternacht in New York zu Bett legen und mir vorstellen, es sei ein Nachmittagsschlaf im Touristen-Bungalow in Muni Ki Reti.

Das wirkliche Licht ist allgegenwärtig, niemand kann vor ihm fliehen oder ihm entgegenreisen. Wir müssen es nur entdecken, so sagen die swamis. Überall können wir es entdek-

ken. Vor uns liegt die Möglichkeit, das Licht auf der Erde zu finden — in jeder Stadt, in jedem Land, im hintersten Winkel der Welt.

Esoterik

Herausgegeben von Gerhard Riemann

Indien – ein Land, das nach wie vor Eigenschaften verkörpert, die dem abendländischen Bewußtsein eher fernliegen: in den Tag hinein leben, Dinge geschehen lassen, Ergebenheit in das Schicksal, Leidensfähigkeit, Resignation und wahre spirituelle Erfahrung – das alles sind prägende Eigenschaften. Im Westen begegnen wir dieser Lebenshaltung mit Bewunderung, mit Ablehnung oder auch mit Unverständnis. Nach der Devise »Macht euch die Erde untertan« sind wir allzeit aktiv, denn »Zeit ist Geld«. Kein Wunder, daß bei dieser Einstellung das Herz schneller schlägt (Kreislauferkrankungen stehen bei uns an erster Stelle), daß die Zeitqualität selbst sich immer mehr zu verdichten scheint.
Unter diesen Umständen wäre es sehr notwendig, daß östliche und westliche Mentalität – so wie die rechte und die linke Gehirnhälfte – sich einander annähern.

Doug Boyd unternimmt einen Brückenschlag. Seine Erlebnisse mit dem spirituellen Indien stellen eine Synthese dar. Analytisches Denken begegnet ganzheitlichem Verständnis.

176

Von Doug Boyd erschien ebenfalls in der
Knaur-Taschenbuchreihe *Esoterik:*

»Rolling Thunder« (Band 4142)

Vollständige Taschenbuchausgabe
Droemersche Verlagsanstalt Th. Knaur Nachf., München
Lizenzausgabe mit freundlicher Genehmigung des
Dianus-Trikont Buchverlages GmbH, München
Titel der Originalausgabe »Swami«
© 1976 by Robert Briggs Associates, published by
Random House, New York in Association
with Robert Briggs
Aus dem Amerikanischen von Bettine Braun
© 1985 by Dianus-Trikont Buchverlag GmbH, München
Umschlaggestaltung Dieter Bonhorst
Umschlagbild Johann Christoph Siedenschnur
Gesamtherstellung Ebner Ulm
Printed in Germany   5 4 3 2 1
ISBN 3-426-04140-5